U0680480

全国外国语学校外语教学研究

主　编　吴友富　王治高
副主编　邢三多　吴小平　吕　剑

WUHAN UNIVERSITY PRESS
武汉大学出版社

图书在版编目(CIP)数据

全国外国语学校外语教学研究/吴友富,王治高主编.—武汉:武汉大学出版社,2019.5
ISBN 978-7-307-20885-8

Ⅰ.全… Ⅱ.①吴… ②王… Ⅲ.外语教学—教学研究—文集 Ⅳ.H09-53

中国版本图书馆 CIP 数据核字(2019)第 080891 号

责任编辑:刘小娟 责任校对:杨赛君 李嘉琪 装帧设计:范 英

出版发行:**武汉大学出版社** (430072 武昌 珞珈山)
(电子邮箱:whu_publish@163.com 网址:www.stmpress.cn)
印刷:北京虎彩文化传播有限公司
开本:880×1230 1/16 印张:19.25 字数:620 千字
版次:2019 年 5 月第 1 版 2019 年 5 月第 1 次印刷
ISBN 978-7-307-20885-8 定价:78.00 元

前　言

　　全国外国语学校工作研究会自成立以来,一直将引导全国外国语学校的外语教育教学科研作为重要工作。各外国语学校通过加强教育科学研究,外语教学与外语教研两翼齐飞,促进了学校办学水平的提升。广大外语教师立足外语教学一线,积淀学习内涵,梳理实践真知,努力探索创新,总结教育规律,取得了大量优秀成果。

　　以"核心素养""学科教学标准""高考改革"的研究和实施为标志,外语的教育教学也面临各种挑战。

　　中共中央办公厅、国务院办公厅《关于深化教育体制机制改革的意见》(2017 年 9 月 24 日)中指出,要注重培养支撑终身发展、适应时代要求的关键能力。在培养学生基础知识和基本技能的过程中,要强化学生关键能力(包括认知能力、合作能力、创新能力、职业能力)培养。培养"关键能力"实际上引导了各学科核心素养的研究与推进。

　　中国教育学会外语教学专业委员会理事长龚亚夫认为,中小学英语教育应改变单纯以语言运用能力为核心目标的教学现状,设计多元目标,把语言学习与思维认知、个人素质培养等结合起来,体现英语教育在促进人的品格与思维发展方面的价值。北京师范大学外国语言文学学院王蔷教授提出:"英语学科的核心素养主要由语言能力、思维品质、文化意识和学习能力四方面构成。学生以主题意义探究为目的,以语篇为载体,在理解和表达的语言实践活动中,融合知识学习和技能发展,通过感知、预测、获取、分析、概括、比较、评价、创新等思维活动,构建结构化知识,在分析问题和解决问题的过程中发展思维品质,形成文化理解,塑造学生正确的人生观和价值观,促进英语学科核心素养的形成和发展。"

　　《普通高中英语课程标准(实验)》设定的课程目标,也成为德语、法语、日语、俄语、西班牙语、阿拉伯语、韩语等外语学科课程标准的参考标准。与此类似,各外语学科的核心素养应该包括语言能力、思维品质、文化意识、学习能力和情感态度。语言能力、思维品质、文化意识互为影响,互相支撑,共同作用。语言能力是学科基础,文化意识是价值取向,思维品质是心智特征,学习能力是发展条件。学习能力和情感态度贯穿于英语教学的始终,为语言能力、思维品质和文化意识"保驾护航",同时这三个方面又能在一定程度上助推学习能力和情感态度的形成和提高,最终对英语学科核心素养的形成发挥关键作用。

　　新时期,国家"一带一路"倡议对外语教学提出了新的要求。教育作为沟通世界的桥梁和世界秩序构建的促进力量,在中国"一带一路"倡议中能发挥特殊作用,外语教育在人文沟通、人才培养、科技合作等方面,作用尤其显著。随着我国国际化水平的提高,国际经济、文化交流越来越多,国民对外语的需求一定会大大提高。我们必须顺应新时代的新要求,深度思考外国语学校的外语教学发展和改革,化挑战为机遇,继续引领中国基础教育中的外语教育教学发展。

　　经过多年的努力,全国外国语学校将办学理念从"培养外语外事人才的摇篮"推进到"外语特色,全科优势,培育素养,国际合作,在线发展"的高度。我们坚持小班化教学,听说领先,使用原版教材,在语言应用中提升能力。外语教学仍应坚持以语言学习的实用性为导向,以听、说、读、写、译为抓手,有效地培养学生的外语能力。我们坚信,在改革开放的国策下,外语实用人才的需求量只会增加,不会减少。

　　高考改革是外国语学校必须面对的新问题。社会上有质疑外语教学的质和量的说法,使外语教学面临新的挑战。各外国语学校在新高考改革形势下有思考,有定力。不少学校在保持外语特色的背景下,实现相关学科的特色突破和所有学科的高质量发展。

　　全国外国语学校工作研究会每年组织一次外语教学科研论文评审。这对于各外语学校直面各种挑战,积极开展外语教育教学研究起到了推进作用。

2018年,第十九届全国外国语学校外语教学科研论文评审工作由武汉外国语学校承办。征集论文的工作从2018年3月5日开始,征集通知公布在武汉外国语学校网站,截至2018年6月20日,共收到来自40多所学校的论文188篇。

在此次论文评审过程中,武汉外国语学校聘请了多位评审专家:华中师范大学英语系副教授杨畅、湖北省教育科学研究院英语科主任扈华唯、武汉市教育科学研究院英语科主任肖胜兰。经过认真审读,充分讨论,共有约45%的论文获奖。评审专家认为,研究论文结合中国学生英语学习的实际,融育人目标于教学内容与教学过程之中,将知识学习与技能发展融入主题、语境、语篇和语用之中,促进文化理解和思维品质的形成,引导学生学会学习,指向核心素养培养,实现了对语言的深度学习,即语言、文化、思维的融合。新的理论,一方面在教学实践中加以应用,为提高教学质量服务;另一方面在教学研究中加以应用,为提高科研水平服务,从而形成一套行之有效的教学理论和方法。

科研兴校,科研强校,是教育工作者的普遍认识。对于一些教研薄弱学校来说,利用科研工作引起领导重视,引来专家助力,聚集校内师生智慧和力量,形成学校的内涵发展和可持续发展,是行之有效的办学策略。山东省昌乐二中、荆州北门中学等便是成功范例。对于一些内涵丰富、有影响的名校来说,教育科研能促进教师梳理工作进程,思考教育规律,谋划学校发展,形成文化品牌,如此次获得一等奖的郑州外国语学校、成都市三原外国语学校等。论文征集和评比虽然是常规的事,但引导放大到教育科研范畴中,则是功德无量的事。

立德树人新高考,核心素养要实招。愿各兄弟学校借外语学校研究会论文评比这个平台,促进师生的发展、学校的提升。

本次结集的论文内容大致可以分为七类:外语能力、文化意识、思维培养、教学方法、课堂形式、多语种教研、低幼教学,以教学方法类研究居多,低幼教学类研究偏少。为了方便老师交流学习,教研组甄选了52篇优秀论文,合成此论文集。吴明艳老师负责统稿工作,高静老师负责后期整理校对工作。由于多种原因,疏漏之处难免,敬请各位同仁批评指正。

武汉外国语学校校长　王治高

2019年4月1日

目　　录

外语能力类

文化意识类

思维培养类

教学方法类

课堂形式类

多语种教研类

低幼教学类

外语能力类

An Analysis of Negative Transfer of Pinyin in English Language Acquisition[①]

西安外国语大学附属西安外国语学校　温燕

【Abstract】 Pronunciation is extremely important in English study. However, Chinese pronunciation habit always prevents the students from acquiring standard English pronunciation; thus, many Chinese middle school students have various English pronunciation problems. This paper mainly points out some salient sounds and analyzes the reasons of causing the problems. Meanwhile, the paper also shows some ways to solve the problems.

【Key Words】 problematic sounds of English; Pinyin in Mandarin; language transfer; SLA

Ⅰ. Introduction

In the process of teaching English in the middle school, phonetics is not considered as important as vocabulary and grammar, even it is always ignored both by some teachers and students. The author has been teaching English for about fourteen years, and from 2004 to 2008, the author focused on teaching oral English in an English vocational school. During that period, what the author found commonly was that the way the students pronounced some English speech sounds was just like what they did in Chinese. And the same articulatory sound problems happen again in the senior high school, where the author is working now. The students also have the problematic sounds of English.

The author chose her class (39 students) as a sample. The pictures (Pictures 1-3) below were taken from their English text books (*New Senior English for China Student's Book* 3&4) to show some of the ways of their English language acquisition. Almost each of them made marks in their English text books to help themselves pronounce the new words.

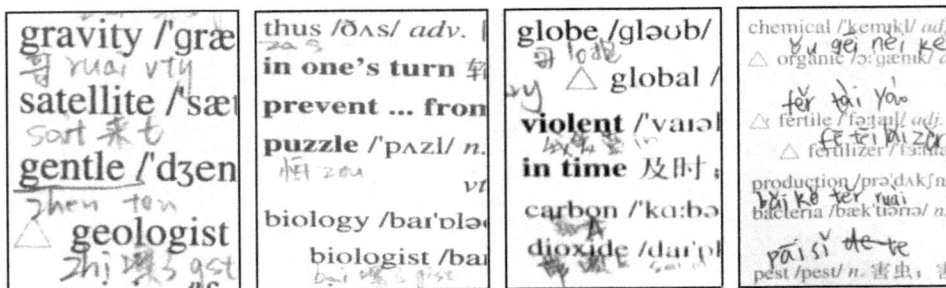

Picture 1

---

① 本文在第十九届全国外国语学校外语教学科研论文评比中荣获一等奖。

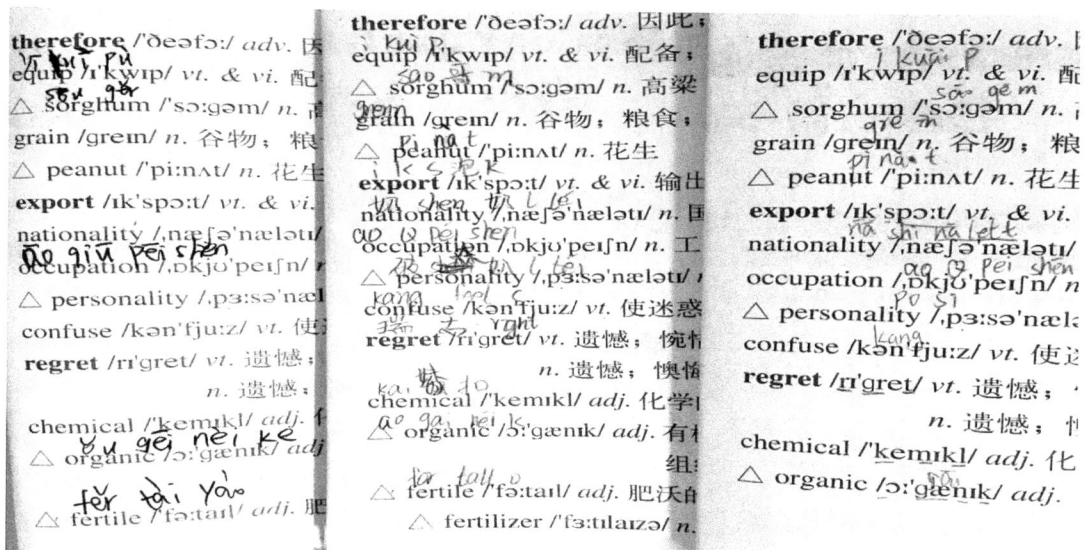

Picture 2

It is apparent that both in Picture 1 and Picture 2, the students prefer to get the sounds of the words by using Pinyin in Mandarin and even some Chinese characters which is inadvisable in the second language acquisition (SLA). According to the author's survey, there are only two students who can divide an English word according to the syllable by using their own symbols, shown in Picture 3.

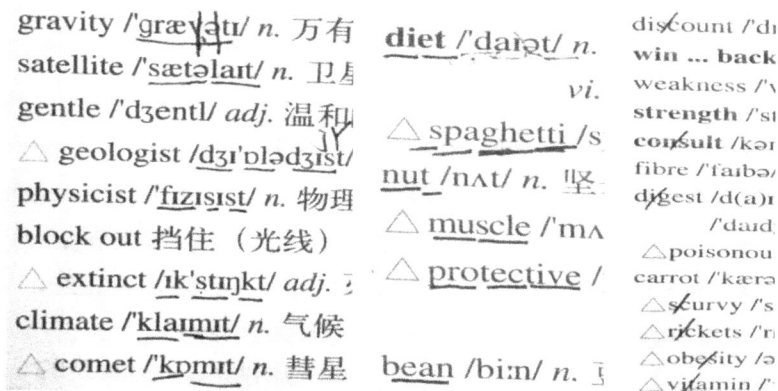

Picture 3

It is clear that the way of learning words in Picture 3 is much better than that in Picture 1 and Picture 2. Whether their divisions are correct or not, it is indeed a proper way in SLA.

According to language transfer, the majority of the difficulty from learning the L2 2nd language is caused by students' L1 1st language. Thereby, if there are differences between the L1 and the L2, student's L1 will interfere his L2, which people consider as negative transfer; on the contrary, if there are similarities between the L1 and the L2, the L1 will improve the L2 to be better, which people regard as positive transfer.

As shown in the three pictures, the students have learned English at least for three years in the junior middle school, but it is clear that they are still affected by their L1 more or less while learning L2, so it is the negative transfer that functions more to form such incorrect phonemes.

II. The Problematic Sounds of English and the Causes

It is believed that learning English is greatly influenced by the students' L1. When they speak

English, their "foreign" accents are obvious. Usually, when a Chinese student speaks English, his English pronunciation sounds like Chinese. Most of the Chinese students learn Pinyin probably when they are five, so they will be affected easily by Pinyin while learning English. Pinyin in Chinese is similar to phoneme in English. People who have learned Pinyin before will find that there are some similar phones both in English and in Chinese.

Due to the similarities shown in Table 1, for most of the English phonemes, there is a substitution of it in Pinyin. The substitution is only similar to it, but not the same as it. Students get used to pronouncing the English sounds by using the substitution in Pinyin.

Table 1

English vowels	Chinese vowels (the final sounds)	English consonants	Chinese consonants (the initial sounds)
/iː/ /i/	i	/p/ /b/	p b
/aː/ /ʌ/	a	/t/ /d/	t d
/əː/ /ə/	e	/g/ /k/	g k
/uː/ /u/	u	/s/ /z/	s z
/ɔː/ /ɔ/	o	/ʃ/ /ʒ/	sh r
/au/	ao	/f/	f
/ei/	ei	/h/	h
/ai/	ai	/l/	l
/əu/	ou	/m/ /n/ /ŋ/	m n eng
		/w/	w

Besides the phonemes in Table 1, Table 2 illustrates some special sounds only in English.

Table 2

English vowels	English consonants
/e/	/j/
/æ/	/v/
/uə/	/θ/ /ð/
/iə/	/tʃ/ /dʒ/
/eə/	/tr/ /dr/
/ɔi/	/r/

Students cannot find the equivalent sounds for sounds shown in Table 2, but they insist on trying their best to find the approximate sounds from Pinyin. They make sounds by taking notes in their manners of learning Pinyin. However, there are no completely same sounds in English and Chinese, so the problematic sounds of English come into being. There are some salient problematic ones that are usually wrongly pronounced by these students, such as /iː/&/i/, /w/&/v/, /r/&/ʒ/, /θ/&/s/, and /z/&/ð/. The author will analyze them from different aspects.

1. Substitution of /θ/ and /ð/

In phonetics, there are two dental fricatives that are in the same form, but with different sounds. People usually call them the "*th*-sounds", which are formed with the tongue tip behind the upper front teeth. One is the voiceless dental /θ/, and the other is the voiced dental /ð/. Some students tend to pronounce *three* as /srei/ and *this* as /zis/, *mouth* as *mouse*, *thick* as *sick*, *bath* as *bus*, *path* as *pass*, *thing* as *sing* and so on.

There are no such phonemes as /θ/ and /ð/ in Mandarin, so the students choose to make sounds /s/ and /z/ instead of /θ/ and /ð/. Therefore, they usually pronounce /s/ or /z/ for the words beginning with *th*, such as *they*, *those*, *think* and *thought*.

When the students pronounce the dental fricatives /θ/ and /ð/, what they try to do is just to find the similar sounds from Pinyin. Actually, they don't know how to put their tongues into the proper position, and some of them are afraid of biting their own tongue tips, which will definitely lead them to the wrong sounds of the two phonemes. If they just protrude their tongue tips between their teeth loosely or tightly, they will find it easier to make the correct sounds /θ/ and /ð/.

In fact, the difficulty of /θ/ and /ð/ doesn't lie so much in their articulation, which most students can perform correctly in isolation, as in their combination with other fricatives, the problems will appear seriously and clearly.

2. Replacement of /r/

The approximant /r/ is regarded as intermediate between vowels and consonants. The /r/ sound at the beginning of the words belongs to the alveolar. But interfered by Pinyin, most Chinese students usually pronounce it somewhat like the voiced palato-alveolar approximant /ʒ/, which is different from the correct phoneme /r/. They usually pronounce *rose* as /ʒəuz/ instead of /rəuz/, *row* as /ʒəu/, and *road* as /ʒəud/, but for other words, beginning with /r/, such as *rate*, *read*, *ride*, *rude*, *wrap*, *wreath*, and *write*, they can make the correct sounds. When it comes to the word *wrong*, they can make an accurate sound as well. Thus, it may be inferred that some of their pronouncing problems for /r/ as /ʒ/ only happen when it is at the beginning of a word, and the diphthong /əu/ follows like *rope*, *wrote*.

Students can practice more by maintaining the vowel sound while curling the tip of the tongue backward. Alternatively, practice may start from /ʒ/, in the articulation of which the tongue has a position somewhat similar to that of /r/, although the sound is fricative, the narrowing between tongue and roof of the mouth is made too far forward, and the tongue is hollowing and lateral contraction is missing. From the /ʒ/ position, the tongue is lost. With both methods, it is often helpful to hold the jaws widely separated and the lips somewhat rounded. Teachers should choose more similar sound practice of comparing /ʒ/ and /r/ on purpose for students.

3. Interchange of /w/ and /v/

Many students ignore the difference between /w/ and /v/. In Chinese, the distinction between the two sounds is not clear, which means the interchange of the two sounds cannot cause differences in understanding. Thus, although the students may know the way of articulation, they still would not like to try to distinguish the two sounds. Take the author's Chinese family name as an example, the family name is Wen /wən/, but it is usually wrongly called as Miss Wen /vən/ by her students, and everyone knows it's the English teacher. It doesn't affect their understanding the author's family name. There is another example "very". Most students are used to pronouncing it like /weri/, and *west* to *vest* or *vest* to *west*.

They would like to mix the fricative /v/ with the bilabial /w/ sound especially at the beginning of words like *web* and *we*, *vase* and *vest*. Sometimes, they prefer to use friction between the lower lip and upper teeth, and sometimes on the contrary, they prefer to use /w/ in which the lips are rounded and the upper lip is not touched by the teeth.

It is significant that /w/ should not be replaced by the consonantal sound /v/. Sometimes, /w/ is called "semi-vowel" or "glide". While pronouncing the sound /w/, the students should pay more attention to making the lips round. They should protrude and round their lips in the articulation. It is also important to pronounce the fricative /v/ correctly.

4. Changes of the Long Vowel /iː/

As the above examples shown for the consonants, some of them are voiced while some are voiceless, yet the vowel sounds are all voiced. Take a problematic sound /iː/ as an example.

There are some words like *cheap* and *meet* (/iː/) that are often pronounced as *chip* and *mit* (/i/) respectively, and some students may always fail to distinguish between *thirteen* and *thirty*. Here /iː/ is pronounced as /ei/. Some students cannot pronounce *see*, *she*, *he*, *we* in correct way, either. What people usually hear is like /sei/, /ʃei/, /hei/, and /wei/.

The students will feel a little difficult while making this vowel, which is similar to sound in Pinyin. It is a vowel of closely the same quality. Students fail to imitate this glide only with caution, since any exaggeration will sound dialectal. If they don't pay much attention to it, they will get the same feeling while listening.

Students cannot control the length of the vowel, as well as the width of their mouth shape. Most students will make a clear sound when it is said in isolation, but when it is in a word, this length will not be apparent.

III. Solution

From the above examples, it can be inferred that the Chinese language, especially Mandarin, plays an important role in English language acquisition, by which most students cannot avoid being influenced more or less. Therefore, the role of the L1 in students' foreign language acquisition is worth carefully studying. The students' L1 habits prevent them from getting English habits.

As shown in language transfer, the positive transfer will improve students' learning in English, so people should make good use of the positive transfer instead of the negative transfer while teaching English speech sounds.

When mentioning the improvement of pronunciation, it simply means to let the students pronounce accurately so that they can understand each other easily. The author will try to solve the existing problems from three aspects.

1. Teachers' Role

As for teachers, they should enhance their own proficiency in English, especially in English pronunciation first. When teachers make the English speech sounds, they should avoid making mistakes, because what the teachers speak will directly influence what the students hear. Only when the teachers' pronunciation is accurate can the students imitate correctly.

Some teachers, who still practice the traditional teaching approach, prefer teaching grammar and vocabulary (the usage of a word) to teaching phonetics, which is part of the articulatory English speech. They think a higher score is the most necessary for students, which is true whenever and wherever. However, nowadays, as the New Curriculum Reform declares that students should develop themselves comprehensively, being equipped with fluently oral English is as important as the paper testing for them.

Listening will be added in the college entrance examination in this June; moreover, speaking is as important as listening. Only when the students themselves pronounce the correct English speech sounds will they understand what others tell them easily. The effect of speaking and listening is interdependent.

Thereby, some teachers should change their traditional teaching mind, and try to focus more on the students' pronunciation as well as grammar and vocabulary. In the process of teaching phonetics, the audio-lingual method, in which students are taught directly, is better to be used. Students can repeat the sounds directly after the teachers, and they will get better improved in their pronunciation by repeating again and again.

Particularly, teachers in junior middle school should arrange lessons for students to practice phonetics more. As a senior high school English teacher, the author finds it somewhat late for the students to learn phonetics after they enter the senior high school. The earlier the teachers teach the students the International Phonetic Alphabet (the IPA), the better the students' pronunciation will be. It will also make getting English language acquisition easier after mastering the IPA, basically for remembering English words.

Thus, teaching pronunciation deliberately is necessary. From now on, do avoid teaching "silent English" on the premise that teachers themselves pronounce accurately.

2. Students' Role

It is known to all that interest is the best teacher. The students are teenagers from 16 to 18. According to their psychology and body features at this stage, most of them are still active to play but passive to study. They need more encouragement, which will give them more confidence in the course of English language acquisition. Each time when they make a progress in pronouncing, they will do much better in the later study.

If they succeed in pronouncing the accurate phonemes gradually, they will show great interest in learning English. And first of all, teachers should clearly instruct students how to avoid making pronunciation errors.

When learning English, a proper English dictionary is essential for the students. After learning the phonetic symbols, students can check the pronunciation of the new words that they are not sure in the dictionary.

Students should read more in the morning loudly. People usually talk about the sense of language, which means the ability to "feel" language. But actually, only when they read more, the sense of language will accompany them. Therefore, as a language learner, reading is essential.

What's more, it is the students themselves that should value the importance of making accurate English speech sounds. With their great interests and efforts, they will make more achievements in English language acquisition.

3. More Activities

Teachers should prepare more relative exercises for the students to practice. Similar discrimination exercises can be used in introducing possible difficult features of the English speech sounds. Direct articulatory order is often possible to help in the production of pronunciation.

When referring to some similar phonemes, exercising should be designed in contrast, such as setting groups to practice the similar words like *see, say/sheep, ship/west, vest*. Other activities, such as imitation of the native speakers, making dialogues with classmates, learning English songs, watching films and so on, will also make students get familiar with the English speech sounds constantly. There is another special activity—tongue twister, which is designed to be difficult to articulate properly. It demands more accuracy while practicing. And each time for practicing, the students will have much fun due to the special designed activity.

Such activities are all prepared for a refined pronunciation.

Ⅳ. Conclusion

There is a unique phonetic system in each language, as well as a set of rules for pronouncing the sounds. Chinese middle school students have learned Pinyin for more than ten years, so they form a habit of pronouncing as they do in Pinyin. It is the negative transfer of their L1 that brings some difficulties while learning English. What they can do to avoid more pronouncing mistakes is that they need more practice with the teachers' effective instructions.

As an English teacher, the author considers the IPA as a necessary beginning in English language acquisition. Teachers are responsible to teach the students the IPA as soon as they enter the junior middle school. If the students know and master the rules of English phonetics, they will at least pronounce in the English articulatory manner.

It is impossible to correct all the students' problematic sounds immediately, but negative transfer will be lessened with the increase in the students' proficiency in the L2 step by step.

Bibliography

[1] George Yule. The Study of Language. 2nd ed. Beijing:Foreign Language Teaching and Research Press,2001.

[2] Penny Ur. A Course in Language Teaching: Practice and Theory. Beijing: Foreign Language Teaching and Research Press, 2000.

[3] Rod Ellis. Understanding Second Language Acquisition. Shanghai: Shanghai Foreign Language Education Press,1999.

[4] Jack C Richards, Theodore S Rodgers. Approaches and Methods in Language Teaching. Beijing: Foreign Language Teaching and Research Press,2000.

[5] 戴炜栋,何兆熊. 新编简明英语语言学教程.上海:上海外语教育出版社,2002.

[6] Alan Cruttenden. Gimson's Pronunciation of English. 6th ed. Beijing:Foreign Language Teaching and Research Press, 2000.

[7] 周卫京. 英语语音学纲要.合肥:安徽大学出版社,2008.

[8] 李红枫.论汉语发音对英语语音语调的影响及英语口语教学.科技信息,2009,9:203-204.

高二学生英语概要写作能力的短期发展研究[①]

上海外国语大学附属大境中学　王懿

【摘　要】　英语概要写作是对学生的英语阅读能力和写作能力的综合考查。国外对概要写作能力的研究主要集中在两个方向:其一是针对英语为母语的学生,研究概要写作能力的发展过程和制约这一能力发展的因素;其二是针对英语为二语的大学生在学术写作中普遍存在的引用不当和抄袭问题,分析这些问题背后语言概括能力方面的原因。国内对于概要写作的系统研究较少。本文采用实验法进行研究,旨在研究高中阶段英语概要写作初学者的概要写作能力在一学期(4 个月)内的发展情况,以及学生本身的英语语言能力对其概要写作水平发展的影响。研究结果表明,学生分辨文本主要信息的能力总体得到了显著提升,但改述能力和语言准确度在短期内还未能看到明显的进步。另外,学生的语言能力对其分辨主要信息的能力和语言准确度均有显著的影响;而语言能力对改述能力的影响主要体现在对文本的正确理解、精确的概括能力和语言表达能力上。

【关键词】　英语概要写作;语言能力;高中生

一、研究目的

从 2017 届高三毕业生开始推行的上海高考新政中,英语试题经历了大幅度的改革。其中引入了概要写作(summary writing)这一全新的题型,要求学生在限定的考试时间内,阅读一段 250 词左右的英语文章,概括成一篇 60 词以内的主旨概要,要求学生不能抄写文章中的原句,而是要转化为自己的语言进行概括。概要写作是对阅读能力和写作能力的综合考查,这一新题型给学生带来了极大的挑战,也对教师的英语教学提出了更新、更高的要求。本文旨在探究概要写作初学者的概要写作水平在较短时期内的发展情况,以及学生本身的英语语言能力对其概要写作水平发展的影响。

二、概要写作的定义和要求以及研究现状

(一)概要写作的定义和要求

要探究高中生的概要写作能力,就先要对概要(summary)的含义做一下说明。《朗文当代高级英语辞典》(第 5 版)对 summary 的定义如下:A summary is "a short statement that gives the main information about something, without giving all the details"。从这一定义可以看出,概要(summary)具有如下特征:①概要必须包含原文的主要信息或观点,即主旨大意;②概要不应包含细节信息。这就要求学生具备一定的辨析主要观点和次要细节信息的能力,在把握文章主旨的基础上,用精练而准确的语言概括出文章的主要内容。

---

① 本文在第十九届全国外国语学校外语教学科研论文评比中荣获一等奖。

Casazza(1993)在关于概要的定义中认为,一篇好的概要应当做到:①正确理解文本;②选择最重要的信息;③剔除次要和细节信息;④整合(combine in categories)相关信息;⑤用自己的语言复述。

结合众多学者对概要写作任务要求的阐述,参照上海英语高考概要写作题型的要求,对高中生而言,在概括文章时需要做到如下几点:

①概要应该包含主旨大意,主要内容完整。

②概要应该简短、精练,用词准确、简洁。

③必须用自己的语言加以概括,不能抄写文章中的原句。

④语句之间要有连贯性。

⑤概要必须客观,忠于文章原意,不能带有主观的判断和评价。

(二)概要写作的研究现状

1. 国外文献综述

国外对概要写作的研究始于 20 世纪 70 年代末。20 世纪 80 年代,一批国外学者研究英语为母语(L1)的学生概要写作能力的发展过程,以及影响这一能力发展的制约因素。学者普遍认为,概要写作需要同时调动阅读能力和写作能力。诸多学者通过研究概要能力缺乏的大学生,认为概要写作能力不是自然发展的,这种对文本信息反复研究加工的能力需要综合运用知识、策略和判断,并且需要显性教学和反复操练(Winograd,1984;Garner,1985;Anderson,1986)。Brown & Day (1983)认为,概要写作能力与认知能力的发展有关。Johns (2010)对概要写作能力欠缺的大学生进行的研究表明,这些学生辨析主要观点的能力和用自己的语言改述文本内容的能力均明显低于普通学生,并且在概要写作中部分扭曲了文本的原意。

而后,另一批学者开始关注英语为二语(L2)的学生的概要写作能力。学者主要关注英语为二语的大学生在学术写作中普遍存在的引用不当(inappropriate textual borrowing)和抄袭(plagiarism)问题。一些学者分析引用不当所反映出的语言发展问题,认为学生有限的二语能力限制了他们用自己的语言概括或改述的水平(Johns & Mayes,1990;Keck,2006;Shi,2012)。

一些学者关注二语学习者概要写作中的策略使用。Keck (2006)的研究比较了 79 名母语学习者(L1)和 74 名二语学习者(L2)在概要写作中所使用的改述(paraphrase)策略。按照与原文近似的程度,他将被试者在写作中所使用的改述策略分为:直接抄袭(exact copy)、近似抄袭(near copy)、最低限度的修改(minimal revision)、适度修改(moderate revision)和大幅度修改(substantial revision)。实验表明,二语学习者比母语学习者使用更多的直接抄袭(exact copy)和近似抄袭(near copy)策略;母语学习者比二语学习者使用更多的适当修改(moderate revision)和大幅度修改(substantial revision)策略。Kim (2010)对70 名韩国大一学生的英语概要写作能力进行研究。她在实验中考查了学生在概要写作时采取的选择(selection)、删除(deletion)和转换(transformation)等策略的使用。

这些对概要写作策略使用的研究大都指向语言能力对概要写作水平的制约。诸多学者提到了词汇语法能力对概要写作水平的影响,Kirkland & Saunders 等学者提到了概要写作中"名词化"使用的策略,即将一个句子或从句改写成一个名词性质的词组(Kirkland & Saunders,1991;Hood,2008)。这种策略的使用是以一定的词汇和语法知识为基础的。Keck (2006)也在其研究中指出,英语语言能力影响了学生对于文本的依赖程度,因为改述的能力要求学生掌握一定词汇知识(如近义词)和复杂句法知识。Baba(2009)在对日本大学生的实验研究中指出,学生对词汇的定义能力对概要写作水平有显著影响。

诸多学者指出,概要写作水平受制于语言发展的过程,因此无论是母语学习者还是二语学习者,在概要写作能力的发展过程中,都必定经历直接引用文本(copying from source texts)的起步阶段,而后过渡到能够对文本稍加改述(near paraphrase),最后掌握概括整合文本中不同位置关键信息的能力(Winograd,1984;Johns & Mayes,1990;Hyland,2001;Pecorari,2003;Shi,2004;Keck,2014)。

一些学者关注制约概要写作能力发展的其他因素。Anderson (1986)认为文本长度、体裁、文字和内容的复杂度、熟悉度等因素影响学生概要写作的水平。Kirkland & Saunders (1991)认为概要写作是一个阅读、写作、再阅读、再写作的循环过程。他们从认知的角度,提出了影响学生概要写作的外部制约和内部制约因素。其中,外部制约因素包括概要写作目的、目标读者、文本特征;内部制约因素包括二语语言能力、内容认知图示(content schemata)、情感因素、形式认知图示(formal schemata)、认知技能和元认知技能等。

2. 国内文献综述

国内对于概要写作的系统研究较少。部分学者关注大学生二语写作中的读写结合教学。徐浩、高彩凤(2007)对大学低年级学生进行了为期 2 年的读写结合实验研究。实验结果表明,读写结合教学法对学生二语阅读能力的提高没有显著的帮助,但对二语写作流利性和语法复杂度有显著提高。这种提高需要较长的时间才能表现出来。台湾学者 Chen(2012)对台湾大学生进行了基于体裁(a genre-based approach)的概要写作教学研究,指导学生抓住记叙文的文本结构特征进行概要写作。何莲珍、闵尚超(2012)从内容丰富度、结构清晰度、语言准确度、词汇复杂度等 4 个维度测量了学生二语水平对英语独立写作和基于文本阅读的写作的影响。吴越(2014)研究了大学生在读写结合任务中使用原文的策略,以及二语能力对理解原文和使用原文策略的影响。对于高中生概要写作能力的研究,主要侧重教学法,即学生面临的主要困难以及教师应当相应采取的教学策略和步骤(金怡,2016)。另有一些学者关注概要写作的课堂教学设计与任务选择(庄英如,2016;韩媛媛,2017)。目前还缺乏对学生概要写作能力发展的阶段性研究。

三、研究设计

(一)研究目标和问题

本研究旨在探究高中阶段英语概要写作初学者的概要写作能力在一学期(4 个月)内的发展情况,以及学生本身的英语语言能力对其概要写作水平发展的影响。研究问题具体为:

(1)经过一个学期(4 个月)的显性教学后,学生的概要写作水平是否得到显著提升?

(2)在一个学期(4 个月)的时间内,学生的英语语言能力对概要写作水平的发展是否有显著影响?

(二)研究对象

本次研究在笔者所教的高二年级某班展开,共 33 名学生,其中女生 18 名,男生 15 名,年龄为 16、17 岁。这个班级是一个平行班,学生经过高中一年的学习后,初步具备记叙文和议论文的写作知识。学生在课堂教学中从未接触过概要写作相关的系统教学或练习,因此可以认为是概要写作的初学者。

(三)研究方案和设计

本研究采取实验法。为了研究英语语言能力的高低对概要写作水平发展的影响,笔者在实验前取班级学生高一以来 8 次考试成绩的均值,作为学生英语语言能力的参考。

笔者将在实验班级进行为期 4 个月的概要写作教学,并对学生进行共 5 次概要写作的测试,收集学生概要写作数据,测量并观察学生概要写作能力在 4 个月中的发展情况。为了避免文章体裁对学生概要写作水平的影响,5 次概要写作测试均选取议论文或说明文,篇幅 250 词左右,文本难度相当。每次实验均要求学生在 20 分钟内当堂阅读文本,并完成一篇不超过 80 词的概要写作。对于概要写作能力的测量,本研究主要采用以下 3 个维度:

①分辨主要信息和细节信息的能力。测量方法借用 Kroll 提出的意义单位(idea units)的概念来计算学生概要写作中出现的主要信息的比例。根据 Kroll 的测量方法,1 个简单句或 1 个带有宾语从句的复合句记作 1 个 idea unit;完整的状语从句、定语从句单独记作 1 个 idea unit;to do 或 doing 形式做状语的,单独记作 1 个 idea unit;用 and, so, but 等连词连接的并列句记作 2 个 idea units;用逗号与主句分隔开的同位语单独记作 1 个 idea unit;举例说明(如用 for example, such as 等词引出的例证),单独记作 1 个 idea unit。包含文章主要信息的称作主要意义单位(major idea units,记作 MIU)。本研究将计算学生概要写作中出现的 MIU 个数占文章 MIU 个数的比例(记作 MIU 占比)。

②用自己的语言改述(paraphrase)的能力。实验将在 Keck(2006)、Kim(2010)等学者对改述策略分类的基础上稍作改动。考虑高二学生有限的词汇知识和二语表达能力,笔者将学生可能采用的改述策略分为词类转换、近反义词替换、句子转换为短语、词块缩减、句式结构改变、句子合并等 6 类。实验将计算学生概要写作中各类改述策略使用的频次,并对学生的改述策略进行描述性分析。

③语言准确度,即正确的语法结构和词汇选用。实验将测量学生概要写作中语言错误(包括语法结构错误和用词错误)的个数占写作总词数的比例。

(四)研究过程

在本实验开展的 4 个月内,笔者在每次实验之后对学生进行概要写作的指导,引导学生厘清文本结构,画出主要信息,对信息做语言形式上的转化,最后添加连接词,构成一篇完整的概要。在改述策略上,引导学生在课堂上共同思考并归纳方法。每次概要写作指导课结束后,要求学生在课后对概要进行内容和用词上的修改。

四、研究结果

(一)实验前后学生概要写作能力的变化分析

1.分辨主要信息的能力

本研究计算了 5 次实验中学生概要写作的 MIU 占比数据,以衡量学生分辨文本主要信息和次要信息的能力。为了分析 5 次实验之间 MIU 占比的变化,笔者采用了 SPSS23.0 中的重复测量方差分析(repeated measures)。表 1 为重复测量方差分析的结果。结果显示,MIU 占比在 5 次实验之间总体有显著变化($F=27.197,p=0.000$)。比较各次实验 MIU 占比的均值,可以看出学生在概要写作中分辨主要信息和次要信息的能力在实验进行的 4 个月间总体有显著提升。

表 1

影响因素	自由度(df)	F 值	显著水平(p)	效应量 (Partial Eta Squared)
时间	4	27.197	0.000	0.459

对 MIU 占比数据进行成对比较(pairwise comparisons)可以更清楚地看出学生分辨主要信息的能力在 5 次实验间的变化,分析结果见表 2。从表 2 中可以看出,第一次实验的 MIU 占比与后 4 次实验均有显著差异,而后 4 次实验的 MIU 占比虽有回落,但差异均不显著。由此可以得出,在 5 次实验期间,学生分辨主要信息的能力先经历了显著的增长,之后保持在高位。

表 2

实验(I)	实验(J)	均值差($I-J$)	标准差	显著水平
1	2	−0.265*	0.028	0.000
	3	−0.232*	0.024	0.000
	4	−0.234*	0.028	0.000
	5	−0.199*	0.033	0.000

实验（I）	实验（J）	均值差（I－J）	标准差	显著水平
2	1	0.265*	0.028	0.000
	3	0.033	0.027	1.000
	4	0.031	0.025	1.000
	5	0.066	0.034	0.632
3	1	0.232*	0.024	0.000
	2	−0.033	0.027	1.000
	4	−0.002	0.028	1.000
	5	0.033	0.032	1.000
4	1	0.234*	0.028	0.000
	2	−0.031	0.025	1.000
	3	0.002	0.028	1.000
	5	0.035	0.026	1.000
5	1	0.199*	0.033	0.000
	2	−0.066	0.034	0.632
	3	−0.033	0.032	1.000
	4	−0.035	0.026	1.000

2.语言准确度

本研究计算了学生在概要写作中语言错误个数与总词数的占比，以衡量学生的语言准确度，并采用 SPSS23.0 中的重复测量方差分析（repeated measures）来分析语言准确度的变化趋势。其中，语言错误包括语法结构的错误和词汇选用的错误。需要说明的是，语言错误占比的数据越小，则语言准确度越高。表 3 为语言错误占比重复测量方差分析的结果。结果显示，语言错误占比在 5 次实验之间总体有显著变化（$F=2.669$，$p=0.035$）。

表 3

影响因素	自由度（df）	F 值	显著水平（p）	效应量（Partial Eta Squared）
时间	4	2.669	0.035	0.077

表 4 为 5 次实验成对比较的结果。进行成对比较后可以发现，只有第 2 次和第 5 次实验的语言错误占比存在显著差异，第 2 次实验语言错误占比较高，反映整体语言准确度较低，相反第 5 次实验的整体语言准确度较高。其他组间比较的差异均不显著。这种差异可能是由文本难度造成的。一个可能的解释是，学生对于实验 5 文本的理解产生困难，导致在概要写作中大量引用了文本原话，降低了犯语言错误的概率。总体来说，语言准确度在 5 次实验中并不能看出显著变化。

表 4

实验（I）	实验（J）	均值差（I－J）	标准差	显著水平
1	2	−0.006	0.005	1.000
	3	−0.002	0.004	1.000
	4	−0.001	0.005	1.000
	5	0.010	0.006	1.000

续表

实验（I）	实验（J）	均值差（I−J）	标准差	显著水平
2	1	0.006	0.005	1.000
	3	0.005	0.005	1.000
	4	0.005	0.004	1.000
	5	0.016*	0.005	0.038
3	1	0.002	0.004	1.000
	2	−0.005	0.005	1.000
	4	0.000	0.005	1.000
	5	0.012	0.006	0.654
4	1	0.001	0.005	1.000
	2	−0.005	0.004	1.000
	3	0.000	0.005	1.000
	5	0.011	0.005	0.373
5	1	−0.010	0.006	1.000
	2	−0.016*	0.005	0.038
	3	−0.012	0.006	0.654
	4	−0.011	0.005	0.373

3. 改述能力

　　针对学生概要写作中的改述能力的测量，本研究根据学生的语言能力水平将学生分成高、中、低3组，在3组中各抽取一名学生进行案例分析。在改述策略的选用上，本研究参考了 Kim（2001）、Keck（2006）等学者的分类，并在此基础上稍作改动。统计时，笔者将学生可能采用的改述策略分为6类。另外，对于逐词引用文本（verbatim copying）的现象，本研究参考了 McDonough 等（2014）的分类，按逐词引用文本的长度分成3组：3~4词、5~8词、9词及以上。笔者统计了3组样本学生在5次概要写作中各类改述策略使用的频次，以及逐词引用文本的频次，见表5。

表5

高分组	改述策略							逐词引用		
	词类转换	近反义词替换	句子转短语	词块缩减	句式结构改变	句子合并	改述总频数	3~4词	5~8词	9词及以上
实验1	0	3	1	0	2	0	6	1	1	0
实验2	0	1	1	0	0	2	4	2	0	0
实验3	0	2	2	0	0	2	6	5	0	0
实验4	0	1	2	0	0	0	3	1	2	1
实验5	0	3	0	0	1	0	4	4	0	0
中分组	改述策略							逐词引用		
	词类转换	近反义词替换	句子转短语	词块缩减	句式结构改变	句子合并	改述总频数	3~4词	5~8词	9词及以上
实验1	1	1	0	2	3	0	7	1	1	0

中分组	改述策略							逐词引用		
	词类转换	近反义词替换	句子转短语	词块缩减	句式结构改变	句子合并	改述总频数	3～4 词	5～8 词	9 词及以上
实验 2	0	0	1	0	0	1	2	4	2	0
实验 3	0	1	0	1	0	0	2	3	0	0
实验 4	0	0	1	0	0	0	1	2	3	0
实验 5	0	0	0	0	3	0	3	1	1	1

低分组	改述策略							逐词引用		
	词类转换	近反义词替换	句子转短语	词块缩减	句式结构改变	句子合并	改述总频数	3～4 词	5～8 词	9 词及以上
实验 1	0	0	0	0	0	0	0	0	2	6
实验 2	0	0	0	0	0	1	1	3	7	0
实验 3	0	0	0	1	0	0	1	4	4	1
实验 4	0	0	0	0	0	0	0	3	1	1
实验 5	0	0	0	0	0	1	1	1	2	2

词类转换是指同词根的名词转动词、形容词转名词等词类的变化;近反义词替换包括近义词或词组的替换,以及反义词或词组的使用;句子转短语包括将复合句(如定语从句)转换成短语形式,或把完整句缩减成短语形式;词块缩减包括长的词块缩减为短的词块,或包含-ing、-ed 等后置定语形式的词块缩减为形容词+名词形式的词组;句式结构改变包括句式形态的改变,以及主被动语态的转换;句子合并包括将文本中几句话通过短语的连接合并成一句话,或用自己的语言概括几句话的内容。从表 5 统计数据大致可以看出,在改述策略的使用上,高分组的学生使用了相对更多的改述策略,低分组学生几乎没有运用改述策略;而在逐词引用文本方面,高分组学生的文本引用大致集中在 3～4 词的短词块引用,而低分组学生的习作中出现大量 9 词及以上的长串引用。

学生使用改述策略的频次会受到文本特征和文本难度的影响,如本身语言概括性很高的文本就会限制学生使用改述策略,学生会倾向于直接引用文本内容。文本难度会影响学生对文本体裁、内容和写作意图的正确理解,进而影响他们对文本某一处重要信息的处理。另外,直接引用文本的次数减少未必能说明改述能力的增强,也可能是因为在概要中缺失了文章主要信息。总体而言,语言能力制约学生对文本的理解和改述能力。概要写作的初学者多采用词块缩减、句子合并、改变句型结构等语言要求相对较低的方式对文章进行改述。前人的研究也多次证明,更高层次的语言概括能力需要一个极为漫长的培养过程。语言能力较弱的学生在起步阶段往往大量引用文本,对于这些学生而言,第一步可以采取的策略是减少文本引用的长度,进而逐步过渡到改述策略的使用。

(二)学生英语语言能力对概要写作水平发展的影响分析

1.语言能力对分辨主要信息能力的影响

本研究取实验班级学生高一以来 8 次考试成绩的均值作为语言能力的衡量,按语言能力从高到低排序,取前三分之一和后三分之一的学生作高、低分组。笔者采用了 SPSS23.0 中的混合设计方差分析(mixed-design ANOVA)测量语言能力对 MIU 占比的影响。表 6 分析了语言能力对 MIU 占比的影响。其中,时间和语言能力均单独对 MIU 占比存在显著影响(前者 $F = 16.917, p = 0.000$;后者 $F = 64.994, p = 0.000$),但时间和语言能力两者并不存在交互影响($p = 0.547$)。这一结果反映出学生分辨主要信息和次要信息的能力确实受到本身英语语言能力的制约,这种影响可能反映在对文本主旨大意和写作意图的准确理解上。图1更加直观地反映了不同语言水平组学生分辨主要信息能力的差异。另外,从图1中还可以直观地看出,第2次实验后,语言能力低分组学生的MIU占比回落情况更为明显,一个可能的原因是文本难度的差异对低分组学生的影响更大,学生可能难以正确领会文本的主旨和写作意图。

表6

影响因素	自由度(df)	F 值	显著水平(p)	效应量(Partial Eta Squared)
时间	4	16.917	0.000	0.458
时间和语言能力	4	0.772	0.547	0.037
语言能力	1	64.994	0.000	0.765

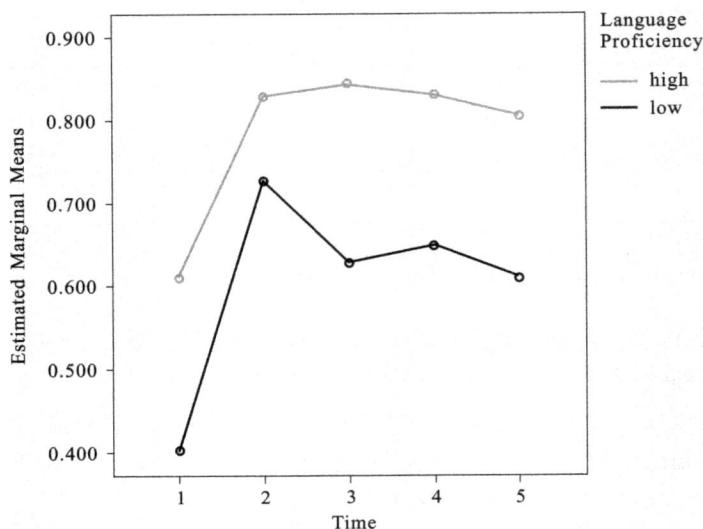

图1

2. 语言能力对语言准确度的影响

笔者仍采用SPSS23.0中的混合设计方差分析来测量语言能力对语言准确度的影响。表7分析了语言能力对语言错误占比的影响。其中,时间对语言错误占比没有显著影响($p=0.170$),这可能是因为在实验进行的4个月中,学生的语言准确度并不会有显著的进步。而语言能力对语言错误占比存在显著影响($F=33.157$,$p=0.000$)。这一结果说明学生在概要写作时的语言准确度受到英语语言能力极大的制约,图2反映了这种关系。需要说明的是,时间和语言能力对语言错误占比产生了交互影响($F=2.963$,$p=0.025$),一个可能的解释是,低分组学生的语言准确度起伏较大,见图2,加上语言能力对语言准确度影响巨大,可能导致交互效应的存在。

表7

影响因素	自由度(df)	F 值	显著水平(p)	效应量(Partial Eta Squared)
时间	4	1.650	0.170	0.076
时间和语言能力	4	2.963	0.025	0.129
语言能力	1	33.157	0.000	0.624

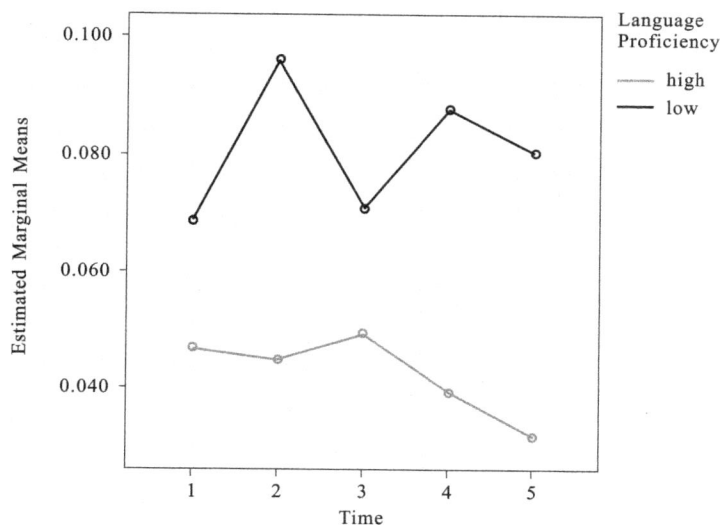

图 2

五、研究结论

(一)主要研究成果

本研究观察了高二学生英语概要写作能力的短期发展情况。在经过 4 个月的概要写作课堂教学后,学生的概要写作能力得到了初步发展。首先,学生分辨文本主要信息的能力总体得到了显著提升。具体分析 5 次实验的 MIU 占比可以看出,第 2 次实验的 MIU 占比显著提升,然后基本保持在高位,在第 5 次实验时出现小幅回落。这一回落可能是由于实验 5 的文本难度导致学生难以理解文章的主旨大意和写作意图。其次,学生的改述能力需要漫长的培养过程,短期内还未能看到明显的进步。实验结果还表明,改述能力受语言能力的制约,不同英语语言水平的学生在这表现出较大差异。最后,在概要写作的语言准确度上,总体未能看出有显著的进步。这可能是因为在实验进行的 4 个月内,学生的语言准确度还未能呈现出明显的进步。

本研究还分析了学生英语语言能力对概要写作能力发展的影响。数据分析可以得出,首先,学生的语言能力对其分辨主要信息的能力有显著的影响,语言能力高分组的学生分辨主要信息能力的得分显著高于低分组学生,这可能是因为语言能力较好的学生能够准确理解文本内容和写作意图。其次,语言能力对改述能力的影响主要体现在对文本的正确理解、精确的概括能力和语言表达能力上。最后,学生语言能力对概要写作时的语言准确度也有显著影响。语言能力高分组的学生语言准确度显著高于低分组的学生。

(二)教学启示

概要写作能力并不能随时间或年龄的推移而自然增长。相反,这种能力的培养是一个漫长的显性教学的过程,需要课堂的反复教学和操练。对于概要写作的初学者,教师的课堂教学可以从以下几方面入手:

首先,教师需要在课堂上引导学生理解一篇概要的特征和概要写作的任务要求。对于初学者,教师需要指导学生如何分辨文本的主要信息。在进行概要写作策略指导时,教师可以通过课堂讨论等方式引导学生把握文本的主旨大意和写作意图。然后,教师可以引导学生画出文本中的主要信息,再对这些信息做语言形式上的转化。

其次,改述能力的培养是一个漫长的过程,同样需要显性的课堂教学。教师可以在课堂上引导学生进行方法和策略的归纳,并在每一次概要写作练习后要求学生针对语句形式和用词进行课后修改。在改述能力的培养上,教师应当充分考虑班级学生之间语言能力的差异。对于语言能力较弱的学生,可以在起步阶段引导他缩减文本引用的长度,尽可能避免长串的抄袭文本,从而慢慢过渡到改述策略的使用。

最后,对于概要写作能力的培养可以融入其他课堂教学活动中,如作为一节阅读课的读后活动,可以让学生口头复述文章的主要内容,等等。总之,概要写作能力的培养需要教师和学生持之以恒的努力。

(三)本研究的局限和不足

第一,实验周期的局限。本研究为期 4 个月,只能观察到概要写作初学者能力的短期发展情况,无法做长期的跟踪研究,因此无法展现学生概要能力发展的"全景"。

第二,实验样本的局限。本次实验样本为笔者任教的高二年级某班级 33 名学生。实验样本较小,会对研究的定性和定量分析造成一定的局限性。笔者仅能展现这一样本学生概要能力动态发展的情况,至于这种变化是否能代表整个区乃至全上海市的高二学生,还有待未来更进一步的检验和后续的研究证明。

第三,文本难度难以控制。虽然五次概要写作实验均选取了长度相当的议论文或说明文,并经本校较有经验的教师审阅,认为无论从内容和语言表述上均难度相当,但技术上仍难以保证这五篇文本难度系数一致。

第四,测量维度的局限。本研究参考了前人的研究视角,通过分辨主要信息的能力、改述能力、语言准确度等 3 个维度来衡量学生概要写作能力的变化。这一分析框架是否能够全面展现学生概要能力的变化还有待验证。

对高中生英语概要写作能力的长期发展变化,还需要更多的跟踪研究加以分析和揭示。对这一问题的持续研究将有助于教师的课堂教学,也有助于学生概要写作能力的提高。

参考文献

[1] 蔡剑峰. 朗文当代高级英语辞典. 5 版. 北京:外语教学与研究出版社,2014.

[2] 韩媛媛. 概要写作在高中英语教学中的实践. 基础外语教学,2017(6):23-31.

[3] 何莲珍,闵尚超. 学生外语水平对其在独立写作与综合写作中写作结果的影响. 外语与外语教学,2012(4):43-47.

[4] 金怡. 中学生英语概要写作研究:问题与对策. 外语测试与教学,2016(4):38-42.

[5] 吴越. EFL 读写结合测试任务中受试使用原文策略的实证研究. 外语电化教学,2014(159):63-69.

[6] 徐浩,高彩凤. 英语专业低年级读写结合教学模式的实验研究. 现代外语,2007(2):184-190.

[7] 庄英如. 高中英语读写结合写作教学中阅读源文的选择与任务设计. 基础外语教学,2016,18(1):61-68.

[8] Baba K. Aspects of Lexical Proficiency on Writing Summaries in a Foreign Language. Journal of Second Language Writing,2009,18(3):191-208.

[9] Brown A L,Day J D. Macrorules for Summarizing Texts:The Development of Expertise. Journal of Verbal Learning and Verbal Behavior Language,1983,22(1):1-14.

[10] Casazza M E. Using a Model of Direct Instruction to Teach Summary Writing in a College Reading Class. Journal of Reading,1993,37(3):202-208.

[11] Chen Y S,Su S W. A Genre-based Approach to Teaching EFL Summary Writing. ELT Journal,2012,66(2):184-192.

[12] Garner R. Text Summarization Deficiencies among Older Students:Awareness or Production Ability? American Education Research Journal,1985,22(4):549-560.

[13] Anderson H V. Producing Written Summaries:Task Demands,Cognitive Operations,and Implications for Instruction. Review of Educational Research,1986,56(4):473-493.

[14] Hood S. Summary Writing in Academic Contexts:Implicating Meaning in Processes of Change. Linguistics and Education,2008,19(4):351-365.

[15] Hyland F. Dealing with Plagiarism when Giving Feedback. ELT Journal,2001,55(55):375-381.

[16] Johns A M. Summary Protocols of "Underprepared" and "Adept" University Students:Replications and Distortions of the Original. Language Learning,2010,35(4):495-512.

［17］ Johns A M，Mayes P. An Analysis of Summary Protocols of University ESL Students. Applied Linguistics，1990,11(3)：253-271.

［18］ Keck C. The Use of Paraphrase in Summary Writing：A Comparison of L1 and L2 Writers. Journal of Second Language Writing,2006,15(4)：261-268.

［19］ Keck C. Copying，Paraphrasing and Academic Writing Development：A Re-examination of L1 and L2 Summarization Practices. Journal of Second Language Writing，2014,25：4-22.

［20］ Kim S A. Characteristics of EFL Readers' Summary Writing：A Study with Korean University Students. Foreign Language Annals，2010,34(6)：569-581.

［21］ Kirkland M R,Saunders M A P. Maximizing Student Performance in Summary Writing：Managing Cognitive Load. Tesol Quarterly，1991,25(1)：105-121.

［22］ Mcdonough K,Crawford W J，De Vleeschauwer J. Summary Writing in a Thai EFL University Context. Journal of Second Language Writing，2014,24：20-32.

［23］ Pecorari D. Good and Original：Plagiarism and Patchwriting in Academic Second-language Writing. Journal of Second Language Writing，2003,12：317-345.

［24］ Shi L. Textual Borrowing in Second-language Writing. Written Communication，2004,21(4)：171-200.

［25］ Shi L. Rewriting and Paraphrasing Source Texts in Second Language Writing. Journal of Second Language Writing，2012,21(2)：134-148.

［26］ Winograd P N. Strategic Difficulties in Summarizing Texts. Reading Research Quarterly，1984,19（4）：404-425.

逻辑思维能力在学术英语写作中的应用①

深圳福景外国语学校　方颖琼

【摘　要】　逻辑思维能力是深圳福景外国语学校国际部学生明显欠缺的能力。为了提高深圳福景外国语学校国际部学生的写作能力,本文探索雅思写作教学中学生所存在的逻辑思维能力问题,并且提出在教学中如何培养和提高学生逻辑能力的方法与教学流程。教学流程包括写作中使用的分析问题能力(分析任务)、解决问题能力、合理的逻辑推理能力(逻辑关系词的运用)、综合评价能力(形成观点)、实践能力(写与校对)等,以此培养国际部学生的逻辑思维能力,进一步提升国际部雅思教学的质量,提升学生学术英语写作能力。

【关键词】　雅思写作;学术英语写作;逻辑思维能力

一、引言

1998 年,联合国教科文组织发布了《面向二十一世纪高等教育世界宣言:观念与行动》,其中第五条"教育方式的革新:批判性思维和创造性"明确指出:教育方式的革新是"批判性思维和创造性"。培养逻辑思维能力一直都是西方国家所重视并在践行的教育思路,也是我国教育创新和培养高素质人才的核心。因此,培养学生的逻辑思维能力一直是深圳福景外国语学校教学的重中之重,对接受国际教育的学生来说,更是关键。在雅思考试中,写作是中国学生最弱的一项,提高学生的逻辑思维能力,能有效提升学术英语写作能力,从而提高学生的语言表达能力。

二、英语写作的重要性

英语写作能力,特别是学术英语写作能力,是中国学生出国留学至关重要的基本能力。没有扎实的英语写作能力,很难在留学过程中学有所成。Coffin & Donohue(2012)和 Gardner(2012)认为,学术英语写作与教学主要在两个理论下展开:系统功能语言学理论和学术语言能力理论。学术英语教学是传统英语教学向分科英语教学转型的一个支点,目标在于培养学生的批判性思辨能力、学术英语能力以及对专业知识的掌握(刘润清,1996)。作为衡量留学生学术英语能力的雅思考试,也对写作部分第二个任务提出了学术英语写作的四大标准:"任务的回应度(task response)、一致性和连贯性(coherence and cohesion)、词汇量(lexical resource)、语法的广度和准确度(grammatical range and accuracy)"。但是大量的事实证明,在英语听、说、读、写这四项基本能力中,口语和写作是语言的输出过程,阅读和听力是输入过程。中国学生写作能力相对较弱,其主要原因在于雅思写作教学中对学生逻辑思维能力的培养不够重视,学生在整个写作过程中没能有效地分析任务,运用逻辑关系词来组织文章,在布局谋篇中思路缺乏一致性、连贯性,也就是缺乏逻辑性。

三、中国学生在学术英语写作中主要面临的问题及分析

针对深圳福景外国语学校国际部学生的广泛调查显示,对于以学术英语测试为目的的雅思考试,学生在写作中面临的问题主要集中在以下几个方面:

(1)题目理解片面,甚至跑题。

学术英语写作的要求一般都有明确范围和目的。以某次雅思写作大作文为例:

Some people think that robots are very important for humans' future development. Others, however, think that robots are a dangerous invention that could have negative effects on society. (一些人认为机器人对人类未来的发展非常重要,但其他人认为机器人是个危险的发明,会对社会产生负面影响。)

Discuss both views and give your opinion. (讨论双方看法并给出你的观点。)

多数学生在看到该题后,不加思索,马上讨论"机器人很重要,能帮我们打扫卫生",但是忽略了题目中两个重要的主题词,即"very important(非常重要)"以及"future(未来)"。这样审题不到位的后果是,不仅时态和要求有很大偏差(题目要求用将来时),内容上也不符合要求,因为"打扫卫生"并不能证明"非常重要"。

(2)想不到相关的内容及英语表达方式。

同样以上题为例。一旦学生明白跑题的严重性后,让他们重新就题目展开讨论,很多学生马上面临思维"卡机"的问题。无话可说,这是很多中国学生普遍存在的典型"封闭性思维"问题。就算一些学生能想到一些相关问题,由于语言知识和运用能力所限,也翻译不出来。有部分学生虽然能写个别句子,但要么是词不达意,要么过于单一。例如:要表达"越来越多的人",学生就会想到"more and more people","喜欢"就会想到"like"等口语化的词语,只有部分学生能想到"an increasing number of people""be fascinated with/prefer/enjoy/be keen on/be crazy about"。由此看出,学生在平时的练习当中,paraphrase 的练习不够,词汇积累得少以致"卡机"。

(3)文中的用词及语法不当。

中国学生在写作过程中普遍存在"生搬硬套"的"翻译"过程。本来学习的语法和词汇知识就不够,学习过程中又不重视运用,"死记硬背"后很快又忘记了,导致"翻译"出来的语言存在很多语法和词汇方面的错误,或者不符合英语的表达习惯。

(4)英语表达过于简单。

很多中国学生面对稍微复杂的学术英语写作问题时,能进行简单回答就不错了,没有经过专业和系统的训练,要学生写出复杂和精准的句子,几乎是不可能的。

(5)文章的观点不鲜明,逻辑不严密,缺乏一致性及连贯性。

由于存在以上问题,审题不准,思路阻塞,英语知识运用不当,要达到学术英语写作对于议论文的一般要求,很多学生难以做到语言的精准、内容的连贯、观点的鲜明,导致学术英语写作成为国际部学生最突出的问题。

四、逻辑思维的概念及其在学术英语写作中的重要性

思维推动写作(Thinking precedes writing),或者 Writing as a thinking process. Writing, it relies on active thinking, that is to say, on a conscious awareness of the intellectual process (Mary & Lawrence, 1977). It capitalizes on the students' ability to think inductively and on the cognitive skills they already have. 这是国外很多学术英语写作教程中提出的写作能力的出发点。没有形成良好的思维习惯,是写不出好的文章的。而对于学术英语的写作,特别针对中国学生写作的问题,培养和训练学生逻辑思维能力是写作能力的出发点,是全面解决方案,也是最终目标。

逻辑思维(logical thinking),是指人们在认识事物的过程中借助概念、判断、推理等思维形式能动地反映客观现实的理性认识过程,又称抽象思维。只有经过逻辑思维,人们对事物的认识才能达到对具体对

象本质规律的把握,进而认识客观世界。它是人的认识的高级阶段,即理性认识阶段。

美国特尔斐项目组也曾对逻辑思维能力当中的批判性思维给出了权威的定义:思辨能力是有目的、自我调节的判断,它能促发对证据类、概念类、方法类、标准类或背景类等考虑因素的阐释、分析、评价、推理与解释。思辨能力是至关重要的探究素养,主要包括"认知能力(cognitive skills)"与"情感特质(affective dispositions)"两个维度(范能维、王爱琴,2017),具体如表1所示。

表 1

特尔斐双维度思辨能力模型						情感特质
阐释	分析	评价	推理	解释	自我调节	
归类,理解意义,澄清意义	分析看法,找出论据,分析论证过程	评价观点、评价论据	质疑证据,提出替代假设,得出结论	陈述结果,说明方法,得出论据	自我评估、自我纠正	好奇、自信、敏锐、开朗、公正、诚实、审慎等

逻辑思维能力这种"确定的,而不是模棱两可的;前后一贯的,而不是自相矛盾的;有根据的思维"的特性,是学生在英语学术写作中,特别是中国学生相对缺乏的能力。这也是造成深圳福景外国语学校学生雅思写作得分低的其中一个原因。首先,因为在学生多年学习英语的经历中,教师和学生重视英语词汇、句式的讲授和学习,即偏重语法教学,在教学和学习的过程中,重视语言是否准确,语序是否通顺,语法是否正确等,忽视了学生写作是否符合现实,是否符合事物发展规律。其次,学生写的作文缺乏一定的连贯性,句子前后衔接存在问题,上下文的词语使用错误,且一些词语的错误使用导致作文文意混乱,上下文语篇连贯性被打破。最后,学生使用的语言不合乎要求,一些词语使用不得体,口语现象严重,文章缺乏内涵(包欣欣,2017)。

对英语写作教学不够重视。并且在中学,英语写作教学的课时安排和课程安排不够科学,英语写作课时安排较少,加上教师对写作教学的重视程度不够,批改英语作文需要大量的时间和精力,教师不愿意花更多的时间在写作课程上,学生也仅从语法角度去关注自己所写的文章,能提高自己的写作水平十分有限,导致英语写作教学质量难以提高,学生的思维能力得不到应有的锻炼。这一点可以从表2得到印证。

表 2

(1)写作时遇到的困难:	从未有	很少有	有时有	经常有
a. 拿到作文题后,分析任务困难	4%	24%	45%	27%
b. 找合适的文章主题有困难	9%	22%	52%	17%
c. 运用主要观点扩充文章主题时有困难	4%	17%	57%	22%
d. 在用词表达想法时有困难	13%	35%	35%	17%
e. 写篇题句(中心思想)时有困难	4%	22%	49%	26%
f. 运用细节支持观点时有困难	8%	17%	30%	39%
g. 写段落主题句时有困难	9%	8%	39%	44%
h. 运用逻辑关系词有困难	11%	9%	59%	21%
i. 有读者意识吗	72%	10%	12%	6%
j. 你修改作文吗	23%	48%	13%	16%
(2)如何修改文章的问题	改语法67%,改句法25%,改思路8%			
(3)修改多少次?一稿和多稿修改情况	一稿83%,多稿17%			

五、运用逻辑思维能力训练提升学生写作能力的具体教学方法

(一)改变教学方式

产生问题的原因是重视程度不够,观念传统。部分英语教师过于注重纠错,注重模板的背诵或者按规定的结构和格式写作,写出来的内容过于刻板,过于相近,这种写作教学方式无法提升创新性思维和批判性思维能力。英语教师需要重视问题,学习新的理念,改变以语法为主的教学方向,除了词法、句法,篇章也很重要,尤其是思路。逻辑思维是推动写作的动力,无论是创新性逻辑思维还是批判性思维,教师需要教会学生认清逻辑思维与实践的关系,改变传统写作的学习方式,尝试新的写作练习方式,避免过多强调固化的经典句子、模式化句子。在实际教学过程中,教师要重视逻辑思维的引导。词法、语法、句式教学是基础,逻辑思维是核心,有机地结合,培养学生的逻辑思维能力,提升写作质量,如借助逻辑关系词(logical connectors)来布局谋篇。Halliday 和 Hasan 把逻辑关系词分为四大类:①additive(增补);②adversative or contrastive(转折或对比);③cause and effect(因果);④temporal(时间)(Halliday & Hasan,1976)。在实际应用中,学生应尝试运用更多逻辑关系词,如解释、强调、分类、对比、原因、结果、条件、引用、举例等。学生还要考虑文章的篇题句、段落的主题句等关系层层推进。

(二)合理安排教学课程,提升学生思维能力

中学普遍存在英语写作教学课时安排不够,听、说、读、写课程安排比较笼统等问题。学校只有总的课程,没有具体分出听、说、读、写的课时安排时间,因此每个教师对听、说、读、写的课时安排都不一样,随意性大。学校要重视英语写作教学,重视教学课时安排。

(三)以学生为中心的启发式、引导式教学

写作过程包括两个不同的生成过程,即语言形式的形成过程和思想内容的形成过程。语言形式的形成过程包括遣词造句,衔接连贯;思想内容的形成过程包括审题、话题、概念、定义、例证、论点、论证、假设等(刘儒德,2000)。强调语言的灵活运用,要求语言学习者有扎实的语言功底和缜密的逻辑思维能力。学生的逻辑思维能力需要有意识培养才能得到强有力的提升。教师在教学中选择任务时,巧妙设计多维度、多视角的问题,可以尝试头脑风暴的形式共同讨论某个话题,让每个学生从不同的角度思考问题、分析问题和解决问题,通过每个学生的分析、信息的共享碰撞而激发学生的逻辑思维。为了满足学生对提高写作能力的需要,教学过程中应采用以学生为中心的"互动式教学方式",教师也应从"讲授"型向"导师"型转变。这也是建构主义学习理论中的一个观点,它提倡学习要以"学生为中心",注重学习主体对知识的主动探索和建构。

(四)基于逻辑思维能力的写作评价体系

批判性思维是指通过个体的主动思考,对所学知识的真实性、精确性、过程、理论、方法、背景、论据和评价等进行个人的判断,从而对"做什么"和"相信什么"做出合理决策的思维认知过程。它强调人的独立思考和判断能力,要求不轻信别人,强调通过自己的分析、论证和试验,挑选自己认为最重要的和正确的。写作过程中,提倡学生进行自我评价和同伴互评。自我评价能让学生对自己的写作过程做清晰的阐述,自评者可以清晰看到自己的优点和缺点。自我评价能够从自己所理解的角度对写作任务进行初步的分析和思考,形成自己的观点和思路。同伴互评是指按能力梯度组成小组,相互之间进行作文的批改和评价的过程,就是拓宽思路的过程。自我评价和同伴互评对照,让每个人有修正、补充、完善自己思路的机会。自我评价和同伴互评是提高个人分析、判断和推理能力的过程(李丹,2014)。

(五)雅思写作教学过程

雅思写作教学过程见图1。

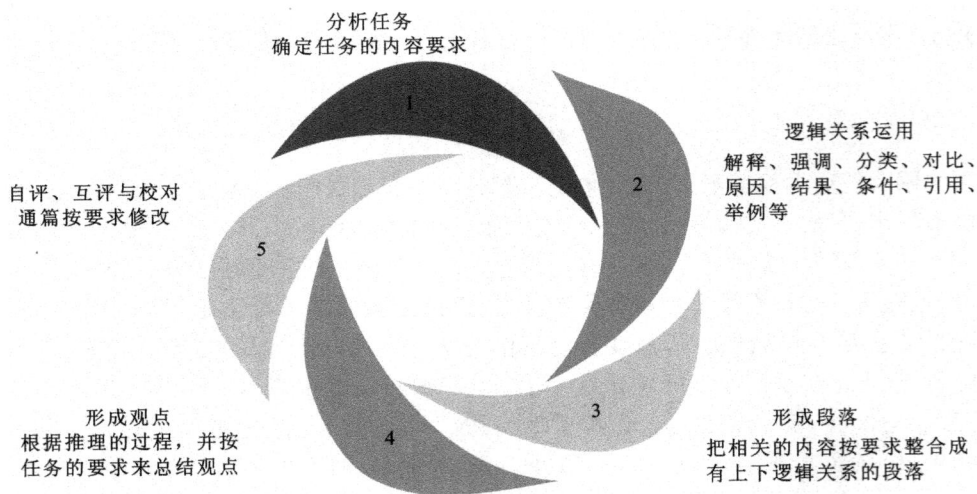

图1

六、结论

综上所述,学术英语写作——雅思写作是语言运用的高层次形式,优秀的作文在于观点鲜明,语法结构精准和逻辑清晰,用词地道,更在于巧妙的布局谋篇和创意观点的表达,因此学生逻辑思维能力中创新性能力和批判性思维能力在学术英语写作中十分重要。学校和教师应该注重学生逻辑思维能力的培养,教师积极学习新的理论,转变传统观念,尝试新的教学方法和评价方式。这些策略的综合运用可以有效提高英语写作中学生的逻辑思维能力,对提高学生学术英语写作能力有非凡的意义。

参考文献

[1] Coffin C,Donohue J. Academic Literacies and Systemic Functional Linguistics:How Do They Relate? Journal of English for Academic Purposes,2012,11:64-75.

[2] Gardner S. Genres and Registers of Student Report Writing:An SFL Perspective on Texts and Practices. Journal of English for Academic purposes,2012,11:52-63.

[3] 刘润清.21 世纪的英语教学——记英国的一项调查.外语教学与研究,1996,2:1-8.

[4] Mary S,Lawrence. Writing as Thinking Process. Michigan:The University of Michigan Press,1977.

[5] 范能维,王爱琴.国标背景下英语专业课程模块设计与思辨能力培养融合的探索.外语界,2017,1:8.

[6] 包欣欣.英语写作中思辨能力的培养策略研究.宿州教育学院学报,2017,12:121.

[7] Halliday M A K,Hasan R. Cohesion in English. London:Longman,1976.

[8] 刘儒德.论批判性思维的意义和内涵.高等师范教育研究,2000,12(1):56-61.

[9] 李丹.大学学术英语写作中批判性思维的培养研究.商丘职业技术学院学报,2014,13(1):77-79.

巧妙应对英语写作中的"词穷"现象[①]

重庆外国语学校　谢娜

【摘　要】 在《普通高中英语课程标准(2017年版)》中,英语学科核心素养中语言能力是指在社会情境中,以听、说、读、看、写等方式理解和表达意义的能力。"写"放在最后,本身也体现了这一难度。在应试过程中,学生需要快速调动大量英语知识来完成相应测试题目,难免在书面表达这一题型上会出现一时"词穷"的情况。本文尝试解决这一问题,缓解学生考试的紧张情绪,提高学生考试成绩,并持续发展学生的写作能力。

【关键词】 高考;写作;词汇

一、问题的提出

大部分中国学生在英语写作过程中,不可避免会受中式思维以及中文写作习惯的影响。中文写作过程中,学生喜欢运用书面语以及相对华丽的词组、习语、成语等,而中英文的字词,特别是习惯用法并非一一对应,所以,学生在英语写作时常常会出现想表达却找不到合适词语、句型的情况。在高考的紧张气氛中,学生忘词的情况频频出现。有时越想表达,反而越找不到合适的词语;或者弄巧成拙,写出一些词不达意的 Chinglish 的句子,影响书面表达的得分。以下几点应对策略能有效帮助学生顺利渡过这个难关。

二、应对策略

(一)运用定语从句(Use attributive clause)

定语从句是高中英语语法学习中的一个重要知识点,是大部分学生能正确运用的一种句式。所以,在表达过程中遇到超纲或是遗忘的名词时,运用定语从句不但能有效缓解用词尴尬,而且能丰富表达的多样性。

例如想要表达以下句子:大量来自叙利亚(Syria)的难民不断涌入欧洲。"难民"一词译为 refugee,是大学词汇,这种情况学生可以借助定语从句来帮助表达,"难民"＝遭受灾难/战争的人＝the people who suffered from disaster/war. 该句可以写成:A large number of people from Syria who suffered from war were flooding into Europe continuously. 一个定语从句不但解决了难词,而且能博得阅卷老师的赞赏。

在高考题目中,我们常常会碰到这种情况。

Directions：Write an English composition in 120-150 words according to the instructions given below in Chinese. (2009年上海卷)

某海外学校举办英语夏令营,开设了如下课程:园艺、烹饪、防身术、护理。假如你是王跃华(不可以用自己的真实姓名),写一封申请信,报名参加其中一门课程的学习。信的内容必须包括:

---

① 本文在第十九届全国外国语学校外语教学科研论文评比中荣获二等奖。

1. 你感兴趣的课程。

2. 你期望从这门课程中学到什么。

3. 为什么想学这些内容。

在写作过程中,学生可能会写到以下句子:我申请参加防身术这门课程。"防身术"(self-defence)一词可能会难倒不少学生,这时运用定语从句就能轻松翻译这一术语。防身术＝自我保护的技能＝the skills which can defend myself from attack. 所以,该句可以写成:I want to apply for the course about the skills which can defend myself from attack. 定语从句的运用不但化解了生词、难词,而且让写作更充实、更有内涵。

(二)同义替换(Find synonyms /similarity)

同义替换是指用同义或近义的词、短语、词组对句子的某些成分进行替代。在高中英语教学中,强调学生用英语解释英语,用一个英语单词或短语甚至句子解释另一个英语单词,不但能培养学生的英语语感,有效扩大词汇量,在写作时也能发挥至关重要的作用。例如,天天用牛奶洗脸是奢侈的,"奢侈"(extravagant)这个词汇对于大部分学生而言难度不小,运用同义替换,奢侈＝浪费,该句可写成:Washing face with milk everyday is wasteful.

高考模拟试题的实例如下:

前段时间,一段虐待儿童的视频在网络上疯传,引起人们的广泛关注。请你根据这一现象,陈述你的观点。(2017 年高考模拟题)

要点如下:

1. 视频中一名成年男子正在踢打一名男童;

2. 虐待儿童的危害;

3. 你的观点。

注意:

1. 词数 100 左右;

2. 可以适当增加细节,以使行文连贯。

写作过程中,学生可能需要翻译以下句子:虐待儿童的人应该受到惩罚。"虐待"常译为 maltreat/abuse,这是大学四级词汇,但这对于普通高中生而言,无疑是个难点。运用同义替换,虐待＝残忍地对待＝treat children cruelly/badly,故该句可以写成:The people who treat children cruelly/badly should be punished.

同义替换,要求学生换个角度思考问题,培养学生语言运用的灵活性、思维的敏捷性,是《普通高中英语课程标准(2017 年版)》提到的英语学科核心素养中语言技能的突出体现。

(三)反义正解(Use antonyms /opposites)

反义正解是指通过运用反义词、双重否定表示肯定的方法,来表达部分难词。在英语构词法中,词根词可以通过添加否定前缀与后缀,获得该单词的反义词。常见的否定前缀有:形容词、副词前缀 un-(happy,unhappy), im-(possible, impossible), in-(correct, incorrect), il-(legal, illegal), ir-(regular, irregular);动词前缀 dis-(appear,disappear);名词前缀 non-(existence, non-existence),等等。常见的否定后缀有:-less (care, careless), -free(salt,saltfree), -proof(water,waterproof),等等。在写作过程中,理解句子意思,适当运用反义词或者否定句,往往能够收到意想不到的效果。

例如,在现实生活中,压力是不可避免的。"不可避免的"一般译为 unavoidable/inevitable,基础比较扎实的学生能从词根 avoid 写出 unavoidable 一词,对于普通高中生而言,能写出这两个单词是相当困难的。其实换个思考角度,不可避免的＝必要的,该句可以写成:It is necessary for everyone to be faced with the pressure in the daily life. 再如中国的习语中"己所不欲,勿施于人",运用反义正解,可以写成:Treat others the way you like it. 这种反义正解的翻译方法言简意赅,能顺利完成两种语言之间的转换。

高考题例如下：

假设你正在参加全省中学生英语演讲比赛，请你针对有些父母经常翻看孩子日记或书包这一现象，写一篇演讲稿，陈述你的观点。（2009年安徽卷）

演讲稿的主要内容应包括：

1. 认为同学们不必为此苦恼；

2. 希望能够体谅父母的苦衷；

3. 建议与父母进行交流和沟通。

注意：

1.词数100左右；

2.可以适当增加细节，以使行文连贯；

3.开头和结尾已为你写好，不计入总词数。

上题中，希望能够体谅父母的苦衷。"苦衷"一词会难倒不少学生，该句可写成：I wish you could understand life is not easy for your parents. 句中"not easy"轻松化解了这一难题。

（四）具体解释（Explain specifically）

具体解释是指把某些专有名词或者比较抽象的词语运用解释说明、拆解意义等方法表达出来。这不但能补救部分专业词汇的书写不准确，还能使文章更生动、明了。例如，人们应该努力在生态平衡的问题上做出贡献。"生态平衡"译为 ecological balance，在真实的考试环境中，"生态的"（ecological）一词会难倒不少学生，运用具体解释法，生态平衡＝人与自然的平衡。学生可以巧妙地跳过"生态的"一词，把该短语写成：the balance between human beings and nature. 这样可以简单、清楚地传达想要表达的思想。

高考题例如下：

调查显示，中国长江江豚（finless porpoise）受人类活动影响而濒临灭绝，目前总数不足1000只。假设你是李华，现请用英文给 WWF（世界自然保护基金组织）写一封信，请他们关注这一状况并提供帮助。（2013年重庆卷）

内容应包括：

1.说明写信的目的；

2.简述江豚现状；

3.希望 WWF 如何帮助（比如资助江豚保护项目等）；

4.表示感谢并期待回复。

注意：

（1）词数不少于80；

（2）在答题卡上作答；

（3）书信格式及开头均已给出。

在写作中，学生可能对于"资助"（fund/sponsor/subsidize）一词较为陌生，此时可以使用具体解释法把"资助"拆分为：资＝金钱上的＝financial，助＝帮助＝help/support，这样"希望 WWF 资助江豚保护项目"可写为：We hope you could provide financial help/support for the projects relevant to the protection of the endangered finless porpoises. 这样生词得到化解，同时丰富的表达也会给阅读者留下深刻印象。

三、总结

在英语学习中，词汇虽说是读写的巨大障碍，但是灵活地运用上下文以及所学语言知识（如上文中提到的），学生可以另辟蹊径，找到完美迈过障碍的方法。在此过程中，学生不断运用各项语言能力来解决问题，也在不断培养自身的创新思维能力。随着我国新时代的发展，立德树人，培养具有创造力和创新精神的人才是每一位教育工作者的迫切任务。

参考文献

［1］ 中华人民共和国教育部.普通高中英语课程标准(2017年版).北京:人民教育出版社,2018.

［2］ 王朝银.步步高——大二轮专题复习与增分策略.哈尔滨:黑龙江教育出版社,2016.

［3］ 刘民.雅思周计划——写作.北京:中国人民大学出版社,2011.

［4］ 皮连生.学与教的心理学.5版.上海:华东师范大学出版社,2009.

参考文献

通过概要写作，发展学生的核心素养[①]

浙江省临海市外国语学校　叶肖君　蒋美红

【摘　要】　本文从中、高考写作题型变化出发，从教学现状出发，以《义务教育英语课程标准(2011年版)》为依据，并结合笔者的教学实践，介绍了五大策略来帮助学生进行有效的概要写作。文章从理论到实践，证明这些策略确实能改进学生的英语写作，让学生体验到写作的喜悦与成功，进而影响其学习潜能的发挥，最后达到发展学生的核心素养的目的。

【关键词】　概要写作；写作策略；发挥学习潜能；发展核心素养

一、引言

继 2016 年浙江省英语高考试卷启用了概要写作的新题型后，《2018 年浙江省初中毕业生学业考试说明》题型示例中的例 18 也出现了一个新题型——阅读表达。题目如下：

阅读下面的短文，写出故事概要(summary)，字数 40～50(原短文共 230 字)。

这种题型属于较难题型，主要测试学生对文本主旨大意的概括能力以及整体结构的把握能力，以及准确获取关键词并组织有效的语言概括文本重要信息的能力，考试要求为 C 级。这种题型要求考生仔细阅读文章，把握文章主旨和结构，明确各段大意，列出关键词语，按照行文逻辑组织语言，形成概要。

不难看出，《2018 年浙江省初中毕业生学业考试说明》的题型变化源于高考新写作题型的变化，这种变化提醒我们：中考要与高考接轨，同时，这种变化凸显了初中读写教学的重要性，充分体现了《义务教育英语课程标准(2011 年版)》的精神，对考生写作能力的要求更高。

但是长期以来英语教学存在着重视语言知识、忽视语言运用的倾向。教学通常采用直接告知、死记硬背和机械训练的方式，忽视语言学习对人的发展的多方面作用。这样的教学方式使很多学生失去了信心，对英语学习望而却步。这样的教学方法无法帮助学生发展其所应具备的运用语言获取信息、处理信息的能力，也不利于学生用英语进行思考、理解，更别谈让学生具备用英语主动表达和与他人交流的能力。

《义务教育英语课程标准(2011 年版)》指出：语言学习具有很强的实践性和应用性，这两个特点也就决定了语言学习不应是一个对英语语言知识体系的学习，教师要帮助学生发展有效的学习策略，从而使他们逐步构建起综合语言运用能力。学生只有享受到学习的乐趣，体验到学习的成功，才能建立自信，从而更加努力地投入学习中。

二、定义

概要是一种对原始文献或文章的基本内容进行浓缩的语义连贯的短文，是对一篇较长文章本质思想的简洁复述。概要写作不是简单的换句话说，它是一个复杂的语言信息转换过程，是作者根据文章的写作目的，把一个总的主题浓缩成一个具体的中心思想，把原始文章中最本质的内容准确再现。概要写作是一

---

①　本文在第十九届全国外国语学校外语教学科研论文评比中荣获二等奖。

种控制性的作文形式,是阅读者在不改变原文中心思想、体裁和结构的前提下用简洁、精练的语言表述一篇文章或一本书的主要内容、基本观点或事实(杨红丽,2009)。这一新题型要求考生就所给的阅读材料用简洁、精练的语言进行简要概括,写出文章的主要大意。概要写作需要学生在整体把握文章结构和中心思想的基础上,运用分析、判断、推理、归纳和概括的思维能力,准确提取关键信息,梳理、整合与构建全文大意。这对学生的语言基础知识、阅读能力和思维品质均提出了更高的要求。

概要写作是我们所拥有的教学技巧中最没有得到充分使用的技巧之一。但是研究表明,概要写作使得人们在对信息的理解和长时记忆方面产生了一些最伟大的飞跃,它是最有效的教学策略之一。

作为认知理论一部分的初始-近时效应(primacy-recency effect),似乎和概要写作的思想极为一致。初始-近时效应认为,在一节课中,我们记忆效果最佳的是对这节课开始接受的知识,次佳的是每节课最后接受的知识。作为优秀的教师,我们应该在前 10 分钟内将每节课最重要的知识呈现给学生并在最后对这些知识进行回顾。

通过对课堂教学进行组织使其具有初始-近时效应,教师能改变学生所记忆的知识。课堂的最后部分是关键,这段时间应该留出来进行反思和总结。单独教学很少能引起学习,只有对所学过的知识进行教学反思和总结,真正的持续学习才能发生。

教学生概要写作,必须教他们:怎样辨别出最重要的信息;怎样对那些信息进行建构从而获取意义并使之得以成功应用。概要写作是删除、替换及保留信息的一个充满学问的过程。它是一种能够为学生的头脑开启一个话题并使内容富有逻辑的策略。它能引导学生理解材料并对之保持长久记忆。

三、实践

概括能力的培养需要通过课堂学习累积而成,这就要求教师必须改变教学方式,发展学生的学习策略,促进他们认知和思维能力提升。要实现有效教学,教师必须基于学生特征进行教学设计,运用特定的练习来帮助学生获取这种机制,从而提高他们的理解力。

先来领略一下概要,它来自《英语(新目标)》,Book 3, Unit 8　Section B 2b "Stonehenge—Can Anyone Explain Why It Is There?"

Summary:As one of the world's most popular tourist attractions, Stonehenge holds every visitor in its power for its history, and mysteries in particular. Questions about its purpose, its builders and its process of building remain unanswered. So far even historians are puzzled. But what is for sure is Stonehenge is a world wonder and its creators were great planners. (60 字)

这是一篇有效的学生习作。因为它具备了以下的特点:

(1)Cover all the main points (Complete).

(2)No unnecessary details in 40-80 words(Concise).

(3)No grammatical and spelling mistakes(Correct).

(4)Use linking words if possible (Coherent).

(5)Write in your own words(Independent).

然而,作者是怎么知道哪些部分需要强调并使之连在一起形成的一个 summary 呢? 答案在于总结的机制。下面介绍五大策略。

(一)预先准备好学生的大脑

在《大脑物质》(*Brain Matter*,2001)一书中,帕特·乌尔夫(Pat Wolf)说人类的大脑需要被预先准备好,这样在任何文章中它都能有所专注并能判断出有意义的东西。比如,在让学生阅读《英语(新目标)八年级》下 Module 3, Unit 2　"We Have Not Found Life on Any Other Planets Yet"这篇文章时,让学生先观看一段有关太阳系的录像并要求学生"观看录像并且注意行星是怎样在太阳系中保持运行轨迹的",带着以下问题观看:With so many stars in the universe, are we alone? Or is there life out there in space? Have there been visitors to the earth from other planets? 这样就给了学生一个目标。通过这种预先准备,学生将利用录像中的信息思考问题。这样就提高了将信息永久保留在学生大脑中的可能性。

为了证明学生阅读和总结前预先准备好大脑的重要性,可以让学生做完总结后做个有关阅读材料的小测验。结果表明,在阅读之前有给定目标的那部分学生的得分率更高。Cris Tovani 说过这句话:"我读过了,但是我并没有弄懂",它对预先准备大脑和提供背景知识做了极好的解释。

(二)激活学生个人的背景知识

每个学生有关 summary 话题的背景知识和经验会为他所创造的总结设定一个框架。比如,让一个很喜欢棒球和一个从来没有打过棒球的学生来概括一位著名棒球运动员的生活,将会收到两份截然不同的 summary。优秀的教师会意识到背景知识对学习结果的影响,并且会利用这些背景知识丰富自己的教学内容。为了使学生能够从文章或任何学习体验中选出所得到的重要信息,我们必须确保他们是从充裕的背景知识中开始获取那些预设的理解。比如,笔者在要求学生阅读并概括有关显微镜如何工作的文章之前,留出时间让他们接触真实的显微镜:调整好光源,夹紧滑片,将镜头聚焦滑片覆盖中的东西。这样,当他们在阅读有关显微镜技术的文章时,就不会表露出一种迷茫的眼神。因为文章与他们已经存储的早期的显微镜体验联系起来了。除非将学生所学的与已有的背景知识或体验相联系,否则不会有什么东西能进入他们的长时记忆。教师必须创建一个先验基础(initial foundation)以让学生能够将新的学习与之相联系。苏格拉底说:"一切思考均从置疑开始。"(All thinking begins with wonder.)

(三)教学生识别文章潜在的结构

笔者认为,学生一般能够很好地理解和概括那些他们最熟悉的文章结构。因此,教授学生有关作者组织文章的各种方法和有效地概括文章的各种图解格式是很重要的。

大部分的文章都是用以下的一种或多种组合的结构进行陈述的,如:列举,按时间先后顺序组织,比较和对比,原因和结果,问题与对策。这里以几个例子来分析一下这些结构。

1.列举

列举是罗列事实、特性、特征,或者是三者的一种综合。它的提示语有:first,second,third;then,next,at last;for example,such as;in fact;the most important;also and what's more.

2.按时间先后顺序

按时间先后顺序指的是将事实、事件和观点按照时间依次进行组织。它的提示语有:then,before,gradually,soon,nowadays,since,when,….

对于按时间先后顺序组织的结构,一般采用的总结格式包括时间线、流程图、思维图、日历和钟面图(clock face)。如《英语(新目标)九年级》Unit 6 "An Accidental Invention"这篇文章我们可以以时间线来呈现(图1)。

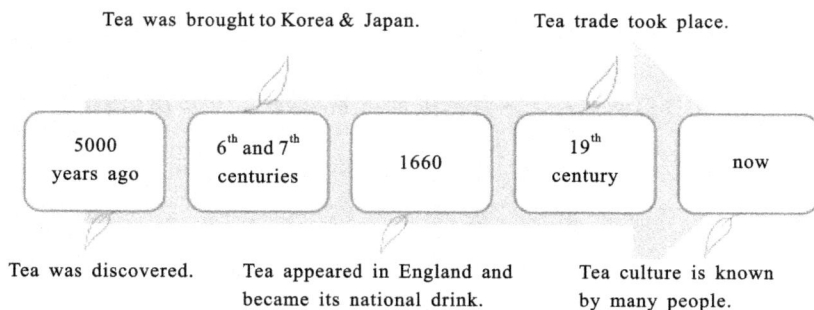

图 1

3.T 形图表

笔者在教学实践中发现很多学生无法独立阅读或理解一篇文章并从文章中筛选出重要信息。教师必须用某种方式构建知识和技能,以帮助他们能回忆起或记住有关信息。利用 T 形图表,可以为大脑提前做好准备,还可以建构信息以便存储。它还可以引导学生的学习。如《英语(新目标)九年级》Unit 8 "Sad but Beautiful"这篇文章我们可以用 T 形图表(表1)来呈现:

表 1

Paragraph	Main ideas	Supporting details
Paragraph 1	I was moved by a piece of music named Erquan Yingyue.	◆ The music was strangely beautiful, but under the beauty I sensed a strong sadness and pain. ◆ It was one of the most moving pieces of music that I've ever heard. ◆ I almost cried along with it as I listened.
Paragraph 2	Abing lived a very hard life.	
Paragraph 3	Abing's musical skills made him very popular.	

4. 问题、原因与对策

如《英语(新目标)九年级》Unit 4 Section B 2b "He Studies Harder than He Used to" 这篇文章是这样呈现的(表2):

表 2

Problems	Reasons	Solutions
He became a problem student. He wanted to leave school.	His parents didn't live together with him. He became a stay-at-home child.	His parents had a long talk with Li Wen face-to-face after a 24-hour train and a 5-hour bus ride. Li Wen sensed his parents' love and began to change himself.

(四)教学生沿着线索来理解意义

学生对比较熟悉的文章结构能有效地进行概括。例如,说明文通常是以一个介绍作为开头,接着是几个说明段落,然后以一段作为结尾。一篇议论文,诸如一篇政治演讲或者一篇新闻社论,通常将最有力的证据放在文章的开头和结尾。比如,组成议论文的段落会包含支持论点的论据。主题句是理解意义的一个有价值的线索。主题句是指文章的一个段落或一个部分的主题以及作者对之所持的观点。当然,一个段落的主题句可能不会都表述得这样清晰,它可能会在段落中间或者最后。而有时一个主题句可能是隐含的,它需要读者通过综合几个句子片段来梳理。

必须强调这些结构,因为知晓文章结构有助于学生懂得在哪里寻找那些重要信息。为了帮助学生找出一篇文章的重要信息,一定要教他们在特定的段落里面开始寻找。如《英语(新目标)八年级上》Unit 3 Section B 2b "Mr. Smith's Letter" 是这样呈现的(表3):

表 3

Topic sentence: _____	
Fact: Children these days _____	
Opinion 1: Doing chores helps to _____ and teaches them how to _____.	Opinion 2: It also helps them to _____.

Example： Our neighbor's son _____. He had no idea _____. As a result, _____.	Reason： Since　they _____, everyone should _____.
Conclusion： The earlier _____, the better _____.	

（五）教会学生融入课文

在学生能对一篇文章或一部作品进行概括之前，他们必须知道里面讲了什么内容。为此，他们必须用心地融入作品，但有相当一部分学生在读课文时仅仅眼睛掠过单词而已。教会学生如何用心地融入课文，同时提供他们所需的工具，对于提高他们的概要写作能力是很有必要的。

1.反复阅读

文章至少读两遍，第一遍是为了得出文章大意，第二遍是为了确定文章要强调的内容。

2.做笔记以及标记文章

一旦知道了阅读目的，我们有必要做一些笔记，这样会帮助我们与文本更好地互动。可以采用以下的符号：√，同意这个；×，反对这个；??，容易混淆这个；CL，这是一种概括的陈述；EV，支持这种主张的理由有（这些符号还可以用数字来显示它们的序号，如EV1、EV2、EV3，以此类推）。同时必须要求学生在赞成或者反对某些观点时拿出自己的立场，只有这样他们才能将概念加以消化。

总之，教师在教学生进行概要写作时要遵循一定的规则：用自己的话忠实地再现作者的思想；以正确理解原文为基础，包括原文中每个要点及其重要论据、例子等；通过删除原文中的细节，减少例证，使文章简洁；写出的概要完整连贯，能够独立成篇。

四、结语

以上各种概括技巧，都指向一个目标：使学生能提取内容的本质并对其进行加工或建构。马克·吐温警告："教学并不等于告诉。如果是的话，我们都会聪明到连自己都无法忍受自己的地步。"教师不能仅仅是呈现课程内容，然后"放羊式"地让学生随意地学习。教师需要为他们提供各种各样的工具，使他们喜欢学习这门功课。概要写作就是一种很好方式，它是一种能提高学生学习水平的可靠方法之一。

浙江省英语中、高考中写作题型的变化使得读写整合成为迫切的需求。阅读是知识输入的主要方面，阅读为写作储备语言知识，积累写作素材，提供写作框架。写作是输出的重要环节。读写结合是输入与输出结合的方式之一，也是促进学生迁移的重要方法。教师要抓住每个让阅读生成写作的契机，让阅读与写作自然成为学生内在需求，成为一种爱好，只有这样学生的核心素养才能全面提高。

参考文献

[1]　中华人民共和国教育部.义务教育英语课程标准(2011年版).北京:北京师范大学出版社,2012.

[2]　[美]沃姆利.50种教与学的总结技巧.池春燕,彭坚,译.北京:中国轻工业出版社,2006.

[3]　刘道义.英语(新目标)八年级.北京:人民教育出版社,2012.

[4]　刘道义.英语(新目标)九年级.北京:人民教育出版社,2012.

[5]　周永鹏."主位结构"理论下的英语概要写作.教学月刊:中学版,2017(9):3-7.

[6]　杨红丽.论大学英语精读教学中的概要写作.读与写:教育教学刊,2009,6(7):57-58.

基于"素养"的高中英语课堂中的戏剧赏析与写作
——以人教版高中英语必修 3 Unit 3 *The Million Pound Bank Note* 为例①

浙江省临海市回浦中学　王雅英

【摘　要】 戏剧是一种综合的舞台艺术,是一种文学体裁。它以丰富的内涵陶冶学生的情操、提高学生的人文素养。人教版必修 3 Unit 3 *The Million Pound Bank Note* 是学生在高中必修阶段接触的第一个剧本,因此在教学过程中,不但要启发学生理解故事的内涵,还要引导学生通过戏剧情节的发展,了解英语戏剧的特点和要素,关注人物的言行,领悟其表达的情感,从而得到人文素养的熏陶。

【关键词】 素养;高中戏剧;赏析与写作

一、英语学科核心素养

"核心素养"是指学生应具备的适应终身发展和社会发展需要的必备品格和关键能力。随着高中英语课程的不断改革,教学任务逐渐围绕着"立德树人"和"学科素养"展开[1]。围绕"关键能力和必备品格",英语学科将高中英语核心素养的内涵界定为语言能力、思维品质、文化品格和学习能力四个方面[2]。本文将以人教版高中英语必修 3 Unit 3,即依照马克·吐温著名短篇小说《百万英镑》(*The Million Pound Bank Note*)改编而成的剧本节选为例,探讨基于"素养"的高中英语课堂中的戏剧赏析与写作。

二、教学分析

1.教学内容分析

人教版高中英语必修 3 Unit 3 的主要内容是根据马克·吐温的名著 *The Million Pound Bank Note* 改编而成的剧本中的几个片段。Reading 部分讲述了富豪两兄弟打赌,把一张一百万英镑的支票给了一个一无所有、诚实可靠的流落街头的美国小伙子亨利。Using Language 是第一幕的第四场,学生通过感受百万英镑给亨利带来的变化进一步理解作者诙谐讽刺的写作风格。原汁原味的英语戏剧蕴含丰富的文化内涵与生活哲理,是英美文学重要的组成部分。为了让学生从了解戏剧的特点到人称转述,笔者分两课时对 Reading 与 Using Language 两个部分的教学内容进行了整合。第一课时 Act Ⅰ,Scene 3,引导学生了解戏剧的特点和要素,通过思维导图研读人物的行为和言语,体会人物的内心活动及情感变化;第二课时主要是小组自主学习,对这部作品进行深层次的理解,即梳理故事情节、对人物的性格特点进行分析、理解戏剧的思想内涵。

2.学情分析

本课授课对象为高一学生,他们对中文戏剧赏析有了一定鉴赏基础,但对英语戏剧的赏析是第一次,

---

① 本文在第十九届全国外国语学校外语教学科研论文评比中荣获二等奖。

因此需要为学生搭建更多的支架,让他们品味英语戏剧的语言魅力。

3. 教学目标

基于对教学内容和学情的分析,将两节阅读课定位为以培养学生戏剧赏析、运用情感思维导图搭建写作能力为主的阅读拓展课,制订了以下教学目标:

(1)聚焦剧本纲要:舞台说明、人物、戏剧语言、戏剧冲突,启发学生理解故事的思想内涵,引导学生解读剧本,理解作者是如何利用动作和语言传神地表现人物的情感状态、身份地位以及性格特征。

(2)小组合作运用思维导图厘清人物的情感暗线。

(3)参照思维导图的内容,以主人公/店主的角度对餐馆的经历进行转述。

三、教学思路

第一节课教学浅入,解读戏剧,围绕"为什么讲"和"如何讲"两个问题,通过人物言、行两条明线推出人物情感线的暗线,明确"what the person says and what he does reflects his hidden feeling"。在导入阶段帮助学生形成结构化知识,促进其认知建构。第二节课教师仅作为学习指导者,学生为学习主体,给学生足够的时间阅读、思考、讨论,推理人物微妙的情感变化,通过思维导图的形式展示出来。

四、教学过程

第一节课 教学浅入

Before Class

Watch the movie *The Million Pound Bank Note* and get more detailed background information about Mark Twain in different ways.

【设计意图】 课前了解相关背景知识,包括作者的生平、戏剧创作的时代背景、戏剧所表达的价值观等,观看同名电影,熟悉剧本主要情节,既增进对戏剧的了解,又为文本阅读扫清背景知识障碍。

During Class

Step 1:Before reading.

Q1:What kind of style is the passage? What elements should we focus on when reading? Get them more aware of settings, stage directions and lines in the text.

(stage directions——舞台说明;settings——戏剧背景;characters ——人物;language ——戏剧语言;plot ——情节;conflict——戏剧冲突)

【设计意图】 导入戏剧要素,为戏剧鉴赏做好铺垫。

Step 2:While reading.

Task:Scan the settings and the scenes to fill in the form(表 1)。

表 1

Settings (戏剧背景) Time:the summer of 1903 Place:London	
Characters (人物): Henry Adams: a penniless American businessman Roderick and Oliver: Two old and wealthy English brothers A servant	Whether a man could survive a month in London with this banknote?

【设计意图】 了解戏剧要素,勾画戏剧的线索,训练学生筛选和获取信息的能力。

Q2:What kind of person is Henry/Oliver and Roderick? Try to find the sentences showing their characteristics(表2)。

表2

Name	Character	Evidence
Henry Adams	1. honest 2. hard-working 3. straightforward 4. independent 5. ...	
Oliver and Roderick	1. mischievous 2. good judge of character 3. ...	

【设计意图】 引导学生分析人物性格,进入批判性阅读,辨别他们的社会地位和性格特征,培养学生分析、总结能力,明白 What a person says or does reflects one's personality. 在思考和讨论的过程中其逻辑性、发散性、创造性等思维品质能够得到发展。

Q3:Describe how Henry's / Oliver and Roderick's feelings change during the conversation. Pay attention to what he/they say(s)or do(es) on the following occasions and then use your own words to describe how you think he feels. Explain your reasons(表3)。

表3

		What Henry says or does	How he feels	What the two brothers say or do	How they feel
Outside the house	Before entering				
Inside the house	How he reached London				
	When telling he had no money				
	When given the envelope				
Before leaving the house					

【设计意图】 思维导图又叫心智导图,是表达发散性思维的有效图形思维工具。通过思维导图欣赏戏剧语言,理解作者是如何利用动作和语言传神地表现人物的情感。附思维导图的板书(表4)。

表4

Henry:wander	by accident fault be spotted	I don't follow you lucky to you, but not to me stand up to leave	promise
depressed lost Before... enters the house. curious	regretful grateful When... tells how he reaches London. skeptical curious	offended annoyed When telling he has no money or job. satisfied excited	relieved curious Before... leaves the house. curious
Brothers:invite	listen with doubt	advantage What luck! clap his hands	promise

Step 3：After reading.

Q4：If you were Henry, what would you do with the money and what changes would happen to you and your life? Predict who will win the bet and tell us the reason.

【设计意图】 引导学生从戏里走到戏外,结合生活理解人物性格和故事冲突并对下一幕的内容做出合理预测。

第二节课　学生深读

Step 1：Revision.

Q1：What are the elements of the drama? Who are the characters? What reflects their feelings? Whose behaviors change most?

【设计意图】 戏剧的四要素,即时间、地点、人物、事件是把握戏剧脉络的基础。在快速阅读中温习这一文学常识。

Step 2：Role reading.

Divide the class into four groups to read the lines of different characters.

【设计意图】 身临其境,有感情地进行角色朗读,在朗读中充分体会人物性格,感受戏剧冲突。

Step 3：Group working.

Task：With the envelope, Henry went to a restaurant. Work in fours to draw a mind map of the plot, feelings, actions and words. Discuss the following questions：

Whose behavior changes most during the scene? Give examples. What does Mark Twain intend to say?

【设计意图】 思维导图用图形体现人的思维,将思维可视化、形象化、清晰化。在小组合作画思维导图的过程中,阅读动机明确,通过阅读发掘文字的深层含义,构建文本表达的内涵。学生在阅读中深刻地感受到"百万英镑"使饭店老板前后态度突变(from being rude to being over-polite)的魔力,体会到资本主义社会人们金钱至上的观念。本环节的重点在于使学生在阅读中思考,形成正确的人生观和价值观。

附学生小组的思维导图(图 1)：

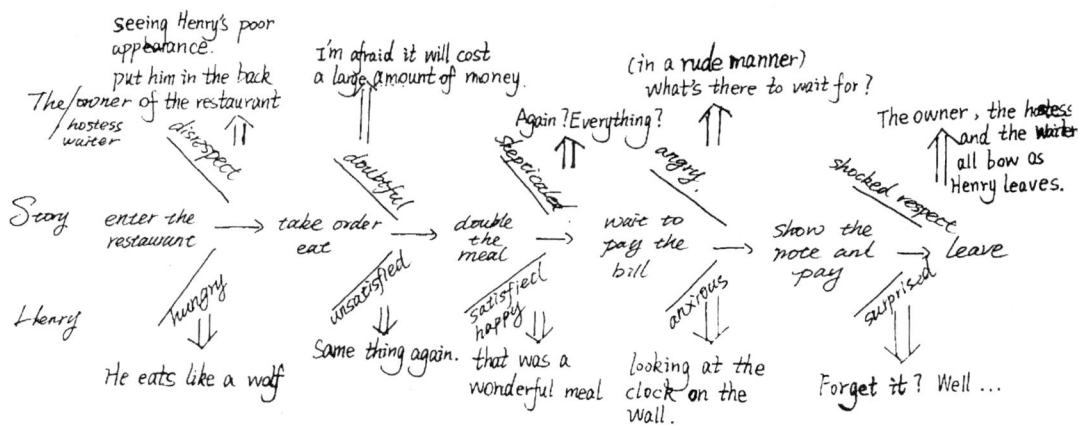

图 1

Step 4:Critical thinking.

Q2:What would you do with a million pound bank note? With it, will Henry remain honest, hard-working and independent? Give your reasons.

【设计意图】 通过戏剧的四大基本要素、台词和舞台说明等烘托人物情感的变化并勾勒性格特征以及剧情表象所蕴含的深刻思想内涵,既值得品味却又不易被理解。这一幕结束时就更深层的问题设问,亨利原本是一个品行善良的误到伦敦的美国穷人,但由于意外飞来的"百万英镑",他的生活发生了巨大的变化。他会保持诚实、勤劳和独立吗? 笔者让学生围绕这个问题进行思考,让学生发挥想象力,锻炼逻辑思维和口头表达能力。

Step 5:Expressing.

Choose one between the two.

(1)Based on the information of the mind map, describe the uneven experience in the restaurant from the perspective of Henry.

(2)Based on the information of the mind map, give a detailed account of the encounter with an unexpected millionaire in the restaurant from the perspective of the owner.

【设计意图】 英语戏剧的学习,由输入理解,到分享领悟文本的弦外之音,最后用个性化语言进行转述改写输出表达,有利于提升学生的语言运用能力,培养学生的创造性思维,是培养学生核心素养的重要方式与手段。

附学生的作文:

①As soon as I came out of the house, I entered a restaurant nearby for I was too hungry. Because of my poor appearance, the owner and the waiter all looked down upon me. They treated me in a rude manner. But I didn't care about it. I just needed some food to satisfy my hungry stomach. I ate like a wolf when the food served. A few minutes later, there was nothing left on my plate. I ordered the second meal. Hearing it, the look on the waiter's face turned amazed. Maybe they thought I couldn't afford the food. But for me, it was a great pleasure to have the meal. I kept my promise and didn't pay the bill until it was two o'clock. When I opened the envelope, a million pound bank note appeared. My goodness! Everyone in the restaurant stared at it, shocked! Anyway, the owner couldn't change the note, who even said I could forget the bill and that I could come and eat here whenever I like. With a million pound bank note, I stepped out of the restaurant, everyone bowing to me.

②One afternoon, a man in rags came into my restaurant. His appearance was so poor that it was a shame to let him sit next to the front window, thus I led him to the back of the restaurant. He ordered what would cost a large amount of money again and again. I felt more doubtful than surprised: How could such a poorly dressed man pay for the bill! I did consider him as a cheat and treated him in a rude manner.

What completely shocked me was the million pound note he took out from the envelop. It couldn't be a fake because no thief wanted to be paid too much attention. He must be a very strange rich man! I couldn't help regretting for what I had done and strove to please the millionaire. Nothing is a more wonderful thing than having a millionaire sit in my restaurant!

五、教学反思

本单元通过阅读原汁原味的文学作品,熟悉戏剧赏析的基本要素,运用思维导图自主学习。两节课将"mind map"贯穿始终,侧重培养学生的发散性思维、批判性思维、创造性思维等高阶思维能力。笔者在以下三方面安排教学环节,着眼于学生英语学科核心素养,即思维品质、文化品格以及学习能力的培养。

(1)凸显目标。并非每一次语篇教学都要涵盖"素养"的所有要点,解读文本时要根据语篇特点进行合理选择,有所聚焦,最大化提高课堂效率,将核心素养的培养渗透到日常教学。

（2）意义建构搭建提升阶梯。教学设计反复思考,设计出符合学生思维方式的教学模式。教学力求以主题意义探究为引领,依托语篇,通过深层提问有机整合语言知识、文化知识,形成结构化知识,促进学生的认知建构与发展。

（3）放大留白时间。英语课中的留白是根据教学需要,通过任务布置、小组合作等方式引导学生自主探究,研读文本,欣赏语体特征,体悟作者情感,强化语言运用能力。教学中的留白符合学生的认知规律,发挥学生课堂学习的主体地位。

参考文献

［1］　王蔷.从综合语言运用能力到英语学科核心素养——高中英语课程改革的新挑战.英语教师,2015(16):6-7.

［2］　程晓堂,赵思奇.英语学科核心素养的实质内涵.课程·教材·教法,2016(5):79-86.

［3］　陈振金,周大明.高中英语文学阅读思维型 USE 教学模式的构建与实践.福建基础教育研究,2014(10):59-61,76.

基于高三学生的高中生英语写作中书面语口语化现象调查[①]

深圳第二外国语学校　林树华

【摘　要】　本文采用中介语对比分析法,随机抽取高三学生三次模拟考试的作文作为研究样本,使用读者/作者的显现度和词汇密度两个特征参数对该阶段学生的书面语口语化现象进行研究分析。研究发现,书面语口语化倾向在中国学生中十分普遍,教师在英语写作教学中应当引导学生对两种语体进行区分,形成地道的英文写作方式。

【关键词】　书面语口语化;读者/作者显现度;词汇密度

一、引言

运用语料库对比分析研究英语中介语起始于欧洲。欧洲学者 Petch-Tyson(1998)研究了作者、读者在书面语中的显现度(writer/reader visibility)。杨永芳(2010)认为,语体差异主要表现为口语与书面语两种语言的差异。王德春、陈瑞端(2000)指出,由于使用语言的场合、场景不同而引起的语言形式和结构上的变异称作英语语体,即语言的恰当性。口语和书面语分属于不同的语体,用词造句都有所不同,在语境的适用性、词汇的选择,以及语法特征等方面都存在着差异。然而,正如桂诗春、杨惠中(2002)所述,对于将英语作为外语或第二语言的学习者,其英语书面语基本上就是"写话",较接近于以英语为母语的英美人的口语。中国英语学习者很难区分二者的区别,以至于经常在书面语写作中夹杂了口语,导致文章语体特征不清晰,所成之文不地道。高中阶段是形成个人写作风格的关键时期,也是语体意识培养的关键时期,分析书面语口语化倾向有助于教师在英文写作中给予正确引导,指导学生写出地道英文。在国外学者 Petch-Tyson(1998)以及国内学者文秋芳等(2003)、王珍平(2010)、冯瑞玲和吴雪颖(2011)对英语书面语口语化现象研究的基础之上,本文细化了研究群体,更针对性地研究深圳市高中英语写作的书面口语化问题,并增设利用词汇密度对不同水平英语学习者语料进行比较。

二、文献综述

(一)读者/作者显现度

英语学习者书面语口语化倾向的具体表现之一为:过度使用第一、二人称代词,以致过分强化了读者/作者显现度(reader/writer visibility)(Petch-Tyson,1998)。

(二)词汇密度

根据 Ure(1971)的观点,词汇密度是分析书面语口语化现象的重要依据:口语的词汇密度大概在

---

①　本文在第十九届全国外国语学校外语教学科研论文评比中荣获二等奖。

40％以下,而书面语则在 40％以上。其提出的词汇密度计算公式为用实词总数除以词汇总数所得到的百分比。关于实词和功能词的区分,Halliday(1985)认为,英语词语可分为功能词和实词两大类,其中功能词包括冠词、代词、大部分介词、连词和限定性动词。

三、研究问题、方法及数据计算

(一)研究问题

本项研究主要回答以下两个问题:
(1)广东省深圳市高中学生英语书面语口语化现象如何?
与以英语为母语的外国人比较,深圳市高中阶段英语学习者观点型作文中读者/作者显现度有多高?
(2)广东省深圳市高三英语书面语中出现的口语化倾向是否会因学生自身英语水平的高低而呈现不同?
①不同水平的学生书面语中读者/作者显现度是否随其自身英语水平的提高而减弱?
②不同水平的学生书面语中的词汇密度是否随其自身英语水平的提高而提高?

(二)研究方法

本研究采用中介语对比分析。

1.研究对象语料来源

本次研究对象是深圳第二外国语学校高三学生,研究样本为该学校三次模拟考试的书面表达习作。三篇书面表达习作均为陈述观点的议论文。

2.对比分析语料来源

对比分析语料选自以英语为母语的书面语语料,包括 Brown Corpus(1961 年出版的美国书面英语)、BNC World Spoken(当代英国英语,占英语国家语料库的 10％)和 CIC(Cambridge International Corpus,剑桥国际语料库)。

(三)数据计算

1.读者/作者显现度

利用 Antconc 软件分析读者/作者显现度,读者/作者显现度特征的分析项目参考 Petch-Tyson(1998)。

2.词汇密度

利用词汇分析软件 Vocal Profile 1 计算词汇密度。具体操作方法为:
首先,确定功能词的数量。利用词汇分析软件 Vocal Profile 1 的功能词表确定该语料的功能词数。
其次,确定实词总数。词汇总数减去功能词数即为实词总数。
最后,计算词汇密度。根据 Ure(1971)提出的词汇密度计算公式,词汇密度＝实词总数/词汇总数×100％,计算得知该语料的词汇密度。

四、研究分析

(一)书面语口语化倾向分析

学校三次模拟考试英语书面表达习作作文语料的读者/作者显现度分析见表1,对比分析语料的数据 Brown Corpus 和 BNC World Spoken 直接参考文秋芳等(2003)。

表1

语料库(万词) 读者/作者 显现度特征(万词)	学生作文	Brown Corpus	BNC World Spoken
第一人称代词单数(如 I, myself, me, mine)	510.3	72.9	289.4
第一人称代词复数(如 we, ourselves, us, our, ours)	78.8	46.2	106.0
第二人称单复数(如 you, yourself, yourselves, your, yours)	31.6	42.2	252.4
合计1:第一/二人称代词	620.7	161.3	647.8
阅读/写作情境指代(如 here, now, this)	142.8	19.4	40.2
强化小品词(如 just, really, actually)	31.5	10.2	49.0
模糊词(如 kind of, sort of, and so on)	3.9	3.0	13.1
合计2:情境指代/强化小品词/模糊词	178.2	32.6	102.3
读者/作者显现度总体特征(合计1+合计2)	798.9	193.9	750.1

根据表1数据,学校高三学生的英语书面语口语化倾向分析如下。

(1)读者/作者显现度总体特征:学校高三学生三次模拟考试书面表达习作中的读者/作者显现度每万词的数量(798.9)远远高出 Brown Corpus 美国书面英语语料库(193.9),甚至稍微超过了当代英国英语语料库口语部分 BNC World Spoken(750.1),可见该校高三学生英语的确存在比较普遍的书面语口语化现象,且其书面语接近于以英语为母语的英美人的口语。

(2)第一/二人称代词使用方面,其使用比例(620.7)是 Brown Corpus 美国书面英语语料库(161.3)的3.8倍,与当代英国英语语料库口语部分 BNC World Spoken(647.8)相近,说明该校高三学生书面语中存在着普遍的过度使用第一/二人称的现象,因此所写文章并不能很好地体现书面语客观反映事实的语体特征。

(3)情境指代/强化小品词/模糊词方面,深圳第二外国语学校数据178.2远远高出 Brown Corpus 美国书面英语语料库(32.6)和当代英国英语语料库口语部分 BNC World Spoken(102.3),表明学生对于书面性较强的词汇运用偏少,对于书面语和口语的语体区分不够。

(二)不同水平的英语学习者的书面语口语化倾向

1.读者/作者显现度特征

为了考查学生的英语作文的读者/作者显现度是否随学习者英语水平高低而变化,笔者根据高考英语书面表达写作的作文分值满分25分,将学生作文得分划分为以下三个等级:21~25分为优秀水平作文,16~20分为合格水平作文,15分以下为不及格水平作文。

根据表2数据,分析如下:

(1)优秀、合格、不及格三个水平学生作文的读者/作者显现度总体特征(802.4/813.3/792.3)均远远超过 Brown Corpus 美国书面英语语料库的显现度总体特征(193.9),并且略微超过当代英国英语语料库口语部分 BNC World Spoken(750.1),这说明处于不同水平的英语学习者均出现不同程度的书面语口语化现象。

(2)优秀、合格、不及格三个水平学生作文的读者/作者显现度总体特征(802.4/813.3/792.3)三者数据并没有总体上出现随着学习者水平的提高而有所降低的现象,因而不能得出不同水平英语学习者书面语口语化倾向随着学习者水平的升高而有所降低的结论,这与文秋芳等(2003)所得到的高水平英语学习者(大学生)随着水平的升高口语化倾向降低的现象是不同的,反映了高中生的英语学习情况有别于大学生。并且纵观读者/作者显现度各项目,也仅有模糊词这一具体项目呈现出了随学习者水平的提高而数据有所下降的现象(5.1/4.9/0.1),但是总体看,各个水平的书面语口语化倾向(802.4/813.3/792.3)并没有显著性差异,这说明各个水平的英语学习者的语体意识较为薄弱,从侧面反映了高中生书面语口语化倾向较为普遍。

表 2

读者或作者 显现度特征	语料库(万词)	15分以下 0.1995	16～20分 0.2251	21～25分 0.1871	Brown Corpus 101.43	BNC World Spoken 1182.7898
第一人称代词单数(如 I,myself,me,mine)		521.4	523.1	521.8	72.9	289.4
第一人称代词复数(如 we, ourselves, us, our, ours)		70.2	79.1	71.2	46.2	106.0
第二人称单复数(如 you, yourself, yourselves, your, yours)		30.2	32.5	13.3	42.2	252.4
合计1:第一/二人称代词		621.8	634.7	606.3	161.3	647.8
阅读/写作情境指代(如 here, now, this)		153.4	151.0	142.7	19.4	40.2
强化小品词(如 just, really, actually)		22.1	22.7	43.2	10.2	49.0
模糊词(如 kind of, sort of, and so on)		5.1	4.9	0.1	3.0	13.1
合计2:情境指代/强化小品词/模糊词		180.6	178.6	186	32.6	102.3
读者/作者显现度总体特征(合计1+合计2)		802.4	813.3	792.3	193.9	750.1

2.词汇密度

根据表 3 数据,三个水平的词汇密度分析如下。

优秀、合格、不及格三个水平作文的词汇密度(44.4%/46.8%/45.6%)虽然都符合书面语话体 40%以上的词汇密度要求,具备一定的书面语特征,但由于数值过小,因而学生整体的书面语特征不是很明显,存在着口语化倾向,说明了书面语口语化倾向在高中生中普遍存在。

表 3

英语学习者英语水平	11～15分	16～20分	21～25分	书面语话体
词汇密度	44.4%	46.8%	45.6%	40%以上

五、结论

(一)研究结果

(1)从读者/作者显现度整体特征,以及所有高三阶段学习者整体分析,该阶段英语学习者普遍存在英语书面语口语化倾向,并且该倾向都集中表现在过度使用第一、二人称代词,阅读/写作情境指代以及强化小品词,导致该阶段英语学习者的书面语普遍存在口语化现象,进一步证实了桂诗春、杨惠中(2002)观点,即对于将英语作为外语或第二语言的学习者,其英语书面语基本上就是"写话",较接近于以英语为母语的英美人的口语表达习惯。

(2)从读者/作者显现度整体特征,以及不同水平学习者分析,该阶段英语学习者书面语口语化倾向并没有因为学习者水平的提高而有所减弱,这与文秋芳等(2003)所得到的高水平英语学习者(大学生)随着水平提高口语化倾向降低的现象是不同的,这反映了高中生的英语学习情况有别于大学生,应当更加注重高中生语体意识的培养。

(3)从词汇密度分析,该阶段英语学习者的写作也存在着书面语口语化倾向,该口语化倾向并没有因为学习者水平的升高而有所减弱。

由于本次研究没能直接拿到本族语者的第一语料,故对比分析的语料库仅能参考前人对本族语者的分析数据。

(二)研究启发

虽然本文分析存在着上述瑕疵,但它的研究结果对于英语教学依然起着重要的指导作用。

由于高考的压力,在英语写作教学过程中,部分教师往往着重于对学生进行句型、框架的操练,甚至部分刮起了背诵"万能模板"的狂潮,导致学生写出的作文开头、结尾千篇一律,缺乏明显的个人文风,同时对句型的操练也模糊了口语、书面语的语体意识,因而出现虽然部分学生写得出符合评分标准的高分作文,但在本族语看来却依然是"写话"的书面语口语化现象,所行之文偏向中式英语、英语口语,极难出现地道英语佳作。因此,教师在日常英语教学中,应当做到以下几点:

(1)教师不仅要注重学生听、说、读、写的培养,让学生读懂英语,用英语写出表达自己观点的文章,而且要尽可能提供英语的原材料,让学生多接触原汁原味的不同语体的英语,有选择地对两种语体进行对比训练,帮助其区分二者的区别,逐步强化其语体意识。

(2)尽量让学生接触原汁原味的英语素材,培养学生 think in English 的能力,教师尽量用英语讲解,让学生用英语回答问题,培养学生的英语思维习惯,减少母语负迁移的影响。教学中应引导学生有意识地区分两种不同的语体,写出地道的好文章。

参考文献

[1] 冯瑞玲,吴雪颖. 基于语料库的大学生英语写作口语化倾向对比研究. 英语教师,2011(9):47-52.

[2] 桂诗春,杨惠中. 中国学习者英语语料库. 上海:上海外语教育出版社,2002.

[3] 王德春,陈瑞端. 语体学. 南宁:广西教育出版社,2000.

[4] 王珍平. 浅析英语写作中书面语口语化现象. 大家,2010(23):106.

[5] 文秋芳,丁言仁,王文宇. 中国大学生英语书面用语中的口语化倾向——高水平英语学习者语料对比分析. 外语教学与研究,2003,35(4):268-274.

[6] 吴瑾,邹青. 中国学生英语口笔语语体特征研究:词汇密度与词频. 山东外语教学,2009(128):8-13.

[7] 杨永芳. 英语书面语语体特征及中国学生英语语体意识的培养. 西南农业大学学报,2010(3):206.

[8] Petch-Tyson S. Writer/Reader Visibility in EFL Written Discourse. Learner English on Computer,1998.

[9] Ure J. Lexical Density and Register Differentiation//Application of Linguistics. Cambridge:Cambridge University Press,1971.

[10] Halliday M. Spoken and Written Language. Oxford:Oxford University Press,1985.

理性规划　感性输出[①]

深圳外国语学校　杨素宁

【摘　要】　新的历史时期,英语教师需要"多元化"的发展。作为外国语学校的英语教师,更要首当其冲,走出单纯地传授知识的误区,以培养学生学科素养为主线,理性规划单元内容、课堂设计,在传授知识、培养学生语言能力的同时,关注学生的思维品质,传递积极的人生态度,帮助学生树立正确的价值观,构建文化意识。

【关键词】　学科素养;单元设计;情感线索

一、引言

作为各种外语教学途径和理念的实践基地,自 2006 年以来,深圳外国语学校一直紧跟时代发展的步伐,尝试使用语言地道、话题新颖、适合外国语学校学生使用的实验教材。学校先后使用过 *New Horizons*,剑桥大学出版社的 *New Interchange*,外语教育与研究出版社的 *Active Skills for Reading* 与传统教材 *New Concept English*,并将英语统编教材进行整合,开展高中阶段的英语教学,取得了一些成果。但在这些教材的使用过程中,学校遇到了诸如教材版权到期改版、教材所选话题太窄、教材更新的速度跟不上时代变化等种种问题。因此,在 2017 年上半年,英语组教师在校领导的支持下,深入各地外语学校调研听课,广泛听取各兄弟学校意见,决定在 2017 年 9 月开学之初在高一年级推广使用牛津大学出版社的 *New Headway* 中级版。选择此套教材主要是基于以下几点考虑:首先,使用这本书的兄弟学校对这套教材比较认可,认为这套教材话题广泛且与时俱进,涵盖青少年生活、学习的方方面面,具有鲜明的时代特征,极大地激发了学生的学习兴趣和热情。其次,在教学素材方面,这本书所提供的教学资源也非常丰富,除了教科书,围绕着每个单元的主题内容还有配套听力、录像等资料,节省了任课教师备课时搜集资料的时间,也为寄宿制学校晚听力的材料选择提供了便利。最后,该教材的语言地道,词汇量较大,包括很多四、六级词汇和地道的英语表达方法,符合外语学校特色教学的要求,有利于全面提高学生的语言综合应用能力。

经过将近一个学期的磨合,该教材的实验教师都积累了一些教学心得。但在教材实施的过程中,大家也有一些困惑,主要集中体现在教学内容及资源过于丰富,在规定的课时内无法完成教学任务,出现课堂教学赶进度的现象。笔者认为之所以出现此类问题,是因为任课教师对《普通高中英语课程标准(2017 年版)》的思想没有贯彻到位,在对课堂内容整合中的取舍拿捏不准,在教学内容的处理上过于注重知识方面的传授,忽略了文化意识和思维品质的培养,导致单元设计缺乏规划性,没能最大限度地发挥实验教材的优势。本文将结合《普通高中英语课程标准(2017 年版)》对英语教学的要求,从培养学生学科素养的角度,借助实验教材第四单元设计,抛砖引玉,为实验教师打开教学思路,进一步优化课堂教学。

---

① 本文在第十九届全国外国语学校外语教学科研论文评比中荣获二等奖。

二、学科核心素养是课堂设计的理论依据，立德树人是教育的根本任务

根据《普通高中英语课程标准(2017年版)》的要求,外语教学核心素养主要包括语言能力、文化意识、思维品质和学习能力。好的单元设计应该从这四个维度去评判。这四个维度之间相互关联,互相作用,让教师从不同的视角设计自己的教学,丰富课堂活动。众所周知,英语语言能力的培养包括听、说、读、写四个方面,尽管《普通高中英语课程标准(2017年版)》对外语教学情感教育和文化意识培养一再强调,但一直以来,很多英语教师仍以应试为由,过于注重语言知识、技能的传授,而忽略它们与其他教学目标之间的紧密联系。传统的课堂里教师单纯按照听、说、读、写这四个功能来组织课堂教学,完成教学进度的标准只是完成了语言点、知识点的讲解,走入了教学的误区。在对《普通高中英语课程标准(2017年版)》的解读中,专家们赋予语言能力更多的内涵,这中间有知识、有技能,而最终落脚点是理解和表达思想,传递情感态度和价值观。笔者认为,任课教师要想挣脱教学程序的束缚,上好每一节课,在单元设计时必须高屋建瓴,树立整体意识,完成这四维度的齐头并进。在充分解读《普通高中英语课程标准(2017年版)》对英语教学要求的基础上,发掘各个环节的思想、情感、逻辑等内在联系去设计好每个单元的每一节课。这样做不但使任课教师能够合理地优化课堂教学环节,突出重点,而且能够在主题线索的指导下,完成不同能力的培养目标,同时又保持每个单元知识的完整性。

党的十八大曾明确提出"把立德树人作为教育的根本任务",党的十九大进一步强调"落实立德树人根本任务,发展素质教育"。《普通高中英语课程标准(2017年版)》修订的首要原则就是充分体现马克思主义的指导地位和基本立场,充分反映习近平新时代中国特色社会主义思想,全面融入社会主义核心价值观,引导学生形成正确的世界观、人生观、价值观,从源头上把好意识形态安全关。为了适应时代和社会的需要,外语学校培养人才的目标已经由特色型人才转变为全面发展型人才,社会各界对外语学校的关注方向也逐渐由原来的外语特色转向了综合实力。英语教师在新时期的教育变革中要积极转换自己的角色,从一个单纯语言文化的传播者向情感教育和道德品质的培养者转型,通过课堂设计充分体现出英语学科的育人价值,让学生通过学科学习逐步形成正确的价值观念、必备品格和终生学习能力,为国家培养出更多具有"中国灵魂、世界眼光"的外语人。

三、构建课程总框架，提高自身认识和能力是一节课的关键

《普通高中英语课程标准(2017年版)》对核心素养的解读是教学程序设计的指导思想和理论依托,在具体实施过程中,课程内容的六要素为课堂内容搭建了一个逻辑缜密、层层递进的大框架。英语课程的六要素包括:主题语境、语篇类型、语言知识、文化知识、语言技能和学习策略。笔者认为在备课阶段,任课教师始终应以主题语境为主线,依托语篇类型、语言知识和文化知识,将情感态度和文化意识贯穿始终,在培养语言技能和学习策略的同时,不断渗透德育教育、思维品质、道德品质的培养。这就需要任课教师充分分析和发掘教材内容和学科素养培养之间的内在联系,细化主题单元中每节课的课堂环节、问题设置和活动。这对任课教师教学能力提出了更高的要求和更大的挑战,不但要保证在规定时间内完成教学任务,有所取舍,还要把一节课上得思路清晰、重点突出、生动有趣,完成立德树人的终极目标。因此,教师必须走出原有的经验和观念,走出教学的舒适区,在教学中不断实践以下几种能力:

1. 文本解读能力

文本解读是一节高效课堂设计的核心环节,任课教师必须具备超高的文本解读能力,在充分了解教材编排者意图的基础上,结合自身教学的需要去设计教学环节。教师文本解读的水平决定着教学设计的效果,也直接影响着学生的学习体验程度、认知发展的维度、情感参与的深度和学习成效的高度。因此,提高文本解读能力是教师基于语篇内容培养学生学科素养、提高课堂教学实效和学生学习质量的关键(王蔷,2015)。在具体实践中,任课教师一般是从对教学内容的分析来完成文本解读的。从内容角度解读文本是指读者在明确文本主题意义的基础上,通过梳理文本的具体内容,把握文本的内容结构,提炼出结构化知识,即分析文本各部分内容是如何围绕主题意义组织起来的(张秋会、王蔷,2016)。想要设计好一个单元,

使学生语言输出量最大化,任课教师必须以一种"会当凌绝顶,一览众山小"的心态去分析素材所提供的内容,解读作者如此安排教材内容的意图,走出"只在此山中,云深不知处"的迷局。

2.课程整合能力

要摆脱课本教学环节和知识层面的种种束缚,任课教师必须意识到自己不再是教学任务的消极执行者,而是这个任务的直接驾驭者和构建者。因此,在教学环节的设计中,任课教师需要加入自己对教学内容的理解,根据课堂需要,可以借鉴其他教材内容甚至可以跨学科去完成知识的整合和传授,让一节课既有广度又有深度。面对眼前丰富的教学资源,要想做到"形散而神不散",任课教师必须牢牢把握住教材的主线索展开教学。这两种能力的获得首先是教师认识层面的问题,有了认识才能在日常教学中不断加强个人文化底蕴的培养和教学经验的积累。

3.情感传递能力

情感态度的培养往往是英语教学中被忽略的环节,而教师情感的投入可以激发学生的学习热情和学习动机,营造和谐的课堂氛围。学生对学科的喜爱程度很大一部分取决于教师对该学科的情感投入。英语学科是语言类学科,具有教书育人的得天独厚的优势。这也是《普通高中英语课程标准(2017年版)》一再强调英语学科要教书结合育人的原因。在教学中,任课教师时时刻刻要以学生的兴趣、需要为核心,时而站在学生的角度,时而站在成年人的角度和学生共同去分析社会现象,探讨人生真谛,解决生活中面临的各种问题。通过情感的投入,分享自己对问题的理解,潜移默化地让学生树立正确的世界观、人生观、价值观。

4.跨文化意识

外语的学习,本身就是以跨文化交流为目的的,教师如果不具备这方面意识,就无法培养学生文化交流的自觉性和主动性。教授一门语言,必然要诠释其中蕴含的文化,只学语而不学文化,是不能够理解语言深层奥秘的。《普通高中英语课程标准(2017年版)》中明确指出:"文化意识体现英语学科核心素养的价值取向。文化意识的培育有助于学生增强国家认同和家国情怀,坚定文化自信,树立人类命运共同体意识,学会做人。"《普通高中英语课程标准(2017年版)》中提到,在教学中,通过知识学习、文化交流,教师在全球化背景下表现出的跨文化认知、态度和行为取向对学生起着示范作用。英语教师应该通过本国文化与其他文化的比较,增强学生的民族自信心和自豪感,建立对各种文化的包容意识,而不是一味地崇洋媚外。

四、单元课程设计的具体实施步骤

以牛津大学 New Headway 中级版第四单元为例。

1.六要素在单元设计环节的体现

在教学设计中,笔者以六个要素为模块设计单元内容。

主题语境:本单元题目解读 Getting It Right,教学内容主要涉及《普通高中英语课程标准(2017年版)》的人与自我、人与社会的大主题,选择做正确的事情是贯穿本单元各个教学环节的主线。

语篇类型:课堂导入环节的语篇以小短文形式呈现。(说)

听说内容中的语篇主要以对话和条例形式呈现。(听说)

阅读中的语篇 Back to the 1970s 为记叙文。(读)

写作内容为介绍人物的说明文。(写)

语言知识:词汇部分有表示胜任、不胜任的相关词汇及课文相关词汇。

表达法部分有提建议的方法和允许、禁止的表达法。

语法知识部分有情态动词用法、过去式。

语篇知识部分有记叙文今昔对比类,通过关键词找信息,对长难句的理解。

文化知识:①维多利亚时期的校规。(人文知识)

②中外校规对比。(跨文化意识)

③高科技产品对现代人类家庭生活的冲击。（批判性思考）

④特蕾莎修女的生平简介。（人文知识）

语言技能：听力技能要求能够听懂对话内容，捕捉关键词汇。

表达技能要求通过本单元的学习，学会表达建议。

语篇技能要求了解语篇内容大意并深入思考影响人类生存发展的关键因素。借助时间线索介绍人物生平。

学习策略：通过本单元的学习培养学生的认知策略、交际策略、情感策略。通过读原著、电影欣赏的方式激发学生学习兴趣，拓宽学生学习英语的渠道，强化单元主题，培养学生自主学习意识，高效地开展学习。

2.以情感教育为主线开展教学活动

在教学内容中找到核心素养的六要素之后，笔者发现每个教学环节之间的关联性体现得还不够明显，德育教育凸显得还不够，因此笔者根据每个环节所传递的主要内容，把整个单元的中心思想浓缩为"情、理、法"三个字，用这三个字来完成每个教学环节之间的过渡和德育教育。课前预热部分主要是针对日常生活中的冲突提建议，概括为"理"，做人要讲理；文化知识介绍部分主要讲维多利亚时期的校规，概括为"法"，做人要遵纪守法；听力部分主要以一首歌曲来引入个人原则，概括为"情"，做人要讲原则，讲人情。在本单元结束时，与学生共同总结本单元的思想内容：人生要面对种种抉择，要做出正确的决定终归逃不开这三个字"法、理、情"。有时这三个字会产生冲突，合情的不合理，合理的不合法，那就需要我们听从自己的内心和良知，像特蕾莎修女一样，为构建和谐社会尽自己微薄的力量，在人生的规划中永远做出正确的决定。通过对中心思想的发掘和归纳，最终达到育人的目的。

在阅读篇章中，文章中的主人公也面临着一个抉择：活在当下好还是活在过去好。如果仅仅就这个问题去提问，笔者认为对文本的发掘还远远不够，因此从跨文化意识的培养层面，笔者把《易经》里的"舍得"二字与学生分享，告诉他们几千年前祖先们早就给出了答案——"有舍有得、不舍不得、大舍大得、小舍小得"。短短几句话就揭示了人生的大道理，既为学生解决生活中的实际问题提供了新思路，又提升了学生的民族自豪感与自信心。

3.教学框架设计

在整个单元的教学内容同主题的契合度做到了高度统一之后，笔者借助思维导图构建自己的教学框架(图1)。教学框架可以帮助任课教师更加直观地从多个角度观察自己的课堂设计，规划学时，并发现教学环节中的漏洞并及时做出调整。对本单元提供的大量素材，哪些可以省，哪些不能省，一目了然。

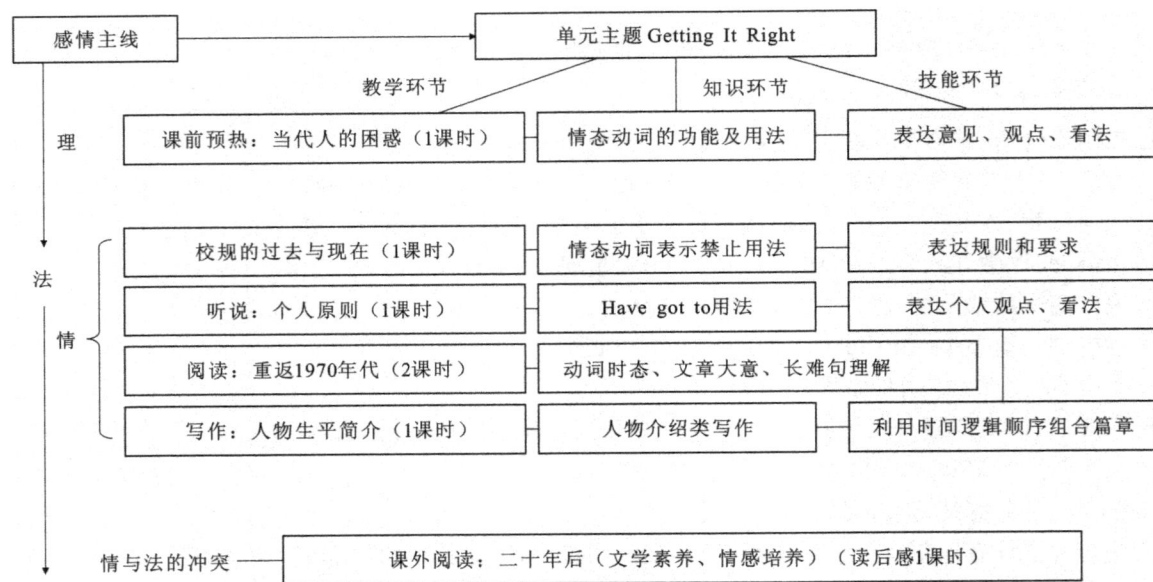

图1

4. 教学话题设计

框架构建是教学活动设计最为重要的一步,在具体教学环节设计中我们还要兼顾情感基础上的语言输出。在教学设计中,笔者力求设计的话题与学生生活、当代社会生活的紧密联系;充分利用媒体资源、网络资源调动学生的感官体验;把传统教学模式和探究性学习、合作性学习相结合,使课程的收效最大化。在教学环节设计中始终以学生为中心,从兴趣入手进行语言知识、技能的传授,提升他们的思维品质和文化意识,发展他们对知识迁移、创新的能力。

具体问题设置如下:

①(课前预热)成年人的困惑、青少年的困惑。(激发兴趣,畅所欲言)

②(听说课堂讨论)维多利亚时期的校规有哪一条你觉得很奇怪?(文化意识培养)

我国古代的校规有哪些?(中西文化比较)

校规的哪一条你觉得最不能接受?为什么?(道德品质培养)

③(听说课堂讨论)情与法冲突时我们应该如何做选择?以2017年翻拍电影《东方快车谋杀案》作为导入,大侦探波洛在面对情与法时做出了怎样的抉择?你是否赞成他的做法?(学生的道德水准和思维品质进一步提升和培养)

④(阅读)20世纪70年代好还是现在好?(辩论,激发兴趣)

高科技对我们的生活有何影响?(开放类话题,客观看待事物)

如果你可以通过时间隧道回到某个年代,你愿意生活在哪一个时期?为什么?(课堂讨论,培养批判性思考能力)

⑤(写作)以特蕾莎修女为例,你认为个人原则对人生的指导意义在哪里?(道德品质培养)

5. 知识拓展

在课外作业布置环节,笔者布置了一篇欧·亨利的短篇小说《二十年后》作为对本单元主题的补充。阅读是语言和思维交互作用的过程,文学阅读具有发展语言和思维的特殊功能,是培养阅读习惯和增强思维能力的有效途径(黄远振等,2014)。欧·亨利的小说以悬念著称,地道的语言、精准的用词和引人入胜的情节极大地激发了学生的阅读兴趣。在读完小说后,要求学生写一篇故事梗概,以此锻炼学生的语言概括能力。小说中的主人公在情与法之间做出的合理决断,也为学生在处理生活中的问题提供了新的思路,文学素养和思辨能力得到进一步的提升。

6. 反思

以上是笔者在教材实施过程中的一些做法,通过将近一学期的实践与磨合,实验教材在所教的两个班级里深得学生的喜爱,也从各个方面锻炼了他们的能力。教有教法,而无定法,每位教师对理论的学习、文本的处理和教学环节的设计、教学资源的搜集等方面都有自己的专长,只有大家在授课之初合理规划,充分发挥备课组成员的优势,才能把每一个单元都设计得完美。在此,笔者建议备课组建立一套理论指导下的分工协作机制,在教学准备阶段设置单元主讲人环节,主讲人紧扣《普通高中英语课程标准(2017年版)》要求,根据文本主线索确定学习目标和情感培养目标,教学环节设计和作业布置紧扣知识、技能、策略、文化四个方面。通过主讲人的讲解,每位教师对该单元总体规划、每节课的教学思路和具体目标做到心中有数,再进一步集思广益,从如何在课堂上激活学生的思维、如何提高课堂实效和课外资源的整合等方面做补充,依靠集体的智慧迸发出思想的火花,打造高效课堂。

五、结束语

教学本身就是一门缺憾的艺术。无论一节课的设计理念有多么新颖,逻辑有多么缜密,在具体的执行过程中还是会受到方方面面的制约。学生的反应、认知程度、语言水平乃至师生间的代沟都可能会影响课堂的效果。要想把缺憾的影响降到最低,任课教师必须要回到《普通高中英语课程标准(2017年版)》对学生的培养目标上来,即提升学生的综合素质,着力发展核心素养,使学生具有理想信念和社会责任感,具有科学文化素养和终身学习的能力,具有自主发展能力和沟通合作能力。《普通高中英语课程标准(2017年版)》中提到,新的历史时期赋予了外语学校、外语教师更多的历史使命,在传道授业解惑的同时,一个外语教师必须也是一个研究者,这一要求决定了教师专业发展的方向。作为外语学校的英语教师,我们更要加强自己的理论学习,借助实验教材不断探索,以教带研,以研促教,为外语学校未来的发展闯出一条新路,让每一个走出外语学校的学生都具有超越生存技能和语言学层面的涵养和气质。

参考文献

[1] 中华人民共和国教育部.普通高中英语课程标准(2017年版).北京:人民教育出版社,2018.

[2] 王蔷.从综合语言运用能力到英语学科核心素养——高中英语课程改革的新挑战.英语教师,2015(16):6-7.

[3] 张秋会,王蔷.浅析文本解读的五个角度.中小学外语教学:中学篇,2016(11):11-12.

[4] 黄远振,兰春寿,黄睿.为思而教:英语教育价值取向及实施策略.课程·教材·教法,2014(4):63-69.

例谈中学德语教学中"学习能力"的培养^①

金华市外国语学校　赵建晖

【摘　要】《普通高中德语课程标准(2017年版)》将课程目标集中体现于四大学科核心素养,除了传统的语言能力,德语课堂也成为培养学生文化意识、思维品质和学习能力的教育阵地。本文结合笔者近几年的教学实践,以文本阅读与表演课和项目教学课为例,探讨在中学德语课堂上如何培养学生的学习能力。

【关键词】　学习能力;形成性评价;文本阅读与表演;项目教学

一、引言

2013年,中华人民共和国教育部启动了普通高中课程修订工作。德语作为高中外语学科的六个语种之一,首次被纳入国家课程规划。在《普通高中德语课程标准(2017年版)》中,"语言能力""文化意识""思维品质"和"学习能力"四大核心素养构成中学德语的课程目标。

何为学习能力?学习能力即能主动规划、调整和控制学习过程,掌握恰当有效的学习方式,获取信息并判断信息的价值,具备协同合作、互评互鉴的意识和能力,具体指学习策略、学习态度和团队合作。通过德语课程的学习,学生具有自我驱动的学习动机,能自主选择学习内容,掌握自我调节的学习策略,善于迁移、转化在德语学习过程中获得的学习能力,善于在团队中学习,逐步养成良好的学习习惯,形成终身学习的意识。[1]

由此可见,学习能力是一项综合性能力,它包含了自主学习、合作学习、探究学习和终身学习等多个维度与内涵。要培养学生的学习能力,意味着教师要在德语课堂中以生为本、以学定教;师生互动、小组合作;以兴趣与活动为导向,多角度、全方位地激发学生的学习动机,从而促进学生学习能力的提升。

过去的教学模式强调知识的学习,考试考什么,教师在课堂上就教什么,学生问什么,教师就直接把答案给他们,这样的教学看似十分高效,但却完全背离了教育的本质,学生缺乏自主思考和质疑,学生除了掌握德语知识,在学习能力上没有得到任何的提升。如果仅仅是为了习得语言,社会上的语言培训班完全能够胜任。显然,这不是国家开设中学德语课程的初衷。因此,我们应该转变"填鸭式"的教学模式,以培养学生的学习能力为目标之一,创新课堂教学形式,帮助学生在德语学习中形成明确的学习目标和积极的学习态度;促进他们自主利用各种学习资源进行学习,最终提升学生的学习能力。

二、注重课堂教学中的形成性评价——文本阅读与表演课

形成性评价的概念是由斯克里文1967年在他所著的《评价方法论》中首先提出来的。它是相对于传统的终结性评价而言的。所谓形成性评价,是对学生日常学习过程中的表现、所取得的成绩以及所反映出的情感、态度、策略等方面的发展做出的评价,是基于对学生学习全过程的持续观察、记录、反思而做出的

---

①　本文在第十九届全国外国语学校外语教学科研论文评比中荣获二等奖。

发展性评价。其目的是激励学生学习,帮助学生有效调控自己的学习过程,使学生获得成就感,增强自信心,培养合作精神。形成性评价使学生从被动接受评价转变为评价的主体和积极参与者。

为了激发学生的德语学习热情,从初学阶段开始,笔者便选择一些故事情节有趣、符合中学生身心发展要求的文学读本,按照语言水平的不同,选择相应的欧标 A1 到 B1 不同等级的读本。每周两个课时,外加早读课与晚读课。一本文学读本的处理需要一个学期的时间。以《金发艾克贝尔特》为例,该文学读本是简化了的文学改编读本,适合初学阶段的德语学生。全文分九个章节,每个章节 2~3 页,文本的处理以章节为单位,每章节的教学设计分为四个步骤,分别是语音模仿、文本阅读、文本改编以及文本表演。

1.语音模仿

学生利用早、晚读课的时间,首先过语音关。此环节分三步走:步骤一,以句子为单位播放录音,学生跟读;步骤二,两人一组互相听读句子(听的同学还需要指出并纠正对方发音的问题),有疑义处,教师在一旁提供指导与帮助;步骤三,发音问题解决后,各自大声朗读课文,直至流利无停顿。

2.文本阅读

与常规的教师讲解文本内容不同,该环节强调学生的合作学习与自主学习的能力培养。首先,教师把每个章节划分为四个部分,同样全班也分成四个学习小组,每个小组负责一个部分,组内成员分工合作,限时解决词汇语法与内容两个层面的问题。其次,在文本处理过程中,教师充当协助者的角色,当小组内出现无法解决的问题时,教师在一旁解答。最后,各小组在讲台上轮流讲述文本内容,并回答其他小组提出的问题。作为小老师,学生在帮助他人的同时,自身也获得了极大的成就感,体验成功也是驱动学生学习动力的有效策略。

3.文本改编

第三个环节是所学知识的输出环节。每组对《金发艾克贝尔特》的一个章节进行忠于原文的剧本编写和改编。小组成员需要对角色的分配以及台词的内容加以讨论与思考,然后撰写一个迷你短剧。教师最终对上交的剧本就文字的正确性加以评价与修改。在记背台词和练习短句阶段,学生除了确保语言的正确性,更应重视非语言层面的表达(如表情、手势语等)。神经语言学研究表明,情感的表达在外语习得过程中能够加速语言知识的内化,因为它影响着大脑的认知行为。

4.文本表演

最后一个环节也是学生最开心的表演秀。每个学习小组上台为大家表演他们的故事。其他小组既是观众也是评委,他们在观看表演的同时按照所给定的评价标准打分,在各组表演结束之后,其他各组加以点评并提出改进的建议,见表 1。

表 1

评价内容	3分	2分	1分	0分
语音语调	只有极个别错误	有少数错误	基本正确	错误较多
遣词造句	只有极个别错误	有少数错误	基本正确	错误较多
流利程度	非常流利	流利,有少数停顿	基本流利	不流利
舞台表现	非常生动、活泼	生动、活泼	有基本的动作	表演不到位

在各组都完成表演和点评之后,教师最后统计各小组分数并作总结点评。如此一来,学生从过去的被动接受评价者成了评价主体和课堂的积极参与者,教师成为课堂的组织者、知识的引领者和课堂全局的把控者。而对于知识的探究、思考、质疑等,则全部由学生在课堂中自主完成。在生生评价、师生评价中,学生获得更多的是德语学习意愿的驱动力、德语学习的自信心以及在学习能力上质的飞跃。

每章节的过程性评价与期末的终结性评价相结合,通过科学有效的评价,促进学生全面可持续地发展,这也是《普通高中德语课程标准(2017 年版)》的基本理念。

三、创设以学生为主体的活动型教学——项目教学课

创设以学生为主体的活动型教学,就是要求教师以主题为引领,以多种题材和类型的语篇为载体,以活动为路径,整体设计学习单元,创设有意义的活动情境。而其中最具代表性的当属项目教学。

项目教学是指师生在课堂内外共同通过语言活动或其他实践活动完成一个特定的项目。项目教学的特色非常鲜明:

(1)项目教学主题一定是与学生生活息息相关并能引起学生的兴趣。

(2)项目教学能够让学生借助跨文化学习策略对本文化和异文化加以比较。

(3)项目教学能够调动学生的所有感官,它同时需要学生的动手能力(如使用美术课与劳技课上学到的技能)、智力、想象力、创造力等。

(4)项目教学能够促使学生共同充分地讨论、设计、尝试各自的想法,探索行之有效的解决问题的方案。

(5)项目教学需最终呈现一个成果。学生在课堂上以某种恰当的方式(如报告、视频、小报等)进行汇报。

项目教学课为学生提供了充分发挥个人潜能、自主学习与自我组织的可能性,是培养学生学习能力的有效途径。它是一种探究式学习,学生在项目教学过程中尝试不同的学习形式(个人学习、双人互助、小组合作等)、不同的学习方法(检索、自我评价等),最终呈现一个项目成果。

笔者学校每年都有德国姐妹学校的访问活动,高一德语班的学生对此也充满期待。在学生学习了"学校生活"这一话题单元后,笔者会结合学习内容,模拟真实情景设计一个项目教学课。具体教学设计如下:

情境设计:德国的友好学校下周要来我校交流学习。访问团的德国同伴们都是第一次来中国,他们对中国充满了兴趣,并想深入体验中国文化。作为学校的接待人员,请根据要求完成相关接待任务。

任务一:带领德国同伴参观校园。(当某一小组介绍情况时,其他小组同学充当德国同伴,模拟真实情景)

第一组绘制一幅校园简图,并借助这幅图向德国同伴介绍校园的基本情况。

第二组介绍教学楼的情况。(教室数量、年级分布、不同类型的功能性教室等)

第三组介绍宿舍楼的情况。(介绍学校的住宿生活)

第四组介绍体艺楼和食堂。

任务二:制作一本电子画册。

每个小组负责拍摄学校的一处美景(如教学区、食堂、图书馆等),在每幅图下方写一句德语介绍,最后制作成一本电子画册,赠送给德国同伴。

任务三:制订接待方案。

如何让德国同伴在一周内能够较深入地体验中国传统文化,请分小组制订一个接待方案,并说明理由,各小组进行评分,并选出一个最佳方案。

因为这次项目教学实际上是访问团接待之前的一次预演,学生的参与度都非常高。开放性的课堂活动给予学生充分的空间发挥他们的创造力和才能,是培养学生合作学习、探究学习等学习能力的有效途径。

四、结语

在传统的德语教学中,教师在以"习得语言"为最终目标的驱动下,往往只重视学生的语法知识和词汇的学习,而忽略了学习能力的培养,从而导致学生走出国门的时候发现所学的德语仅停留在书本上,与实际运用还有较大差距。究其原因,正是学习能力缺失惹的祸。在德语的教学中,教师应当始终以学生为中心,选择贴近学生生活的教学素材,围绕主题精选语篇,关注语言的生动、鲜活,激发学生的学习兴趣,引发学生主动参与和积极思考。此外,也应当避免过多的封闭式、机械式的词汇语法练习,选择更多的开放性

的具有真实场景的教学任务,如文本阅读与表演、项目教学等课堂活动,既训练了语言,又培养了学生的学习能力。

　　总之,在实施德语教学活动时,教师应该注重培养学生的学习能力,促进学生在教学活动中开展合作学习、探究学习、自主学习,培育真正的高素质英才。

参考文献

中华人民共和国教育部. 普通高中德语课程标准(2017 年版).北京:人民教育出版社,2018.

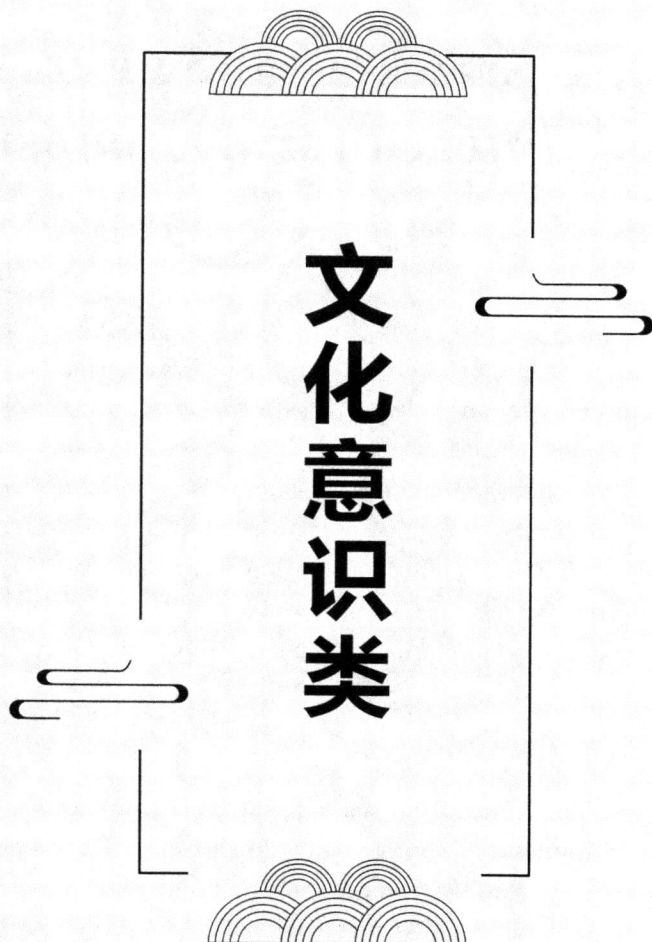

文化意识类

American TV Series as a Way to Enhance Students' Intercultural Competence[①]

上海外国语大学闵行外国语中学　任梦云

【Abstract】 Audio products are widely employed for foreign language learning. They have been widely accepted as a good source of linguistic material as a support for language teaching and learning. There is less attention paid to using the materials as a potential tool to enhance students' intercultural competence, especially for the high school students in China. The study aims to research the processes when students are involved in watching the TV series. The findings indicate that the processes are very diversified and specific to individuals with many factors contributing to their understanding and interpretation. The analysis and findings might be useful for using similar TV series or films to develop their cross-cultural communicative competence.

【Key Words】 foreign language; intercultural competence; American TV series

Ⅰ. Introduction

The past few decades in China has witnessed a great conceptual move in the field of English language teaching. The move is driven by the ever-changing demand for effective intercultural communication. As many sociolinguists and linguists hold that conceptualizing English as a monolithic entity is no longer suitable for teaching English. It is widely acknowledged that a language learning involves more than knowledge of lexis, grammar, phonetics. The cultural features should also be understood as be taken use of during the cross-cultural communication. Hence the newly-released *English Curriculum Standards for Senior High Schools* has shifted from linguistic competence to a more comprehensive one, which highlights the core competence in the language study, that is, intercultural communicative competence. Looking for the key words from the global scale, there have been some models of intercultural communicative competence (Deardorff, 2009), among which the one given by Byram (1997, 2009) not only researches interpersonal communication but also the sociolingusitic, sub-competencies of linguistic and intercultural competence. In this model, intercultural competence is divided into five categories: knowledge, attitudes, skills of interaction, skills of interpretation and critical cultural awareness. Although the model was not taken as the framework of this study, it contributed to the further analysis of the data.

English learning for high school students should not be regarded as a compulsory course for the college entrance education but for the sake of their future development. With the full cross-cultural awareness, they are supposed to conduct face-to-face interpersonal communication and interpret foreign

---

① 本文在第十九届全国外国语学校外语教学科研论文评比中荣获一等奖。

cultural events or products without barriers from the cultural gap. This study focuses on the interpretation of American TV series, through which students' cross-cultural awareness are cultivated. Actually, in the English classroom, students would automatically learn culture. For example, greetings, formulas, and a lot of utterances in the dialogues and allusions to the cultural aspects are different forms of cultures. However, the culture of people refers to all aspects of shared life in a community besides these plain descriptions isolated from the textbooks. Gestures, facial expressions and distances among people also consist of cultural insights. Students' curiosity or interest is aroused if they could see model of expressions within the cultural systems. Since opportunities to be immersed in the foreign environment can not be got on a regular basis, the visual products like foreign TV series is a good alternative for the experience. Foreign TV series have been widely considered as valuable resources for the development of cultural competence, and there are lots of literature in regard to the merits and methods for using foreign films and TV series in English classrooms. The majority is related, however, to the linguistic competence (Fang and Li, 2008), while a little is concerned with the cultural knowledge of the target language. Some attempts in the colleges to make use of films for the interpretation and critical analysis. Nevertheless, little attention has been paid to students' own understanding of another culture by watching the cultural products, especial for the high school students, for whom the cultural competence has been long ignored as seemly little contribution could be made to their enhancement in their academic performance.

This study thus is conducted in an attempt to discover ways to lead high school students to make sense of American TV series. It is hoped that some insights from the research could contribute to the future development of intercultural competence for high school students.

II. Use of TV Series in Class

In the early stages, teachers have taken advantage of TV series to help improve learners' English proficiency from vocabulary grammar, speaking and listening, translation and writing skills. Despite wild and early employment of visual products, many teachers believe that TV series are only applicable for those advanced students like college students rather than the middle school ones. Also some hold the opinion that TV series serve as a kind of entertainment for relaxation, which is only believed to be a means to increase students' engagement in class. Moreover, the view that TV series provide authentic language source which is shared by many other researchers. It is the excitement and sense of achievement from understanding the real meaning of the language in the context that motivate students (Sherman, 2003). In comparison with the video products designed for English learners, TV series show a much wider range of vocabulary, topics and values. Sherman(2003) regards the authentic videos as a window on English language culture. Chen and Yang believe they are the second only to living and studying in the target cultural community. Authentic videos serve as a kind of substitute for the immersion experience, which contains full of up-to-date interaction, daily communication, various accents. It is real language that originally intended for the native speakers.

Based on the assumption that TV series as authentic input of foreign culture, the use of films and TV programs has been experimented in a lot of English learning classroom. However, in those studies, video products, like films is set as an object for students to learn and students are expected to interpret the theme lying in the material. Teachers predict that their students will get what they are supposed to learn, which is much different from the constructive way. Hence, I propose a research to study how students understand the cultural aspects of these foreign fictional programs. From a constructive perspective the research will stand, so that the participants are viewed as ones who could create the meaning instead of accepting unified understanding. It intends to bring implications for developing intercultural competence for high school students more in pedagogy than in theory.

Ⅲ. Method and Data Analysis

The research project was approved and conducted in a foreign language middle school, Minhang, Shanghai. Participants were the students in the school who volunteered to be in the program as the project is carried out in the form of an optional course. Either their English proficiency or existing knowledge is required, for the results and findings of the research can be applied to the majority instead of minor groups.

Since it's an optional course in the high school, the material cannot be chosen at random considering their ages and immature values. Those that contains too much violence or sex are definitely excluded. For these students, I chose the American TV series *Modern Family*, which revolves around three different types of families living in the Los Angeles who are interrelated. It covers a variety of subjects and topics common in ordinary families, from daily conflicts between couples, children and parents to a lot of celebration for different events. Students can easily identify with the characters in it, which was thought to possibly arise students' great interest and stimulate their rich responses and reflection. The average length of each episode is about twenty minutes, which leaves the other twenty minutes of the class for the tasks. Also the Chinese TV series *Home with Kids* is also introduced to them, but only some clips is shown to them as material for comparison and further discussion.

Before each class, students were informed to do some searching for some basic knowledge about a topic, such as something about Easter, which was about to appear in the episode during the class. A student would be invited to give a three-minute introduction at the beginning of the class. Also task sheets of some words and expressions were assigned as preview in order to eliminate the vocabulary barrier to understanding the content of TV series. During the class, a few guided and open questions and semi-structured interviews were carried out after watching an episode as to find how they interpret the culture in it. In the process of the research, 10 individual and three group interviews were conducted. They are all full aware of the research they were engaged in and gave their consent to my study. All there were 19 students, with 8 boys and 11 girls, from Grade 10 or Grade 11. Interviews were made mainly in Chinese, for often they expressed their understanding much more clearly and deeply in their native language. The process was audio-recorded, by the initials assigned to them to preserve their anonymity for the presentation of the data.

Byram's intercultural communicative competence (ICC) model was taken as the theory framework for this study. His ICC model is thought to be most relevant to elements this study was meant to explore. Also, grounded theory was employed in the course of analyzing the collected data which means the construction of theory through methodic gathering and analysis of data rather than being restricted the pre-existing theories.

Ⅳ. Findings

The findings of the data collected from the process indicate that making sense of the American TV series is not as easy as predicted. After analyzing the data carefully, they are categorized into three aspects, that is, understanding the plot, comparison and contrast of the characters and the culture behind, and perspective-taking and perception of reality.

1. Understanding the Plot

It is the understanding of the plot that is supposed to be the first and foremost thing for deep understand the theme, the characters or the culture behind. In the research, task sheets were given to them with some basic questions about the storyline and where they feel confused. Task sheets, together with the interviews, can reveal some factors that affect their understanding. Students' command of the language, their background knowledge of the cultural elements related to the episode, whether they watched it alone or in groups between which small are allowed are all influential factors. For their background knowledge, it was easier for them to comprehend the plot, if the students clearly introduced cultural background core in the episode. For example, same-sex marriage was legitimate and gay couples could be issued marriage licenses, which was a topic of the daily talk at the beginning of a class. Afterwards, they easily understood that why it was taken for granted that people could talk about it freely and couples of this relation were not regarded as weirdos when they took any activities together. Before that episode, students often wrote down their curiosity about the issue in U. S.

During the interviews, students also conveyed that the English and Chinese subtitles are critical for the understanding. During the watching, they found that they tended to catch the words given in the preview tasks and sometimes they could even recite the lines with the new words. Without subtitles, especially the Chinese ones, it would be of great challenge for them. The accent, speed, and the length of sentences also had an impact on processing the information. Despite great dependence on the subtitles, they still held the idea that watching it benefited their listening ability to some extent.

2. Comparison and Contrast of the Characters and the Culture behind

From the interview data, there are many examples that showed how students identify the differences through their comparison between the characters in the American and Chinese TV series, and between the characters and themselves. As it is an comedy talking about family affairs, students were likely to imagine the same situation but in their family context. One of the examples is part of ZQY's interview, after watching an episode talking about a 13-year-old boy meeting his net friend, a middle-age female. ZQY commented:

Manny (the boy) is so mature that he has pursued a lot of girls but always ends in failure. He even invited his net friend to his home. His mother is never angry at him, thinking it's not the time to do this. On the contrary, she always encourages him to express himself, and this time even made the preparation for the meeting. In China, it's totally impossible. From the Home with kids, you can see Liu Xing's mother is furious about the similar affair. If I always concentrate on running after some girls now in high school, and it is known by my parents, they maybe "kill" me.

Comments like this in the data analysis indicate that students tend to make the comparison consciously or unconsciously. Their existing knowledge and their experience of life is vital in the process of finding the difference. For instance, they would like to compare the parents in the series and their parents. Therefore, their comments and responses varied. On the other hand, they watched the TV series, which is just a fictional one and only reflects the American life to some extent. They often generalized what they watched as the whole situation of American life, such as the parent-children relationship.

The another example is the same-sex marriage and May-December marriage. Since in the *Modern Family*, the story revolves around three individual families, which make up an extended family. After watching the first episode, they were given time to have a free talk.

S1: *It's a little gross to see two men kissing and even adopt a baby. How could they raise the baby and tell her the role of father and mother in a family?*

S2: *I think the American society is much more inclusive than ours, for I've never seen any gay couple on the road or any story of gay marriage in my life. They are sure to be regarded as weirdos in China.*

S3: If my father got married to a young and beautiful lady of my age when I have founded my own family, I will feel shamed and may never talk to them. But it seems nothing awkward in U. S.

S4: I like the atmosphere. Everyone is free to choose whoever they like and never feels any moral restrictions.

This discussion indicates that American people are considered very open and inclusive in some students' eyes. He developed his idea that the homosexuals are widely accepted. Their understanding of American culture may be based on the fictional characters and incidents. Some of them also tended to generalize the ideology of another culture by their existing understanding and consolidate it by the evidence from the TV series.

Apart from finding differences, similarities were also identified during the process, illustrated by a lot of examples in the data. One example is ZH's comments below, prompted by one episode talking about pre-school education and selection of school:

I was shocked to find that education system of the Western that we used to admire turned out to be more or less similar to that of Chinese. Parents there also want to select the best school in their area, which is also related to their neighbourhood. Schools there are ranked clearly, which is closely related to their house price and the social status of people living there. Parents try every means to have their children admitted to the best one in the area. In the TV series, Cameron even pretended to be a poet, hoping that they could stand out among the parent competitors. And it's only for his daughter's preschool education. The situation is quite identical with our system and even more unfair to some extent. Before watching it, I always complain about our education, but now I believe that if I was in U. S., there is a quite a possibility that I had dropped off.

Many other examples in the data shows that despite different backgrounds, students could easily identify themselves and fictional characters in the series, especially concerning the academic pressure and high expectations from parents.

3. Perspective-taking and Perception of Reality

This category is set because there emerged reflection on something in students' own context and doubt about the plots in real life during the interview. The data of the interview and class discussion indicates perspective-taking varied to different degrees. An example here is a clip from the discussion during class:

GJY:...I think I can accept the gays, like Cameron and Mitchell. I am OK with the homosexual couples and friends or even someone in the same dormitory. They should not face discrimination. They are born with their preferences.

SYL: But if in the future, your child is a gay and brings his or her partner to home, will you accept it as well?

GJY:...Urgh, I never thought of that...how can I face it.... To tell you the truth, I cannot accept it, since it's related to my children. I may try to persuade myself as much as possible. But it's hard to say whether I could accept them totally. It's so hard....

From this dialogue, two levels of tolerance can be seen. There is no problem if they are friends or even roommates. However, if it's the relationship in the family with the blood ties, the acceptance is doubted. It is clear that she has limits for tolerance regarding this kind of relationship.

From the above conversation, some students are believed to regard the content in the TV series as the reality of real American life. This kind of sense-making activities significantly works in the intercultural education. It, however, sometimes may lead to misinterpretation. The perception of the content may not be the intention of the director. Moreover, other students tend to think it as a kind of entertainment. They had a low expectation of learning foreign culture some TV series, which is suggested by the following comments:

ZH:...there is definitely some distance between the TV and reality. In our own country, we seldom apply what is on TV to our real life. So it is the same with the foreign ones.

SJZ:Yeah, the purpose of TV is to amuse audience and help us kill time. It's unrealistic to take it as a kind cultural learning. But for the language learning, especially for the listening, I believe, it do work to great extent.

Between the believers and those sceptical about it are the doubters. They tended to hold the belief that the real life of the country is not fully represented by the TV series, but some content do act a kind of reflection of the real world, for TV series aspired from the real life.

It is necessary to point out here that these interviewees were somehow labelled in the analysis. This, however, does not mean they will hold this kind of opinion forever.

Ⅴ. Using Western TV Series to Improve Students' Intercultural Competence

What is the implication of all the categories analyzed above? This section is meant to indicate some findings and their application to the practice. Byram's ICC model is considered to be most suitable for the analysis of this research. Byram's ICC model gave some instruction for how the data in this study could be conceptualized and interpreted. In his model, the requirement of interpretation and building connection means that "an inter-culturally competent person can interpret a document or event in another cultural context, to explain it and related it to documents from one's own". (Byram,2002) It is worth pointing out, however, this framework is not limited, regarding the text or the TV series as an object, which is supposed to be attached with fixed meaning. The core of the Byram's interpretation lies in making connections, seeking links between what they see and what they experience, how they are interrelated together. For this study, it is improper to set up a series of standard interpretation of the TV series they watched. Besides, it cannot be concluded that every interpretation is subjective and relative. For instance, in the category "understanding the plots", there may exist in their understanding the content itself, whose mistake could have an influence over his interpretation.

The key component in ICC model places great emphasis on attitudes of curiosity and embrace of new things. Not only does it need to see the world with an open mind, but also see ourselves as others see us, like putting ourselves in others' shoes. In this research, however, it doesn't mean that students are supposed to accept their points of view, but re-contextualizing themselves in the picture and come to their assumptions. This may be not as much as expected, but it is a sensible way to make it. Also in the study, when trying to interpret the beliefs from a different culture, they tend to mix them with their own beliefs.

From the theoretic perspective, the study suggests that students themselves are a great kind of sources during the complex interpretation process, in addition to the role of teachers, selection of material, teaching and learning activities. For example, when they are having their group work, they are likely to interact with others, sharing their different understanding during the sense-making activities. Their various interpretation can be taken as materials for further discussion.

It is also worthwhile to point out the role of teacher in the process. The meaning of teacher varies in different cultural context. In Chinese context, a shared understanding is that a teacher is supposed to instruct students about what to do and tell them what is the "right" interpretation of Western culture and the "right" perception of different outlook of life. This common view, however, does not agree with what is expected in this research, which lays a great emphasis on the decentralization. During the decentralization, it deserves advocating to discuss the issues and events from various angles with much less teachers' comments or judgments. The cross-cultural teaching method intends teachers to serve as a kind of "assistant", who facilitates students by providing guidelines instead of indoctrinating them about the so-called correct values or ways of thinking. Therefore, above all, in the activities, it should be made clear to the students that all the activities they undergo are of great benefit to their understanding.

As mentioned before, the activities they undertake are meant for promoting their competence in language learning and cross-cultural interpretation. For the English lesson in China, the activities arranged are often linked with pre-determined teaching goals. The activities are crucial for the predicted outcomes and well-designed ones help to develop their skills that are essential for students during their sense-making process. With teachers throwing questions like thought-provoking ones, students are encouraged to proceed to produce their outputs. These questions, therefore, should originate from the relevant theory to stimulate their comparison, contrast and re-contextualization. Though, the questions could be predefined, students' sense-making process is quite complicated and diverse, and sometimes maybe out of expectation.

From this study, it could be confirmed that TV series clip of three to five minutes can arouse students' interest and bring about their thinking and discussions, especially, when it comes to parent-children conflicts or romantic relationships in the video.

Another factor, as indicated before, the questions prepared for students plays a vital role in the process. They could be taken use of during the pre-watching stage as well as the post-watching ones. While some fixed questions could be employed by most episodes, teachers still need to give some additional questions, for each episode or clip has its own feature.

Ⅵ. Conclusion

The students' participation and their sense-making outcomes prove that when students watch foreign videos, they are not passive viewers but very active with a lot of thoughts. The interpretation process proceeds in more than one dimension. It is highly complex and diversified, which often varies in individuals for their specific cultural understanding and background. In this study, American TV series exemplify materials that not only expose students to visual world of a different world, but also push them to realize the cultural knowledge as important as the linguistic competence. Thus, elements affecting the process involve the existing knowledge, their language competence and their relevant experience.

It also should be kept in mind that cultivation of intercultural competence is such a long process that it is impossible to expect all the learners to acquire perfect native thinking patterns. What we need is the development of an awareness of sociocultural and sociolinguistic differences when they try to understand different cultures and express themselves.

In addition, the model used in this practice is very helpful by giving some implications both in theory and practice, which is go beyond the language itself. Some practical meanings could be applied to the classrooms for those who are interested in the developing students' intercultural competence. However, there need more empirical exploration and further improvements to stimulate more open interaction and productive discussions.

Bibliography

[1] Akyüz A, Tanış A, Khalil E, et al. Effects of Videos on Students' Knowledge of the Target Language Culture.

İnönü Üniversitesi E ğitim Fakültesi Dergisi,2017,18(3):162-174.

[2] Byram, Michael. Teaching and Assessing Intercultural Communicative Competence. Clevedon: Multilingual Matters Ltd. ,1997.

[3] Byram M. Intercultural Competence in Foreign Languages: The Intercultural Speaker and The Pedagogy of Foreign Language Education. The SAGE Handbook of Intercultural Competence, 2009:321-332.

[4] Deardorff D K. The Sage Handbook of Intercultural Competence. London: Sage,2009.

[5] Fang W, Li N. Teaching College English Based on Original English Language Films. Movie Literature,2008,10: 135.

[6] Sherman J. Using Authentic Video in the Language Classroom. Cambridge: Cambridge University Press,2003.

高中原版教材使用中的文化导入[①]

武汉外国语学校　郎静

【摘　要】　文化导入是当今外语教学中的重要组成部分。《普通高中英语课程标准（2017年版）》明确规定了英语教育应包括"文化知识、文化理解、跨文化交际意识和能力"。本文以武汉外国语学校高中部最新使用的原版教材 *Solutions* 为主要研究对象，探讨高中英语原版教材教学中文化导入的对象、原则与方法。

【关键词】　原版教材；英语教学；文化导入

一、引言

(一)文化导入

语言作为重要的交际工具，既是文化的载体，又是文化不可分割的一部分。语言与文化并不是相对独立存在的，它们是一个整体，有着不可分割的关系。文化概念非常广泛，包括一个国家的历史地理、风土人情、传统习俗、生活方式、文学艺术、行为规范、思想方式和价值观念等。语言是文化的重要组成部分，对文化产生了重要的影响：语言是文化的载体，文化又根植于语言，因此学习语言不可忽视语言所承载的文化。美国语言学家萨丕尔也曾在《语言论》中提道："语言不能脱离文化而存在。"

每一种语言都对应一种特定的文化。在不同的文化影响下，语言呈现其独一无二的特点。同时，语言的使用受到特定文化背景的制约，需要遵循文化规则。因此，学习一种语言，无法脱离该语言存在的文化环境而进行学习。脱离文化背景，是无法真正掌握一门语言的。一种语言的习得和教学离不开对这种语言所体现的文化内涵的了解，离不开对形成和使用这种语言的文化背景的了解。这也是为什么高校英语专业的课程中会设置语言对象国家概况与文化课程，学习外语的过程实际上就是学习掌握所学语言和熟悉所学语言所反映的文化的过程。

对于高中生来说，英语学习绝不仅仅局限于认识单词、读懂句子。然而，由于高中教学的应试特点，外语教学在过去很长一段时间内缺乏对语言与文化理论上的认识，语言学习的教材以及教师在课堂上对文化背景的引入缺少科学性和系统性。有的学生会发现，明明平时英语成绩不错，但是到国外旅游或者看英剧、美剧的时候，自己所学的英语好像起不到很大的作用。这就要求外语教师在教授语言知识的同时，应注意系统地传授跨文化知识，引导学生进行中外文化对比，培养学生的文化认知能力和跨文化交际能力。

(二)高中英语教学中文化导入的必要性

在语言学习中，文化是语言教学不可分割的部分，外语教学不仅仅是教授语言知识，更应注重培养学生使用英语进行跨文化交际的能力。《普通高中英语课程标准（2017年版）》明确指出，基础教育阶段英语

---

①　本文在第十九届全国外国语学校外语教学科研论文评比中荣获一等奖。

课程的总体目标是培养学生的综合语言运用能力,同时明确规定了英语教育应包括"文化知识、文化理解、跨文化交际意识和能力"。高中英语教学的主体是青少年,他们的世界观、道德观、价值观正处于形成时期。一方面高中学生乐于接受西方的新鲜事物,另一方面他们缺乏对于文化差异的鉴别能力,在英语学习中对一些跨文化的现象会产生困惑。因此,英语教学的目标要从"语言能力"向"跨文化交际"转移。

有效的文化导入不仅能提高跨文化意识,还能提高学生的语言能力,高中外语教学需要将语言习得与文化习得进行有机结合。高中英语教学中文化导入的必要性体现在以下几个方面:

(1)通过补充与课文内容相关的文化背景知识,帮助学生开阔视野,拓宽知识面,培养其文化意识,有助于帮助学生认识中外文化的异同,提高学生对中外文化异同的敏感性与鉴别能力,从而为进一步提高跨文化交际能力打下坚实的基础。

(2)在教学过程中融入文化背景知识可以使英语课堂的内容更丰富,充分调动学生的积极性,使课堂气氛更为活跃。只有帮助学生理解了文化差异,才能使学生提升学习兴趣,从而提高综合素质。在了解中外文化差异的基础上,学生才能更好地用英语向世界介绍中国文化。

(3)帮助学生消除文化差异带来的文化认知障碍,提高学生的跨文化意识,建立学生对中外文化差异的认同感,有助于提高学生的语言能力与跨文化交际能力。学生在实际语言交流中,具备了多元文化的包容性,能避免文化壁垒带来的认知错误,从而更好地运用所学知识进行不同文化之间的交流与沟通,不断提高自身英语语言能力与跨文化交际能力。

(三)原版教材的使用

学习一种语言最好的方式就是通过该语言使用者的思维方式去思考。当前中国的主流英语教科书都是由中国学者编写的,这使得教材语言教学的知识内容与目标重点不可避免地具有狭隘性。而市场上一些经典畅销的由外国学者编写的英语教材如《新概念英语》,虽然课文中使用的语言地道,课文内容具有典型的外国文化意义,但是由于编写的年代久远而失去了时效性,学生对于文章的内容也很难提起兴趣。当今世界科技飞速发展,随时随地都有新鲜事物产生。尤其是互联网的蓬勃发展,新兴的网络词汇更是层出不穷,如果仅仅局限于语言经典、内容却过时的英语教材,学生将无法掌握新兴事物的英语表达,做紧跟时代潮流的跨文化交流使者。新的文化差异依然存在,文化壁垒并没有真正被消除。

在新兴文化快速发展,具有时代特征的文化现象层出不穷的世界背景下,高中英语教学应该使用更具时效性的、由外国编者编写的英语教材。自 2015 年 9 月起,武汉外国语学校开始使用牛津大学出版社出版的原版英语教材 Solutions 第二版。Solutions 是一套五个级别的高中阶段的英式英语教材,适用于 14 岁以上青少年英语学习。这套教材具有以下特点:

(1)教学大纲结构清晰,教学目标明确。Solutions 的每个级别包含 1 个入门单元、10 个主单元,每 2 个单元设置 1 个备考单元和语言复习、技能综合单元。每个主单元含 7 个完整课时,分别涉及词汇、听力、语法、文化、日常英语口语、阅读和写作内容的学习。教师可以在教师用书单元开始明确该单元教学目标,把握教学成效。

(2)引导式口语教学能帮助学生开口说英语。Solutions 中分步引导式教学法通过给学生提供正确、丰富的语言输入、表述方法及创意,以及更多课堂表达机会来帮助学生练习日常英语表达。每课中设置的口语任务环节和课堂教学中电子互动白板软件 iTools 中的练习机会都能帮助学生多练多讲。教材结构清晰,引导式口语教学方式激励学生开口说,大量的练习及备考资料帮助学生建立备考信心。第二版内容更新了 80%,融入更多现代化信息,多样化听力、词汇及口语学习内容和灵活丰富的电子化教学资源配套,有助于全面激发学生的学习能量。

(3)现代化、多样化的主题及文章,贴近青少年生活。Solutions 第二版更新了更多吸引学生的现代化话题和内容,更新了更多词汇,并在文化和阅读章节融入更多词汇练习。

Solutions 每课都依循 PPP 教学法编排,符合语言的自然习得方式:先吸收知识,再练习,最后输出。语言练习贯穿每单元的 7 个课时,让学生的听、说、读、写四项语言技能得到锻炼。

充分结合现代技术,利用多媒体教学使课堂生动起来。*Solutions* 配有的电子互动白板软件 iTools,可以使整个课本内容直接呈现在电脑上。然而它不仅仅是一个电子课本,还有许多配套的教学资源,如课文音频、学生练习册答案、课文配套视频、课文配套练习题、课堂小游戏等,使教学过程变得生动有趣,课本的直观性变得更强,学生的积极性被充分调动起来。

由于是原版教材,*Solutions* 课文中需要学生学习的西方文化现象很多,这就要求教师充分利用手中已有的教师用书资源并进行文化研究来帮助学生消除文化差异带来的学习障碍。本文将围绕教材 solutions intermediate 及 upper-intermediate 与教师用书使用中文化导入的部分展开。

二、原版教材教学中文化导入的对象

本部分以 solutions intermediate 与 upper-intermediate 的教师用书为主要研究对象,通过分析教师用书中文化导入的部分,归纳总结高中原版教材教学中文化导入的主要内容。原版教材教学文化导入的对象主要有三个方面:知识文化、观念文化和词语文化。

(一)知识文化

知识文化指的是政治、经济、历史、地理、科技、文教等背景知识。知识文化涉及范围广泛,缺乏这些知识会导致学生的阅读困难与理解障碍。知识文化是文化导入中最基础的部分,对于学生的跨文化交际具有重要意义。以下列举的实例引自于 solutions intermediate 与 upper-intermediate 教师用书中 culture note 的部分,笔者将书中出现的知识文化背景进一步细分为著名人物、文学作品与文化产品、节日庆典、教育、体育、生活与健康、地名、科技与生活、社会 9 个部分,具体内容见表 1~表 9。

1. 著名人物

表 1

演员	Johnny Depp
歌手	Bjork;Vanessa Brown;Kanye;Goths and Emos;Woody Allen;James Blunt
乐队	Metallica
魔术师	James Randi
发明家	Wilbur and Orville Wright
作家	Edmund Crispin;Agatha Christie;J. K. Rowling;George Orwell;Shakespeare;Conan Doyle
文学人物	Sherlock Homes;big brother
探险家	Christopher Columbus;Marco Polo;Ferdinand Magellan;Captain James Cook
摄影师	Li Wei
政治家	Edmund Hillary

2. 文学作品与文化产品

表 2

小说	*1984*;*Beautiful Minds*;*The Catcher in the Rye*;*To Kill a Mocking Bird*
诗歌	*Love's Secret*;*One Perfect Rose*
流行音乐	*Ugly*;*This Ain't a Love Song*;*Doesn't Mean Anything*;*Imagine*;*Feed the World*
电影作品	*The Bourne Trilogy*;*Memento*;*Home Alone*
电视节目	*The Hills*

3. 节日庆典

表 3

音乐节	Glastonbury Festival
狂欢节	Notting Hill Carnival
纪念日	Poppy Day;Remembrance Day

4. 教育

表 4

教育制度	British Universities;Language Schools in the U. K. ;Student Fees
校园环境	Healthy food in schools
名校介绍	The singularity university
学生组织	U. K. Youth Parliament

5. 体育

表 5

极限运动	coasteering;free running
体育竞技	ice hockey;snowboarding;triathlon
世界赛事	World Cup

6. 生活与健康

表 6

药品	over-the-counter medicine; prescription medicine
食物	traditional food from Padstow;LA food trucks
环境保护	plastic bags

7. 地名

表 7

公园	Flushing Meadows;Madison Square Garden
地区	The New Forest
著名地标	Time Square
公共设施	The Getty Museum
城市	Masdar

8. 科技与生活

表 8

网络	social-networking sites;Steve Jobs and Apple;Twitter;Facebook;the invention of the Internet
基因科学	IVF and designer babies;gene therapy
科技进步	the mail sorting process;Masdar city

9.社会

表9

政治	House of Commons; Ireland
经济	the Wall Street Crash
社会现象	squatting in England; eco-protest
社会活动	murder mystery parties; the lottery

从表1~表9可以看出,文化导入中知识文化的范围涉及十分广泛,并且有许多文化知识对于中国学生甚至教师来说都十分陌生,这就要求教师在教学过程当中有意识地去发现学生可能存在的知识文化盲点并进行正确的讲解与引导。

(二)观念文化

语言能反映一个民族的价值观念、政治信念、宗教信仰、社会准则、风俗习惯、道德标准和思维特征。由于东西方之间的观念存在很大差别,学生在英语学习过程中必须了解西方的主流观念文化,才能实现正确对等的跨文化交际。以下列举的两个实例说明(来自 solutions intermediate 与 upper-intermediate 教师用书中 culture note 的部分):

1. British politeness (104)

You might want to point out that British people tend to be less direct than many other nationalities. When arguing they tend to say: Do you really think so? Are you sure about that? I'm not sure it's a good idea rather than I don't agree unless they are speaking to somebody they know well. Students might find this strange but it's important for them to be aware of it as they could easily come across as impolite if they are too direct.

2. Good luck traditions (107)

In the U. K. there are a number of things which are traditionally associated with good luck. If a black cat crosses your path, this is meant to bring you luck, whereas in many cultures a black cat is unlucky. Some superstitious people nail a horseshoe to their house. It has to be the correct way up through, so that it holds the good luck. If it's nailed upside down, your luck will fall out.

Some plants are considered lucky, like white heather and four-leafed clover. If you catch a falling leaf in autumn, this is supposed to bring you luck.

On the first day of each month, some people make sure the first thing they say is white rabbits, to bring them luck.

Spotting and picking up a penny is also considered lucky: see a penny, pick it up and all day long you'll have good luck.

第一个例子是关于英国文化中的礼貌观念。有意思的是,与中国的传统观念文化相似,英国人的说话方式也很委婉。如果英国人和你有不同意见,他会问"你真的这么认为吗?""你确定吗?",而不是直接告诉你他不同意。那么在跨文化交际中,中国学生也应注意英国人会因为出自礼貌而不直接提出反对意见,那么我们在理解对方话语表达的真实含义时要再三斟酌。但这个例子同时也说明,虽然中西方文化存在着很大差异,但同时也存在相似的地方。教师应有意识地引导学生比较中西文化的异同,有助于他们进行自主思考。

第二个例子是英国文化中有关好运的习俗。在英国,遇到一只黑猫在你面前走过,在房子上钉马蹄铁,在每个月第一天说的第一个词是"白兔子",或是在路上捡到一个便士这样的情况或习俗都被视为好运的象征。学生们往往没有想到西方国家也存在着迷信的现象,这样一些有趣的习俗不仅可以引起学生的兴趣,调动学习的积极性,还能与中国的一些传统迷信现象进行比较学习,深入探讨产生这种现象的社会历史原因。感兴趣的学生甚至可以针对"求好运"的迷信传统进行研究,搜集世界各国不同的迷信文化进行分享,这对于学生理解西方的一些文化现象有很大的帮助。

(三)词语文化

词汇在语言中占有重要地位,是语言形成的基础部分,因此词语的使用与该语言使用的文化背景有着最为密切的关系。一些词语能够反映该语言丰富的文化内涵,本部分笔者列举了俚语词、词语适用场合、习语含义演变、词语起源和双关五种类型的词语文化。以下列举的实例来自 solutions intermediate 与 upper-intermediate 教师用书中 language note 的部分:

1.俚语词

俚语是指民间非正式、较口语的语句,是百姓在日常生活中总结出来的通俗易懂且顺口的具有地方色彩的词语。俚语地域性强,较生活化。英语俚语是英语中的常用语言,通常用在非正式的场合。

geek (56)

In the past, the slang word *geek* refereed to somebody who is boringly intellectual, wears unfashionable clothes and doesn't know how to behave in social situations. In recent years, it has become used in connection with someone who is knowledgeable about technology, and the word has become less negative in its connotation. The word is often used with other words, e.g. maths geek, sci-fi geek, etc.

geek 在过去是一个贬义词,多指聪明的怪咖。但是最近 geek 一词变得正面起来,多指博学的高科技人才,在中文中也有了与之对应的"极客"一词。教师在教学过程中不仅要讲解词语的含义,更要解释词语含义的变化趋势,以免学生产生理解上的错误。

2.词语适用场合

英语中一些常见词语有其特定的适用场合,同时在特定的场合会使用特定的词汇。

guess (108)

Guess means suppose, but it is more in formal. It used to be seen as an "Americanism", but as with many Americanisms it is now common in British English.

nome (14)

Nome is the way the children say: "No, ma'am", ma'am (or madam) being a polite way of addressing an older woman.

3.习语含义演变

up for something (64)

The informal phrase *up for* has become common in the last few years, especially among young people. In the past, it meant "prepared for something challenging". Nowadays, it has developed a more general meaning of "want to do something" and doesn't contain the idea of challenge.

e.g. Are you *up for* going out for a drink tonight?
Another way of saying *Are you on for it*?

除了一些像 geek 这样俚语词的含义会随着时间发生变化,一些习语的含义也会随时间推移而不同。up for 这一习语在过去的意思是准备好做某件具有挑战性的事情,现在越来越多的年轻人说 up for 的时候表达的意思仅仅是想要做某件事情,而和挑战没有关系。

4.词语起源

civil (49)

The word *civil* comes from a Latin word meaning citizen.

paparazzi (17)

The word *paparazzi* comes from a character called Paparazzo in the film *La Dolce Vita* by the Italian director Federico Fellini. Paparazzo rode around on a scooter taking photos of famous people.

5.双关

英语中的修辞手法有很多种,比较常见的有典故、比喻、委婉、借代和双关等。

looking out for you? (13)

You may wish to point out that the title of article plays on two meanings of the phrasal verb look out for. One meaning is "making sure nothing bad happens to somebody". This refers to the fact that surveillance is supposedly there to protect us. The other meaning is "pay attention to what is happening around you, so that you will notice a particular person or thing if you see them", which refers to the fact that we are constantly being watched.

在 solutions intermediate 第一单元学习《1984》时,课文的标题为"looking out for you?"在这里这一标题有两层含义,第一层是表面意思,理解为国家监察人民是对人民的一种保护;第二层意思则理解为如果认真观察就会发现我们一直被监视。在文学作品中经常会出现双关的修辞手法,只有教师正确指导学生发现并理解双关的含义,学生对文字内容的理解才能够正确而透彻。

三、原版教材文化导入的几个重要原则

在高中英语原版教材的教学阶段,对文化内容的导入应当遵循以下三个原则。

(一)文化平等性原则

文化平等性原则要求教师在教学中坚持中外文化平等的观念,以客观中立的态度去了解、学习、传授英语文化。在教学过程中,应使学生明确文化没有优劣之分,任何一种文化都应受到平等的对待,要充分尊重每种文化的存在价值,以包容的心态学习每一种外国文化。同时也不能因为自己的喜爱偏好或以偏概全而影响学生对于外国文化知识的接受与认识。文化导入应尽可能做到准确、全面、客观。

(二)实用性原则

实用性原则要求所导入的文化内容与学生所学的课文内容密切相关,与英语日常交际中会涉及的主题密切相关,同时也应考虑学生将来所从事的职业因素。如果脱离课文讲文化,学生会认为语言与文化的关系过于抽象、空洞,从而无法真正理解。只有将文化教学与语言交际实践紧密结合起来,才能激发学生学习语言和文化的兴趣,使得语言学习顺利展开。

(三)科学性原则

科学性原则要求文化内容的导入应根据学生的语言能力与理解能力来决定文化导入的内容,做到由浅入深,循序渐进。同时要注意教学内容与教学方法上的适度。教师应该明确文化导入并不是语言教学的主要内容,只是语言教学中重要的组成部分。因此,语言的基础性教学不能忽视。针对文化导入的部分,对于具有代表性的文化内容,教师应该进行详细讲解,确保学生准确掌握知识内容。同时要给予学生

充分自主学习、举一反三的空间。引导学生进行中外文化差异的对比,鼓励有兴趣的学生进行更为深入的文化研究学习。教师应是学生跨文化知识学习的指导者而不仅仅是传授者。

四、原版教材文化导入的主要方法

(一)直接阐释法

原版教材中有的知识点所涉及的文化完全超出了学生的知识范围,对于这样一些"启而不发"的知识点,教师只能采取直接阐释的文化导入方法。但是在授课过程中,应使用简单明了的语言来解释这些文化难点,同时争取用较少的时间把生涩的内容解释清楚,使学生能够彻底理解文化知识点的内容。例如,solutions upper-intermediate 4C 关于北爱尔兰的一篇文章,涉及了北爱尔兰与爱尔兰之间的宗教冲突。这对于绝大多数学生来说是全新的知识,并且涉及许多相关的背景知识。因此在解释两个地区的宗教冲突时,可以采取直接阐释法。教师也应遵循文化导入的科学性原则,按照历史发展顺序,循序渐进地解释两个地区宗教冲突发生的起源、经过及对现在的影响。

(二)启发诱导法

教师在文化导入的过程中,可以根据学生已掌握的知识文化,引导、点拨学生,启发学生自己发现未知的文化知识。这种文化导入的方法是教师在英语教学中能经常使用到的方法,不仅可以活跃课堂氛围,还能激发学生的发散思维。例如,solutions upper-intermediate 5A 中有许多关于电脑与网络的专有名词或短语。当教师在讲授这些新的专有名词或短语时,可以采取选词填空的方式,让学生根据已知的电脑网络相关词汇来猜测这些新名词或短语的含义。如 Use the cursor to _____ the name of the film and then _____ the return key. 学生已经知道 cursor 是光标,return key 是回车键,根据他们对于电脑知识的掌握,可以选择出 highlight 和 press 两个答案。

(三)实例分析法

原版教材课文中的实例较多,对一些典型的文化实例,教师要引导学生挖掘与剖析,以增强学生对外国文化的敏感性。Solutions upper-intermediate 3D 中有一篇关于外国孩子心目中正确的育儿观的文章。文章的最后一段写:"Many of my friends feel the same way. They end up not telling their parents what they're up to because they'll be cross. Everyone I interviewed for my book loved the idea of being really close to their parents. Despite the way we behave, we all want close relationships with our parents. We also all know deep down that our parents usually do know best. But part of being a teenager is feeling free to take steps down new paths and learning from our own mistakes. Our parents have to unwrap the cotton wool they place around us and let us get on with what is just a natural phase of life."教师可以将这篇文章当作一个体现外国家长育儿观的实例,通过引导学生分析文章的主要观念,来理解这一文化现象。学生通过剖析这一实例可以得出结论:外国家长和中国家长一样,对孩子容易过度保护,不充分相信孩子的能力。同时没有给予孩子充分的尊重,使得孩子与家长产生距离。

1. 比较法

比较法是跨文化语言交际教学中的一个极为重要的手段。对比不同语言的语言结构与文化之间的异同,有利于学生快速熟悉新的文化知识,避免文化差异给学生带来的负面心理影响。教师在课堂的原版教材讲解中,应注意通过比较法引导学生了解外国文化的异同性。例如,solutions upper-intermediate 2A 中有许多关于金钱的俚语,教师通过引导学生对比可以发现英文中有和中文类似的关于金钱的表达。如"save some money back for a rainy day"和"tighten your belt"可以与中文中的"未雨绸缪"和"勒紧裤腰带"对应起来。同时教师应引导学生去理解并记忆其他中文表达中没有的关于金钱的英文俚语,如"cost an arm and a leg""live from hand to mouth""make ends meet"等。

2. 实践法

实践法是指学生通过具体的语言实践,如听、说、读等学习方法来了解外国文化知识,其中也包括观察、看视频和电影、举办专题讲座等。教师也可在课堂内设置一定的社会文化氛围,或通过视频在课堂上提供相关的文化背景,让学生在这种背景下学习和演练跨文化交际能力。例如 Solutions 课本的配套视频中经常会有两人的对话视频,教师可以引导学生在观看完视频后进行模拟演练。此外,教师也可以带领学生进入课堂外的社会文化实境,到现实社会生活中去实践。例如假期的海外游学以及到外国人的家庭去做客等活动,使得学生的语言交际能力得到提高。

五、结束语

武汉外国语学校在高中使用英语原版教材 Solutions 进行英语教学,目的在于进一步培养和加强学生的跨文化交际能力和文化适应能力。未来社会对人才的需求更重视外语教学中的文化导入,未来社会的外语人才,不仅具有语言的运用能力和交际能力,还要求具有较高的文化素质。英语教学中的文化知识导入和文化意识的培养贯穿整个教学过程,纵横交错在各个环节之中,这一重任要求教师应不断补充新知识,注重对于文化背景知识的了解和学习,注重自身英语文化的提高。教师在遵循文化导入原则的前提下,要充分运用多种文化导入方法,注意英汉两种语言及文化的对比,注意挖掘课本中的文化因素,提高学生的跨文化意识,不断提高学生对中西文化差异的适应性和认同感,消除文化差异带来的文化交际障碍。英语教学中的文化导入使学生在实际交流中具备多元化的包容性,更好地掌握和运用所学知识进行不同语言文化间的交流和沟通,使学生真正掌握英语,不断提高他们的跨文化交际能力。学生只有在实际交流中具备多元化的包容性,才能更好地掌握和运用所学知识进行不同语言文化间的交流和沟通,为成为高素质的外语人才打下坚实的基础。

参考文献

[1] 陈光磊. 语言教学中的文化导入. 语言教学与研究,1992(3):19-30.

[2] 端木义万. 谈谈外刊教学中的文化导入. 外语与外语教学,2002(6):28-31.

[3] 吕京,吕丁. 英语教学中文化导入:教师角色. 课程与教学,2012(9):57-59.

[4] 束定芳. 语言与文化关系以及外语基础阶段教学中的文化导入问题. 外语界,1996(1):11-17.

[5] 杨盈,庄恩平. 跨文化外语教学:教材与教法——外语教学跨文化能力模式的应用. 外语教学研究,2008(2):16-21.

[6] 赵志彬. 新课标下高中英语阅读教学的文化导入. 教学与管理:中学版,2006(11):50-51.

浅谈初中英语阅读教学中人文精神的渗透^①

上海外国语大学秀洲外国语学校　山明珍

【摘　要】　初中英语课程具有工具性和人文性双重性质。英语教学不仅是知识获取的过程,也是建构人的情感与精神世界的过程,是培养良好人格的过程。本文以初中英语阅读教学为例,阐述了在英语阅读教学中进行人文精神渗透的缘起、策略、实例及反思。笔者尝试在读前、读中及读后教学环节中,充分挖掘和利用阅读文本中的人文资源,以提高学生的综合人文素养,达到教书育人之目的。

【关键词】　阅读教学;人文精神渗透;策略;实例;反思

一、英语阅读教学中进行人文精神渗透的背景

(一)现实背景

传统的初中英语阅读教学受强烈的功利主义驱使,忽视了英语教材所涉及的人性价值、社会功能、伦理规范等人文精神的培养。培养人的教育演化成了狭隘的应试教育,集中表现为重知识传授、轻人格塑造,重科学素养、轻人文素养。教学内容对中学生愿望、情感、意志等非智力性因素和英语教材所涉及的人性价值、社会功能、伦理规范等人文精神较少涉及,其结果必是学生的英语能力、英语水平提高了,而人格、气质和修养得不到提升。英语学科核心素养是以英语知识技能为基础,整合学生情感、态度或价值观,使学生具备适应终身发展和社会发展需要的必备品格和关键能力。

(二)理论背景

《义务教育英语课程标准(2011年版)》明确指出:初中英语课程关注学生的情感,使学生在英语学习的过程中,提高独立思考和判断的能力,发展与人沟通和合作的能力,增进跨文化理解和跨文化交际的能力,树立正确的人生观、世界观和价值观,增强社会责任感,全面提高人文素养。教育家程晓堂也认为,英语学科的育人价值是英语学科核心素养的基础。英语教学不仅在于教授语言知识和技能,还在于通过具有思想性的教学素材潜移默化地影响学生情感、志趣和个人品格的形成,使学生形成正确的世界观、人生观和价值观。在英语阅读教学中进行人文渗透是实现英语教学目标的必然举措。

当前学校在人文精神培育方面面临着巨大压力,面对来自社会各个层面的挑战,面对独生子女娇惯、自私、脆弱等顽性。因此,英语教学急需开辟一块培育人文精神的绿洲。

二、英语阅读教学中进行人文精神渗透的意义

(一)培养人文精神是新时代、新形势的需要

21世纪教育改革和发展的中心是全面推进素质教育,培养更多高素质人才。素质教育是要培养德、

---

①　本文在第十九届全国外国语学校外语教学科研论文评比中荣获二等奖。

智、体、美、劳等全面发展的人,培养人格健全的人。因此,作为人类文化创造的价值和理想以及指向人的主体生命层面的终极关怀的人文精神的培育就应被提到一个相当重要的日程上来。

(二)培养人文精神是英语学科自身发展的需要

人类各民族的语言都不仅是一个符号体系或交际工具,而且是该民族认识、阐释世界的一个意义体系和价值体系,因而语言具有民族性、人文性。外语学习不仅仅是学习语言本身,更是一种文化学习。人类社会的进步急切地呼唤着作为传承人类文明的教育凸显人文精神。英语教学在教育中担负着双重使命,即既要培养有英语学习能力的人,又要引导教育受众了解人类文明,提高人文素养。

教师应充分挖掘和利用阅读课文中的人文素材,根据教材的特点和学生的实际,找准阅读课文中知识教学与人文教育的"结合点",在英语阅读课教学中进行人文精神渗透,注重激励学生的情感意志,培养学生的品德情操,塑造学生的健全人格。

三、英语阅读教学中进行人文精神渗透的策略和实例

英语阅读教学的人文精神渗透是指在英语阅读教学过程中,从关注人的终身发展出发,给学生提供一个有利于个性发展的阅读空间,同时将文本阅读内化为丰厚文化底蕴的积淀和深刻人格内涵的体验,使学生在潜移默化中建构情感与精神世界,塑造良好的人格。初中教材中阅读课文的内容涵盖了名人传记、环境保护、生态平衡、能源与交通、行为规范、人际关系、音乐体育等诸多方面,都蕴含了丰富的人文精神。笔者在初中英语教学实践中,将人文精神与阅读课教学有机地融为一体。现将策略和实例赘述如下:

(一)读前活动的人文精神渗透

1. 在话题导入中渗透

教师在讲授新课时,优质的导入能把学生迅速地引入课堂教学内容当中,学生在无形之中被吸引、被感染。教师在设计导入时,可以把隐含人文教育的问题渗透其中,让学生开门见"人文精神"之"山"。以此既导出新词新句,又引发学生思考,达到教书育人的目的。

比如,在学习 NSE 8B Module 9 Friendship Unit 2 "I Believe That the World Is What You Think It Is."一文时,笔者设计了以下几个问题让学生们思考并回答:

(1)What are your friends like?

(2)What should a good friend be?

(3)Do you agree that a life without a friend is a life without a sun?

由以上问题导入,既激活了学生大脑中关于朋友、友谊的已有知识及相关词汇,又导出了表示性格特征的新词新句(brave, naughty,…),有利于培养学生悦纳自己、欣赏他人的思维习惯和珍惜友谊、热爱生活的人生态度。

2. 在背景介绍中渗透

教师在阅读教学中介绍相关背景知识,既能让学生了解主人公或作者的生平经历,又能使主人公或作者的情感内化为学生们的情感体验,从而拉近学生与文本的距离,让学生在潜移默化中受到感染,自然而然地接受人文精神的熏陶。

比如,在学习 NSE 9A Module 8 Sports Life Unit 2 "He Was Invited to Competitions Around the World."这一课时,笔者给学生们简要介绍了刘翔坚持不懈训练直至成功的成长轨迹。

At first, he was not a successful sportsman. → But he kept training very hard. → He succeeded in getting gold medals. → He was not an overnight success. → He suffered a lot from his foot problem, but he did not give up. …

笔者通过对人物背景的介绍,激发了学生们为梦想而拼搏的决心。笔者还让学生们用形容词概括出"杰出人物所拥有的优秀品质",从而提高学生对运动员这个社会角色的正确认识,有效地渗透奋斗拼搏的"红船精神"。

3. 在情境创设中渗透

在英语阅读教学中创设情境,给学生提供实践生活的平台。情境创设主要通过特定歌曲、短剧、新闻、照片等把学生带入跟文本相关的情景中,使学生沉浸于阅读材料所叙述的仿真环境中,进而促进学生对特定思想的理解、体验和记忆。创设道德情景促进学生在真实的环境中去体验和感悟人文境界。

比如,在阅读 NSE 9A Module 12 Save Our World Unit 2 "Repeat These Three Words Daily: Reduce, Reuse and Recycle."这一课时,笔者让学生们观看了有关环境破坏的视频并配合倾听由 Michael Jackson 演唱的经典英文歌曲 *Heal the World*。声情并茂的情景不仅调动了学生对阅读内容的积极性,还促进了学生们保护环境的责任意识,学生们对环境的认识程度和热爱之情也因此得到升华。笔者让学生们回答书本中的问题:"Do you divide the waste into things to recycle and things to throw away? Do you take your own bag when shopping?"学生们通过视觉和听觉的冲击,轻而易举就能得到正确的答案。学生深刻感受到全球变暖对人类生活与自然环境造成各种各样的不良影响,帮助学生树立"节约能源、保护环境"的主人翁意识。

(二)读中活动的人文精神渗透

1. 在细节品读中渗透

有感情地反复诵读作品能加深对文本的理解,尤其对一些重点语句的诵读,能使学生受到熏陶,从而加深对作品的印象。因此,对于课文中那些闪烁着思想光芒或警策性的句子,我们应紧紧抓住,指导学生反复诵读,通过感悟语言、积累词句进行人文精神渗透。

比如,在学习 NSE 9B Module 8 My Future Life Unit 2 "I Know That You Will Be Better at Math."一课时,笔者让学生们反复有感情地品读这些名句箴言,先集体读,再个人读。

(1) There is no success without effort.

(2) You only really lose it when you give up.

(3) I still can't run fast enough, but I've learnt to try my best, not only with running but with whatever else I do.

正所谓"书读百遍其义自见"。这是初中英语课本的最后一课,让学生们反复诵读这些名句箴言,有助于他们在以后的日子里飞得更高、走得更远。

2. 在阅读拓展中渗透

语言教学需广泛扩充阅读的渠道。适当进行拓展阅读活动,要求学生阅读与本单元课文相类似的题材、体裁的文章或段落,以巩固、扩大词汇量及语言知识,培养和发展阅读技巧,在延伸阅读中渗透人文精神。

比如,在学习 NSE 8A Module 6 Animals in Danger Unit 2 "The WWF Is Working Hard to Save Them."这一课时,笔者在 *Learn English* 报纸上选取了一个有关东北虎濒危的段落作为阅读的补充,以加深学生们对于濒危动物严峻形势的了解。

The Siberian Tiger (also called the Amur Tiger) is the largest member of the cat family. These huge, territorial cats are found in northeastern Russia and in northern China and Korea. They live in mountainous conifer forests at elevations up to 3,000 feet. There are only about 400 of these magnificent tigers left in the wild; they are an endangered species.

让学生补充了解东北虎也濒临灭绝,从而激发学生们为保护动物做出自己力所能及的贡献。同时,让学生意识到濒危动物众多,大家需要立即行动起来保护动物,维护生态平衡,保护我们赖以生存的家园。

3. 在批判思维中渗透

尽信书则不如无书。学生们在学习中不能"本本主义",要学会质疑,要学会用批判性思维的目光审视周围的事物,这样我们的社会才能有创新、有发展,人类才有进步。

例如,在学习 NSE 9A Module 6 Problems Unit 2 "If You Tell Him the Truth, You Will Show That You are Honest."这一课时,笔者让学生对课文中这句"If you tell him the truth, you will show that you are honest."进行深入思考,并且让他们回答以下的问题:

(1)Did you tell a lie?

(2)Is it always necessary to tell the truth?

(3)Can we sometimes tell white lies so that we don't hurt other people?

学生们统一得出结论:绝大多数时候人应该诚实,而某些特殊情况,为了保护某些人的情绪情感,偶尔可以说一个 white lie,世上也存在美丽的谎言。学生们通过质疑和讨论,主动构建正确的人生观。

(三)读后活动的人文精神渗透

1. 在小组讨论中渗透

小组讨论和交流,能促进小组成员间的合作学习,展示和提升团队精神和与他人共事的能力。成员间见解的交流,能让学生对课文主题的理解更加深刻,同时,也让学生懂得尊重别人,学会倾听别人的意见,强化进取意识、创造意识、竞争意识和团结意识。

在学习 NSE 8A Module 6 Animals in Danger Unit 2 "The WWF Is Working Hard to Save Them."一文时,笔者让学生就以下问题展开讨论。

(1)Why is the animal in danger?

(2)Is it right to kill animals in danger just for money?

(3)What can we do to save it?

(4)Do you think it is a long way or short way to save the animals? Why?

学生们对动物濒危的原因和解决途径以及对保护动物的道路的艰辛和漫长都进行了深入讨论。他们学会了集思广益,并建立了保护动物、爱护环境的意识。最终得出了结论:"To protect the animals is to protect ourselves."

2. 在角色体验中渗透

学生们利用阅读的文本材料进行编排,深刻体验文本内容所传达的信息,以更有效地达到人文精神的渗透。

在学习 NSE 7B Module 1 Lost and Found Unit 2 "Are They Yours?"一课时,笔者让学生们以原文为基础,合理发挥想象,编制对话。学生们分组扮演失物招领处工作人员和失主。

A:Excuse me,I lost my red bag with an umbrella. Is there such a red bag?

B: Is this yours?

A: Yes,it is.

B: Here you are. Please be careful with your things from now on.

A: OK, thank you.

通过编制对话及角色扮演,学生们体会到失主心急如焚的心情,引导学生们要妥善保管自己的物品,也提醒学生们捡到东西不能据为己有,要及时送到失物招领处,帮助尽快找到失主。

3. 在笔头写作中渗透

学生通过阅读后的思考讨论再落实到笔头写作,对于问题思考得更为深入和全面,既能训练思维能力、写作能力,又能更有效地渗透人文教育。

在学习 NSE 8A Module 9 Population Unit 2 "Arnwick Was a City with 200,000 People."(Period 2)时,笔者给学生们安排以下任务:

(1)List the problems in your home town.

(2)Offer the suggestions to solve the problems.

(3)Write a passage (80-100 words):Make our home town better.

What do you think is the biggest problem in your home town?

What are your suggestions?

学生们通过梳理所阅读的文本,结合现实生活,进行有关让家乡变得更美好的笔头输出,有效地做到了知识的迁移。学生们思考了家乡存在哪些问题,如何解决这些问题,如何让家乡变得更美好等,有效激发了他们热爱家乡、热爱祖国的美好情感。

四、英语阅读教学中进行人文精神渗透的反思

(一)提高英语教师自身人文素质,更新育人新理念

英语教师在理论上和实践中需要不断更新观念,提高自身人文素质,丰富人文教育理论和实践经验,探索出一套在中学英语教学中培养学生人文素养的教学策略和具体途径。

(二)坚持"以生为本,学为中心"的原则

人文精神的渗透活动,教师只是引导者、组织者。要充分相信和依靠学生,来完成人文教育的发掘,并且注重学生的主体参与,在活动中进行人文体验,鼓励学生合作学习。

五、结语

总之,在当前"以人为本,和谐发展"的人文精神的引导下,人文教育也随之成为新课改的重要理念之一。《义务教育英语课程标准(2011年版)》第一次在英语教学指导文件中明确了外语教学的人文特征,利用语言教学内容涉猎广泛这一得天独厚的条件,将人文教育贯穿于英语教学之中,以逐步提高学生的人文素养。作为与新课改同步的中学英语教师,我们要深入挖掘和利用英语课本素材中的人文因素。如何在教学中把培养学生的英语语言能力和人文素养有机地融为一体,是值得广大中学英语教师研究的具有实践意义的重要课题。

参考文献

[1] 邱素萍.论中学英语教学中的人文性.中国科技创新新导刊,2009(33):166.

[2] 中华人民共和国教育部.义务教育英语课程标准(2011年版).北京:北京师范大学出版社,2012.

[3] 郝美娟.论英语阅读教学中的人文关怀.山西财经大学学报,2012(S4):147.

[4] 叶蓉.高职英语教学中渗透人文素质教育的可行性与途径探析.佳木斯职业学院学报,2015(5):10-11.

英语诗歌课程在高中选修课中的实践探索[①]

杭州外国语学校　洪梅

【摘　要】 英语诗歌是英语语言及文化的重要构成部分,不仅是英语语言学习的有利素材,也是培养学生核心素养的重要途径。但是,在目前的初高中英语课程中却存在大量缺失的现象。本文通过对杭州外国语学校开展的英语诗歌校本选修课教学目标和内容、教学实施、学生作品和教学反思的介绍,探讨英语诗歌教学在高中选修课中开展的可行性,为课程的推广探索可能性。

【关键词】 英语诗歌教学;高中英语;选修课;课堂教学;核心素养

一、英语诗歌学习的重要性及现状

(一)重要性

首先,诗歌语言和白话文体相比,韵律节奏明显,尤其是在朗读时即使不理解意思,也能感受到语言自身的美。学习英语诗歌对学生语感的培养有很大帮助。"When read aloud, poetry is rhythm and music and sounds and beats. "

其次,诗歌是一种世界语言。尽管语言载体不同,文化背景有所不同,它们所表达的情感是共通的。而且诗歌真实存在于学生的生活中,因此英语诗歌的学习并非加重了学生的学习负担,反之,它激活了学生本身对英语诗歌已有的认知,形成了更为系统的知识体系,是对语言学习的补充和提升。Georgia Heard 在他的 *Writing Poetry* 中提出:Addressing the relationships between poetry and the students, self-awareness and change that is so fundamental to their being, poetry is often more familiar and relevant than other writing genres.

最后,诗歌是英语文学和文化的重要组成部分,诗歌的内容也包含着丰富的社会生活内容和艺术内涵,是培养学生综合文化素质和全面提升英语语言素养的重要组成部分。诗歌教学与高中新课程改革的多项教学目标相吻合。

诗歌以其高度凝练的语言,运用比喻、象征等修辞手法,借助与情感的享受、共鸣和启迪,与学科核心素养的四个方面,即语言能力、文化品格、思维品质和学习能力之间有强烈的投射关系。

(二)现状

总体来说,目前中外的中学教育中都存在诗歌教学的缺失。尽管很多学校和教师都有很多英语诗歌教学的尝试,但是这些尝试大多都停留在配合某一课教学内容而进行的单次教学活动;在年龄段上,诗歌在幼小阶段和大学的英语专业学生专业课教授中出现较多,初高中出于升学压力及教材内容限制等因素,很少涉及诗歌内容;还有一些认为诗歌教学是无用的或者不切实际的想法,都阻碍了英语诗歌在中学英语教学的普及甚至涉及。

[①] 本文在第十九届全国外国语学校外语教学科研论文评比中荣获二等奖。

二、英语诗歌教学在选修课中的实践探索

(一)课程目标与课程内容

英语诗歌教学属于英语文学课程的范畴,本课程的总体目标是提升学生的英文文学素养,一些典型作品的介绍使学生了解英文诗歌的基本概念和形式;让学生发现并感知日常生活中存在于他们身边的英语诗歌元素,有助于他们将相关的知识和技巧运用到自己的诗歌创作练习中,来表达自己的想法。

本课程作为杭州外国语学校学生英语选修的其中一门课程,选用的参考教材是 Star Publishing Limited 出版公司出版的 *Star Summit* 选修教材中的 Poems and Songs 一册,主要教学对象为杭州外国语学校高一年级的学生。学生通过学校的选课平台进行自由选报。本课程每周一课时,一个学期一共有 16～18 课时,主要教学内容包括赏析诗歌和歌曲语言的不同,分析诗歌主题、结构和特征,学习基本的诗歌技法(想象、比喻、拟人化和符号化),学习和实践几种常见的诗歌语言(拟声词、头韵、谐音、节奏和韵律),了解几种典型的诗歌形式(语法类诗歌、藏头诗、造型诗、五行打油诗、三行俳句诗、叙事诗集和民谣),简单了解诗歌运用于商业和音乐剧的情况等。

(二)课程实施

在课程的授课方式方面,笔者采用了听、读、翻译和主题创作等形式来丰富教学。

首先,"听"和"读"相辅相成,也是诗歌教学最基本和最重要的教学方法。比如,在教授第一章"主题和语气"时,即使学生不了解诗歌的内容,也一定可以通过听来感知诗歌的情感态度和表达的情绪。另外,在学习诗歌的基本技巧,比如头韵、元音押韵和节奏、押韵的内容时,听是最直接、最有效的让学生感知诗歌语言韵律的手段。

其次,"读"也是诗歌教学基本的手段。由于诗歌的朗读和一般白话文的朗读存在一些不同,诗歌的朗读对语调的变化和情感的表达有更高的要求。课堂上可以在模仿和有效引导的基础上,多组织各种形式(单人的或者多人的)的朗读。比如,在教授 *Desiderata* 这首诗歌时,有一个英国著名演员 Tom Hiddleston 的朗读版本,学生沉醉于他迷人的声线和精巧的韵律感,但是在自己尝试朗读时,却发现容易流于平淡,缺乏语言的张力。要想提高朗读的质量,一是要基于对诗歌内容的理解,二是反复的练习,才能感知和体现语言的连贯性和美感。因此,把听音模仿并录制音频作为家庭作业,可以让学生有更多的操练机会。诗歌朗读的练习,也可以有效地提高学生的语言表现力。

再次,虽然翻译会使原作在一定程度上"失去音乐性",学生也可以在翻译的过程中通过语义的揣摩和思索去理解原文并产生共鸣。例如,在教授爱尔兰民族诗人 Robert Burns 的经典作品 *My Love Is Like a Red Red Rose* 时,笔者为学生提供了毕肵、王佐良和郭沫若等三个经典翻译版本,让学生在自己翻译的基础上进行比较、修改和改进。也可以进行类似于小组之间的对比和切磋,丰富教学形式,让学生对英语诗歌学习产生兴趣。

最后,多种形式的创作都是非常受学生欢迎的教学活动。例如,在第一堂课让学生进行自我介绍时,笔者要求学生先罗列一些与自己名字押韵的单词,并选取合适的词进行简单的创作,突出自己的特点。学生一开始都觉得这个任务很有挑战性,但是事实上他们的第一次创作就让人眼前一亮。比如一个名叫 Dan 的热爱音乐的同学写道:

> My name is Dan,
> and I'm a hip-hop music fan.

文艺范儿的 Evelyn 同学的自我介绍是:

> My name is Evelyn,
> and I love traveling.
> Each time I take my camera,
> and put the pictures together like a drama.

个性张扬的 Coco 同学的自我介绍是：

My name is Coco,

precious as a dodo.

This is my own code,

I'll never say "no no".

自信内敛的 Louis 同学写道：

My name is Louis,

I believe there is nothing wrong being the second place.

温柔可人的 Jenny 同学的自我介绍是：

My name is Jenny,

I love the story which is funny.

I always read one to my mommy,

and she usually calls me honey.

虽然是初次创作,短短的字里行间,学生们的个性已然凸显。学生们也感受到了诗歌创作的乐趣和诗歌语言的魅力。

在学习"比喻"的内容时,笔者以 I'm a pen/flute/loaf of bread/cat 等为题,要求学生进行自由创作,以下是一些学生的作品：

（Daisy）

Land for a Pen

——For Yeats

I am a pen writing the destiny of Ireland,

my love grows in maiden's beautiful hand.

I adore the dainty lady for her kind,

knowing that I'll be gone in the end.

Horse man, pass by!

Finally I find my land.

（Shirley）

I am a loaf of bread,

lying on the plate,

waiting for my butter.

You can eat me, my friend.

It won't ache,

if this is what you need.

（Rose）

I am a fire,

selfish and merciless.

I burn everything I hate and envy,

I burn woods into ashes,

I burn iron into liquids.

I'm a pathetic loser because I finally have nothing but they still have existed indeed.

（Tutu）

I am a song,

sung by the bell of an old bicycle.

Under the moon shines like a blue circle,

this is me waiting for a miracle.

虽然只是第二次创作课,学生们的创作已经具有了诗歌所拥有的简洁却充满张力的语言魅力。一方面是源于母语阅读中思想的积淀,另一方面是有意识地运用诗歌语言的特点而达成的。

另外,在介绍头韵和元音押韵的形式后,学生也进行了自主创作:

（Henry）

Henry has a hat like a helmet,

he lives in his humble house.

He has a hippo having fun with a hula hoop,

he has hazel hair and lifts his hat to say hello to me.

（Andres）

Firework

Walking by car wheels and tall woods,

the night is coming and start raining.

The light is shining, almost blind me,

do you want to drink a cup of coffee?

Sitting by the window near the street,

watching cars come and go.

People under colorful umbrellas,

talking on their phones.

How the things move on?

How the cars don't slow?

When I feel it, that you're leaving,

I just feel it's the end of my world.

I know you might go,

to the world I don't know.

I wish I could stop you,

but that's made up your mind.

I just need a moment to know,

because I see you my angel.

I don't want to lose you,

when I should but I can't let you go.

When the firework goes up,

become a flower in the sky.

I know here it's a time,

to say goodbye.

Just a second，
the firework finally disappeared.
Oh，the light that you gave me，
the warmth that you gave me.
will ever glow，forever.

(Daisy)
Seven Sour Strawberries
Saying the same thing I want to sing，
How I struggle and strive in the shiny sea!
How I miss you during this spring!

而语法诗也因为有了诗歌的形式而不再显得枯燥，笔者让每个小组的学生负责一块语法内容的创作，将该语法现象在作品中得以充分体现。以下是两首分别以副词和不定式为主题的学生作品：

(Alice)
My Family
I woke up in the morning，
went downstairs tiredly，
took milk from fridge gently.
But broke a cup unconsciously，
mom went in surprisingly，
picked up pieces carefully.
Dad looked at me angrily，
as rug got white quickly.
Kitty came slowly，
and licked the milk happily.

(Jenny)
the Weather
Sunny
To shine the lake，
to light up the dark，
to paint the grass with flowers，
to cheer the depressed children up.
Rainy
To water the sprout，
to clean the haze，
to show the sad atmosphere，
to tell the tragedy of love.
Snowy
To decorate the pines，
to hid the truth，
to dance with snowflakes，
to wash off the guilt.

在本课程中,笔者还尝试了让学生运用漫画等形式来体验诗歌创作,例如在介绍拟声词时,学生通过丰富的想象力,合理运用情景和拟声词,进行了四格漫画的创作(图 1)。

图 1

在介绍形状诗时,恰逢圣诞节,笔者让每位学生给一位一年中最想致谢的人写一首表达感谢的诗,并把文字排列组织成圣诞树的形状,画在卡纸上作为礼物送出。在学校英语节开展期间,笔者组织学生进行了学校英文名称首字母缩写 HFLS 为主题的藏头诗的创作作为礼物送给学校。

通过这些不同形式的教学活动,学生的创作能量和灵感被激发。虽然绝大部分学生在此课程之前从未进行英语诗歌的学习,但是他们的创作足以凭借睿智俏皮的思维、丰富和极富韵律节奏的语言打动人心。

学期结束,本课程从四个方面出发对学生进行了考核:课堂笔记和课堂参与、资料收集本、平时作业及期末测试成绩。

(三)课程反思

首先,学生在课程结束以后实现了在英语诗歌素养上的提升。不仅了解了英语诗歌的一些基本现象,也参与了创作,把学到的知识运用于实际。课程的内容和收获超过了老师和学生的预期,突破了学生对诗歌鉴赏课的片面认知,丰富了他们对英语诗歌学习的兴趣和知识。

其次,英语诗歌课程的开设是对已有的英语课内容的补充。学生通过本课程的学习,了解了英语学习的另一个巨大的领域,更深入地了解了英语语言背后的文化背景,知道了更多著名的诗人、作者。这种学习形式为他们在英语学习方面打开了另外一扇窗户,也为他们养成英语学科核心素养提供了帮助。与此同时,这门课程的开设也为老师在介绍其他语言知识与现象时提供了很多可以借鉴的教学方法和灵感。

再次,相比于常规的课程体系,在选修课中开设诗歌课程是一个相对灵活的做法。选修课每周的课时虽然较少,但是一个学期还是可以保证一定的教学量,可以对英语诗歌进行稍微系统的介绍,因其教学内容不同于常规课堂,可以不纳入常规课堂的评价体系。此外,课程内容也容易引起学生的兴趣,是对常规教学的有益补充。

从课程细节上来讲,由于初次开设这门选修课,在教学过程中很多细节需完善,比如对学生作业和课堂朗读等活动的指导性标准有待细化;对学生课后作业的分享还需探索更多的途径。

最后,课程对老师提出了很高的要求。笔者所教授的课程基本上参考了 *Star Summit* 教材的体系,但是一些具体的教学素材的收集却耗费了大量精力。虽然市面上有很多介绍诗歌的书籍,网络上也有很多优秀的可用素材,但是都需要经过大量的甄选才可以为教学所用。因此,如果能够在一定程度上推广英语诗歌教学,形成一定的教育合力,相信这门课程的教学效果会更好。

参考文献

[1] 苏晓玲.如何在高中英语课堂中开展英文诗歌教学.当代教育论坛:学科教育研究,2008(11):69-70.

[2] 陈卫萍.高中英语诗歌教学课的反思.中学生英语:高中版,2014(34):10-11.

[3] 李佳颖.谈英语教学中的英语诗歌教学.教育探索,2015(3):69-71.

[4] 中华人民共和国教育部.普通高中英语课程标准(2017年版).北京:人民教育出版社,2018.

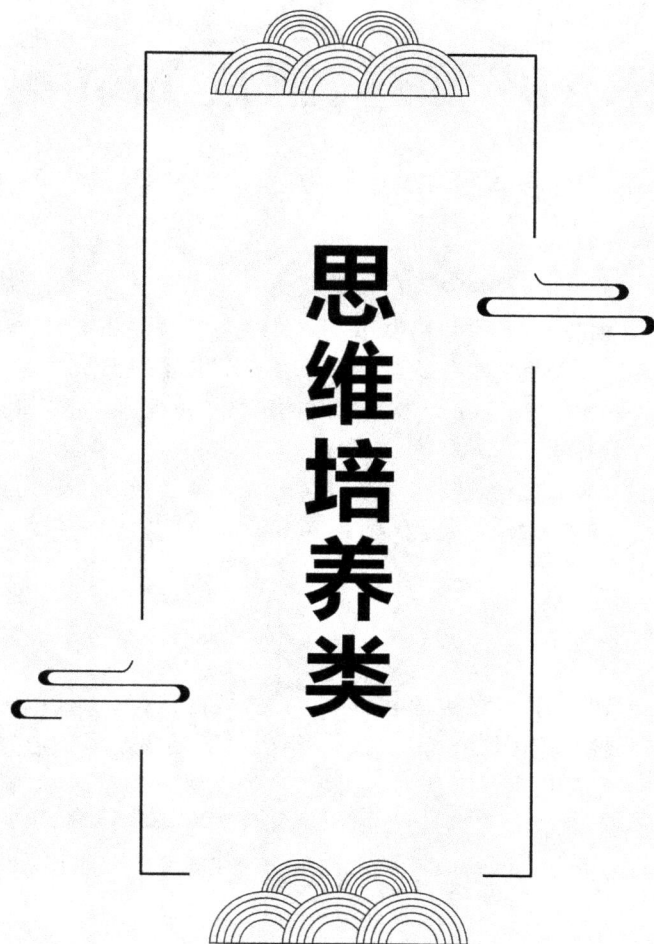

思维培养类

运用"GRAB"策略,解读叙事类文本^①

上海外国语大学秀洲外国语学校　顾学超

【摘　要】　在解读叙事类文本时,教师应以培养学生的思维品质为准绳,进而由表及里、由浅入深地处理文本。为了培养学生的思维品质,本文拟以"GRAB"策略和思维导图为抓手,深度解读叙事类文本,比如优化问题链的设计、构建框架式的思维导图。运用"GRAB"策略分析文本的过程实际上是从浅层思维到深层思维的过程,而在这一过程中,学生的思维能力也经历了一个萌发、成长和盛放的过程。总而言之,英语文本解读如果以全面发展学生综合语言能力为起点,以深度锻炼学生思维品质为高点,以学生英语学科素养的全面提升为落点,那么这样的英语阅读教学无疑是踏实的、智慧的、高效的思想盛宴。

【关键词】　思维品质;文本解读;叙事类文本;"GRAB"策略

一、引言

阅读是语言学习的重要方式,在日常的英语教学中占据重要的地位。2016 年,《中国学生发展核心素养》总体框架正式发布。《义务教育英语课程标准(2011 年版)》对英语学科核心素养作了四方面的归纳,分别为语言能力、文化品格、思维品质和学习能力。因而,教师在进行阅读教学时不仅要关注语言知识的习得,还应培养学生的思维品质,即引导其"从整体理解语篇内容入手,分析句子与句子之间、段落与段落之间的衔接方式、逻辑思维的连贯方式以及语言形式方面的内在联系"(张献臣,2009)。

二、叙事类文本的归纳和解读

叙事类文本,顾名思义就是一种以叙事功能为主的文本篇章,作品往往通过生动的故事、可敬的人物,阐释人生哲理,分享人生智慧,打动读者心灵。教材中的童话、寓言、小说、叙事散文、名人故事等都是叙事类作品(金立义,2015)。表 1 是笔者对外研版初中英语教材里面的叙事类文本的梳理。

表 1

外研版初中英语	叙事类文本
七年级	(七上)M5U2 "My School Day" (七下)M6U2 "Tour of London" 　　　M7U2 "My Life in Quincy" 　　　M8U2 "Goldilocks and the Three Bears" 　　　M10U2 "This Morning We Took a Walk"

---

① 本文在第十九届全国外国语学校外语教学科研论文评比中荣获一等奖。

外研版初中英语	叙事类文本
八年级	（八上）M3U2 "Training Hard" M7U2 "She Was Thinking about Her Cat." M8U2 "Smile，Please." M11U2 "My Experiences in England" （八下）M1U2 "I Feel Nervous When I Speak Chinese." M2U2 "They Have Seen the Pyramids." M6U2 "David's Hobbies" M8U2 "We Thought Somebody Was Moving about." M9U2 "A Beautiful Smile." M10U2 "Radio Times"
九年级	（九上）M1U2 "A Great Wonder of the Natural World" M3U2 "My Hero — Dr. Norman Bethune" M4U2 "My 'Perfect Holiday'" M6U2 "If You Tell Him the Truth Now，You Will Show That You Are Honest." M8U2 "Liu Xiang — Trained to Be the Best in the World." M10U2 "The Game That They Like Most Is Australian Football." （九下）M4U2 "Watch out! Bears about!"

经整理发现，叙事类文本在外研版初中英语教材中占据着很大的比例。因此，在阅读教学中做好此类文本解读尤为重要。阅读教学的基本目标是培养学生的阅读策略，重点培养学生在阅读过程中获取和处理信息的能力。然而，学生在文本阅读时存在以下三个问题：①重视语言学习，轻视深度思维；②重视阅读数量，轻视阅读策略；③重视文本内容的理解，轻视文本结构的梳理。该现象的发生主要是由于现行的英语阅读文本解读存在以下四个方面的问题：简单肤浅的文本处理，缺乏层次的问题设置，过度重视语言点的阅读教学，不充分的阅读和思考时间。文本信息的表层化处理致使学生无法深度阅读，从而造成读无所获，更别提思维品质的提升了。正如浙江省高中英语教研员葛炳芳老师所述，一个文本，其内容即意义是灯，语言是灯罩，而思维是影子。因此，在文本解读的过程中，必定要做到语言、内容、思维三者缺一不可，而深度挖掘叙事类文本有助于培养学生思维品质。

在深度阅读和文本解读中，读者经历了多个层次，即从文本的表层信息到文本的主旨思想，从简单的信息检索到信息间逻辑关系的梳理，从语言知识到文本内容，再到思维的升华。因此，采用"GRAB"策略解读文本具有现实意义。所谓"GRAB"策略，即"读"取表层信息（grabbing the superficial information）、"获"取信息关系（reaching the connections）、"索"取主旨意义（acquiring the main idea）和"烘"焙精彩语言（baking the language）。借助"GRAB"策略、思维导图解读文本，对于锻炼学生的思维品质是大有裨益的。

三、"GRAB"策略的内涵及其运用

"GRAB"策略下的文本解读包括了对文本语言、内容和思路的解读。思维导图又叫心智图，其英文为mind map，顾名思义，能够直观地呈现抽象的思维路径、顺应大脑的思维模式，同时又能激发思维不断发散。因此，可以说思维导图具有三方面的功能：信息检索、信息整理和信息生成（杨昌周、范蔚，2017）。思维导图能通过图文并茂的形式把抽象的发散性思维进行图像化，从而促进知识机构的可视性生成。因而，在文本解读中，融入思维导图设计有助于学生梳理表层信息、厘清文章脉络、分析信息间关系、体悟文章主旨思想。构建并完善思维导图的过程能够锻炼学生的思维能力，有利于提升其思维品质。

（一）"读"取表层信息（Grabbing the superficial information—what is stated）

在文本解读时，教师应指导学生抓住表层信息，然后从理解文本表层信息到理解信息点间的相互联

系,再到理解文本观点。叙事类文本的表层信息包括时间、地点、人物、事件起因、经过、结果,即与叙事相关的事实与观点。

以笔者执教的一节公开课为例,教学内容选自外研版初中英语 Module 4 Unit 2 My "perfect holiday"。该文本是一篇富有哲理性的叙事类文本,以下是针对如何"读"取表层信息所提供的几个教学片段。

【教学片段 1】 读前预测(read by prediction)

在梳理文本表层信息时,笔者首先引导学生关注文章标题 My "perfect holiday",接着让他们预测作者是否拥有一个"完美"的假期,并思考什么才是真正的"完美"假期。

[教学过程]

Step 1:Prediction.

Q:According to the title,can you guess if the little boy has a perfect holiday? What's your understanding of a perfect holiday?

[评析]

标题一般是全文的文眼,本文的标题 My "perfect holiday"加了引号,显然有深层含义:孩子心目中的完美假期并不一定是真正的完美假期。对标题的解读有助于培养学生的批判性思维。此外,笔者让学生预测文中的小男生是否拥有完美假期,是为了让学生抓住文本的暗线——不完美假期到完美假期的转变,借此梳理文本的表层信息。

【教学片段 2】 读中梳理(read for details)

学生带着预测进入文本后,首先,在教师的指导下略读并思考文章的写作顺序;其次,分析文章的框架结构;最后,根据文本框架,完成文本表层信息的梳理。

[教学过程]

Step 2:Global reading.

Skim the text and think over the following questions.

Q1:What's the writing order of the passage?

Q2:What's the structure of the passage?

在学生快速阅读之后,教师与学生探究彼此对于文本写作顺序和结构的理解,并以追问的形式发现学生的思维过程,最后以表格(表 2)的形式呈现参考答案。

表 2

Time Order	Paragraphs
Before my parents went away	Para. 1
When my parents were on business	Para. 2/3/4
When my parents came back	Para. 5

[评析]

文本结构是文章的骨架,语言是血肉,思维是灵魂。本文的解读是一种自上而下的整体解读,笔者先以时间线索为明线勾勒文本的框架,接着以图表的形式梳理父母出差前、出差时、出差后小男孩的所作所为、所思所想等表层信息。那么这些表层信息与文章的主旨思想之间有什么关系? 二者是通过什么桥梁衔接的?

(二)"获"取信息关系(Reaching the connections—how it is stated)

在梳理表层信息之后,为了厘清文本脉络,教师应引导学生分析各个信息点之间的相互联系。在处理这层关系时,要注意段际关联和段内话题联系。因而在解读文本时,教师应重点分析事实与观点、观点与观点、观点与例子之间的关系。

【教学片段3】 读中解读(read to understand)

仍以本文为例,主人公心情的变化是文本的暗线(表3),而这条线索的演变既与文章标题 My "perfect holiday"的内涵相呼应,又是主人公对什么是真正的"perfect holiday"这一问题的不断深入思考。在读中解读时,精心设计的问题链能够有序、合理处理文本信息,并逐步引导学生深入地解读文本。

表3

Time Order	What happened?	How did "I" feel?
Before my parents went away	did everything	unhappy, bored
When my parents were on business	had great fun → lived a terrible day at school and home	happy,excited →tired, sleepy
When my parents came back	could cook and tidy up	happy and satisfied

[教学过程]

Step 3:While reading.

Read carefully and complete the table.

Q1:What happened? How did "I" feel?

Q2:What kind of holiday do you think he has, perfect or imperfect?

笔者利用表格(表3)呈现细节信息,并在之后呈现思维导图引导学生进一步思考。

[评析]

通过图表将小男孩的心情变化清晰地呈现在学生面前,并与男孩在父母出差前、出差时、出差后的一系列行为联系在一起,明线和暗线交织在一起,共同推动文本主题思想一步一步深入。那么,如何将文本的内在联系与文章主题之间构建联系,学生的思维品质是其不可或缺的纽带吗?

(三)"索"取主旨意义(Acquiring the main idea—why it is stated)

阅读不应只读文字的表层信息,还应读出文中字里行间的意义(read between the lines),体会作者作文的深意,理解主旨思想。理解观点思想就是理解文本的目的、内涵、推断、语气、修辞、措辞等。教师引导学生理解文本观点思想的过程也是学生与文本对话的过程,有助于培养学生的思维品质。

【教学片段4】 读后思考(read and think)

在梳理了文本的浅层信息,厘清了各信息点之间的逻辑关系之后,笔者引导学生根据小男孩在不同阶段的心情变化提炼文本的主旨大意,并对文中人物和文章主题"perfect holiday"进行深度思考和挖掘。基于此,笔者设计了以下的教学流程(图1):

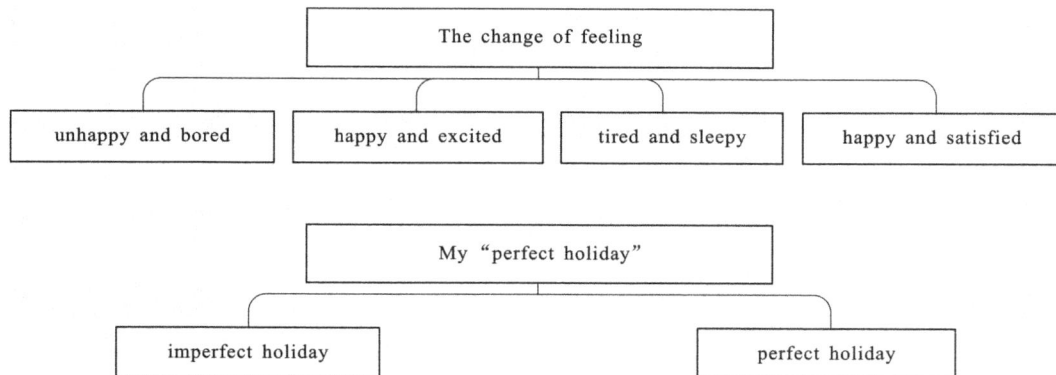

图1

[教学过程]

Step 4：Post reading.

Read and think.

Q1：According to the change of feelings，what kind of holiday do you think he has，perfect or imperfect?

Q2：How do you understand the sentence" I realised being home alone was not always perfect"?

Q3：After reading，how do you understand "perfect holiday"?

Q4：What do you think of the boy's parents? Do you think they do anything wrong?

（Suggested answer：Maybe they should give the boy more freedom to develop his own interest.）

Q5：How should we deal with our parents? What can we learn from Zheng Chenyu?

[评析]

阅读文本是富有生命的学习载体,教师应引导学生发散思维与文本对话,并对其中的观点和人物进行批判性思考,取其精华,去其糟粕。学生思维品质的培养需要从多角度展开,可以基于文本本身,也可以跳出文本,结合生活换位思考。而在思维不断的锤炼过程中,学生会不断地成长为有灵魂、有独立思考能力的外校学子。

（四）"烘"焙精彩语言（Baking the language—how the meaning is stated）

语言是思维的媒介,思维可以在语言表达中得到升华。文本解读过程中,语言的解读与思维的培养相辅相成。在前三个阶段中,学生已关注了文本的表层信息和深层信息,即已经较好地梳理了文本。为了促进学生思维的连贯性和整体性,教师引导学生品味、赏析文本的连贯表达和衔接手段,模仿连句成段、连段成章的书写方式,并在研读语言的过程中,锻炼逻辑思维能力。

【教学片段5】

[教学过程]

Step 5：Post reading.

Read and think.

1. Review the whole text and answer the questions.

Q1：What's the clue of the whole passage? Can you draw a mind map?

Q2：There are a lot of words about feelings（图2）. Can you categorize them?

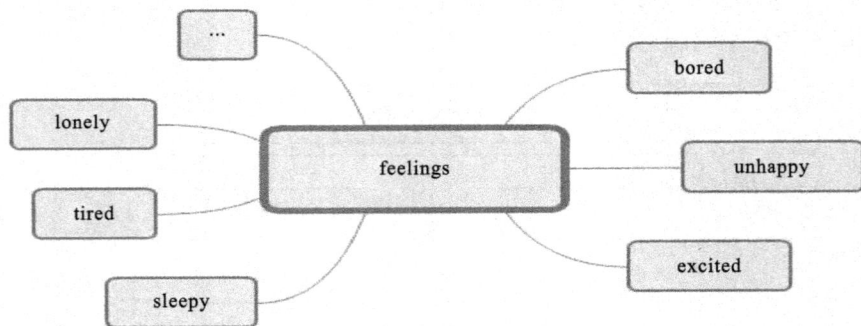

图 2

2. Write a story about your own home alone story.

Q：Have you ever stay at home alone? What happened? How did you feel?

[评析]

语言是思维表达的载体,学生只有在习得语言以后,才能够自信、自由地表达思想,千万不能本末倒置,因而笔者首先让学生利用思维导图,提炼文本语言;其次,根据话题罗列相关词汇,比如总结与心情有关的词汇表达;最后,笔者鼓励学生提笔述说自己独自在家的经历。写作是一种重要的输出手段,既巩固了文本的语言,又加深了学生对于文本框架和主题思想的理解。

四、结语

没有深度解读的阅读教学并非真正的阅读教学,没有渗透思维品质的英语阅读是无意义的阅读。教师要引导学生与文本进行深度对话,并提升学生的阅读思维能力,在文本解读时做到内容、思维和语言的完整统一。同时,在设问时要有层次性、递进性,多设计遵循大脑认知规律的问题链。在处理语篇时,可以尝试使用思维导图,带领学生从检索表层信息到处理信息间的深层关系,从而直击文本内核,剖析文本主旨,体悟主题思想。阅读教学设计要以全面培养学生的综合语言能力为基点,进而锻炼学生英语学科的思维品质,提升英语学习的有效性。

参考文献

[1] 中华人民共和国教育部.义务教育英语课程标准(2011年版).北京:北京师范大学出版社,2012.

[2] [英]托尼·巴赞.思维导图——放射性思维.李斯,译.北京:作家出版社,1998.

[3] 张献臣.加强英语语篇教学,提高英语阅读效率.课程·教材·教法,2009(6):51-57.

[4] 杨昌周,范蔚.中学英语教材中思维导图的功能负载及提升路径.中小学外语教学:中学篇,2017(1):9-15.

[5] 金立义.叙事性文本解读探析.语文教学通讯,2015(30):57-59.

思维导图在高中英语教学中的应用[①]

成都外国语学校高新校区　王琪

【摘　要】　思维导图是逻辑思维的直观体现,而学生的深度学习离不开逻辑思维。在高中英语教学中,思维导图可以帮助学生将散乱的英语知识系统化,让学生真正做到活学英语、学活英语。本文根据高中英语课堂教学实际,提出思维导图在高中英语词汇、阅读、写作教学中的应用策略。

【关键词】　思维导图;高中英语;教学策略

一、引言

20世纪70年代初,英国著名心理学家托尼·巴赞(Tony Buzen)提出思维导图概念,它的本质是有逻辑的思考方式。由于它能改善人的思维方式,增进个人创造力,思维导图很快在世界各国推广和运用。自传入中国以来,思维导图潜在的教育价值越来越受到教师群体的重视,在课堂中得到了推广。

托尼·巴赞在《思维导图——放射性思维》中提道:"思维导图是放射性思维的表达,因此也是人类思维的自然功能。它是一种非常有用的图形技术,是打开大脑潜力的万用钥匙。思维导图可以用于生活的各个方面,其改进后的学习能力和清晰的思维方式会改善人的行为表现。"(托尼·巴赞,1988)

思维导图通常把主题词放在中心位置,通过思考相关的关键词组成一个分支,各分支形成一个节点,不断扩散。思维导图充分运用左脑的词语、逻辑功能和右脑的图像、空间意识,用图形和线条展示思维过程,并表现出各次主题的隶属关系(苗纯,2012)。

思维导图是一种视觉工具,其主要特点是放射性和直观形象性。放射性是由思维导图的结构决定的。思维导图的结构与大脑神经网络分布模式相似。直观形象性是由思维导图的形式决定的。视觉符号有助于人们对事物的理解,思维导图就是以图形的视觉形式呈现教学。

二、思维导图的应用

(一)思维导图与词汇教学

在传统高中英语教学中,教师和学生往往利用记忆曲线理论来重复单词以强化记忆。然而不少教师和学生都发现,一旦放松背词汇,学生就很容易忘记。这种枯燥、低效的方法使得学生对记忆词汇产生厌倦情绪,进而导致学生词汇储备不足,降低学生的学习动力和兴趣,陷入恶性循环。

以关键词 animal 为例,将动物按照生活环境分类,得到 sky, land, water 三个大类,每个类别下都有学生熟悉的词汇,如天上飞的有 birds, bees, dragonflies 等;地上走的有 chicken, cats, dogs, pigs, elephants, tigers 等;水里游的有 fish, turtles, sharks 等,如图1所示。在具体教学中,学生对于陆地动物的词汇了解更多,教师可以根据生活方式,将陆地动物分为家养和野生。根据学生的实际水平及学情,

---

①　本文在第十九届全国外国语学校外语教学科研论文评比中荣获一等奖。

分类还可以再继续下去。如何将众多词汇放在一起，是需要花时间考虑的问题。通过思维导图的分类，原本零散的词汇有了各自的"归属"，词汇的记忆也就更高效了。

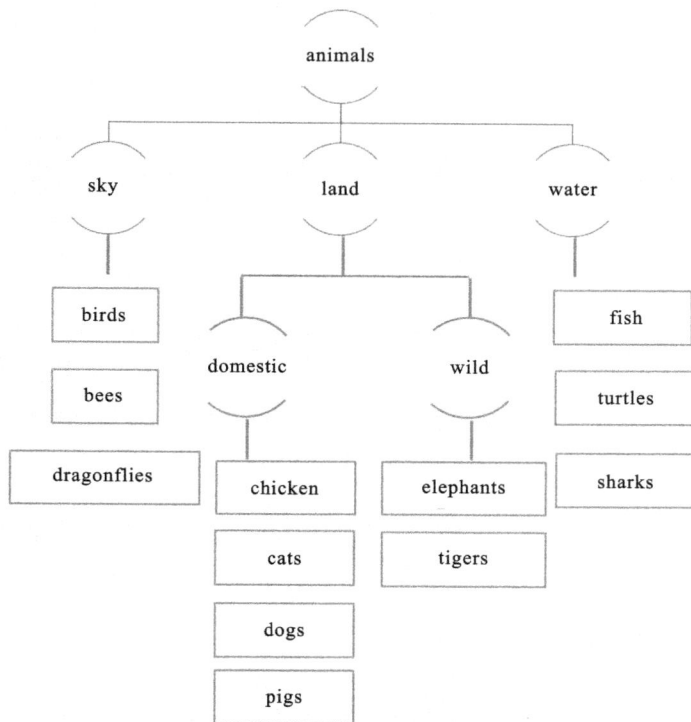

图1

实践证明，借助思维导图的方式有助于提高学生掌握词汇的效率。思维导图不仅有助于学生高效地记忆单词，还能帮助学生建立词汇网络。思维导图作为一种学习策略，能有效地改变学生的认知方式，它突出英语词汇的逻辑和关联，鼓励学生对词汇进行整合，使学生从整体上把握所学英语词汇（罗艳，2012）。

在教辅市场中，中国纺织出版社出版的《活用思维导图 英语单词轻松记忆》和安徽大学出版社出版的《思维导图速记英语词汇》都以多维度、立体式、图形化的手段呈现英语学习中的高频词汇，帮助读者快速有效记忆词汇，培养读者的逻辑思维习惯。

（二）思维导图与阅读理解

在传统高中英语教学中，阅读课的形式比较单一，大部分时间用在对词汇和句型等语言点的处理上，学生对文章的理解仅仅停留于翻译层面。由于学生对阅读文章内容一知半解，在阅读课上又缺乏独立思考的过程，学生难以切实提高阅读和思维能力。思维型阅读能直接、有效地提高学生阅读和思维能力（徐孝邦、黄运振，2013）。

学生需要较强的阅读能力和思维能力，才能理解英语文章的结构和核心思想。思维导图可以帮助学生更好地阅读。在阅读篇幅稍长的文章时，学生经常被长难句和生单词困住，导致阅读过程十分艰难。但对文章进行分析后，我们不难发现英语语篇都存在较强的逻辑性。

以剑桥原版教材 *English in Mind* 第 6 单元阅读文章 "Bees Dying for a Phone Call?" (Putcha & Stranks,2010)为例，文中出现了 navigation, radiation, hive, pollinate, evaluate 等学生不熟悉的词汇。作为一篇科技类阅读材料，文章中出现了较多的术语和数字，学生难以清晰理解文章。在具体教学中，教师可以通过引导学生对文章标题进行预测，提示学生阅读的大致方向。在学生完成阅读后，不采取传统阅读的分段赏析式教学模式，而是从整体上要求学生找出文章的关键词，即 bees 和 phone call 的联系，以此提示学生文章的核心思想，即蜜蜂死亡原因的一个猜想。在此基础上，学生的二次阅读就有了更明确的目标，此时思维导图就派上了用场。通过思维导图，学生可以对文章的整体逻辑有一个更清晰的了解。再从文章具体内容中找出支撑观点的论据,就可以完全掌握文章的行文过程。通过导向箭头,学生可以清楚地认识支撑细节(supporting details)在论述过程中的重要性,学生也会发现在这个语篇中,论点 bees dying for a phone call 缺少直接的支撑细节,只能作为一个假设(assumption)。

在对文章有了深层次理解后,学生则可以自己利用思维导图(图2),结合生活经验,提出自己的假设,大胆思考蜜蜂死亡的可能原因。

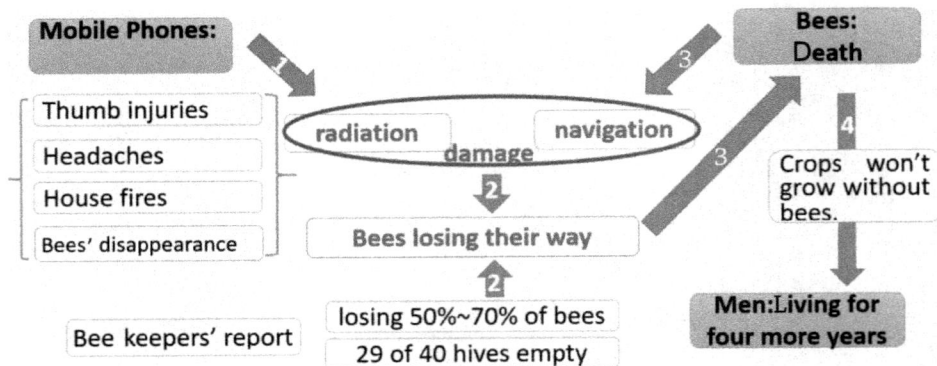

图 2

(三)思维导图与英语写作

在传统的高中英语教学中,学生努力背诵高级词汇和复杂句型,缺乏对写作的认真思考,学生无法充分发挥和训练语言文字表达能力。由于学生缺乏对写作的整体把握,写出的文章缺少连贯性(廖家美,2014)。

引导学生运用思维导图写作,能提高学生的想象力和逻辑思维能力。思维导图不仅是思维训练的工具,更是语言文字表达训练的工具,它能激发学生学习英语的兴趣,使英语写作不再沉闷、无趣。学生为了呈现自己的思考结果,有话可说、有话要说,写作内化成学生的需求,而不再是老师布置的任务。

以外语教学与研究出版社出版的《英语》教材必修4第1单元话题为例,简要说明思维导图在英语写作教学中的应用。

题目要求:Describe your ideal house for the future. 要求学生描述未来的房屋。整个教学分为五个步骤:写前准备、初稿、反馈、修改、重写。思维导图的应用体现在写作教学的全部过程中。

第一步,让学生根据题目构思自己的思维导图,然后通过小组讨论、信息筛选对比,归纳成主题明确、内容清楚、层次清晰的思维导图。描述未来的房屋,学生首先得到两个关键词,houses 和 future,因此将这两个词写在纸上,作为思维导图主干。

第二步,学生对未来房屋的描述是建立在房屋现状的基础上的。作为描述未来房屋的铺垫,学生需要对房屋现状进行简单描述,并指出其缺陷和不足,因此得到思维导图的两个节点,present 和 future。

第三步,学生对未来房屋进行设想,填充细节,进而得到图3所示的思维导图。

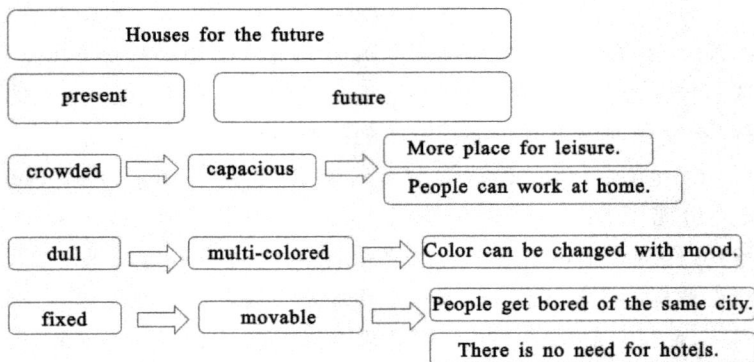

图 3

初步完成后,学生根据自己搭建的思维导图组织语言,用文字的形式把自己的思想表达出来。因为学生对自己将要涉及的内容已经有了掌握,并厘清了自己的写作逻辑,初稿阶段学生就有话想说、有话可说。

在反馈、修正和重写阶段,师生、生生对初稿进行评价,判断初稿在内容、逻辑上是否与思维导图保持一致,语言表达是否流畅自然,并根据评价内容进行修正和润色。

由此可见,在英语写作教学中善用思维导图对学生的写作有很大帮助。思维导图在很大程度上克服了中学生逻辑思维不强的问题。学生在写作之前就已经形成了整个文章的框架,避免了写作过程中"想到哪里写到哪里"的问题,使得学生习作更加连贯、流畅。

三、思维导图的意义

作为一门语言学科,英语离不开语言、文化和思维,故《普通高中英语课程标准(2017年版)》提出了语言能力、文化品格、思维品质和学习能力四大学科核心素养。

不同的结构体系决定了不同的思维方式。在汉语背景下,人们更习惯于含蓄、间接表达,习惯于以人为中心思考事物;而在英语体系中,人们更习惯于逻辑思维、直接表达,习惯于从客观现象对人影响的角度考虑事物。

在英语学科中培养和发展学生的思维品质,就是通过引导学生观察语言与文化现象,分析和比较其中的异同,归纳语言及语篇特点,辨识语言形式和语篇结构的功能,分析和评价语篇所承载的观点、态度、情感和意图等英语学习活动和实践运用途径,帮助学生学会观察、比较、分析、推断、归纳、建构、辨识、评价、创新等思维方式,增强思维的逻辑性、批判性和创造性,提高思维品质。同时,思维品质的提升又有利于增强学生的英语语言能力、提高自主学习的效率(谷桂华,2011)。

多年的推广和试验表明,思维导图能有效提升学生的逻辑思维品质,作为辅助思考的工具,它贯穿信息加工的各个阶段。通过直观形象的方式表达知识结构,思维导图在引导学生进行意义构建方面发挥着重要作用。作为处理知识的有效方法,将思维导图应用到学习、记忆、复习等过程,能有效提高学生的学习成绩。

四、结语

新课改理念倡导学生自主学习、探究学习、合作学习,培养学生创新意识、创新精神、创造能力。课程改革着重强调促进学生的创新思维,为教学内容的呈现方式、学生的学习方式、教师的教学方式和师生的互动方式指明了方向。

思维导图就是一种有助于培养学生思维能力的工具。无论是词汇教学、阅读教学还是写作教学,思维导图都能充分发挥学生的主动性和创造性,让学生有更广阔的发挥空间。通过创建思维导图,学生能有效提高词汇记忆的效率,准确把握阅读材料的主旨和结构,明确文章写作的框架和逻辑,这些都能切实提高学生学业水平,有利于学生整体素质的发展和提高。

参考文献

[1] [英]托尼·巴赞.思维导图——放射性思维.李斯,译.北京:作家出版社,1988.

[2] 苗纯.浅谈小学英语教学中思维的训练.金色年华,2012(11):56.

[3] 罗艳.运用思维导图提高学生英语词汇的学习效率.哈尔滨职业技术学院学报,2012(1):96-98.

[4] 徐孝邦,黄远振.高中英语文学阅读对学业成绩及思维发展的影响.中小学英语教学研究,2013(10):27-31.

[5] Putcha, Stranks. English in Mind. Cambridge:Cambridge University Press,2010.

[6] 廖家美.思维导图在高中英语教学中的应用研究.中学生英语:高中版,2014(22):39-40.

[7] 谷桂华.对提升三种思维能力的思考.管理观察,2011(4):6.

聚焦学生思维品质培养　优化英语阅读问题设计[①]

浙江省临海市外国语学校　李雪香

【摘　要】　培养学生的思维品质,是培养学生核心素养的重要方面,也是英语阅读教学的一项重要任务。本文讨论了在初中英语阅读教学中,通过文本话题、文本结构、文本信息、文本内容、文本内涵五个方面的解读,精心设计问题,培养学生思维的灵活性、系统性、深刻性、独创性和批判性,从而达到培养学生思维品质的目的。

【关键词】　思维品质;问题设计;阅读教学

一、引言

《义务教育英语课程标准(2011年版)》(教育部,2012)指出,义务教育阶段英语学习的任务之一是要培养学生用英语分析、解决问题的能力以及用英语进行思维和表达的能力。思维品质是英语学科素养的四大组成部分之一,其重要性不言而喻。

思维品质是指人的思维个性特征,反映其在思维的发散性、逻辑性、批判性、创新性等方面所表现的水平和特点。作为核心素养的思维品质,既不同于一般意义的思维能力,又不同于语言能力核心素养中的理解能力和表达能力,而是与英语学习紧密相关的一些思维品质(程晓堂、赵思奇,2016)。思维品质反映了个体思维水平的差异,具有发散性、灵活性、创造性、批判性、逻辑性、敏捷性和系统性等特点。

由此可见,英语课程不仅承担着培养学生基本英语素养的任务,而且肩负发展学生思维能力、提高思维品质的使命。

二、英语阅读教学中问题设计现状分析

阅读是人们获取信息的重要途径,是读者主动接收信息并进行推理和评判的过程,是人的大脑和文本间的一种永不停息的相互作用,也是读者和作者不断进行意义协商的过程(袁平华、廖兰,2010)。问题作为"脚手架",是启发学生阅读过程的思维工具,能够引导学生的思维从较低层次向较高层次发展。问题设计的品质会直接影响教学的效果,进而影响学生思维的培养。

通过课堂观察,笔者发现教师在设问的过程中常会有以下不良倾向:

(一)设问缺少主线,整体意识欠缺

在教学中,教师往往较为关注文本细节、语言点等层面的设问,而没有站在整体的高度去把握文章的脉络,文本主线模糊;设计的问题相对孤立,缺乏逻辑联系,导致学生对文本理解缺乏整体性。

(二)问题比例不均,高阶思维缺位

作为教师,应该合理规划展示型、参阅型和评估型问题的比例,在教学中引导学生的思维从较低层次

---

①　本文在第十九届全国外国语学校外语教学科研论文评比中荣获一等奖。

向较高层次发展。但在实际教学中,往往思维层次较低的展示型问题过多,而思维参与度较高的参阅型和评估型缺位。长此以往,学生的思维无法得到拓展与提升。

(三)设问缺乏层次,逻辑思维受阻

英语阅读的问题设计应该遵循由易到难、由表及里的原则,应该符合事物的发展规律以及学生的认知水平。经常会看到有些教师精心设计了问题来引导学生,期待能达到预期效果,却因为忽略学生的认知以及问题间的衔接,最后学生的逻辑思维受阻,理解不到位。

三、聚焦思维品质培养的问题设计分析

目前笔者使用的教材为人教版《英语(新目标)》,这套教材选材广泛,话题涉及方方面面,富有知识性与趣味性,且文本具有一定的深度,同时渗透着对学生科学性与人文性的素质培养。笔者将以阅读文本为载体,结合所上的公开课来探讨如何在阅读教学中通过问题设计来培养学生的思维品质。

(一)围绕文本话题,激发思维的灵活性

在开启文本阅读之前,教师通常会围绕话题展开,激活学生原有的认知,建立与即将要学习的新知之间的联系,借此激发思维的灵活性,使思维具有联想的自由性和广阔性。

1.经历分享

每个学生都是带着丰富的生活经验与经历进入课堂的。从学生这种独特的体验入手,能使学生尽快融入文本。

以八下 Unit 3 A Reading 为例。文章讲述了 Nancy 从不愿意做家务到最后主动承担家务的故事。在导入时,笔者围绕家务,设置了两个问题:"Do you often do chores?" 大部分学生回答:"I sometimes do chores." 笔者顺势接着问:"Who often does chores in your family?"大部分的答案是"My mother",也有部分学生提到 "Everyone does chores in my family!"在表达赞美之情后,笔者评价"You share the housework",为下文家庭成员应当分担家务埋下伏笔。

2.内容预测

以八下 Unit 1 B Reading 为例。在 free talk 之后,笔者呈现了书中插图(图1)以及标题"He Lost His Arm But Is Still Climbing",让学生进行预测:What happened to him? 通过观察题目,学生很容易得出:He lost his arm. 笔者接着问:"Do you know the reason why he lost his arm?"通过图片结合标题,学生大胆预测"Maybe he lost his arm when climbing."继而,笔者引导学生对文章的内容进行预测。"Predict the information you may read in the passage."在前面两个问题的铺垫下,学生的思维"按钮"被打开。以下是学生提的问题:"Who is the man?" "When did the accident happen?" "Where did the accident happen?" "Why is he still climbing?" 这些问题也正是本节课探寻的最基本信息。

图 1

可见读前的预测,作为一种热身,有效地激活了学生的思维,也为之后的阅读奠定了基础。

(二)探寻文本结构,构建思维的系统性

学习是一个主动建构的过程,知识是学习者经过同化、顺应机制而建构起来的经验体系。教学过程,只有遵循学生认知结构的发展规律,才能有效创设课堂教学的最佳情境,收到良好的课堂教学效果。而从认知规律考虑,理解文本结构是学生进行阅读的关键一步,能够有效地构建思维的整体性与系统性。

Go for it! 教材中体裁众多,有情节跌宕的记叙文、有有理有据的议论文、有饱蘸深情的诗歌等。理解不同体裁的文章能够让学生结合文本特点更好地把握文本。

以八下 Unit 3 B Reading 为例,这是两篇对于孩子是否应该做家务观点截然不同的议论文。尤其是

第二篇书信,是典型的议论文框架:观点鲜明、论据充分、论证合理,且逻辑性严密。

在进入文本之后,笔者先让学生关注文章结构,进行设问。"What's the writing style?"学生很容易得出"It's an argumentation."笔者接着问:"What makes an argumentation?"在学生反应放缓的情况下,笔者接着解释:"Usually, the writer gives his/her _____ first."在笔者的提示下,学生说出了opinion,继而 example 和 conclusion 也顺理成章地得出来了。接着笔者呈现文本,让学生来找寻相应的三要素。学生很容易就能找出,如图 2 所示。

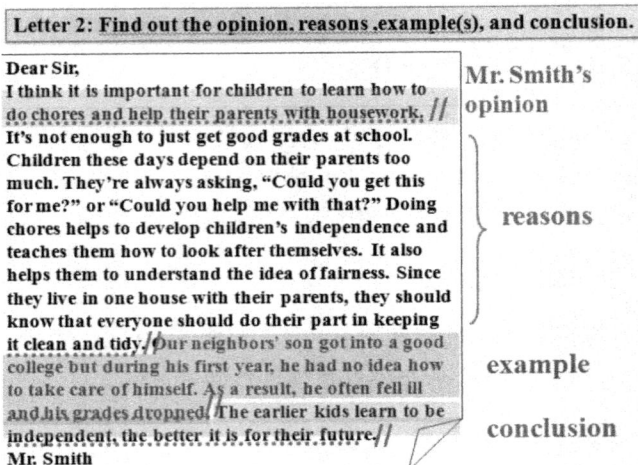

Letter 2: Find out the opinion. reasons .example(s), and conclusion.

Dear Sir,
I think it is important for children to learn how to do chores and help their parents with housework. — Mr. Smith's opinion

It's not enough to just get good grades at school. Children these days depend on their parents too much. They're always asking, "Could you get this for me?" or "Could you help me with that?" Doing chores helps to develop children's independence and teaches them how to look after themselves. It also helps them to understand the idea of fairness. Since they live in one house with their parents, they should know that everyone should do their part in keeping it clean and tidy. — reasons

Our neighbors' son got into a good college but during his first year, he had no idea how to take care of himself. As a result, he often fell ill and his grades dropped. — example

The earlier kids learn to be independent, the better it is for their future. — conclusion

Mr. Smith

图 2

(三)梳理文本信息,培养思维的深刻性

阅读的过程是一个信息捕捉、加工、转化的过程。这一过程需要学生通过自上而下或者自下而上的阅读活动,厘清文本脉络,品读文本细节。这一环节也是训练学生思维能力和挖掘思维深度的核心环节。

主线是"主要线索"的简称,是指占主导地位或统领事物发展的线索(郑春,2013)。课文主线是作者谋篇布局的思路,是课文的写作线索,体现课文的内在层次和逻辑关系(王艳荣,2016)。它是学生感知课文的重要线索,更是教师组织课堂教学的载体和思路。而在引导学生理解文本时,孤立的问题对于思维的激发效果有限,此时需要设计一系列的问题来连续追问,追根溯源,帮助学生理解问题的来龙去脉和内在联系,从而增加他们思维的广度和深度。

以八上 Unit 5 B Reading 为例。这篇文章描述了 Mickey Mouse 的发展历史,以及深受人们喜爱的原因。在探讨 Mickey 受欢迎程度时,笔者紧紧围绕 Mickey 的性格展开,设计了以下几个问题。

Q1:What is Mickey like?

Q2:What do you think of Mickey?

Q3:People went to the cinema to see the little man win. Most of them wanted to be like Mickey. Do you think he is really a little man?

Q4:Why did people want to be like Mickey?

Q5:What happened to them at that time? (Introduce the background—The Great Depression)

Q6:How did people feel at that time?

Q7:(Show students the movie *Steamboat Willie*) What do you think of Mickey Mouse?

Q8:What could Mickey bring to people at that hard time?

笔者围绕 Mickey 的性格展开层层探究。先让学生找出了形容词 common,并进一步解读 common 一词。作为普通人,他有自己的不幸与困难,然而他坚强、勇敢、永不放弃,使得观影的人们都想见识并成为这个小人物。接着,笔者继续抛出问题,Mickey 是否 a little man。对于美国人而言,Mickey 有着非同寻常的意义,这与那段动荡不安、食不果腹的历史有着密切的联系。于是笔者向学生呈现了那个特殊时期的

图片。随后展示了来自 *Steamboat Willie* 的影片。痛苦不堪的现状与乐观豁达的 Mickey 形成了强烈的对比。学生在问题链的引领下,一步步探究了问题的本质,逻辑思维能力也得到了拓展与延伸。

(四)深挖文本内容,激发思维的独创性

文本是阅读的载体,是作者用书面语言的表现形式,来托物言志、状物抒情。一个个稀松平常的文本,承载着作者满满的情怀。所以阅读的过程,更像是读者与作者之间的情感交流、思维碰撞。

人教版教材阅读文本的内容五彩纷呈,包罗万象。有些时候作者会为读者留下一段"空白",尤其是文本细节的关键点或者是文本的结尾,需要读者用心体会,才能品出深意。因此,在梳理了文本信息之后,教师可以引导学生去填补这段"空白",激发学生的创造性思维。

同样以八下 Unit 3 A Reading 为例。在探讨了 Nancy 从不理解母亲到最后理解母亲,并主动承担家务之后,笔者将重点落在了 Nancy 的转变上。Nancy 的转变过程,在文本中作者一笔带过,只交代了 Nancy 和妈妈一周没有做家务之后的结果 "Finally, I could not find a clean dish or a clean shirt." 这中间究竟发生了什么,作者没有做过多的叙述。笔者认为这是培养学生创造性思维的好时机。笔者提问: "What made Nancy change her idea?" "What probably happened to her before she cleaned the room?"

在准备的过程中,对于有困难的学生,笔者提供了方向性的指导: "What might she see?" "What might she think?" 以下是其中一位学生的发言。

One evening, Nancy wanted a clean shirt after taking a shower. But she couldn't find any. All she could see were dirty shirts. Just then, she realized what her mom did for her and for the whole family. Also, she thought of the happy time she spent with her mom. A strong feeling of satisfaction filled with her. Finally, she understood she needed to share the housework. Since it's a great way to show her love to her mother.

(五)拓展文本内涵,发展思维的批判性

1. 从作者写作的出发点设问

文本是作者写作理念、情感创作的产物。因此教师不仅仅要引导学生关注语言,获取文本信息,更重要的是要穿过文字与时空,把自己置身于作者写作时的环境,理解作品的写作背景,体悟作者的情感态度和观点立场,明晰作者的写作意图,真正理解文本的内涵和价值。因此在读后环节,教师可以围绕作者写作的出发点展开设问,延伸文本内涵,提高思维活动的层次。

以八下 Unit 2 B Reading 为例。这是一封 Ben 写给 Miss Li 的感谢信。作为一名残疾人,Ben 的生活有诸多的不便。正是有了朋友带给他的 Lucky,生活变得轻松且充满了乐趣。显而易见,作者写作的目的是表达感激之情。但仅仅读出这一层情感是远远不够的。第二单元的话题是 Volunteering and Help。借由这封感谢信,作者透过受助者的视角,传递的是:Volunteering can make a big difference to people and bring great joy to people. 因此,教师在读后问题设计时,紧紧围绕这一单元话题展开。

Q1:Why does Ben write a letter to Miss Li?

Q2:It's his friend who brings him the dog, why does Ben write a thank-you letter to Miss Li instead of his friend?

Q3:As a volunteer, Miss Li helped the disabled people a lot. What can you learn from it? What will you do?

通过阅读,学生很容易就能解答出第一个问题。第二个问题,学生的反应速度明显不如第一个,于是笔者进一步铺垫: "Think about what he did." 学生结合 "She sent money to Animal Helper." 可以得出: Because of Miss Li's money and support, Animal Helper can run normally and train the dog and the owner. 最后过渡到 volunteer 角度,就显得水到渠成了。

2. 在学生情感共鸣点设问

古往今来,最吸引人的文章,永远是那些能引发读者情感激荡的语言、内容和观点。它们的语言未必

华丽,它们的内容未必跌宕,它们的观点未必深邃,可能有的只是质朴的语言、平实的内容、简单的道理。但只要它们能把读者带入文本的世界,与作者形成对话,与自己的心灵形成对话,就能触及读者的情感以及灵魂深处柔软的一角,产生强大的感化和教育意义。

同样以八下 Unit 3 A Reading 为例。青春期的孩子们,就像正待展翅的雄鹰,随着自己的成长,也有了自我意识。在生活中,因为和父母意见相左,他们与父母很容易产生误解、隔阂。笔者认为借助这个文本进行情感的渗透不失为一个很好的时机。笔者在分析文本时,除了抓住 Nancy 的转变,更关注了 Nancy 和妈妈的情感变化,如图3所示。

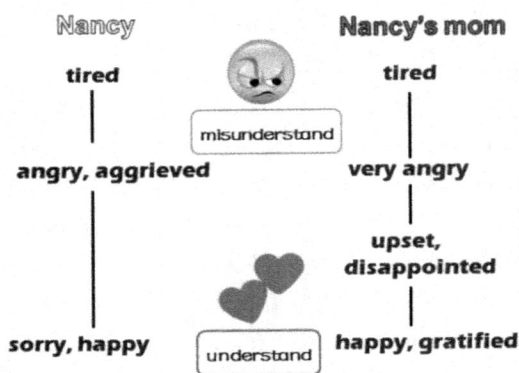

图 3

在教授的过程中,笔者引导学生通过彼此的语言以及行为,借由问题:"How did she feel at that time?"来层层剖析人物的情感,并让学生通过表演的方式,站在不同人物的角度,体会当事人的情绪。有了充分的情感体验后,笔者最后提问:

Q1:Did you meet similar problem as Nancy? What did you do?

Q2:What can you learn from the passage?

Q3:If you meet the same problem in the future,what will you do?

以下是一个学生的回答:

I used to argue with my mom. But now I know parents are the ones who love us most. If next time I meet the same problem,I will try to understand them and communicate with them.

通过文本体验、感知、修正,这样的阅读更像一种心灵的沟通,带着暖暖的人文关怀。

四、教学反思

执教者在以上这些课例中的教学活动大多以任务为驱动,设计有梯度性的问题,以问题来启发学生进行思考,也注重步步引导,关注学生的思维活动,其中包括预测、想象、推理、判断、分析、概括、评价等思维活动,提升了学生的语言能力,也培养了学生的思维品质,尤其是逻辑性思维、批判性思维和创造性思维。好的课堂不是通过灌输来促进学生知识的增长,而是通过刺激学生的求知欲,使其主动探究来实现知识的增长和能力的发展。在教学实践中,教师始终关注学生思维品质的培养,通过预测文本、猜测词义、理解语篇内在逻辑、追问作者写作意图、讨论文章深层含义等形式,引导学生深入文本,启发学生思考,拓展学生的深层次思维,实现真正意义上的阅读。

五、结束语

问题是思维的起点,英语阅读的本质是带领学生走进文本、体会文本、感悟文本,并且在这个过程中不断地提升思维的品质。语言是思维的外壳,思维是语言的内核。发展思维品质是英语教学的主要目标之一,也是英语阅读教学的重要任务。而阅读过程不仅仅是学生习得语言、获取信息的过程,更是启迪思维、培养情感、发展思维能力的过程。作为教师,应当从多角度去解读文本,设计出更多具有思维含量的问题,不断提升学生的思维品质,完成学生的自我发展。所以,在初中英语阅读教学中,教师应在注重学生语言能力的同时,培养其思维品质,从而优化初中阅读课的教学。

参考文献

[1]　中华人民共和国教育部.义务教育英语课程标准(2011年版).北京:北京师范大学出版社,2012.

[2]　梁美珍,黄海丽,於晨,等.英语阅读教学中的问题设计.杭州:浙江大学出版社,2013.

[3]　程晓堂,赵思奇.英语学科核心素养的实质内涵.课程·教材·教法,2016(5):79-86.

[4]　鲁子问.英语教育促进思维品质发展的内涵与可能.英语教师,2016(5):6-12.

[5]　王艳荣.基于文本主线的初中英语读后拓展性活动设计.英语教师,2016(18):42-44.

[6]　郑春.主线教学:教学的主线建构.现代中小学教育,2013(4):6-11.

[7]　袁平华,廖兰.评判性思维能力与评判性阅读能力培养.韶关学院学报,2010,31(8):148-152.

基于思维品质培养的初中英语阅读问题设计①

天津外国语大学附属滨海外国语学校　庞文文

【摘　要】　思维品质是英语学科核心素养的重要组成部分,本文通过文献研究、教材分析、课堂观察的研究方法,分析出初中英语阅读问题设计现存问题,并基于《普通高中英语课程标准(2017年版)》关于思维品质的培养目标,提出初中英语阅读问题设计的改进建议。

【关键词】　思维品质;初中英语;英语阅读;问题设计

一、思维品质相关概念

(一)思维品质内涵

学科核心素养是学科育人价值的集中体现,是学生通过学科学习而逐步形成的正确价值观念、必备品格和关键能力。英语学科核心素养主要包括语言能力、文化意识、思维品质和学习能力。

思维品质指思维在逻辑性、批判性、创新性等方面所表现的能力和水平。思维品质体现英语学科核心素养的心智特征。思维品质的发展有助于提升学生分析和解决问题的能力,使他们能够从跨文化视角观察和认识世界,对事物做出正确的价值判断。

(二)思维品质目标

《普通高中英语课程标准(2017年版)》中明确指出了思维品质目标,即:能辨析语言和文化中的具体现象,梳理、概括信息,建构新概念,分析、推断信息的逻辑关系,正确评判各种思想观点,创造性地表达自己的观点,具备初步运用英语进行独立思考、创新思维的能力。虽然以上培养目标针对的是普通高中,但对于培养初中阶段学生的思维品质仍具有借鉴意义,因此本文将以上述目标作为初中学生思维品质的培养依据。

从思维品质目标的描述中,笔者提炼出辨析、梳理、概括、建构、分析、推断、评判、表达、运用等思维能力,即教师需要在课堂着重培养的思维品质。修订版布鲁姆教育目标理论的认知过程维度被分为了六个层次,即记忆、领会、应用、分析、评价和创造(David,2002)。这六个层次由低到高,由浅及深,其涉及的思维能力恰好囊括了《普通高中英语课程标准(2017年版)》中思维品质的培养目标(表1)。

---

① 本文在第十九届全国外国语学校外语教学科研论文评比中荣获一等奖。

表1

修订版布鲁姆教育目标分类		思维能力
低阶思维	记忆（remember）	recognize（确认），recall（回忆），identify（识别），retrieve（追忆）
	领会（understand）	interprete（诠释），clarify（澄清），translate（翻译），summarise（概括），explain（解释），rephrase（改述），classify（分类），infer（推断），paraphrase（释义），exemplify（举例），conclude（推断），predict（预测），match（匹配）
高阶思维	应用（apply）	do（操作），carry out（实现、完成），use（使用、利用），run（运转），implement（实施），execute（执行）
	分析（analyse）	analyse（分析），compare（对比），distinguish（辨析），find（发现），organise（组织），question（提问），research（调查，研究），deconstruct（解析），outline（概述），attribute（归因）
	评价（evaluate）	check（检查），judge（判断），critique（评论），experiment（实验），hypothesis（假设），test（试验，测试），detect（发现）
	创造（create）	generate（通则化），design（设计），build（建造），construct（建造、构造），plan（计划），produce（创作），devise（设计、发明）

（三）阅读教学与思维品质的培养

在英语学习中，英语阅读教学的一项重要功能便是训练学生的思维能力，培养学生的思维品质。而在阅读教学中，教师在课堂上的提问十分关键。葛炳芳（2013）认为，问题是学生在阅读过程中的思维工具。设置问题是引导学生思考的一种有效手段，学生通过自我思考、与同伴交流意见、分析讨论，最后解决问题。在这一过程中，学生的思维会高度活跃，并与同伴发生思维碰撞，思维品质能得到快速提升。有了学思结合的生态课堂，学生的思辨能力才能得到长足的发展，最终形成分析问题和解决问题的能力（黄雪祥，2017）。因此，本文将基于思维品质的培养目标结合修订版布鲁姆教育目标分类，研究初中英语阅读问题设计。

二、阅读问题设计的现存问题

（一）研究方法

为研究初中英语阅读问题设计的现存问题，笔者采取了文献研究、教材分析、课堂观察的研究方法。在进行相关文献阅读的基础上，笔者分析了外研版九年级上册英语教材中12篇阅读文本的问题设计，观察了所在学校10节初中学段英语阅读课，并将其问题设计进行整理、归纳。

（二）阅读问题设计现状

1. 文献阅读

通过文献阅读，笔者发现在目前的阅读教学中，传统教学理念还没有得到根本的转变，教师关注教多于学，关注技巧多于能力。教师的提问存在设计单一、缺乏内在逻辑联系、随意性大、过于肤浅等问题（林文思，2017）。某些教师对文本解读的角度不全，问题设计局限于文本表面信息的处理，对文本主旨、文本体裁结构、文本语意的分析缺乏，对文本语言挖掘不深，篇章逻辑的概括性任务较少（邢喜爱，2017）。多数教师只是简单地设计预测类、获知细节信息类的活动，这种活动虽能帮助学生理解文章大意，但学生只需要分析验证即可，不需要深度思考和自主创新，不利于培养他们的思维品质（梁晓晓，2017）。阅读内容教学呈碎片化状态，缺乏整合，难以形成能力；教师往往忽视对主题情境的创设和对主题意义的深层探究，导致思维培养缺失（王蔷，2017）。从文献中可知目前阅读问题的设计仍存在表层化、零散化、模式化、试题化的问题。

2.教材分析

笔者分析了外研版九年级上册英语教材中 12 篇阅读文本的问题设计,首先将教材中的阅读问题设计按照读前、读中、读后进行分类,发现教材中阅读问题分布于读前和读中,读前 13 个问题,读中 17 个问题,读后没有任何问题(图 1),读后设计的均是写作任务。

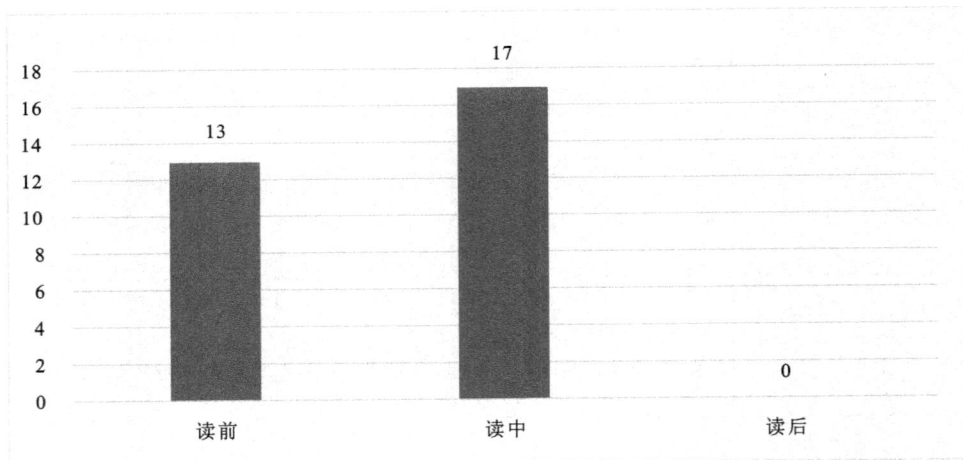

图 1

此外,笔者还将教材中的阅读问题设计按照修订版布鲁姆教育目标进行分类,即记忆、领会、应用、分析、评价、创造。笔者发现教材中阅读问题设计涉及最多的是领会类,共有 18 个问题,其次是分析类,出现 7 次,记忆类与评价类分别出现 3 次和 2 次,应用类与创造类的问题没有出现,如图 2 所示。

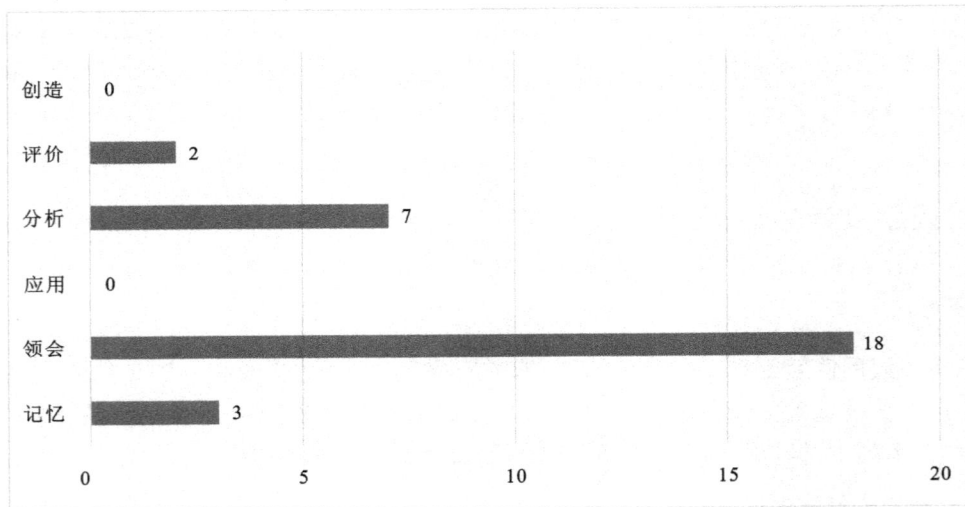

图 2

3.课堂观察

为了解课堂教学中阅读问题的设计现状,笔者观察了所在学校 10 节初中学段的阅读课,并将阅读问题进行记录、整理。笔者将课程中的阅读问题按照读前、读中、读后进行划分,发现在阅读课堂教学中,读前、读中、读后都有问题设计,读中和读前较多,读后较少(图 3)。

与教材分析相同,笔者将阅读课堂教学中的问题设计进行了分类,发现记忆类和分析类问题最常被采用,出现 19 次和 17 次。其次是领会类,评价类与应用类偶尔出现,创造类问题则没有出现(图 4)。

(三)阅读问题设计现存问题

通过文献阅读、教材分析与课堂观察,笔者发现目前初中阅读问题设计存在以下问题:

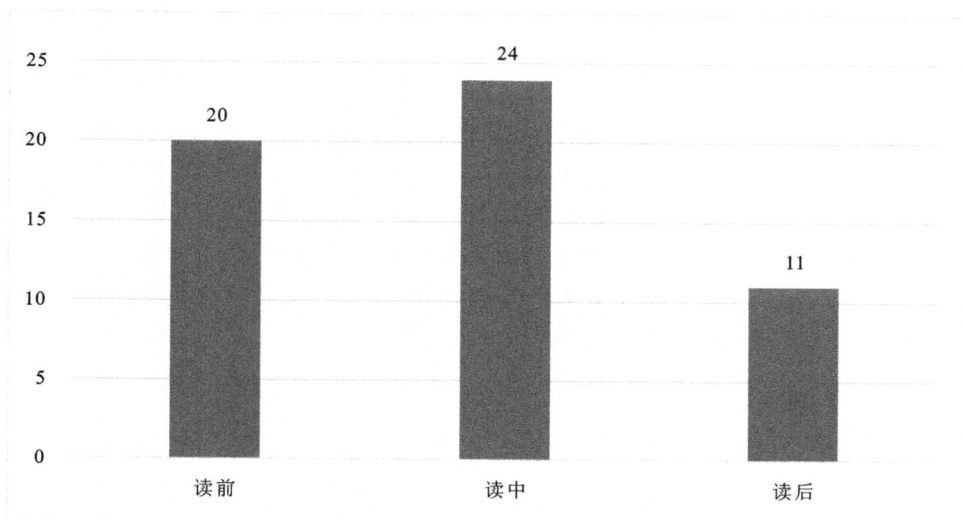

图 3

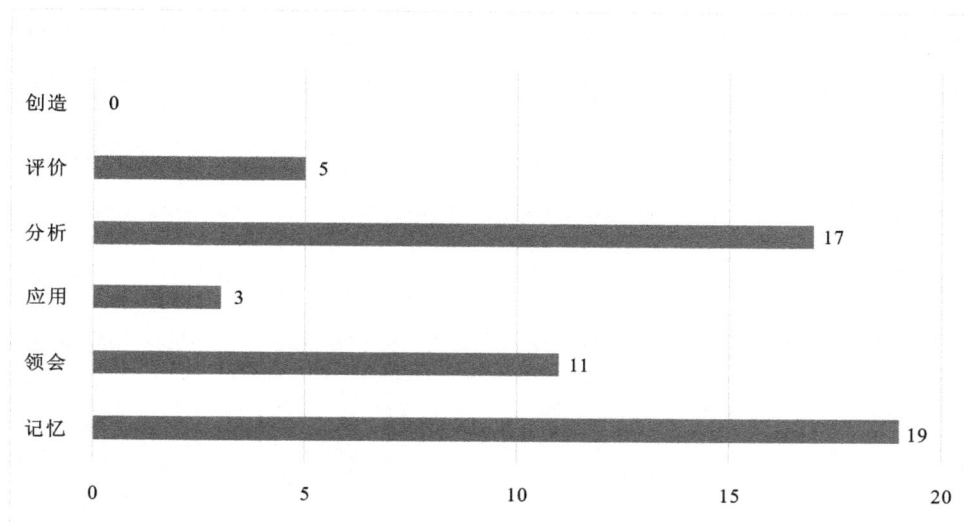

图 4

（1）缺乏针对语篇文本的深入分析，阅读问题设计存在模式化、表层化、程式化、试题化问题（王蔷，2017）。究其原因，教师对语篇解读和学情分析不充分，对思维品质的培养目标不清晰，不能站在课程标准要求的高度设计问题。

（2）读后的问题设计明显不足，教材中甚至未涉及。然而读后阶段恰是培养正确评判各种思想观点，创造性地表达自己的观点，具备初步运用英语进行独立思考、创新思维能力的良机，应被教师们高度重视并加以利用。

（3）问题设计的类型高度集中，多是基于文本信息的记忆类、领会类的不需要深度思考的问题，缺乏应用类、评价类和创造类的高阶思维能力的问题，这样的问题设计不可能达成课标要求的思维品质培养目标。因此，教师设计的问题不仅要与文本相关，与学情相符，更要具有灵活性、创造性、开放性和深刻性，这样才能充分激活学生的思维，培养学生的思维品质（梁晓晓，2017）。

三、阅读问题设计的改进建议

针对初中英语阅读问题设计的现存问题，笔者提出以下改进建议。

(一)深入研读语篇,准确把握学情

语篇是英语教学的基础资源。研读语篇是对语篇的主题、内容、文本结构、语言特点、作者观点等进行深入解读。通过语篇研读,教师不仅可以清晰了解需要学习的语言知识,还可以准确把握语篇的深层意义,为组织学习内容、设计学习活动、达成学习目标奠定必要基础。由此看出,教师只有在深入解读文本的基础上,才能把握住文本的主题,梳理出学生需要学习的主要内容,帮助学生挖掘文化内涵。

学情即学生的学习情况,教师在教学设计前应对本班学生英语基础、学习态度、学习热情、学习能力、学生对语篇信息的了解程度进行分析。教师应基于对语篇的解读、学情的把握、思维品质目标的充分理解,灵活而有针对性地设计问题,从而培养学生的思维品质。

(二)合理分布问题,重视读后设计

读后问题设计是阅读教学的重要环节,它是信息输出和反馈的过程,不仅能使学生深层次地理解课文,而且能引导学生理解文章的篇章结构和思想内容(林才回,2008),正确评判各种思想观点,创造性地表达自己的观点,是提高学生语言运用能力的重要环节。针对笔者发现目前阅读读后问题设计明显不足的问题,提出以下建议:

1.合理安排课堂教学时间

笔者在教学实践以及课堂观察中发现,教师对读后问题设计经常出现不合理的情况,在读前和读中安排过多教学任务,以致读后问题无法开展;或是前面教学设计不足、节奏过快,花费过多时间在读后问题,致使拖沓以及输出的低效(汝春,2017)。因此,教师应该精心备课,合理安排时间,细化读后问题设计的实施步骤,保证教学计划得以实施,以达到升华课文内容,拓展学生思维,提高语言运用能力的目的。

2.设置有效的读后问题

读后问题的设计是阅读教学的重要环节,然而,若读后问题设计不当,只会流于形式,与教学目标脱离,与阅读中的各种任务脱节,学生无法运用和巩固新知,更无法起到培养学生思维品质的作用。为提高读后问题的有效性,教师要深入研读语篇,紧扣教学目标,读前、读中、读后问题形成问题连续体。根据文本内容设计一系列相互独立、相互联系、层层递进的问题链。从形式上看,它是一系列发展的问题;从内容上看,前一个问题是后一个问题的铺垫,后一个问题是前一个问题的提升;从主题上看,所有的问题都服务于同一个主题(马一希,2016)。因此,有效的读后问题必定是紧扣教学目标的,是读前、读中问题的提升,是服务于语篇主题的。

(三)激活学生思维,培养高阶能力

教师要善于提出从理解到应用、从分析到评价等有层次的问题,引导学生的思维由低阶向高阶稳步发展;同时,教师要启发学生积极参与针对语篇内容和形式的讨论和反思,鼓励学生针对有争议的话题有理有据地表达自己的情感与观点。然而,通过前文研究可知,目前初中英语阅读问题设计缺少高阶思维能力的培养。因此,笔者结合教学实际给出一些相关思维能力培养的问题设计(表2)。

表 2

思维能力	问题设计
应用(apply)	1. What do you like doing in spring? 2. Do you ask your friend to visit your home in winter? 3. Is this school similar to yours, or very different? 4. How would you solve? 5. What do the facts affect you?

思维能力	问题设计
分析(analyse)	1. In what ways are the people above different? In what ways are they similar? 2. What do the five things have in common? 3. Which part of the story do you like best? 4. Which part is not true? 5. What does he really mean by saying. . . ?
评价(evaluate)	1. What do you think of the story? 2. Is Mr. Ant good or bad? 3. Do you think Mr. Brown was brave? 4. Do you agree or disagree with the facts? 5. What details would you use to support the view. . . ?
创造(create)	1. Can you think of a different ending? 2. How can you invent. . . ? 3. How can you create a different. . . ? 4. What would happen if. . . ? 5. What alternative can you propose. . . ?

四、结语

英语阅读问题的设计应以促进学生的英语学科核心素养的发展为目标,围绕主题语境,通过学习理解、应用实践、迁移创新等层层递进的问题设计,引导学生加深对主题意义的理解。问题设计是培养学生思维能力的有效途径,教师一定要关注学生思维发展的层次,由浅入深、循序渐进地设置各类问题。引导学生对文本内容进行梳理、分析、评价及运用,让阅读教学真正做到"以问促思,以思促学,学思结合"(林文思,2017),从而达到以下思维品质素养一级目标:①注意观察语言和文化的各种现象,通过比较、识别各种信息的异同;②根据不同的环境条件,客观分析各种信息之间的关联和差异,发现产生差异的基本原因,从中推断出它们之间形成的简单逻辑关系;③根据所获得的信息,提取共同特征,形成新的简单概念,并试用新概念解释新的问题,尝试从另一个角度认识世界;④针对所获取的信息,提出自己的看法,并通过简单的求证手段,判断信息的真实性,形成自己的看法,避免盲目接受或否定。

参考文献

[1] 中华人民共和国教育部. 普通高中英语课程标准(2017 年版). 北京:人民教育出版社,2018.

[2] David R, Krathwohl. A Revision of Bloom's Taxonomy: An Overview. Theory Into Practice, 2002,41(4):212-218.

[3] 葛炳芳,梁美珍,黄海丽,等. 英语阅读教学中的问题设计:批判性思维视角. 杭州:浙江大学出版社,2013.

[4] 黄雪祥. 初中英语阅读教学活动中思辨能力的培养. 中小学教材教学,2017(9):67-70.

[5] 林文思. 高中英语阅读教学中文本问题设计与思维能力培养. 福建教育学院学报,2017(7):93-96.

[6] 邢喜爱. 基于思维品质提升的初中英语阅读教学. 文教资料,2017(4):239-240.

[7] 梁晓晓. 基于核心素养的初中英语阅读活动设计探究. 英语教师,2017(6):137-140.

[8] 王蔷. 核心素养背景下英语阅读教学:问题、原则、目标与路径. 英语学习,2017(2):19-23.

[9] 林才回. 高中英语阅读读后活动设计的问题与思考. 中小学外语教学:中学篇,2008,31(11):35-40.

[10] 汝春. 高中英语阅读课"读后活动"存在的问题与对策. 疯狂英语:教学版,2017(1):53-55.

巧用思维导图促英语学科核心素养双赢①

德阳外国语学校 石贤玫

【摘 要】 英语学科核心素养的培养是英语教学的关键和根本,思维导图在英语教学中的巧妙、合理利用能有效地促进英语学科核心素养四个维度的形成,尤其是良好思维品质的习得;而良好思维品质的建立无疑会促进其他三个维度的发展。本文拟就思维导图在英语教学中的巧妙、合理使用谈谈其对英语教学双方英语学科核心素养养成的促进作用。

【关键词】 思维导图;英语学科核心素养;双赢

自课程改革以来,对英语教育工作者而言,在英语学科的教学中,核心素养的养成既是教学的重要组成部分,又是难点问题。英语核心素养在教学实践中落地的根本和关键,还是每个教师的专业素养。要在英语教育教学中帮助学生发展核心素养,教师需要比以前看得更远、做得更细。那么,有没有什么有效的方法和工具来解决这一问题呢?

思维导图(mind-mapping)自20世纪60年代被东尼·博赞发明后,作为一种策略和"终极思维工具",已被广泛应用到许多领域,起到了独特又令人无法忽视的作用。笔者在日常的教学实践中,尝试通过灵活且细致地应用思维导图,来促成学生英语学科核心素养的养成。

一、英语学科核心素养的教学实践

英语学科的核心素养包括语言能力、思维品质、文化意识和学习能力四个维度。语言能力就是用语言做事的能力,涉及语言知识、语言意识、语感、语言技能、交际策略等;思维品质是思考辨析能力,包括分析、推理、判断、理性表达、用英语进行多元思维等;文化意识重点在于理解各国文化内涵,比较异同,汲取精华,尊重差异等方面;学习能力主要包括元认知策略、认知策略、交际策略和情感策略。

英语学科核心素养的教学内容,主要是让学生通过听、说、读、写等方面的语言实践活动去发展英语语言能力,培养良好的心理品质和思想道德品质。语言能力是学科基础;文化意识是价值取向;思维品质是心智保障;学习能力是发展条件。英语教学应强调使学生形成以交际能力为核心的英语语言运用素质。教师应注意调动学生的非智力因素,营造一个能进行交际实践的学习环境,并充分利用现有的教学手段,努力扩大学生的知识面,帮助学生建构自主学习模式。

二、思维导图在英语学科核心素养养成中的优势

核心素养是学生应具备的适应终身发展和社会发展需要的正确价值观念、必备品格和关键能力。培养关键能力是我们落实核心素养的一个重要抓手。将思维导图应用于英语学科核心素养养成教学过程中是一个有效的尝试,它能够帮助教师将很多分散的知识点做脉络式的整合。通过相互联结,形成一个完善的网络知识体系;它能够帮助学生从知识体系中发现规律,更好地进行英语学习,从而提高英语学习的能

---

① 本文在第十九届全国外国语学校外语教学科研论文评比中荣获二等奖。

力,并使其在学习理解能力、实践应用能力和创新迁移能力方面得到较好的体现,从而实现知识→能力→素养进阶三级跳。具体来说,其在学科核心素养养成中具有以下优势与用途:

(1)图文并重,增进能力。思维导图往往是图形和文字一起出现,不但增强了我们的记忆力,而且增强了我们的创造力与联想力。

(2)直观形象,促进理解。思维导图通过主干与分支、图像与色彩的运用有效地刺激了大脑,从而使主观意图自然地在图上表达出来。实际上,画思维导图的方法是发展思维的具体化、形象化,有效促进理解。

(3)全面整合,整体提升。思维导图呈现的是一个思维过程,学习者可以通过思维导图迅速掌握整个知识架构:由浅入深,新旧结合,把新知识同化到自己的知识结构,促进知识的迁移,从而形成新旧知识的整合,让知识整体性提升。

三、思维导图在英语学科核心素养养成中的应用

作为课堂的引导者和决策者,教师完全可以把思维导图应用在英语核心素养养成中,最大化地给学生创造最佳的学习模式,提供最佳的学习策略,以有限的时间和空间,激发学生的潜能,促成高效的课堂,真正落实核心素养养成目标。

(1)思维导图不仅明了而且简洁;不仅深入浅出而且形象;不仅可操作性强而且实效性很强;不仅衔接串联而且联想丰富,能真正提高师生间的交流效果。语法知识的学习往往让学生感到枯燥乏味,思维导图的引入无疑会让学生把抽象的知识体系具体化、形象化。以高中阶段语法知识难点之一——非谓语动词为例,见图1。

(2)思维导图提升教师的核心素养与教学能力。在第一点中引用的非谓语动词思维导图(图1)无疑是其强有力的佐证。教师在备课时,将所有的知识通过设计和绘制思维导图,全面、有条理地概括知识,使知识形成网络;上课时,老师运用思维导图将原本枯燥无味、零散的知识点整合成有层次、有关联、有逻辑的知识系统图。采用这种方式,可以轻松把握全盘内容,精确分配讲课时间,传授的知识量也迅速增加;可以做到讲解重难点分明、主题明确、条理清晰、层层递进,课后再将当堂课的重难点以思维导图的形式加以总结,直观、简洁,利于学生复习掌握。其实,自课程改革以来,高中阶段的英语教学以 24 个话题为线索展开,思维导图的运用在英语课堂上早已有了不同程度的体现。最常见的环节即新课的引入部分,教师常采用 Warming up 的方式,将思维导图巧妙地运用于每个话题引入之初,既能训练学生的发散思维,又能较好地调动学生的学习兴趣,如图2所示。

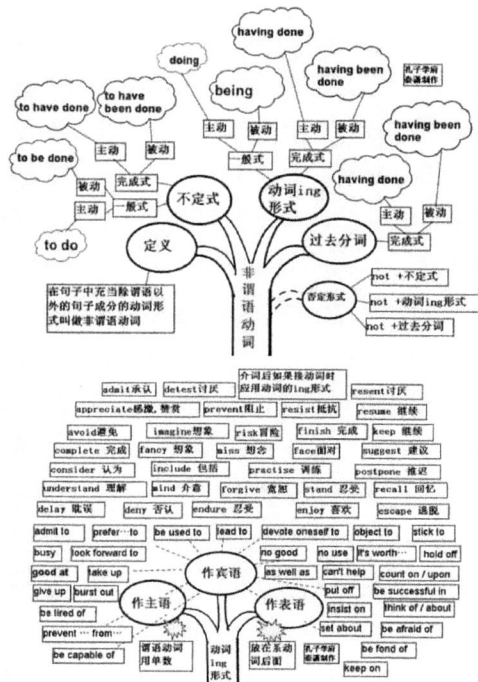

图 1

图 2

又如：笔者在进行外研版 Book 4 Module 1 Life in the Future 教学之前，让学生用思维导图描绘他们心目中的 Ideal House，旨在对本模块进行预热，化相对抽象的话题为具体的同时，又以思维导图的教学任务促进学生对本模块的重点词汇进行知识储备。从部分学生作品（图3）不难看出，学生们脑洞大开，描绘出了他们理想中未来房屋需用到的建筑材料、实现的功能分区等，而这些词汇都是本模块需要实现的语言目标。

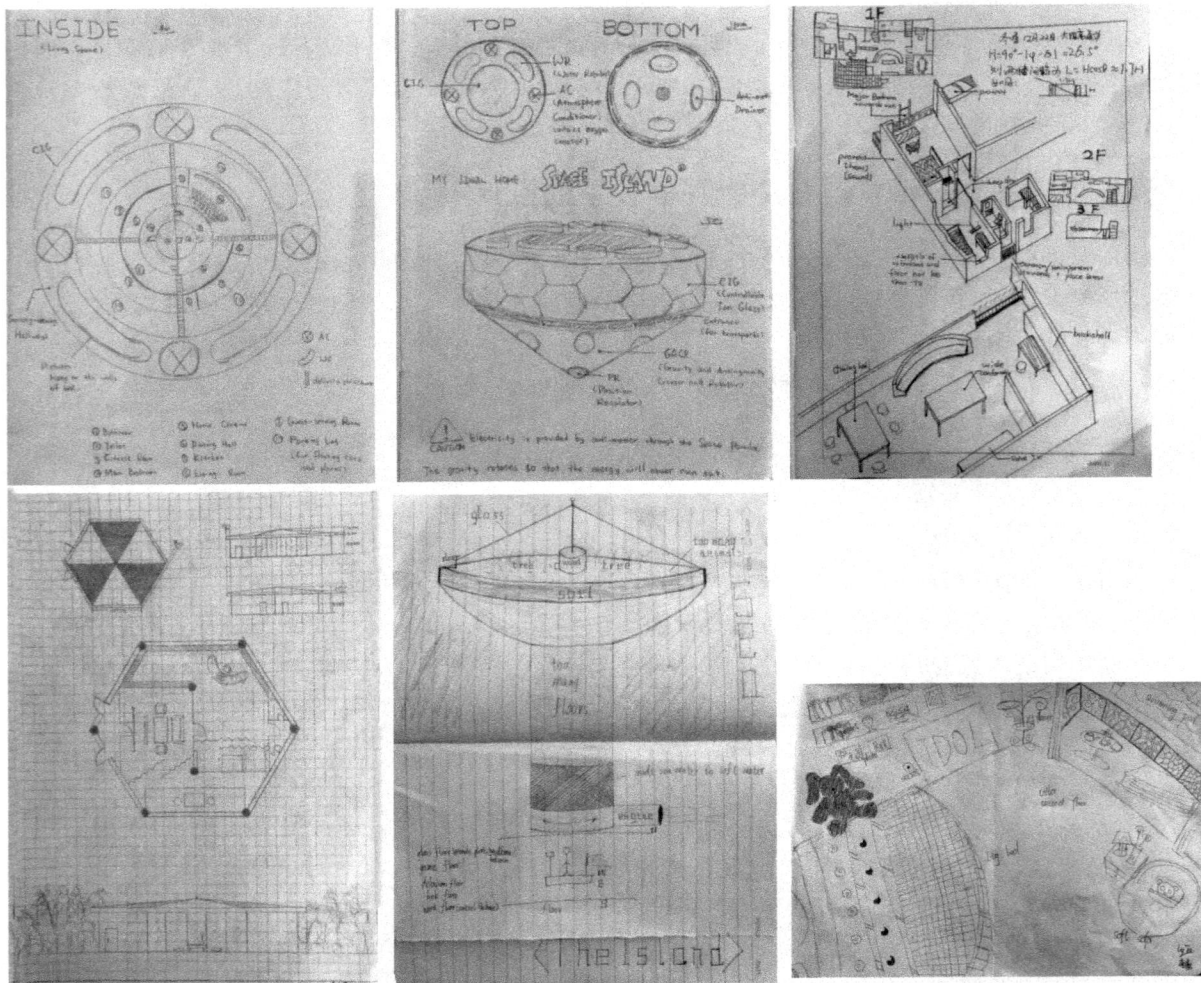

图3

这样的思维导图是不是能给教师带来很多惊喜？学生们的能力远远超乎我们的想象。放手让学生们自己动手完成思维导图，既能帮助教师们更好地洞悉学生的思维模式，又能充分展示他们的思维态度。在思维品质的培养过程中，学生不仅在不知不觉中提高了学习能力，借阐述他们思维导图之机，其语言能力得以进一步锻炼和提高；而且，通过构建思维导图教学理念，运用思维导图这一教学策略，教师的核心素养教学能力也得到了提升。

（3）思维导图培养学生的核心素养养成能力。思维导图可以让学生更容易理解教师所讲；学生能在短时间里记忆得更多，回忆得更快；学生能快速记下教师所讲的重点部分，不必记下大量的文字内容；学生能在教师的指引、激发下思考问题。以词汇复习为例，笔者在教学中除采用传统的结合语境记忆法外，也尝试让学生以话题为主线，绘制相应的词汇思维导图，然后以小组为单位进行阐释。笔者通过实践发现：学生合作或独立完成构建自己的思维导图，再对其进行阐释，不仅有利于课后的复习，而且发展了大脑思维，激发了思维潜能，有利于良好思维品质的养成。

（4）思维导图优化和提升核心素养难点的教学效果。比如本文开篇提到的语法教学：英语的语法复习教学一直是教师教、学生学的模式，尤其是动词、时态、不定代词、从句等。单一的语法点，学生还能掌握，但是如果进行整合、对比,学生就会混淆,更谈不上做题了。传统上,教师经常运用表格进行梳理、对比,但是效果一般。因为学生对这么多枯燥的语法不感兴趣,学习的自身能动性不强,记得多了也很容易混乱。把思维导图引入语法教学后,不仅可以呈现语法知识点,而且可以呈现语法的整个结构和框架。学生在学完后,不仅可以运用思维导图进行复述,而且可以领会类似的语法及句型。

四、思维导图使核心素养的养成事半功倍

课堂教学告诉我们,把思维导图应用到英语教学中,不仅能增强师生之间的上课交流,提高课堂效率,而且学生通过思维导图的训练,突破了习惯性的横向、纵向思考,培养了学生发散性的思维方式。下面笔者就以 Reading material:外研版 Book 3,Module 3,Para. 3 Listening and Vocabulary 为例,对思维导图在阅读教学课中的运用及达成的教学效果做展示。

People were told to leave the island as ash and steam began to come out of the volcano,and were warned that the lava from the volcano could bury several villages. When the lava reached the sea,there was the possibility of a huge tidal wave which could flood half the island.

Teaching Plan:Ask students to read the passage and draw a mind map to explain the connections among the words:ash,erupt,lava,tidal wave,volcano. (5 minutes)

Works Display:大致可分为两类,一类为单纯的图示(图 4);另一类则附带简笔画(图 5)。

Type Ⅰ:

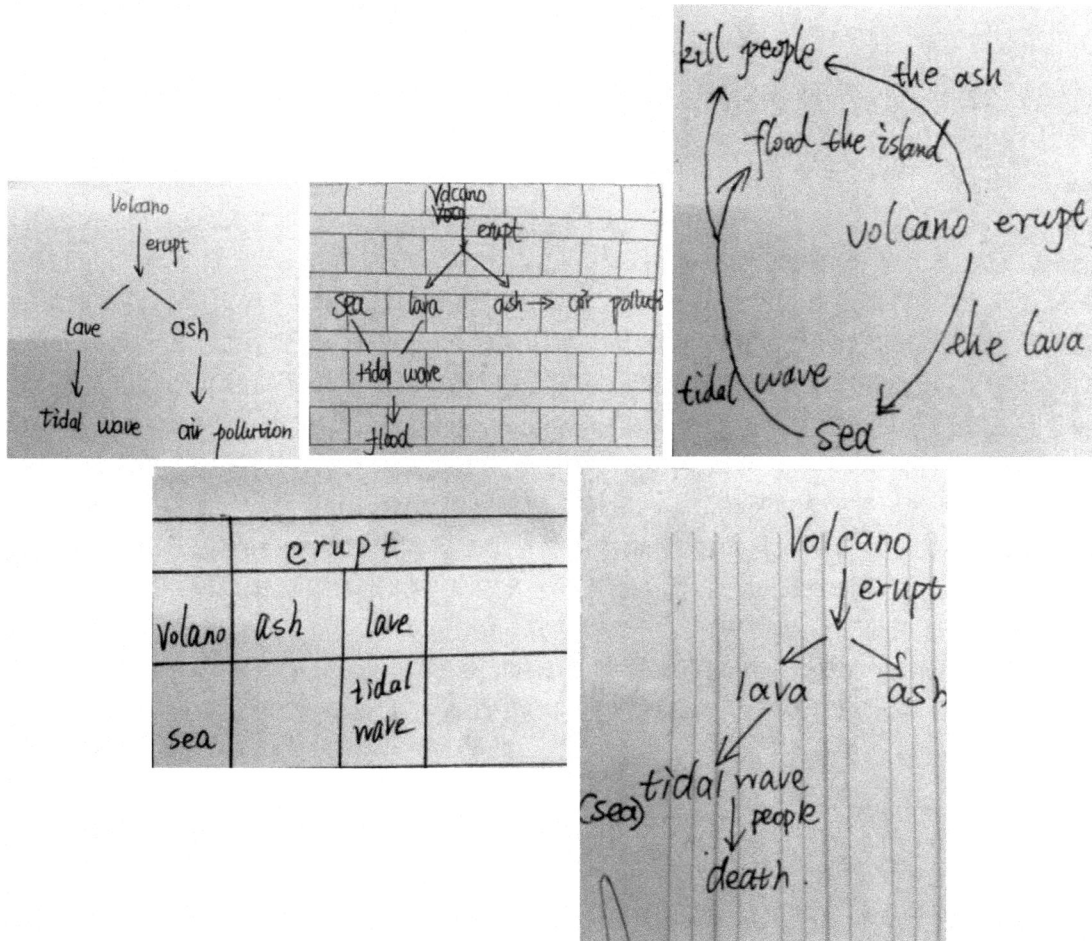

图 4

Type Ⅱ：

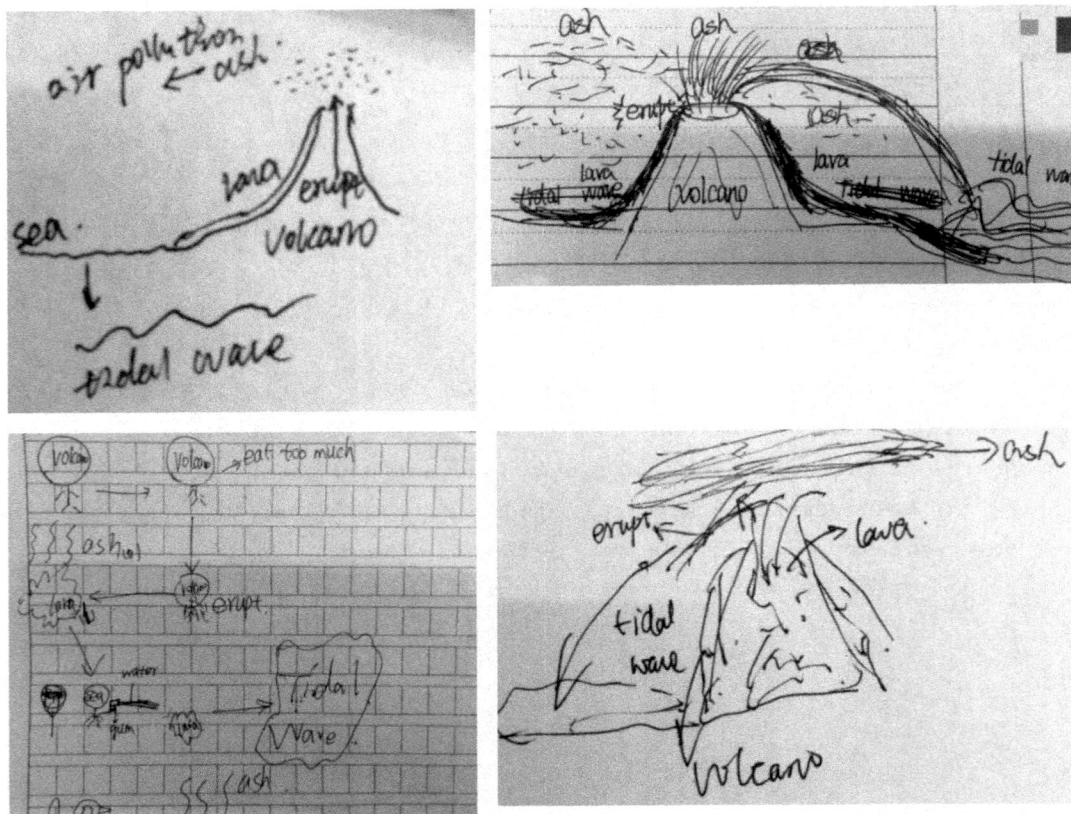

图 5

Conclusion：

虽然只有短短 5 分钟，学生却能将 ash，erupt，lava，tidal wave，volcano 这 5 个词（组）用思维导图的形式清晰地展示出来，特别是第二种类型的学生，还赋予了简笔画的形式，将火山喷发带来的影响更为生动地进行展示。通过思维导图的成果展示，再加上小组讨论、个人阐述，笔者相信，对于此部分的文本，学生不仅自己理解了，还能将思维导图在脑海里留下深深的印记，有助于自己的巩固记忆。毕竟，形象思维胜于抽象思维。相较于传统的阅读教学模式——skimming，scanning & language points explanation 节省了不少时间，且整个过程中，学生作为活动的主体积极参与其中，这样的课堂更生动，教学双方更"轻松"，其收获不言而喻。可见，将思维导图在恰当的时候应用到英语阅读课中是可行且能提高课堂效率的。

综上，经过笔者长期的教学研究发现，思维导图往往能准确展示教学内容的知识结构，化复杂为简单，化抽象为直观，帮助学生把握重难点；同时，还引导学生把知识"串珠成线，接线成网，套环成链"，使知识简单化、条理化、系统化，有助于学生建构自身的核心素养。

笔者将思维导图在恰当之机应用到英语课堂教学中，是双赢（win-win situation）之举，既提升了教师的核心素养教学能力，又使学生的英语学科的核心素养养成事半功倍，让教学逐渐步入高效之门。

参考文献

［英］东尼·博赞. 思维导图. 卜煜婷，译. 北京：化学工业出版社，2015.

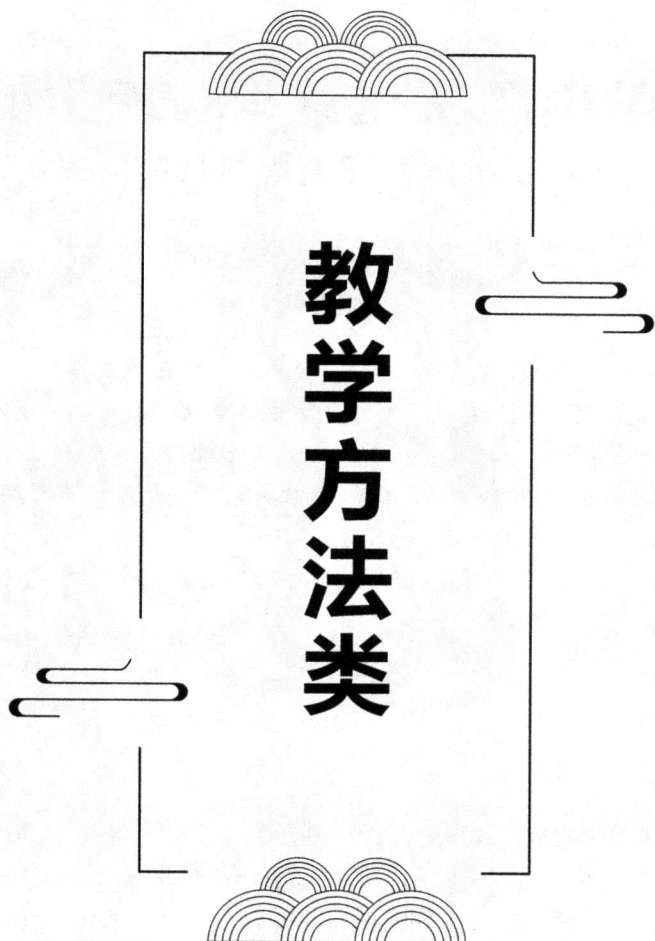

教学方法类

中学英语教学中跨文化意识与能力的教学策略
——基于中国高考英语科目的研究①

郑州外国语新枫杨学校　　张亚萍

【摘　要】　在全球化深入发展的大背景下,中国在世界的地位得到显著的提升。跨文化交流成为很多人生活中的一部分。因此,英语课堂中重视跨文化交际能力与意识的培养成为时代发展和社会进步的需求。《普通高中英语课程标准(2017年版)》具体提出了培养学生跨文化交流意识,提高学生跨文化交流能力的具体要求。因此,本文试图通过分析高考试题,探索在高中英语课堂中提高学生跨文化交际的能力和意识更好、更有效的措施。

【关键词】　跨文化交际;高中英语课堂;教学理念;教学方式;民族文化意识

一、引言

(一)研究背景

近年来,随着国家经济实力的增强,国际交流日益频繁。对于个人而言,出国学术交流、旅游等机会已经日益地增加,国际交流的人群也日益地低龄化。随之凸现出来的跨文化交流问题引起学术界的广泛关注。"Hymes、Canale和Swain的交际能力学说中更强调了语言的社会文化特征。"(全建强,2001)广大的英语教师越来越深刻地体会到培养学生的英语交流与使用能力,以及提高他们英语的应用水平的必要性,传统观念的只着眼于教会学生理解和分析规范语句,或者只教会他们听、说、读、写的考试能力是远远不够的。此外,《普通高中英语课程标准(2017年版)》对文化知识的内容和范围有了明确的规定:"在英语学习的较高阶段,要通过扩大学生接触异国文化的范围,帮助学生拓宽视野,使他们提高对中外文化异同的敏感性和鉴别能力,进而提高跨文化交际能力。"

(二)研究的问题

(1)跨文化交际的定义以及所包含的具体内容和重要性。

①个人的求学、教学与出国经历;②中学生跨文化交际能力的现状调查;③国家外语教学大纲对跨文化交际能力的要求;④高考试卷对跨文化交际能力的要求。

(2)跨文化交际在英语高考试卷中的体现和作用。

其主要体现在:一词多义、成语、习语、生活习惯风俗、培养教育孩子等方面的差异等。在本次研究中,笔者结合高考试题以及所涉及的文章内容和考查点深入分析试卷与英语教学的具体联系和操作方法指导。

---

① 本文在第十九届全国外国语学校外语教学科研论文评比中荣获一等奖。

（3）中学英语教学课堂上在跨文化交际中存在的具体可改进地方。

（4）针对跨文化交际的问题，中学英语教学应当采取的措施。

二、理论基础

语言是伴随人类社会的发展而产生的交际工具，它是人类社会的专利，是抽象思想的具体体现形式，它是思维的外在表现，也是交际的重要工具。根据瑞士语言学家索绪尔的定义，"语言是人们在交际过程中使用的由音位、语素、词和词组、句子等组成的有层次的符号系统。语言作为系统包括语音系统、词汇系统、句法系统、语用系统以及语意系统。语言不仅反映人们的思维方式，而且还反映社会现实。"语言的许多因素、系统都与文化息息相关。

文化是一个内涵丰富、外延宽广的概念。所以关于文化，历来众说纷纭。中国古代早在战国末年《易传》中有"观乎人文，以化成天下"。19世纪，英国人类学家 Edward Tylor 在《原始文化》中给文化下了一个著名的定义："文化是一个复杂的整体，其中包括知识、信仰、法律、艺术、道德、风俗，以及作为社会成员个人所获得的任何其他能力和习惯。"现代文化语言学家认为，文化包括物质文化、精神文化和行为文化。在汉语的文化影响下，中国语言学家胡文仲提出了自己对"文化"的见解。他认为：文化是人们经过长时间的努力所创造出来的，是社会的遗产。它既包括信念、价值观念、习俗、知识等，也包括实物和器具。本文以这位语言学家的文化定义作为研究的根基。

三、跨文化交际在高考试卷的体现

（一）英语国家知识

英语国家知识主要包括对源语言国家的政治、经济和重要的历史文化现象的描述。

在2015年新课标全国卷一中，英语国家知识体现如下：

A篇阅读是 Canal Museum 的介绍，B篇涉及美国的东北部与 Florida 在冬季季候状况的差异，以及所造成的植物生长状况的差异。C篇谈及人物 Salvador Dali 的生平和作品 *The Persistence of Memory*，在试题的设置中对人物的性格和作品进行了考查。

语法填空讲述了中国的城市阳朔与其文化魅力，是从文化输出的角度来体现跨文化交际。

在2015年新课标全国卷二中，英语国家知识体现如下：

D篇阅读讲述了英国假日一日游的几个线路：Bath & Stonehenge，Oxford & Stratford，Windsor Castle & Hampton Court 和 Cambridge。题中考查了"Which tour will you choose if you want to see England's oldest university city？"和"Why is Hampton Court a major tourist attraction？"等相应的文化地理常识。

语法填空讲述美国西南部的特别文化符号——adobe dwelling（土坯房），文中进一步详述了土坯房的显著特点——"air condition"。

在2016年全国卷一中，英语国家知识体现如下：

A篇阅读讲述了西方国家历史中重要的女性 Jane Addams，Rachel Carson，Sandra Day O'Connor 和 Rosa Parks 以及这些杰出的女性作为先驱者对西方世界的社会进步所起的巨大推动作用。

在英语知识运用的语法填空部分，文章再次从中国的城市成都入手，介绍了成都的人口，城市最特色的大熊猫基地，从一个外国人的视角来描述成都，体现了跨文化交际文化输出的另一面。

在2016年全国卷二中，英语国家知识体现如下：

A篇阅读罗列了 Cyclops 剧院，喜剧（comedy）表演，在 Victoria Stage 学习如何表演喜剧。题目中也针对这些信息设置题目，体现了对西方重要文化"喜剧"的考查。

D篇阅读从一些老照片谈到 Robert Falcon Scott 失败的南极探险之旅。文中通过作家 Caroline Alexander 的视角，对这起失败的南极探险活动进行评价。这篇文章在历史人物和历史事件的描述方面体现了跨文化交际。

在 2016 年全国卷三中，英语国家知识体现如下：

A 篇阅读再次从西方重要文化入手，罗列了与音乐相关的几个著名剧院：The Opera，Chamber Orchestra，Symphony Orchestra，College Conservatory of Music 和 Riverbend Music Theater 和它们的相应演出时间。

C 篇阅读中讲述西方国家的传统节日之一，Apple Day，Apple Month 和当地重要的苹果物种 Golden Delicious，Royal Gala 以及不常见的 Decio 和 Orleans Reinette。

语法填空从中国文化入手，讲述了筷子的特点、使用范围、发展起源，以及中国文化背景下的儒家渊源，体现了跨文化交际的文化输出的重要意义。

在 2017 年全国卷一中，英语国家知识体现如下：

A 篇阅读讲述当地的一个教育中心 Pacific Science Centre 和它的地理位置、开放时间以及它为社会教育事业所做的努力和贡献。

C 篇阅读再次从西方国家的社会文化入手，讲述了第一个 International Jazz Day，企图唤起公众对爵士音乐的意识，认识到爵士音乐的重要性和爵士音乐在促进跨文化交流方面的重要意义。

在 2017 年全国卷二中，英语国家知识体现如下：

A 篇阅读再次从西方国家重要的文化 Shakespeare's plays（莎士比亚的戏剧）入手，罗列了中国的 National Theatre of China，Marjanishvil Theatre，英国的 Deafinitely Theatre 和俄罗斯的 Habima National Theatre，以及这些剧院上演的莎士比亚的戏剧和相应的时间、地点。

B 篇阅读从国家重要的人物出发，讲述了演员 Paul Newman 和作者之间的友谊。阅读材料还涉及电影 Butch Cassidy，The Sundance Kid 和 The Sting。

语法填空讲述了在 1863 年修建于伦敦的世界上第一条地下乘客铁路，以及它的历史、修建过程和对当时人民的影响。还讲述了后期逐渐修建成的地下铁路系统，并在 1900 年开通了 The Central London Railway。

在 2017 年全国卷三中，英语国家知识体现如下：

A 篇阅读罗列 San Francisco Fire Engine tours 的几个主要旅游线路。线路中谈及了旧金山具有代表性的几个地点：Treasure Island，Presidio district，以及一些与当地历史相关的活动和服装。

C 篇阅读讲述了 Yellowstone National Park 发生的事件，黄石公园引进了灰狼，促进了当地生态平衡的发展。对黄石公园的了解会大大降低学生阅读的难度。

(二)社会价值观

社会价值观主要包括源语言国家的文化在日常生活和人们价值观中的体现。英语中的社会价值观是指英语国家最突出的文化特点和英语运用中发现隐含在语言中对他国或者他人的态度。

在 2015 年新课标全国卷一中，社会价值观体现如下：

D 篇阅读中讲述了英语源语言国家的 café society 的文化内涵随着社会的变革而发生的变化：coffee drinking →victims to changes in French lifestyle →psychology cafes，体现了社会发展对人们价值观的改变进而导致社会生活方式的变革。

短文填空选择了"Building Trust in a Relationship Again"，讲述应该怎么重新建立人与人之间的信任。

完形填空从人文价值观入手，讲述作者在自己经济不宽裕的状况下和孩子们一起帮助失业的流浪人士。总结道："Stepping out not only helped a brother in need, it also gave my kids the sweet taste of helping others."

在 2016 年全国卷一中，社会价值观体现如下：

B 篇阅读"Grandparents Answer a Call"中，讲述了西方社会中父母与子女的相处方式。西方社会中父母与子女一般都是独立生活，但这种生活方式慢慢发生了变化，开始和亚洲相似，西方社会开始注重大家庭的概念。面对这种现象,作者呼吁父母辈和子孙搬到一起住的时候考虑自己的利益。

在 2016 年全国卷二中,社会价值观体现如下:

完形填空中通过作者对电话的使用经验,感悟到不能通过电话来评判一个人,有些东西,比如"温暖的微笑""善意的点头""随时随地为您服务的态度",这些无言的信号是无法通过手机传递出来的。这篇文章从西方的社会价值观入手,展示了人与人之间面对面交际逐渐减少,但是美好的人性不能随之消失。

在 2017 年全国卷一中,社会价值观体现如下:

B 篇阅读中,作者从一名 Wildlife 志愿者的角度描述了自己和该组织为野生动物的保护所做的事迹,以及从中得到的对生命的敬重和对动物的怜悯,宣扬了保护动物、保护弱小生命的人文价值观。

在 2017 年全国卷二中,社会价值观体现如下:

B 篇阅读谈到两个演员所坚持的美国演员所特有的美德和品质:幽默、有进取心,虽然彼此开玩笑,但心底充满同情心。他们还坚信如果幸运成功了,那么应当回报社会一些东西。

在 2017 年全国卷三中,社会价值观体现如下:

D 篇阅读讲述为解决老年司机开车上路所面临的挑战,The Intelligent Transport 团队研发"Drive LAB"。文中谈到,研发的主要原因是帮助老年人继续开车上路,而开车是对于保持老年人独立性的重要途径。这里面所体现的价值观和中国文化相差很大。在美国对开车年龄没有上限,老年人独居者众多,车是出入的必备用品。而在中国,家用小型汽车要求在 70 周岁以下。从根本而言,美国老年人的独立自主意识更强。

(三)社交规范

社交规范主要涉及英语国家人们在言语行为以及心理素质、社会价值观等方面的社会行为规则与中国人的相似以及差异之处。

在 2016 年全国卷二中,社交规范体现如下:

C 篇阅读谈到在西方社会读书的一种新的呈现方式,即:the website BookCrossing.com,在这种新的社交方式中,网站的会员注册书号后把书留在公共场合,重新捡到并阅读的人回到网站登记并分享读书心得。

在 2016 年全国卷三中,社交规范体现如下:

短文填空讲述了鱼的烹饪方法,文章从西方文化的视角讲述鱼的几种烹饪方法与中国烹饪鱼的方法差别很大。这个跨文化社交规范的差异体现在不同文化背景下生活方式的差异。学生如果对西方的生活方式稍作了解,文章句子填空并不难。

在 2017 年全国卷二中,社交规范体现如下:

短文填空中谈到了应对"被打扰"的处事方法。作者第一点建议如果忙的话,直接拒绝。这和我们中国委婉的表达方式差异很大。这也是社交规范之间文化差异的体现。

(四)会话原则

会话原则主要指英语国家人们在组织语言以及语言表达等方面(是否委婉或者强硬)与中国人用语习惯的差异。

在 2015 年新课标全国卷二中,会话原则体现如下:

C 篇阅读"But everyone is not happy."的翻译为"并非所有人都开心",而不是根据中文会话原则翻译成"所有人都不开心。"这种英语和汉语会话原则的差异被设成了一道细节阅读题。

在 2016 年全国卷一中,会话原则体现如下:

在 A 篇阅读"If it were not for Rachel Carson, the environmental movement might not exist today."用英文中的虚拟语气原则表达了汉语中"Rachel Carson 就是环境保护的首创者",然后在选项当中出现了这个考点。

在 B 篇阅读,考题 27 提问"What did Crosby say about people in the 1960s?",文中所体现的语句是

"In the 1960s, we were all a little wild and couldn't get away from home far enough or fast enough to prove we could do it on our own." 很多学生因为受到汉语的语言习惯没有选出正确答案: They want to live away from their parents. 这个例子是典型的会话原则的跨文化交际的考查。

在完形填空中,52题考查了"quiet""still""calm"这几个单词的区别。在汉语中 quiet 与 still 这两个单词的区分度很小,都翻译成"安静",但是在英语文化背景中,"quiet"表示与声音相关的"安静",而"still"指的是与肢体动作相关的安静,即"静止不动"。

在2016年全国卷二中,会话原则体现如下:

D 篇阅读,文中汉语翻译是"一个没有生存希望的记者",但是英语的表达是"...by a cameraman who had no reasonable expectation of survival",直译:被一个没有合理期待生存的人拍摄的。由此可见,英语和汉语的会话原则差别之大。英语中正式语言对"死亡"等负面词汇表达得更加隐晦、委婉。

在2017年全国卷一中,会话原则体现如下:

D 篇阅读中"Unfortunately, you must carry the necessary equipment with you, since it's all but impossible to find natural substitute."文中在组织语言方面和汉语差异很大,造成了学生的阅读障碍。句子的汉语直译是"不幸的是,你必须携带必要的设备,因为它是所有但是不可能发现自然的替代品。"这显然不符合汉语的语言习惯,所以应该翻译为:"不幸的是,你必须随身携带必要的设备,因为不可能找到自然的替代品就是所有的情况。"

(五)非语言交际

非语言交际主要指了解英语国家的人与中国人生活方式和习惯的异同,以及对英语语言和讲英语国家的人及其文化传统有比较客观和公正的认识(主要指肢体语言之类的)。

在2016年全国卷一中,非语言交际体现如下:

在 C 篇阅读中谈到了 silence 在不同文化背景当中的不同含义,体现了跨文化交际在非语言交际中的重要作用。文中谈到,在日常交流中,silence 可以意味着固执、不安和担忧。silence 在美国土著人和中国人文化内涵中是"The person wants the listener to consider what has been said before continuing."在这种文化背景下,silence 是要求"反思"的意思;在俄罗斯、法国和西班牙文化背景下,silence 意味着对讨论话题的认同;然而在墨西哥文化背景下,silence 意味着对权威部门的尊重;在一些亚洲国家,silence 是尊重的象征。

在2017年全国卷一中,非语言交际体现如下:

完形填空讲述作者作为一个学生学习 ASL-American Sign Language(美式手语)的原因、过程和最后的感叹"我欣赏沉默和它所带来的新的交流沟通的方式"。从手语的角度,体现西方文化背景下的非语言交际。

在2017年全国卷二中,非语言交际体现如下:

A 篇阅读中提到 British Sign Language(BSL),将莎士比亚的戏剧 Love's Labour's Lost 用英式手语的形式表演出来,这种新的莎士比亚戏剧的表现形式目的是建立一座聋哑人和充满听力世界的沟通桥梁。这种肢体语言的描述是非语言交际的重要形式。

(六)文化意蕴词汇

文化意蕴词汇主要指了解英语中的常用成语和俗语及其文化内涵和英语交际中经常使用的典故或者传说,以及了解一些词汇或者习语使用的文化背景或者历史渊源。

在2015年新课标全国卷一中,文化意蕴词汇体现如下:

在 C 篇阅读中"... and with contributions from other institutions like..."中 contribution 并不是常用的"贡献、捐献",而是"作品"。

在2015年全国卷二中,文化意蕴词汇体现如下:

C 篇阅读讲述了"gap year"并且考查了"gap year"的含义、历史根源和它给学生带来的双面影响。

在 2016 年全国卷一中,文化意蕴词汇体现如下:

在 C 篇阅读中,考查了"courier"在特殊文化背景下的含义,常见意思是"通讯员""送信的人",在文章中 courier 的意思是"delivery man"运送干细胞的人。如果学生理解 courier 在英文背景下的意思,29 题不难得出答案。

在 2016 年全国卷三中,文化意蕴词汇体现如下:

B 篇阅读中提到"... that had changed their Big Apple dinner into a Mississippi state reunion.""Big Apple"在英语中是一个典型的文化意蕴词汇,是"纽约"的象征。

C 篇阅读提到 Pipe Dream,并设置了考题。Pipe Dream 直译是"管道之梦",实际就是我们汉文化中的"黄粱一梦"。在不同的文化背景之下,有些词是不一样的,与当地人的生活环境息息相关。

D 篇阅读提到"You don't want them to think of you as a Debbie Downer.""Debbie Downer"这个"人名"是美国的一个综艺节目《周六夜现场》(Saturday Night Live)中的一个人物,后来这个人名指代消极并且总说丧气话打击别人的人。所以,没有相应的文化背景了解,学生很难猜出这句话的内在含义。

(七)数据统计

为了更清楚地呈现跨文化交际在高考试卷中的分布状况,将上一章节所收集的事实数据归纳并进行分类整理,罗列如表 1 所示。

表 1

试卷	英语国家知识	社会价值观	社交规范	会话原则	非语言交际	文化意蕴词汇	总和
2015 卷一	1	3	0	0	0	1	5
2015 卷二	2	0	0	1	0	1	4
2016 卷一	2	1	0	3	1	1	8
2016 卷二	2	1	1	1	0	0	5
2016 卷三	3	0	1	0	0	3	7
2017 卷一	2	1	0	0	1	1	5
2017 卷二	3	1	1	0	1	0	6
2017 卷三	2	1	0	0	0	0	3
总和	17	8	3	6	3	6	43

由上述数据可以看出,在高考试卷中,英语国家知识的考查占据了所有跨文化交际知识的近 40%,远远高于其他模块。其次是社会价值观差异的体现,占 19%。而横向分析,2015－2017 年的 8 张全国试卷对跨文化交际方面的考查比较均匀,考查的数量相差不大。所以可以看出,在未来的高考试卷中对跨文化交际的考查不会减少。

表 1 的数据分析给中学英语课堂教学提出了努力的方向。首先,中学教学中应该重视学生跨文化交际的培养,对英语国家的国家地理知识、政治经济现象、节日、风土人情方面重点讲解,或者让学生多多接触相关的视频和书籍。其次,分析文章的过程中也要对文中所体现的中西文化价值观的差异进行重点讲解。最后,会话原则的差异、带有文化意蕴的词汇和常见的俗语也应当总结归纳。但是,在现今的中学英语教学中还存在着很多的问题。

四、中学英语教学跨文化交际意识与能力培养的策略

根据《普通高中英语课程标准(2017 年版)》的要求,中学英语教学要求学生不仅能够读懂、听懂英语,而且能在正确的语境中得体地应用英语,外语教学的根本目的是培养学生在不同文化背景下的交际能力。

(一)提高教师的跨文化交际的教学能力

教师在中学英语教学中起着至关重要的作用,随着《普通高中英语课程标准(2017年版)》的逐步拓展和高考英语改革的大步伐前进,英语教师身上的责任也越来越重。在英语课堂上提高学生的跨文化交际能力,必须首先提高高中英语教师的自身素质。

1.革新教学理念

教师自身在英语课堂上要处理好语言知识结构教学和跨文化教学之间的关系,不能厚此薄彼。不断改进教师的教学理念,同时也要注重提高教师对跨文化教学重要性的认识,努力将语言教学和跨文化教学结合起来,相互促进。

笔者所任教的郑州外国语新枫杨学校一直不断地倡导"思悟课堂"的教学理念,落实在英语教学中,具体可参考的做法如下:Warming up,对所讲的课文或者语言知识以及文章作者进行大量的背景知识介绍,同时会用视频、PPT以及背景知识补充阅读的形式对学生直接灌输西方的政治、经济以及风土人情方面的常识。在阅读课文的讲解中,让学生主动思考中西方文化的差异,进行罗列对比。在阅读后的思考领悟环节,学生根据Warming up所提供的背景知识和阅读中自己所罗列得到的事实分小组合作进行文化输出。

所以,高中英语教学中,教师的教学理念要紧跟时代的步伐,相互之间不断学习、改进。

2.不断提高自身跨文化修养

教师是跨文化交际内容的重要传播者。教师想要在课堂教学上进行正确的引导,必须不断学习,对自己的知识进行更新,不断地学习、了解英语国家的地理、政治、经济概况,以及社会、风土人情、节日、重要历史人物和事件,并且熟悉东西方文化的差异。

笔者所任教的学校每年定期组织英语教师去北京外国语大学进行培训,培训教师都是外籍教师或者北京外国语大学在某个领域研究非常著名的教授。通过这样的培训,教师们实实在在地受到了中西方文化的对比式教育,同时也系统地学习了跨文化交际学的相关知识。

3.选择合理的教学内容

很多省份的教材不统一,甚至同一个省份的不同学校的教材相差也很大。这给予学校和教师更多的自主权去选择适合学生实际情况的教材。但教材即教学内容的选择要遵循以下原则:①唤起学生的兴趣。教材的选择不仅要符合科学严谨性,也要适应学生的认知规律,满足学生探索异国文化、历史和风土人情的求知欲和好奇心。②树立科学的学习方法。选用的教材和教学内容必须考虑到是否适合中学生的认知规律,能否培养他们的学习方法,是否有利于促进良好学习思维习惯的形成,活动的设计是否有利于学生思考中西语言知识结构和文化的差异,是否促进学生对语言的使用。③可行性。教材教学内容的选择必须从实际出发,与教师水平相适合,是否满足学生考试成绩的需要和跨文化交际的需要。

(二)改革课堂教学方式

现今的英语教学中,一部分教师迫于学校的成绩指标的压力,在英语课堂教学中仍然采用词汇的大量灌输和死记硬背语言结构,与词汇的语境和文化严重脱节的教学方式。通过以上高考试卷的分析,我们发现,学生高考成绩的提高必须培养学生的跨文化交际的能力与意识,它与高分的取得并不冲突,而是相辅相成的。所以,在现今的大部分英语课堂中,必须改革课堂教学模式,适应《普通高中英语课程标准(2017年版)》的要求。

1.阶段性教学

英语的学习不是一蹴而就的,要由易到难选择覆盖中西文化差异的文章。在所选教材的初级阶段,可以选择与学生相关的文章,词汇可以是基本含义相同,但是其他含义或者文化背景之下的含义较大的词。比如,cover这个词,有"覆盖",还有"报道"(cover a story)、"行路"(cover 30 miles)、"读了多少书"(cover 30 pages)的含义。在英语学习的高级阶段应当阅读一些涉及《圣经》、西方神话和经典名著的相关词汇,例如,Flora是古希腊罗马神话的花神,在演变到现代的英语词汇中,它有"植物"的意思,类似的词汇有:flower,florist 等。Panic 意为"惊恐",在西方童话中,Pan 是牧神和森林之神,在受到惊扰时经常发出惊恐的叫声。Chaos 意为"混乱",是因为 Chaos 在西方神话中是开天辟地的混沌之神。此外,narcissus 这个单词之所以有"自恋"的意思,是从神话中复仇女神 Nemesis 的"自我陶醉"而得来的。所以,学生在了解这些文化背景之后,这些词的记忆并不会成为难事。

2. 情景互动式教学

创造真实的语言环境,鼓励学生互动式交流学习。在英语课堂上,应当打破教师为主体的知识灌输和语法讲解。创造该词汇或语法真实的语言环境,然后让学生进行互动式反复练习,综合利用课堂演讲、角色扮演、小组话剧演出、分小组讨论对话等方法,鼓励学生结合教师所设定的特定环境大胆交流,师生互动,进而提高学生真实的语言交际能力。此外,教师可以利用学校所提供的各种影像、录音、图片播放技术,给学生看一些与阅读文章或者词汇运用相关的真实的语言片段,鼓励学生去模仿,加强学生对英语国家的风土人情和礼仪的了解,提高学生跨文化学习的积极性和效率。如果条件允许,可以组织学生去英语语言国家进行夏令营或者学习交流活动,让学生在真实的语境中切身感受跨文化交际。

3. 对比式教学

对比式教学包含以下几个方面:①知识文化对比。西方的政治、经济、地理状况、国家制度、节日风俗以及著名的文艺作品和重要的各行各业的人物与中国均存在显著的差异,教师要引导学生多阅读有关历史、人文、政治和科技的著作。社会准则的差异,教师在课堂中要讲解中西方国家所遵循的社会准则的差异,如称呼、问候、询问、道歉、告别、打电话和打招呼等;社会组织关系的差异,教师要让学生了解家庭成员关系、朋友同事和上下级关系的中西方差异。社会价值观念差异,学生要了解中西方国家关于宗教信仰、道德标准以及人生观、价值观的巨大差异,如 2016 年和 2017 年全国卷阅读中均考查到西方社会的个人独立性,强调个人奋斗实现人生价值。思维特征差异,如中西方国家的思维方式讲事件和地址时,一个从小到大,一个从大到小(胡文仲,1992;陈光磊,1992)。②词语的文化背景对比。如,红茶译为 black tea,黄色电影译为 blue movie。春风译为 west wind,因为欧洲西边临海,西风会带来万物复苏的季节。国家译成 state, nation,country,但这几个词有自己的侧重点,不通用。狗在中西方文化中意义是一致的,但是文化内涵差异很大,在英文文化内涵中,狗是用来形容忠诚、值得信赖的人,如 a lucky dog(幸运儿),every dog has its day(人人都有得意日),love me,love my dog(爱屋及乌);在中文中,狗带有贬义,如偷鸡摸狗、丧家之犬、鸡飞狗跳。龙是中西方神话中均存在的生物,西方龙是邪恶的象征,英雄的成长之路会屠龙;而在中国文化中,龙是皇权权威高贵与吉祥的化身。红,在中国文化中,是喜庆、好运、热情的象征,如"开门红""红榜"以及结婚穿的大红装;而在西方,"red"给人愤怒、危险和暴力的含义,如 red hands(血腥的手)。③语言结构的文化内涵对比。对于话题的选择,西方人不喜欢谈及个人隐私,会选择谈天气之类的。话语的组织方式也有很大差异,如叙述方法、顺序、连贯等。另外,文章的篇章结构,一般在写作课中会告知学生英语议论文要开门见山、直入主题,而不像中文迂回曲折最后点题。④非语言交际的背景知识对比,例如人与人之间谈话的距离、姿态、手势、表情以及中西方对于时间概念、守时之类的差异。

4. 实践式教学

教师应当鼓励学生通过课外活动,如笔者所在学校的模拟联合国社团、中美学生交流会、英语角和外语文化节(唱英文歌曲、放英文电影、出英文海报和英语演讲比赛),将课堂所学的知识和语言结构文化背景等不断地运用、犯错然后改进,提高跨文化交际的意识和能力,通过大量的实践活动,学生才在实际运用和考试当中得到全面提升。

(三)提高中学生的跨文化交际意识和能力

中学生在沉重的学习负担之下,英语跨文化交际能力并不强。学生是教学的主体,所以必须从中学生自身入手。

1. 培养跨文化意识,树立民族文化意识

在英语课堂教学中我们要不断地给学生讲解词汇、文章所涉及的西方文化背景和西方政治经济人文现象。但是跨文化教学不能以灌输英美文化为主要内容,不能只满足学生了解西方社会文化的需求,也不能以英美的价值观作为评价跨文化交际的标准。我们应该在课堂中树立学生的民族文化意识,保持中国自身的文化身份,与其他文化平等对话,取其精华,去其糟粕。所以,在英语课堂上进行教学的时候,一定要保留自我文化,不能以牺牲本土文化而学习西方文化。

在新课标人教版英语必修四 Unit 1 中,Women of Achievement 这个单元的阅读课程设计中 post reading 部分,让学生罗列了西方有杰出贡献的女性,并总结了西方杰出贡献女性的特点,最后让学生罗列出中国近现代有杰出贡献的女性的名字,并模仿课文介绍中国的一位伟大的女性。在这样的中西方文化对比的英语课堂上,学生可以学到西方人身上的独立、顽强和锲而不舍的精神,同时也受中国文化名人身上的坚韧不拔、锲而不舍的精神所影响。所以,英语教学课堂的设置必须要坚持培养学生的民族意识,正如郑州外国语新枫杨学校的校训:"成为本土情怀和国际视野兼备的中学生"。

2. 在语境中实践学习

中学生在课外创造条件融入真实的英语环境中,例如,积极参加英语文化周,参与英语演讲和课堂小组分角色表演。如果条件允许,学生应积极去英语语言国家体验西方的生活方式,与当地人积极沟通、交流和学习。将教师在课堂上所传授的知识在实际生活中经历与体验一下。

但是,让每一个中学生都去英语语言国家去体验真实的语言环境是不切实际的,所以中学教师必须在英语课堂上努力创造真实的语境。在英语课堂中,创设语境的方法有很多,笔者根据自己以及同事的教学经历总结出以下方法:①情景还原法,即在英语课堂中创设出与教学内容相关的模拟语境,让学生参与。例如,在 English in mind 第三册 Unit 3 A working life 的课堂中,老师可以创设文中所提及的 Burger Barn、paper round 和 care home 三个地方,让学生作为志愿者参与其中的工作,并设计工作中的对话。②角色扮演法,即在英语课堂中让学生以角色身份参与活动,进而体验英语知识和英语语言运用的语境创设方法,具体做法如情景剧、短剧、角色对话等。在 English in mind 第三册 Unit 8 Be honest 课文中,在 speaking class 的课程设计中,给学生设置场景如抄作业、对别人撒谎等短剧,学生就所处的场景展开讨论。③活动模拟法,即在英语课堂创设一种活动,如辩论赛、演讲、新闻发布会和模拟联合国等,让学生以参与者的身份参加该活动,运用所学语言知识和文化知识发表自己的看法。④多媒体法,即在英语课堂中充分利用多媒体,给学生播放真实语言使用的视频、最直观的图片和最真实的演讲以及对话的视频和录音。比如在 English in mind 第三册 Unit 5 Reality TV,为了让学生真实了解课文中讲述的 reality show,教师在课堂上可以播放英语语言的真人秀片段以及相关的评论,学生会有直观的印象。

参考文献

[1] Brieger N，Jackson A. Advanced International English. Michigan：Cassell，1989.

[2] Craig. The Art of Coming Home. Yarmouth：Intercultural Press，2001.

[3] Draguns J G. Cross—Cultural Perspectives. Lincoln：University of Nbreska Press，1990.

[4] Rutherford W. Second Language Grammar：Learning and Teaching. London：Longman，1987.

[5] 中华人民共和国教育部.普通高中英语课程标准(2017 年版).北京：人民教育出版社,2018.

[6] 池舒文,林大津.论中国跨文化交际研究的历史分期及其特点.中国外语,2014(3):78-84.

[7] 胡超. E-时代素质教育与跨文化交际教育.宁波大学学报：教科版,2003(4):68-70.

[8] 胡文仲.跨文化交际学概论.北京：外语教学与研究出版社,1999.

[9] 胡文仲.论跨文化交际的实证研究.外语教学与研究,2005,37(5):323-328.

[10] 贾玉新.跨文化交际学.上海：上海外语教育出版社,1997.

翻转课堂在高中英语写作中的应用研究
——以西安外国语学校为例①

西安外国语大学附属西安外国语学校　李钟亭　张雅芝

【摘　要】　随着信息化时代的到来,翻转课堂在基础教育领域的研究也悄然兴起。《普通高中英语课程标准(2017 年版)》要求"教师利用现代化信息技术,为学生拓宽学习渠道"。为了弥补传统英语写作课堂存在的缺陷,笔者在西安外国语学校高二两个班实施了高中英语写作翻转课堂的实验研究,为期两个学期,课题以翻转课堂教学过程为研究出发点,探究翻转课堂高中英语写作教学的具体流程、存在问题和解决思路以及对不同学习水平学生的英语写作能力和态度的影响。

【关键词】　翻转课堂;高中英语;写作教学

一、引言

翻转课堂也叫"反转课堂"或者"颠倒课堂",在翻转课堂中,教师提供以教学视频为主要形式的教学资源,学生在上课前完成对这些教学资源的观看与学习,学生在教师的指导下讨论作业,教师就学生提出的问题现场答疑。Hamdan、McKnight 和 Aafstam 提到有效的翻转课堂具备四大支柱:F-L-I-P,即灵活的学习环境(flexible environment)、学习文化(learning culture)、精心编辑的课程内容(intentional content)、专业的教育者(professional educator)。这种新的学习模式被认为是基于建构主义学习理论、掌握学习理论、自组织学习理论的"互联网＋"智慧教育。

我国《教育信息化十年发展规划(2011—2020 年)》提出,利用信息技术开展启发式、探究式、讨论式、参与式教学,鼓励发展性评价,探索建立以学习者为中心的教学新模式,倡导网络校际协作学习,提高信息化教学水平。《普通高中英语课程标准(2017 年版)》中也明确指出:教师要充分认识现代信息技术与英语课程融合的目的性、恰当性、合理性和有效性,利用现代化信息技术,拓宽学习和运用英语的渠道,重视培养学生的学习能力,为学生学会学习创造条件。

写作是英语语言能力的重要组成部分,书面表达能力的培养和提高是高中英语教学的重点,在高考英语试题中所占分值较大。目前,高中生英语习作中出现的问题和错误反映了高中英语写作教学的现状还不尽如人意。为了弥补传统英语写作教学中存在的缺陷,笔者决定在西安外国语学校高二年级实施翻转课堂英语写作课实验。在认真研读国内外相关文献发现,国内外对于翻转课堂写作的研究多集中在高等教育领域,主要从平台选择、教学流程、教学效果三方面进行论述。总体来看,对于翻转课堂在基础教育英语写作教学中的实证研究相对较少,对不同英语学习水平的学习者的研究尚未涉及。因此,为了探究翻转课堂写作教学模式相对于传统写作教学模式能否对不同英语学习水平的学生的英语写作能力具有促进作

---

① 本文在第十九届全国外国语学校外语教学科研论文评比中荣获一等奖。

用，能否对他们的英语写作态度产生积极影响，笔者与所在教研组成员制作了一系列写作微课，并借助校本 MOOC 平台，进行翻转课堂英语写作教学实证研究。

二、实验设计

(一)实验内容

(1)通过问卷调查，了解翻转课堂写作教学能否对不同英语学习水平的学生的英语写作态度产生积极影响。
(2)翻转课堂写作教学能否对不同英语学习水平的学生的英语写作能力产生积极影响？

(二)实验方法

本研究主要采用实验法和问卷调查法。

(三)实验时间

本实验从 2017 年 9 月持续到 2018 年 6 月，共 24 周。

(四)实验对象

选取高二年级两个班级 70 名学生进行实验，分别为实验班 1 和实验班 2，同时选取与实验班 1、实验班 2 学生水平相当的两个班级为控制班 1 和控制班 2。这样选取样本主要是因为通过实验前测(问卷及试卷作文成绩分析)可知，实验班 1 和控制班 1 学生在实验前英语写作平均成绩无明显差异，具有可比性；实验班 2 和控制班 2 学生在实验前英语写作平均成绩无明显差异，具有可比性。实验班和控制班前测 t 检验结果如表 1 所示。

表 1

班级	N	均值	标准差	t 值	p 值
实验班 1	35	16.89	3.61	0.580	0.564
控制班 1	35	16.34	4.20		
实验班 2	35	14.29	2.69	1.022	0.310
控制班 2	35	13.51	3.60		

三、实验过程

(一)前期准备阶段(2017. 9—2017. 10)

为顺利完成研究，课题组从 2017 年 9 月到 2017 年 10 月做了一系列前期准备工作，包括前测问卷的发放、学生作文能力测试、校本 MOOC 平台的建立、微课制作以及面向学生和家长关于微课的宣传、普及工作，如图 1 所示。这些工作保障了实验的顺利进行。

(二)实验实施阶段

在实验过程中，笔者根据所教班级学生的英语水平，不断修正摸索出一套翻转课堂教学流程，具体教学流程如图 2 所示。

四、问卷调查结果

本次调查后测问卷共发放 70 份，调查对象为西安外国语大学附属西安外国语学校高二年级(2016

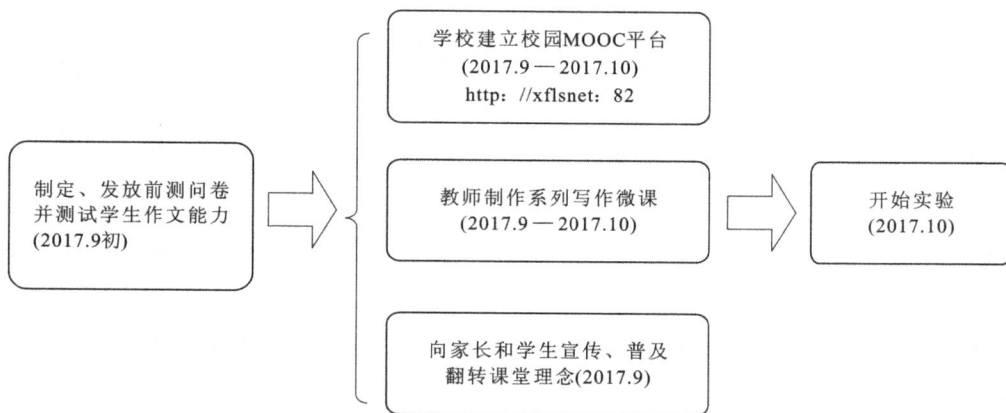

图 1

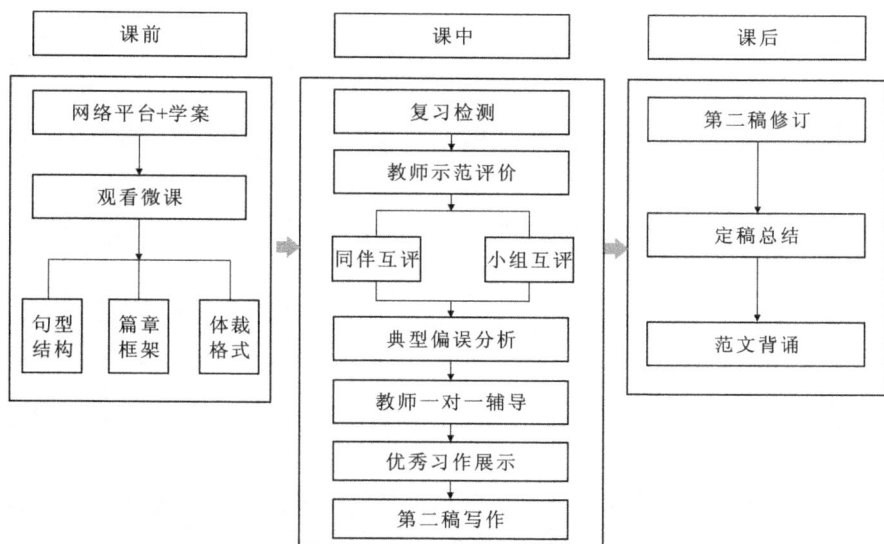

图 2

级)实验班1、实验班2参与翻转课堂教学实验的学生,收回问卷68份,回收率97%,其中有效问卷66份,有效率97%,并提取66份分析调查结果,得出如下结论。

(1)多数学生能够适应翻转课堂写作教学模式,并从中受益。

学生们反馈道:他们可以随时随地以自己习惯的方式来学习,课前微课视频可以反复观看,对于一些长难句型,微课结合学案的方式可以帮助他们化难为易,从而调动他们的学习积极性;在课上,通过和同伴、小组成员讨论作文初稿中的问题,教师的及时辅导和反馈,分享优秀习作等学习方式,学生对英语写作的焦虑程度明显降低,改变了他们对英语写作的看法。

(2)英语水平不同的学生对翻转课堂的看法存在细微差异。

实验班1学生对翻转课堂写作教学模式的适应程度更强一些,他们认为观看微课难度不大,翻转课堂让自己的学习负担减轻了,一些学生表示自己喜欢互评的环节,因为可以展示自己的作品,并可以通过互评,让自己的写作思路更加清晰,语言表达更加地道、丰富;实验班2学生对翻转课堂模式的适应需要的时间更长一些,他们表示需要更多来自教师方面的辅导,例如:希望教师在微课中加入英文字幕、希望教师在翻转课堂的复习环节上花的时间更长一些。但同时,实验班2学生表示虽然一开始理解微课会有些困难,学习负担似乎加重了,但经过两个学期的训练,自己的英语听力和写作都有所提升,学习英语作文的兴趣也提高了,习惯了这种模式以后学习也变得轻松了。

出现这样的差异,可能是由于不同学习基础的学生对于以英文讲授的写作微课接受难易程度不同。因此,他们对翻转课堂教学模式接受的程度也有所差异。学习基础较弱的学生需要教师更多的帮助,他们需要更加结构化的微课设计、更细致的讲解和更仔细的课堂辅导;而学习基础较好的学生,教师则可以更多地鼓励学生在课堂讨论中发挥自己的自主性,注重课堂生成性评价。

五、实验结果

在两个学期的翻转课堂写作教学实验结束后,笔者对比了两个实验班和两个控制班的期末考试英语写作成绩,即后测成绩,结果如下。

(一)实验班前后测成绩对比

对实验班 1 和实验班 2 前后测成绩进行配对样本 t 检验后,得出以下结论。

实验班 1 前后测写作成绩的平均值有显著差异。后测成绩高于前测。实验对于实验班 1 学生英语写作水平产生了积极影响。

实验班 2 前后测写作成绩的平均值有显著差异。后测成绩高于前测。实验对于实验班 2 学生英语写作水平也产生了积极影响。

具体检验结果如表 2 所示。

表 2

班级	N	均值	标准差	t 值	p 值
实验班 1 前	35	16.89	3.61	−12.47	0.000
实验班 1 后	35	21.54	3.46		
实验班 2 前	35	14.29	2.69	−24.22	0.000
实验班 2 后	35	19.06	1.63		

(二)实验班与控制班后测平均成绩对比

分别对实验班 1 和控制班 1 以及实验班 2 和控制班 2 后测成绩进行独立样本 t 检验,得到以下结论。

实验班 1 和控制班 1 两个班后测英语写作成绩的平均值有明显差异,实验班 1 高于控制班 1。

实验班 2 和控制班 2 两个班后测英语写作成绩的平均值有明显差异,实验班 2 高于控制班 2。

具体检验结果如表 3 所示。

表 3

班级	N	均值	标准差	t 值	p 值
实验班 1	35	21.54	1.69	3.33	0.001
控制班 1	35	19.97	2.30		
实验班 2	35	19.06	2.51	2.47	0.016
控制班 2	35	17.31	3.33		

六、讨论

(一)本研究中英语写作翻转课堂教学模式的优势

本实验所采用的翻转课堂教学模式符合 F-L-I-P 四大支柱原则。

第一,学生可以随时、随地以自己习惯的方式学习,对教师在微课中的讲解进行反复观看,进而消化吸收。然后,学生结合自己的想法和所学撰写较为规范的初稿。反复观看视频和完成学案相结合的学习方式为学生的学习搭建"支架",有效地减轻了学生们对英语写作的焦虑情绪;从建构主义的视角来看,翻转教学视频解决了传统课堂教学知识传播步调一致所带来的无视学生个体差异的问题。

第二,翻转课堂模式下的校本 MOOC 平台为学生展开线上、线下合作学习创造了有利的条件。在课前和课后,学生通过 MOOC 平台的论坛、话题、投票等功能,对学习中存在的问题进行线上讨论;在课堂上,通过同伴评价、小组评价、师生互动,大多数学生在写作中出现的困惑都能在讨论和教师讲解中得到解决。在这种教学模式下,学生通过协作探究、意义建构和展示交流加深了对学习材料内容的理解,提高了英语写作水平,增加了学习写作的兴趣。同时,课堂讨论中产生的思想火花也提升了学生的思辨能力和英语语言综合素养。

第三,翻转教学模式较好地弥补了传统课堂教学模式下高中英语写作教学重教师知识传授、轻学生写作过程的不足。用于翻转课堂的微课和学案均经过教师们的精心制作,在写作话题选择上紧扣课程标准,重视英语语用能力的培养;系列微课的制作采用基于内容和体裁的写作教学思路,教学目标更加具体、明确,教学设计流程符合学生认知规律,教学效率更高,整个翻转课堂的流程设计注重写作过程和结果,教学评价能够更好地兼顾过程性评价和总结性评价。

第四,翻转教学模式使学生的学习由"他组织"向"自组织"发展。印度学者苏伽特·米特拉认为,随着互联网技术的发展和教育资源的开放,人类的自组织学习将成为主要的学习方式。随着"互联网＋"时代的到来,互联网移动终端的快速发展必将改变学生的学习方式,学生通过互联网终端进行的自组织学习将成为不可忽视的学习方式。在日常教学中,翻转课堂教学模式可以帮助教师引导学生正确利用移动终端处理学习和娱乐的关系,使学生受益于信息技术的发展。

第五,通过两个学期的翻转课堂教学实验,实验教师的教学理念也得到了更新,信息技术运用能力得到了提升,专业化程度得到了提高。

(二)需改进之处

这次实证研究是在西安外国语大学附属西安外国语学校高二年级的两个班级进行的,在实证研究中虽然取得了一些成绩,但是仍存在一些有待改善的地方。

首先,本研究的时间约为两个学期,时间较短。其次,研究规模较小,如需大面积的推广,还需要进一步研究论证。最后,对于翻转课堂教学模式,师生都需要时间来适应。一方面,教师需要较长时间做前期准备工作;另一方面,学生需要时间适应这种新的教学模式。需要特别注意的是,在无人监管的情况下,教师不能保证所有学生都能在使用电脑、手机等互联网终端时专心致志地观看视频,同时保质保量地完成配套学案。在今后的研究中,教师需要进一步利用 MOOC 平台的学习监控功能,明确学习小组的职责和互动规则,保证每一名学生都能认真完成学习任务。

总之,该实验对高中英语写作教学翻转课堂的实施具有借鉴意义,如需大面积推广,还需要更长时间的研究来完善。

参考文献

[1] Bergmann J, Sams A. Flip Your Classroom: Reach Every Student in Every Class Every Day. Washington, D. C.: International Society for Technology in Education, 2012.

[2] Balkcom S. Cooperative Learning. Education Research Consumer Guide, 1992, 50(4): 3.

[3] Cockrum T. Flipping Your English Class: To Reach All Learners. Routledge, 2014(2): 21-26.

[4] Engin M. Extending the Flipped Classroom Model: Developing Second Language Writing Skills Through Student-created Digital Videos. Journal of the Scholarship of Teaching and Learning, 2014, 15: 12-26.

[5] Fulton K P. 10 Reasons to Flip: A Southern Minnesota School District Flipped its Math Classrooms and Raised Achievement and Student Engagement. Phi Delta Kappan, 2012, 94(2): 20-25.

[6] Helgeson J. Flipping the English Classroom. Kappa Delta Pi Record, 2015, 51(2): 64-68.

[7] Hsiu-Ting Hung J. Design-Based Research: Reasign of an English Language Course Using a Flipped Classroom Approach. Tesol Quarterly, 2015: 180-192.

［8］　王奕标. 透视翻转课堂——互联网时代的智慧教育. 广州：广东教育出版社，2016.

［9］　［美］萨尔曼·可汗. 翻转课堂的可汗学院：互联时代的教育革命. 刘靖，译. 杭州：浙江人民出版社，2014.

［10］　［美］乔纳森·博格曼，亚伦·萨姆斯. 翻转课堂与慕课教学——一场正在到来的教育变革. 宋伟，译. 北京：中国青年出版社，2015.

［11］　白聪敏. 翻转课堂：一场来自美国的教育革命. 广西教育，2013(8)：37-41.

［12］　张金磊，王颖，张宝辉. 翻转课堂教学模式研究. 远程教育杂志，2012(4)：46-51.

把情感教学融入外语课堂[①]

成都市三原外国语学校 李廉

【摘　要】　任何教学活动都是一个知情交融的"动态的人际过程"。情感教学是人类漫长的教学实践活动的经验和智慧的结晶;外语教学是人类历史发展的产物,随着时代的进步,不同国家之间的交往频繁,外语教学日益受到人们的重视。如何有效地促进和提高外语教学的质量,外语课堂教学是关键,而外语课堂设问技巧则是外语课堂教学的"助产术"。要想外语课堂教学产出"健康的婴孩",掌握好课堂设问技巧是每一位外语教师必备的技能。能否掌握好课堂设问技巧则有赖于能否恰当地运用情感教学原则。

【关键词】　情感教学;外语课堂;设问技巧

一、引言

教学是学校实施教育的基本途径,在教学活动中,教师是教育者、组织者,处于教育的主导地位;学生是教育的对象和参与者,处于教育的主体地位。教学正是通过发挥教师的主导作用和学生的主体作用,来促进学生朝着教育培养目标的方向发展。这是一种人类的特殊活动,活动的双方都是人,是有血有肉、有情有感的个体。因此,教学既可看成"一个涉及教师和学生在理性与情绪两方面的动态人际过程",也可以看成"与个体及社会心理现象相联系的情感力量和认识力量相互作用的动力过程"。换言之,知情交融是教学活动的典型表现,情感教学是人类教学发展史的必然。

所谓情感教学,从最根本的含义上说,就是指教师在教学过程中,在充分考虑认知因素的同时,充分发挥情感因素的积极作用,以完善教学目标,增强教学效果的教学。

在人类漫长的教学实践活动中,许多伟大的教育家和思想家,为我们留下了很多有关情感教学的精辟见解。例如,我国先秦时期以孔子为代表的儒家学派的"乐学"教育思想。首先,孔子认为作为教学活动的主体——学生的学习活动本身就应该是快乐之事,具体体现于"学而时习之,不亦乐乎?"。其次,孔子认为,学生对学习本身所怀有的积极情绪的体验,能促进学生的学习活动,增强学习的效果。"知之者,不如好知者;好知者,不如乐知者",就是这种观点最集中的表现。最后,孔子在某种程度上指出教师实施情感教学的方法。其突出的一个观点就是教师应该发挥积极的主导作用。例如,他认为,教师只有自己做到乐学、乐教,才能促进学生的乐学,故有"学而不厌,诲人不倦"之说。

国外情感教学的先祖有古希腊的苏格拉底(Socrates,前469—前399年)在教学中倡导的问答法,被称为"产婆术";还有古罗马的昆体良(Marcus Fabius Quitilianus,约35—约100年)提倡的"师如慈父",以及捷克著名的教育家夸美纽斯(Johann Amos Comenius,1592—1670年)倡导的"愉快教学"等,他们的思想精髓是:①人本身具有最初的求知欲望,"假如学生不愿意学习,那不是别人的过错,而是教师的过错",因此,"应该用一切可能的方式把孩子们的求知与求学的欲望激发起来";②激发学生学习欲望的措施,涉及教师、学校、学科和教学方法,也涉及父母和国家权威方面的措施,形成一个综合激发网络;③学习

---

①　本文在第十九届全国外国语学校外语教学科研论文评比中荣获一等奖。

本应该是一件愉快的事,"人生没有比寻得智慧更快乐的事了"。④教学的艺术是使师生都感到愉快的艺术。

总之,古今中外的教育家、思想家,始终给予情感教学以足够的重视。随着时代的进步,知识经济与科技革命同人们的生活息息相关,不同民族之间的交往日益频繁,外语教学也日益受到人们的重视。外语教学作为人类历史发展的产物,也必然受到教育学、教学法的规律制约。所以,要想有效促进和提高外语教学的质量,必然要研究教育学和教学法。通过前面对教学法的发展史的了解,我们对于情感教学有了基本的认识,现在将其应用到外语教学中来。

二、思考与探究

《普通高中英语课程标准(2017年版)》的教学原则明确规定"要关注学生的情感,营造宽松、民主与和谐的教学氛围"。笔者通过多年的外语教学实践,以及对情感教学原则的应用,得出如下体会:在外语教学中,外语课堂是外语教学的主渠道,要想使外语课堂产出"健康的孩子",必须遵循情感教学原则,掌握和运用好"产婆术"——课堂设问技巧,因为课堂设问的质量直接影响到课堂教学的效果。下面笔者仅就课堂设问技巧谈点自己的认识,与同行们分享和交流。

(一)设问应有助于激发并强化学生的学习兴趣

在课堂设问方面,教师应着重以现在的中学生感兴趣的话题切入问题,把学生的注意力先引入课堂,就他们感兴趣的话题展开讨论,从而把学生从"已知世界"引入"未知世界",让他们产生强烈的求知欲。设问的方式可分为事实性设问(factual questions)和启发式设问(prompting questions)。

1. 事实性设问(factual questions)

如在教学"The Great Sports Personality"(Module 5,NSE Book V)这篇课文时,我们就以这样的事实性(factual questions)设问开头。

(1)Do you have any favourite sports star? Can you tell us something about them?

(2)What's your favourite sports, when do you have sports with your friends?

很多喜欢体育运动的学生心中都有各自崇拜的偶像,他们都很乐意向别人谈论他们的偶像。一旦教师提出这些问题,学生都很兴奋,立即产生了兴趣。教师给出充分的时间让学生发言、表演。从而引入课文,问学生对姚明了解什么,让他们谈论一些姚明的事迹,然后问学生想不想了解更多,此时让他们翻开书,从课文中寻求答案,相信每个学生都会怀着极大的兴趣阅读此文。

2. 启发式设问(prompting questions)

如在学习"Animals in Danger"(Module 6,NSE Book V)这篇课文时,我们不直接问 antelopes 的情况,而以人人皆知的中国的另一珍稀动物 panda 提问:Why do we Chinese people protect pandas? 相信学生会很容易谈道:China is the only country where pandas live. 然后进一步提问:In China, there lives another important kind of animal—antelopes. How are they living now? 这样,学生就带着兴趣和疑问去阅读课文。

(二)设问应有助于树立和增强学生对英语学习的自信心

可根据班级学生的具体情况,设计难易结合、因人而异的问题。例如,学习 Advertising(Unit 5,SEFC Book Ⅲ)这一单元时,笔者设计了如下问题作为导言。

(1)Where can you see or read advertisements?

(2)Do you enjoy watching ads on TV? Why? Why not?

(3)Do you have any favorite ads?

(4)Why do companies advertise?

(5)Who pay for the advertising? Why is that?

对于前面三个问题,要求英语基础较差的学生来回答,因为这些答案来自他们自己的生活,有话可说,有情可表;对于后面两个问题,可以留给英语基础较好的学生,因为这两个问题的难度和广度有所增加,同时,需要更多的逻辑推理和语言结构。只有当学生对问题感兴趣,并且能够回答的时候,才能产生出积极的情绪,体验到成功的喜悦,建立起对外语学习的自信心。

(三)设问应有助于培养和锻炼学生克服困难的意志

如果学生在学习过程中没有困难,那么,他就永远难以迅速地进步,更难体会到克服困难后的成就感。因此,在设问时,有意设计一些学生容易忽略的问题或需要认真思考的问题,以调动学生思维的积极性,培养学生的思维能力。在学习 Australia (Unit 3, SEFC Book Ⅲ)时,笔者在学生精读课文后,设计如下问题:

(1)How could Kooris survive and have been able to live in the hot desert for thousands of years?

(2)Why are there some plants and animals particular to Australia, such as duck-billed platypuses, Koala bears and kangaroos?

(3)Can you compare the way of life of Kooris with that of American Indians?

(4)Can you draw a conclusion about the protection of the heritage of minority nationalities?

(四)设问应有助于学生培养合作精神

严格地说,英语课堂交际实际上是一种虚拟的社会交际。但正因为它是虚拟的,所以我们就可以人为地设计交际的情景和形式。在课堂交际中,以两人对话的形式最多,这也符合现实生活中的交际情形。

例如,在学习 Unit 9 Spare Time(Look Ahead, Book Ⅰ)这个单元时,有些老师会这样设问:

(1)Alice, what do you do in your spare time? Do you have any hobbies?

(2)Why do you like them?

同样这两个问题,我们只要在设问技巧方面稍加改进,就可以组织两人对话,让学生汇报对方的观点或信息。我们不妨如此设问:

(1)What hobbies does your partner have?

(2)Why does he/she like them?

学生就此展开两人交际,在交际过程中,一方遇到难以表达的句子或词语,自然会寻求对方的帮助;同时也通过对方的表述丰富自身的词汇和知识。

我们的课堂组织形式中,小组活动也是一大特色。在设问方面,我们不问个人意见,而改问小组的意见或观点。如:

(1)Which side does your group support?

(2)What's the decision of your group?

在学习完"The Secret Is Out"(Unit 18, SEFC Book I)这篇课文以后,组织学生展开讨论:If you are the boss, will you ask Ms. King to stay or to leave? Give your reasons. 每个小组的学生集体确定自己所在小组的立场或观点,集中集体智慧,找出理由。最后教师可以组织正、反两方的小组辩论。为了自己所在小组的集体荣誉,所有的学生都会积极参与,互相学习和帮助。如果自己的小组最后获胜或得到教师的肯定和表扬,他们就会充分体验到集体的荣誉感。

(五)设问应有助于培养学生跨文化交际的能力

由于中国文化崇尚含蓄、谦逊、内敛,而英美文化则推崇坦率、直接、外显,因而,在日常交际当中,会有很大的反差。例如,对于别人的赞美,中国人与英美人士的反应就完全不同。课堂内外与学生的交流当中,教师就应该经常使用如"How smart you are today!""It's very kind of you to help me. Thank you very much.""You've made a good job of it!"在实践当中反复地再现,使学生逐渐习得符合英美文化的交际能力。

在英语学习中,词汇学习是一个很重要的部分,大量的英语单词、片语、习语都具有和英美文化密切相关的内涵。比如,学习 cool 这个单词时,设问"Is it cold or cool today? Who looks cool in our class today? Can you keep cool in trouble?"通过具体的语境,学生学习和了解 cool 的文化内涵。学习有关动物的词汇时,笔者有意将一些中英文化具有独特象征或寓意的动物词汇进行对比。例如,学习 lion, tiger 时,设问"What does tiger stand for in Chinese? (dignity, ferocity)"

What animal is considered the king of animals in Chinese? What animal is considered the king of animals in English? Do you know the meanings of the phrases:a lion in the way(拦路虎) and a lion's share(最大的份额)? 同时给学生介绍 tiger 仅在亚洲地区才有,而 lion 却是生活在非洲、美洲等地。学习 ox 和 horse 时,设问"What does an ox stand for in Chinese? (devotion and hardworking 勤劳与奉献)" However, the English-speaking people would prefer to ascribe such qualities to the horse. e. g., work like a horse(像牛一样勤劳). You may take a horse to the water, but you cannot make him drink(强按牛头不饮水). Eat like a horse(食量大如牛),eat like a bird(吃猫食)。通过英汉对比,学生就能更深刻地领悟到学习中英文化内涵对人们的思维和价值取向的影响。

某些与颜色有关的词汇在中英文化中也有不同的含义。例如,black 在英语文化中就比汉语内涵丰富。笔者将其作如下归纳,并设问"Do you know the meanings of the following phrases? black tea(红茶), black coffee(苦咖啡), black beer(黑啤酒), black and blue(遍体鳞伤), a black sheep (害群之马), black studies(黑人学), in a black mood(情绪低落), give sb. a black look (恶狠狠地瞪某人一眼),the black market(黑市)"。

总之,学习一门语言就是学习一门文化。(Learning a language is learning a culture.)如果在语言学习中不渗透文化内涵,我们就无法掌握这门语言的精髓,也无法自如地运用目的语进行交流。(A language learner must master the spirit of the target language as well as its culture, or they cannot use it freely in communication.)

(六)设问应有助于学生培养爱国主义精神

应该说,在关注学生的祖国意识这一情感因素方面,教材编撰人员已经先于教师而考虑到了,如"Paper"(Unit 20, SEFC Book Ⅰ)一文。这是一篇典型的说明文,读起来比较枯燥,但却是教师对学生进行爱国主义教育、增强祖国意识的好材料。教师可以在开课前如此设问"Do you know the four great inventions in Chinese history? What are they?"通过学生的发言以及教师的适当补充,学生们会认识到,中国近现代虽然在科技方面落后于欧美各国,但在历史上,中国人民也为世界科技的发展做出了巨大的贡献。在学"The Olympic Games"(Unit 10, SEFC Book Ⅰ)这篇课文时,我们可以对中国代表团参加历届奥运会的成绩以及北京获得 2008 年奥运会主办权等情况进行设问,如:

(1)Who got the first Olympic gold medal for China?

(2)How many gold medals did we Chinese athletes get in 2000 Sydney Olympic Games?

(3)Which Olympic Games will be held in Beijing? When?

(4)What's the slogan of 2008 Beijing Olympic Games?

在外语教学过程中,我们应该给学生渗透这样的观念:我们学习外语不是为了"崇洋媚外",而是为了交流。既然是交流,就应该是双方的。我们既要学习和了解外国的文化和科技知识,又要把中国的文化和科技知识传播到国外去。所以,教师们应有意识地引导学生用英语介绍祖国文化,进而增强祖国意识,培养爱国主义精神。

运用情感教学原则,利用各种课堂设问技巧,全方位地激发学生的学习兴趣和调动学生的积极情感,使外语课堂教学成为真正的知情交融的"动态的人际交往过程"。在这样教与学的过程中,师生之间建立起了友好而信任的关系,这种关系进一步使教学氛围更融洽。师生双方都沐浴在充满民主、安全、信任和理解的气氛中,有利于优化外语课堂教学,完善教学目标,增强教学效果。

三、结论

综上所述,情感教学原则是促进和提高外语课堂教学质量的有效保证,也是《普通高中英语课程标准(2017年版)》所提倡的教学原则。情感教学理论是新时期的外语教师提升自我素质必备的理论基础。掌握好课堂设问技巧是每一位外语教师必备的技能。当代的外语教师应该学习和遵循情感教学原则,巧妙构思教学过程,有创造性地进行课堂设问,为中国的外语教学和课程改革探索出更好更快的路子。

参考文献

[1] 卢家楣.情感教学心理学.上海:上海教育出版社,2001.
[2] 张正东.外语教学技巧新论.北京:科学出版社,1999.
[3] 胡文仲.跨文化交际面面观.北京:外语教学与研究出版社,1999.
[4] 束定芳,庄智象.现代外语教学.上海:上海外语教学出版社,1996.

从定式到定制:因"文"制宜地设计高中英语文学阅读教学[①]

宁波外国语学校高中部　　陈佳佳

【摘　要】　如何有效开展英语文学阅读教学是一个长期困扰一线英语教师的问题。本文以 2017 年浙江省优质课评比材料为例,通过笔者两次不同授课理念课例的对比,探讨高中英语文学阅读教学从"定式"走向"定制"的可能性和策略,即:如何通过挖掘文学文本本身的语篇特征和优势,跳出文学阅读教学目标设定的模式化和教学流程的公式化,从文学文本的个体化特征出发,因"文"制宜制订教学目标和相应的教学活动。

【关键词】　文学阅读;阅读教学;语篇特征

一、引言

一般性的文学阅读教学(即定式),对文本解读聚焦在文体表现的普遍性特征上。这就导致文学阅读教学目标设定千篇一律,课堂教学活动也是公式化流程:略读找出故事要素;快读分段概括大意;细读处理情节细节、分析人物性格;读后分组讨论主题,评价标题或进行读后续写。定式的文学阅读教学缺乏对于文本内涵意义和结构形式的挖掘,容易忽视文本的独特、高明之处,从而导致教学模式单一,难以激发学生的阅读兴趣和创造力。

现代文本阅读观认为阅读活动是读者、文本、作者三者通过互动对话实现意义构建的过程(Roland Barthes,1990)。在定式的教学中,教师往往聚焦在字词句掌握和故事基本情节的理解上,没有找到有效的切入点和方法让学生体验到师、生、作者三者的思维交融和意义构建过程,体现文学课的生命力和灵动性。

对于英语教师而言,发现文学作品的独特性并不难,难在如何深挖其独特性并采用合适的教学设计将其呈现给学生。笔者认为要想获得好的教学效果,必须根据文本本身特点,量身定做,量体裁衣,因"文"制宜,因"生"制宜,即定制。

本文以 2017 年浙江省优质课评比材料为例,通过笔者两次不同授课理念课例的对比(第一次是定式,第二次是定制)分析教学过程和教学效果的差异,探讨高中英语文学阅读课从"定式"走向"定制"的可能性和策略。

二、课例背景

阅读文本选自 2017 年浙江省高中英语优质课评比材料。文章是一篇 435 词的短故事,语言平实易懂,简洁生动。故事讲述了小男孩 Steven 从小就有一个演艺梦,为了梦想 Steven 从小就参加各种表演,做着各种准备。Steven 发现了一个试镜的机会,请求哥哥 Brad 陪他同往。在试镜前的彩排中,Steven 发

---

① 本文在第十九届全国外国语学校外语教学科研论文评比中荣获一等奖。

现了 Brad 惊人的表演实力。当被问及为何以前从来不参加表演活动时,Brad 回答道:I was waiting for something big. 故事在这里戛然而止,出乎意料却又在情理之中,留给读者无尽的想象和回味。

三、教学实践

(一)定式:故事课的常规教学模式

拿到一篇文学作品,笔者一般都会按照情节、人物、主题三个方面去进行分析解读。在向文学阅读教学转化过程中,以上三方面则相应转换为情节梳理、人物性格分析及主题探讨。同时笔者发现这篇故事在语篇特征方面最大的特点在于其欧·亨利式的结尾,所以欣赏文本语言的形式美也成为其中一个教学目标。此外,这篇故事缺少一个标题,正好可以通过写标题的活动来发展学生的综合概括和评判质疑的能力。

1. 教学目标

(1)通过故事要素的导入和分析,学生初步建立起故事类阅读的学习范式;

(2)通过人物对比与细节分析,学生能掌握故事大意,把握故事脉络,分析人物性格;

(3)学生在教师的引导下,学习欣赏文学作品的写作手法;

(4)通过写标题的活动,学生提升自己综合概括和评判质疑的能力。

2. 教学过程

Step 1:Lead-in.

(1)Play a short speech by Jackie Chan at the Academy Award ceremony.

(2)Ask questions:

Q1:What award did Jackie Chan receive?

Q2:How many years has he been waiting for this big moment?

(3)Show some pictures to teach new words: academy award, acceptance speech...

Step 2:Fast reading.

Q3:How many characters are there?

Q4:What is the "big thing" in the story?

Step 3:Detailed reading.

(1)Divide the passage into two parts according to the twist: the casting call.

Before the casting:Para. 1-3;

At the casting:Para. 4-7.

(2)Ask questions:

Q5:What did each of the brothers do before the casting call?

Q6:What did they do at the casting call?

(3)Make a comparison between the two brothers on these three aspects: performance, attitude and preparation.

Step 4:Character analysis.

Q7:What's your impression of Steven and Brad? Support your ideas with evidence from the text.

Step 5:Appreciate the writing style.

Q8:Which character is mentioned more at the beginning?

Q9:Why does the author do so?

Step 6:Thinking and evaluating.

Work in groups to give a title to this story.

(1) Students create and share their versions;

（2）Teacher shows her own version and the original version then asks students to evaluate these different versions.

Step 7：Assignment.

According to characters' personalities and the writer's writing style，try to write a proper ending for this story.

3.问题与反思

第一次课是定式，采用了常规的故事阅读教学模式，对文本独特特征理解不深，教学目标设置较为传统，教学活动设计中规中矩，注重将信息和故事情节分析透彻。以下分三个方面分析第一次课例的问题。

（1）在文本特征挖掘方面：关注到结尾范式，却忽视了叙事视角特点。

这篇故事文本最大的特点在于其独特的叙述视角。在故事中作者把更多笔墨用在弟弟 Steven 身上，关于哥哥 Brad 的描述多是透过 Steven 的眼睛（视角）去看。作者把弟弟 Steven 始终都放在聚光灯下，而哥哥则被隐藏起来。这是典型的"第三人称受限视角"。读者都是跟着 Steven 的视角去观察和思考，所以才让故事的结尾有了出乎意料的戏剧性效果。因此，叙事视角和结尾范式是本文的两大亮点，而叙事视角是结尾出乎意料的前置条件。

文本独特特征的有效把握是从文学阅读教学从"定式"到"定制"的前提。在上述课例中，没有将叙事视角提出来，在结尾范式上简单做了文章，还是一堂中规中矩的课，无法有效地为学生从文章字面意思到内涵意义的理解搭建层层递进的"思维之梯"。

（2）在教学目标设计方面：目标不聚焦，处处皆"要点"。

教学目标的设定是一个综合而有侧重的过程，必须有所取舍（葛炳芳，2013）。综合视野下的阅读教学观强调：阅读课堂教学的目标定位要结合学情、结合文本（叶恩理，2015）。结合文本，即结合文本的语篇优势、文章题材和体裁。针对这篇文章，根据故事类文章的体裁特点，可以从故事情节、人物性格、主题探讨、叙事技巧几个维度探讨，但重点应聚焦在其中一到两个问题。一节课只能确定一个重点教学目标，才能有深度，学生才能有足够的时间进行阅读、思考和分享阅读体验。

第一次课例中，缺乏一条统领整体的核心主线，目标设置面面俱到，平均用力，导致教学活动浅尝辄止。在文本细节的处理上占用时间过多（比如教学设计中的 Step 3），而在有利于学生深度思考的关键线索上却一笔带过，对包含丰富信息的关键词句缺乏深入探讨。

（3）在教学活动设计方面：忽视学生主体地位，思维层次与深度不足。

文学阅读不应是教师把自己咀嚼过的内容灌输给学生，而是应该引导学生自己去发现和阐释。在文学阅读教学中，应充分发挥学生作为读者的主体地位和主观能动性。"一千个读者眼中有一千个哈姆雷特"，读者由于自身的经历、认知的差异，从同一篇文章中读出的内容和感悟必然也是千差万别，但这正是文学阅读的意义所在。第一次课例在教学活动设计中，教师控制的部分较多，教师常用封闭式问题提问，学生在教师的带领下阅读文章，亦步亦趋，思维空间狭窄，丧失了文学阅读的灵动性和生命力；且活动过多，却没有做到层层递进、抽丝剥茧的引导，每个课堂设问都浅尝辄止，导致学生无法进行深层次思考，体会不到师、生、作者相互之间互动对话的乐趣，无法发展学生思维的深刻性和灵活性。比如 Step 4 分析人物性格环节，学生的回答只是停留在用简单的几个形容词来概括人物性格。活动设计中缺乏对学生思维的进一步引导。

基于以上反思，经过北京外国语大学专家的点拨，笔者重新进行了教学设计，采用"定制"理念，因"文"制宜制订教学目标和相应的教学活动。

首先，基于该文本独特的叙事视角——第三人称受限视角，教师可以思考如何抓住故事中对于 Brad 部分的叙事空白，引领学生探索视角"聚光灯"未照射到的另一面。学生基于已有信息，并结合自身的知识、经验去解读这些空白信息，推断未知信息，充分发挥学生想象力去体会作者言外之意，品味和欣赏作者这种"此处无声胜有声"的奇妙之处，从而达到发展评判性思维和创新性思维的目的。

其次，根据"欧·亨利式结尾"的"出乎意料，又在情理之中"这一叙事手法特点，教师可以考虑以"出乎意料"和"情理之中"作为阅读教学的两大主线，引导学生去分析故事为何会出乎意料，又有哪些线索让读者认为虽意外,却又合乎情理。

最后,在读后作业中,不一定采用常规续写模式,而是尝试视角转换的改写模式,让学生学会转换立场,设身处地地去体会别人的情感,从而发展学生的移情和跨文化思考的能力。

以上即是笔者从"定式"到"定制"思维的转变过程。在第二次课例中,笔者根据以上思路实施了课堂教学,取得了较好效果。

(二)定制:基于该文本亮点——叙述视角和叙事手法的课程设计

1.教学目标

(1)学生通过对关键词句的探讨,实现对原文的深度理解,同时分享个性化的阅读体验。

(2)引入欧·亨利式结尾的概念,结尾的解读和评价,能够体会欣赏文本写作手法和技巧。

(3)通过情境设置,转换视角,探索"聚光灯"未照射到的另一面,推断未知信息,发挥想象力去体会作者言外之意,从而达到发展评判性思维和创新性思维的目的。

(4)通过视角转换,对文本进行重构,充分发挥学生在阅读中的主体地位,分享阅读体验,让学生学会转换立场,发展学生的移情能力和跨文化思辨能力。

2.教学过程

教学材料在课前发给学生,学生做好预习工作。

Step 1:Fast reading.

Q1:How many characters are there?

Q2:What happened to them?

【设计意图】 因为故事简单易懂,话题也贴近学生生活,因而去掉了原先的 lead-in 环节,直接进入故事阅读。设计问题检测学生对于故事人物和大意的把握情况。

Step 2:Reading and thinking.

Q3:How do you understand the following sentences?

(1) Brad was not interested in acting.

(2) "Just for fun".

(3)"I was waiting for something big".

【设计意图】 提炼出文章中需要深入理解和推断的句子,学生需要在理解原文的基础上借助自己的认知和经验,经过分析、推断去读出文字背后的故事。

Q4:Why did the author seldom mention Brad at the beginning?

【设计意图】 针对叙述视角进行设问,引领学生欣赏、品味作者的写作技巧。

Q5:How do you like the ending?

【设计意图】 通过对故事结尾的评价,引入欧·亨利式结尾的写作特点:出乎意料,又在情理之中。引导学生去分析故事为何会出乎意料,又有哪些线索让读者认为虽意外,却又合乎情理。

Step 3:Interview of the two brothers.

Suppose both of the brothers won the casting, and now they are back to school. Their school holds a small information session for two brothers to share their feelings and experiences with other students who are interested in acting.

Ask two students to role play Steven and Brad, other students ask them questions.

Questions should cover the following aspects:

(1) the two brothers' feelings about winning the casting and their next goal;

(2) the preparations they have made for the casting;

(3) their understanding of dream and hard work;

(4) their comment on each other.

【设计意图】 通过设置情境进行生生互动，一方面学生需要对故事内容进行回顾，更重要的是学生需要基于已有信息，推断未知信息和作者言外之意，从而达到发展评判性思维和创新性思维的目的。另一方面，这一活动为后面的写作任务搭建"脚手架"，做好思维上的铺垫。

Step 4：Writing.

Based on the information from the interview, rewrite the story from the perspective of Brad.

【设计意图】 从 Brad 的视角来重新叙述这个故事，学生需要深入理解原文，挖掘文中隐藏的信息，比如 Brad 的内心活动。学生从哥哥 Brad 的视角重述故事，既有模仿，又有创造。学生切换视角重构文本的过程即是学生主动建构意义，分享阅读体验的过程。在这一活动中，学生需要在重新分析文本的基础上，充分发挥想象力，打开思维空间来重新创建文本，发展他们的逻辑推断和创造性思维的能力。

3.教学展示

以下是其中一则学生作品：

I realized when I was very young that I had a totally different temperament with my brother. Steven likes to perform and show his talent in front of the public. But I am quite opposite. I don't really want many people to know how much I love acting. But one thing we have in common is that we harbored the same desire which is to become a successful actor.

My brother dedicated himself to acting since he was very young, imaging himself receiving the Academy Award. I never did the same thing. However, truth be told, I have the same dream as he has. I was born to be an actor and designed for flashlight and stage. I was waiting for something big to happen, and I was always waiting for a chance. So I practiced and practiced, secretly and arduously, repeating every line and every movement.

Finally, my chance came. I went to a casting with my brother. I performed extremely well and left my brother in shock. "I was waiting for something big." I replied, feeling myself indulging in the exaltation and glowing pride.

Now I finally proved myself to be extremely talented in acting, and suddenly, all those hard work, sleepless nights, sweat and coarse voice gained their meaning. However, in others' eyes, I am the talented Brad who is able to perform amazingly without any hard work. I am so proud of myself.

四、总结

文学作品的生命力在于其独特性，每一个故事都有一个灵魂，都有其自身的精彩之处：或是人物性格的塑造，或是情节冲突的编排，又或是独特的叙述视角及叙事手法。挖掘文学作品的个性特征进行教学，无论是对于学生的阅读兴趣和思维品质的提高都大有裨益。

阅读过程要重视学生的主体参与，激发学生主动思考，体验阅读过程，完成意义构建（葛炳芳，2013）。从定式到定制，因"文"制宜地设计高中英语文学阅读教学，其核心目的就是为学生搭建好思维的阶梯，让学生能与作者、教师一起完成属于各自个性化的意义构建。没有"定制"这个"思维之梯"，这个核心目标就很难达成。

完成一篇文学作品阅读教学的"定制"有三个关键点：

第一，准确找到搭梯子的"材料"，也就是找准文学作品所具有的独特特征。教师在设计教学过程之前，对文本特征的深入分析，将成为课堂成功的关键。准确找到并有意识地将文学作品独特特征应用于教学中，是教学设计从"定式"到"定制"的起点。这需要教师发展文本解读能力，增加对文本语篇特征把握的敏感性。

第二，设计搭梯子的方向，聚焦目标主线。课堂时间和学生精力有限，基于文学文本核心的语篇优势，结合课标和学情，制订与个体化的文本特点契合度最佳的教学目标，舍弃其他目标，是教师必须要做的决策。基于文本特征的教学目标定位即是对阅读教学方向的"定制"。打破思维定式进行目标聚焦，才能让学生充分感受文学课堂的独特魅力。

第三，搭建合理高度的台阶，帮助学生爬上"思维之梯"。"定制"的文学阅读教学重视学生的个性化阅读体验，鼓励多元化解读，这对师生都是很大的挑战。教师需要充分结合学生的认知和语言水平，设计合理的任务，通过师生、生生互动帮助学生层层递进，为高层次的思维活动和输出做好语言和思维上的铺垫。

定制的文学阅读教学课堂需要像精彩的小说一样，打破思维定式和常规模式，带给学生惊喜。依托文本的独特特点进行"定制"的教学设计，可以充分激发学生的阅读兴趣和情感体验。学生通过联系自身生活经验进行移情和角色体验，可以发现不一样的风景，拉长思维的深度。一个因"文"制宜的"定制"课堂，将为教师、学生带来一场从心开始的灵动之旅。

参考文献

[1] Roland Barthes. The Pleasure of the Text. Oxford：Blackwell，1990.
[2] 葛炳芳. 英语阅读教学的综合视野. 杭州：浙江大学出版社，2013.
[3] 何伟. 转换叙事视角，寓言成文. 好家长，2014(Z3)：79-81.
[4] 梁美珍. 英语阅读教学中的问题设计：评判性阅读视角. 杭州：浙江大学出版社，2013.
[5] 叶恩理，翁颖卿，汪润，等. 英语阅读教学中的目标定位：综合视野视角. 英语教师，2016，16(1)：157-159.

探微初一上学期英语口语教学中存在的问题和对策^①

成都市实验外国语学校　徐莹

【摘　要】 本文通过对初一上学期英语口语教学的基本模式及遇到的问题进行分析,阐述了成都市实验外国语学校在英语口语教学方面所进行的不懈努力。通过对该校的个案探讨,希望能更好地提高学生的英语口语水平,初步改变一些无效的教学模式,为教师提供借鉴依据。

【关键词】 初一上学期;口语教学;问题;对策

一、初一上学期有效开展英语口语教学的意义

语言教学的最终目的是培养学生以口头和书面形式进行交流的能力。随着我国日益上升的国际地位和与世界各国产生的不断联系,英语口语交际更是显得日渐重要,具体体现在学习英语并运用英语进行口头交际已成为社会的需要。

在我国的大部分地区,正是从初一上学期开始系统地进行英语学习。在学习英语的起始阶段,教师就要注重培养学生开口说英语的习惯,为了有助于培养和提高中学生的开口能力,更好地掌握英语这个交际工具,因此我们不得不重视初一上学期起始阶段口语教学的重要性,也不得不让我们反省英语教育工作中存在的口语教学的问题。

笔者整理初中英语口语有效教学理论后发现,当前对英语口语教学效果的研究较少。笔者通过研究现有口语教学理论以及文献、教育教学相关书籍,针对起始阶段英语口语有效教学方面的一些薄弱问题,从实际教学的角度提出见解。

二、成都市实验外国语学校初一上学期口语教学基本模式

(一)教学工作

以《看听学》第一册为主教材,相似语法、句型进行合并,整合完成前98课。课堂教学以口语训练为重点,逐句对《看听学》单课进行语音语调的模仿,逐个纠音,以形成标准、地道的英式发音,双课反复操练句型,熟练句型又巩固口语表达。同时我们辅助完成《瑞格叔叔自然拼读》第一册和《典范英语拼读教程》第一册,深化口语教学,为后期读写阶段打好坚实的基础。

初一上学期公开课的主题依次为:① 单、双课的教学步骤及语音语调的训练;②自然拼读在故事语境下的呈现和运用。

我们固定的课外辅导时间在每周二下午5:20—6:00,主要是老师去指导学生听音背书。学生逐个过关,教师再次对语音、语调进行纠正。

---

① 本文在第十九届全国外国语学校外语教学科研论文评比中荣获一等奖。

（二）教研重点

初一上学期的教研重点有以下两点：
(1)如何提高学生的口语,形成优美的英式发音。
(2)自然拼读法与音标教学的有效结合。

（三）期末口语考试考查形式

学生从 22 套题中抽出一套进行 4 分钟的准备,然后进行单课背诵、数字和单词拼读、日常英语问答和双课句型作答。

三、口语教学中存在的问题

（一）时间投入多,整体收效不甚理想

外语学校英语学科课程设置:每周三节早课,八节正课,两节晚课。初一上学期侧重点均在听说能力培养上,早课听音模仿,背诵单课并过关。正课重在听音,一句话反复跟读。晚课进行再次巩固模仿,并按音频的情感、语音语调把课文表演出来。照此比例,学生一周需投入 13 节课练习听说,相比于普通学校投入了大量的时间和精力。但通过公开课以及大型赛课、献课的教研活动,可以看到部分学生发音不够标准:元音不够饱满,辅音不够到位,例如,n 的发音等。语调上部分学生没有形成地道的英式发音,离与音频基本一致的优美语音语调有很大差距。从期末口语考试看,总分为 90 分,全年级 22 个班级平均为 80 分,但甚少有学生能在背书环节达到语音清晰、语调优美、流畅无停顿、感情符合文体这几项标准。

（二）方法指导不够

在初一上学期这一重要口语形成培养阶段,从早课到晚课,教师只是不厌其烦地告知学生以音频为标准,模仿文本中的语音、语调、情感,并注意音量大小,但对学生如何形成我们想要听到的一口近似于外国人发音、地道的表达缺少具体的指导。语调由连读、弱读、重读、喉音等形成。教师未强调过辅元连读,辅音叠合,失去爆破,高频词:to,at,it,would 的弱读等,学生在单一、模糊的"模仿"二字指挥棒下,难免以母语发音为习惯带入,无法掌握英语以音群为单位的发音方式。

（三）课堂教学秩序失调,教学评价单一化、标准化

教师在教学过程中过分追求热闹氛围,不停地让学生简单重复、模仿,缺少内在逻辑和内容感,课堂教学空洞。而为了保持课堂的热闹感,节奏过快,学生缺乏思维空间。部分学生在听说过程中只是动口,没有经过大脑理解加工。

四、口语教学对策分析

（一）明确目标

坚持外语学校特色,巩固口语训练,通过自然拼读教学落实语音基础与单词拼写之间的相互联系,落实学生对语音、语调、意群划分等基本技能。以自然拼读法为主,教会学生利用拼读规则记忆单词,能准确地拼读出单词,能划分意群,有感情地朗读和故事对话表演,简单表达观点,逐步养成良好的朗读习惯和敢于表达的交际技能。

（二）落实方法指导

课堂渗透口语基本知识,让学生有方法可循。口语语音基本要素:语调、语气、音量、音长等。口语表

达的基本要求:清晰、流畅、响亮和情景化。书面语停顿标志是标点符号,口语靠的是情感的处理和语气变化,即通过词与词(组)之间、句子与句子之间间歇的时间来表现。注意口语的综合性:系统的综合,注意语音语调感情等的综合考虑,如果语调没有变化,那么语言是枯燥的,如果没有加脸部表情或身体语言,语言是不生动的。英语口语的基本发音规则如下。

(1)辅元连读,例如《看听学》教材中的 fold it,stand up 等。

(2)辅音叠合,例如在学习不可数名词时,可以告知学生 some money 中,m 重叠只读一个。类似的还有:some milk,some meat,《典范英语少儿拼读》中的 posh shop 等。

(3)失去爆破,前一个单词最后读音是 p,g,t,k,b,d 这一类爆破辅音的,常常失去爆破,读得非常弱,比如,big big world 中前两个单词中的 g 失去爆破,发音很弱。

(4)了解常用词 to,at,it 常弱读成 t,例如:to work。元音前发 d,例如:give it a try。而 would 常弱读为 w。

(5)英语发音以音群为单位。比如,Bob is on the phone 应读为/bobizon the foun/,而非一字一顿。

(6)在英语句子中,教师也要引导学生注意英语阶梯状的语调,也就是名词的强化和代词的弱化,比如,open it and see 这句话中学生应知道 open it 的辅元连读中 it 作为代词还应该弱读。

(三)创新教学模式,激发学生练习口语的内在动力

我们的教学目标是让学生在初一上学期这个口语打基础的阶段逐步形成比较优美的、尽量地道的语音语调和敢于表达的交际技巧,这就需要教师在教学模式上进行探索,调动起学生的学习责任感,也就是说,让学生因为内在的强大动力而刻苦用功。托尼·瓦格纳和泰勒·丁特史密斯提到,我们所谓的动力包括坚定的毅力、持之以恒的决心和自律精神。我们希望达到即使是需要反复操练显得枯燥的口语练习上,学生们也能自发地、自主地去做。

1. 课堂模式创新:建立润泽教室,优化教学模式

传统的课堂中,教师有过分追求热闹、追求进度的问题,问题的设置常常是简单的重复,问题与问题之间、活动与活动之间缺乏内在联系。佐藤学指出,教师应当摆脱那种授课中只想达到快乐目的而迁就学生的想法,允许进度慢一点,允许学生发言模糊一点,形成用心地互相倾听的"润泽教室"。而在口语课堂上,这一点尤为重要。在以单句重复为基础的《看听学》课堂上,如果我们不一味追求进度,愿意给予学生犯错的机会,大胆尝试、模仿的机会,用心互相倾听(这种倾听包括:倾听标准音频和倾听同学之间的发音)的机会,倾听的能力就能日渐提高,表达的能力自然可以日渐增强,课堂的语言也就日渐丰富。

另外,初一上学期使用的《看听学》教材教学模式逻辑性强,但形式固定化,缺乏新奇性。教学活动的每个环节相对固定,变化甚少,学生在经过一段时间的学习以后,已经能够预测教学步骤。教师对教学上的思考陷于套路,招数甚少。《义务教育英语课程标准(2011 年版)》要求教师"创造性地设计教学活动,吸引和组织他们积极参与",因此我们可以对《看听学》教材教学模式进行调整和优化,针对单课均为故事这一特点,理清故事脉络,从割裂句子、简单重复,过渡到整合课文,挖掘故事内涵。苏联著名教育家赞科夫的发展性教学理论强调,提高教学效果最重要的条件之一就是"发展学生的道德品质、审美情感和意志,形成学生的精神需要,特别是形成学生对学习的内部诱因"。他认为,教学法一旦触及学生的情绪和意志领域,触及学生的精神需要,这种教学法就能发挥高度有效的作用。因此,笔者在实践中尝试通过读图、听句、读透故事、深挖情感的方法培养学生的思维品质。

例如:Lesson 13

Sue:Listen, Sandy! That's Dad's car. Eat your egg quickly.

通过理解这句话的意思,可以一步一步引导学生思考为什么 Sue 要让 Sandy 赶快把蛋吃掉? ——因为爸爸要回来了。提问:"如果你是 Sue 会这样说吗?你会说什么呢?"

讨论完后,教师可以让学生思考,那孩子们接下来做了什么呢?

Sue:Now put the egg in the egg-cup like this.

对之前的猜想检测答案后,可以进一步问:"你觉得 Sandy 和 Sue 是什么样的孩子?"在实践过程中,

大部分学生会认为他们很调皮。接下来的故事发展中,教师可以让学生观察爸爸表情的变化,体会爸爸的心情。一步一步带着学生去思考亲子之间的感情。这个时候给学生足够时间让他们在小组内充分讨论。

2. 作业创新

拉塞尔·L.阿克夫和丹尼尔·格林伯格提到,当今全世界教育广泛面临的巨大问题:后工业化时代已然来临,而我们的教育模式却仍停留在工业化时代——把学生培养成为工业社会服务、驯良的标准化产品。我们的作业被视为"课堂教学的延伸和补充",作业内容日趋封闭僵化,仅局限于学科知识范围,远离学生实际生活和社会生活。作业方法、手段、技术日趋单一,注重作业程式规范统一,强调死记硬背和机械训练,既削弱教师的主导作用,又忽视了学生的主体地位,更忽视了学生非智力因素的培养。作业应是具有学生鲜明的价值追求、理想、愿望的活动,作业应当成为学生课外、校外的一种生活过程和生活方式,学生对待作业的态度也就应该成为一种生活态度,让学生在作业过程中体验幸福和快乐、苦恼和辛劳。我们的作业已不再是强加给学生的负担,而是学生成长的一种自觉的生活需要、人生需要、学习需要。

(1)结合外语学校教学,进行作业创新。

①对《看听学》单课故事中优美或常用句子进行仿写、扩写。一段时间后,老师可以增加难度,让学生联系《看听学》和《典范英语少儿拼读》学过的故事,对新课文进行仿编、改写、扩写。但是由于要求提高,老师需事先给出详细说明,有明确示范。这样可进一步让学生结合所学知识,联系自己实际生活进行语言的再创造,丰富学生口头表达。

案例:(学生可对画线部分进行再创造)

<u>Ugh!</u>

Sue:Let's go <u>into that room and drink a cup of tea, Sandy.</u>

... In a bit/Just a minute. <u>Tea's ready. Here it is!</u>

(Sue is <u>bringing him a cup of tea. Oh, it's dad's.</u>)

Sandy: Is there any sugar in my tea,Sue?

Sue:Taste it,Sandy.

Sandy:Ugh! It's not very nice. I bet this isn't tea! It's coffee!

Mother:Sandy! What are you drinking?

Sue:He's drinking dad's coffee, mum.

Mother:<u>Give that cup to me please, Sandy. No fuss.</u>

Sandy:It's not very nice, mum.

There isn't any milk or sugar in it.

(Floppy is running into the room quickly. A mess on the rug. A mess on the dog... Mum is fed up.)

Mother:Sandy! Sue! Look at the mess! Mop it up at once!

(What's happening now? Now Sandy and Sue are getting rid of the mess...)

②对《看听学》双课学过的句型用思维导图的方式进行总结。让学习从教师灌,变成我要学习、我要思考。

③结合《瑞格叔叔拼读教程》,让学生联想符合当天所教拼读规则的单词,运用单词形成故事,并把故事绘画出来。让学生音义结合,联系实际进行运用。

(2)听说口头作业创新。

①自学两首英文歌曲,并自制成有声材料(DVD 或 MP3 等)。

②每个学生任选两个题目,准备两分钟的演讲,并录音,开学展示。

A. Myself	B. My School Day	C. My Family	D. The Uses of Internet
E. My Parents	F. My Friends	G. My Favorite Animal	H. My Birthday Party

③观看英文版电影,看英文字幕对于了解西方文化和提高听力有很大帮助,自己购买 DVD,要求内容积极向上、传播正能量。

(四)坚持口语测试,优化评价标准,促进口语教学

评估的目的,一是反馈教师的教学情况,二是了解学生的学习情况。分数粗线条的等级制完全能达到上述两个目的,而且有利于消除分数带给学生过重的心理压力。因此,可将初一上学期口语考试评价分为A、B、C三等,而且以提高兴趣、鼓励开口为基点。A等:要求能积极、主动地开口说英语,且语音语调准确、优美,语言流畅,语速适当,能灵活运用所学语言材料。B等:要求能大胆开口说英语,语音语调正确,语速适当,能复用所学语言材料。C等:能按教师的要求提问和回答简单的内容,语音语调基本正确,语速适当。这种等级评价简单,易于操作。期末考试再以分数作为评价学生的标准,使学生在下学期对口语更加重视,而命题应严格遵守"学什么靠什么"的原则。另外,在评分上,建议给评分教师5～10分的给分权,个别学生如能自如、自信表达,可以给予加分,不会因为死板的评分标准导致学生细微失误而过严判分,也避免靠运气发挥的学生侥幸得高分。

在英语课堂上,对于学生的表达错误,教师不一定必须一一纠正,课堂随处可闻充满外语学校特色的"mistake"的纠错声。错误强调多了,一是破坏了学生表达的流畅性,打击了学生的自信心;二是给学生再一次加深了错误的印象,很难真正改正错误。对于一些口误,教师可适当做记录,利用总结的方法间接纠正。对于不善表达的学生,教师要通过提问、征求意见等方式引导他们发言。对于始终掌握不好的发音规则,根据萨尔曼·可汗提供的方案,我们可以以微课、小视频的方式把要点给学生,让学生在家里反复练习,达到"精熟"。

创新评价方式,形成多种评价并行。教师对学生的有效评价不仅大大提高课堂教学效率,而且能有效促进师生之间的情感思想交流。"动之以情,晓之以理",合理、积极的评价是有效教学的催化剂。教师一句鼓励的话,可能会改变学生的一生。在初一上学期的英语课堂上,教师要多鼓励学生、多肯定学生,不要一味纠结于学生口语表达中的错误,更不要担心耽误课堂时间。在学习英语的起始阶段,最重要的是培养学生开口说英语的习惯和大胆表达自己的信心。

参考文献

[1] 中华人民共和国教育部. 义务教育高中英语课程标准(2011年版).北京:北京师范大学出版社,2012.

[2] Jeremy Harmer. 怎样教英语.北京:外语教学与研究出版社,2000.

[3] [日]佐藤学. 静悄悄的革命.李季湄,译.北京:教育科学出版社,2014.

[4] [美]托尼·瓦格纳,泰勒·丁特史密斯. 为孩子重塑教育.魏薇,译.杭州:浙江人民出版社,2017.

[5] [美]拉塞尔·L.阿克夫,丹尼尔·格林伯. 翻转式学习:21世纪学习的革命.杨彩霞,译.北京:中国人民大学出版社,2015.

[6] [美]萨尔曼·可汗. 翻转课堂的可汗学院:互联时代的教育革命.刘婧,译.杭州:浙江人民出版社,2014.

基于新课程标准的网络环境下
高中英语汉英对比翻译教学策略研究①

上海市甘泉外国语中学　牛海博

【摘　要】　本文以新课标为导向,研究网络环境下高中英语汉英对比翻译教学的模式和策略,旨在为高中翻译教学模式开辟新思路。首先,分析了新课改对高中英语翻译教学的要求;其次,探究了传统翻译教学的问题;再次,提出了改革猜想——网络环境下开展高中英语汉英对比翻译教学,分别阐述了汉英对比翻译教学理论和借助网络进行翻译教学的优势;最后,详述了网络环境下高中英语汉英对比翻译教学模式和该教学模式获得的成效。

【关键词】　2017 版新课程标准;汉英对比翻译教学;借助网络的高中翻译教学模式

一、引言

2017 年,《普通高中英语课程标准(2017 年版)》应运而生,结合上海新高考改革的大环境,要求"高中英语翻译教学能够紧跟时代步伐,在教学内容与形式上借助网络信息技术,大胆创新"。

然而,虽然网络使全球化进程达到前所未有的高度,但高中生使用网络设备却饱受诟病。由于青少年缺乏自控力,长期以来网络一直被视为学生成长的不良引导,如何将互联网资源和语料库应用到高中英语翻译教学中,让网络成为学生的"良师益友"? 网络环境下高中英语汉英对比的翻译教学课堂模式和教学策略是怎样的? 效果如何? 本文拟对以上问题进行探究。

二、《普通高中英语课程标准(2017 年版)》对高中英语翻译教学的要求

(一)构建英语思维,强化地道表达

《普通高中英语课程标准(2017 年版)》指出"高中英语课程的总目标是培养具有中国情怀、国际视野和跨文化沟通能力的社会主义建设者和接班人,具体目标是发展学生语言能力、文化意识、思维品质和学习能力等英语学科核心素养"。由此可知,语言教学不应停留在表层的文字,而是深入深层次的文化意识和思维品质,培养学生的国际视野,故翻译教学不能局限于字、词组的翻译,而应让学生在分析句法和语篇的基础上,认识语言文化差异,进而培养英语思维,最终产出地道的英语表达。

在上海外国语大学梅德明教授 2018 年 3 月的"《普通高中英语课程标准(2017 年版)》英语学科育人功能与实现路径,即课程目标解读宣讲会",和北京师范大学王蔷教授 2018 年 4 月的"高中英语新课标解读讲座"中都再次强调了这一点。梅教授大篇幅提及当代高中英语教学的最主要问题和攻坚点所在——

---

①　本课题为 2018 年上海市普陀区区级课题项目。本文在第十九届全国外国语学校外语教学科研论文评比中荣获一等奖。

学生能用英语讲好外国故事,却不能用英语讲好中国故事,用英语向世界传播中国声音。造成这一现状最主要的原因就是学生对汉英两种语言差异之处的模糊,未能构建英语思维,从而受到中式思想的禁锢,使得"中式英语"泛滥。学生的翻译有些是死板的直译,有些是刻板的拼凑句式,看似将句中信息传达,实则将主次信息本末倒置;有些甚至在选词上没有注意到词与词之间的差异,用词不当,造出有歧义或是英语为母语者绝不会使用的句子,使得译出的英语不能让以英语为母语的人理解。由此可知,构建英语思维对于改善上述问题至关重要。

在《普通高中英语课程标准(2017年版)》指导下的上海英语新高考改革中,翻译上也突出了要求学生能够用英语思维构建英语句子,改革后翻译要求从注重单词、短语的用法转向注重中英句式的转换、英语表达的地道性和可读性(readability),并增加了语境和文本体裁的多样性。考查点也从词汇、短语层面深入句法和文化层面。例如,2018年上海春考(外语一考)中的翻译,在四句翻译中,有三句考查到汉英句式的差异,着重考查英语思维,语境更富多样性,贴近真实生活。相比近五年的高考真题考查点,明显加重了句法层面的考查,语境更有多样性,更接地气,更为灵活。

72.少喝含糖饮料,否则容易发胖。(or)

译文:Drink less sugary drinks, or it's easy to get fat.

分析:考查句式:祈使句+or+简单句。连词 or 连接并列句,表示"否则"。

74.你是否认同,心情愉悦的时候,经常会冒出一些创意?(occur)

译文:Do you agree that when you are in a happy mood, creative ideas will occur to you?

分析:中文习惯用人做主语,用主动语态,而英语习惯用物做主语,强调事实。因此本句在翻译时,"你经常会冒出创意",要用英语的习惯句式翻译,即"创意会出现在你的脑海中(creative ideas will occur to you)"。

75. 对于避免办公室冲突,专家建议多反思自我,多换位思考,及时与同事沟通。(when it comes to)

译文:When it comes to avoiding office conflicts, experts suggest reflecting on ourselves more, thinking more from others' perspective and communicating with colleagues in time.

分析:对于避免办公室冲突,考查 when it comes to 句式,英语为形合语言,汉语为意合语言,故汉语有时不需要添加连接词,根据含义可知上下文之间的联系。但翻译成英语时,必须要判断小句之间的关系,明确主句和从句,用适当连词来表示上下句之间的关系。本句"对于避免办公室冲突",在翻译时用"when it comes to...(当提及…)"的句式作为时间状语。

由此看来,构建英语思维是英语教学的大势所趋。

(二)利用网络科技,拓宽学习渠道

根据《普通高中英语课程标准(2017年版)》中"六、(一)教学建议—6.利用现代信息技术,拓宽学习和运用英语的渠道"章节的指导,现代信息技术不仅为英语教学提供了多模态的手段、平台和空间,还提供了丰富的资源以及跨时空的语言学习机会和使用机会,促进了英语教学理念、教学方式和学习方式的变革。教师应该营造信息化教学环境,学习和利用网络提供的实时、个性化学习资源,为学生搭建自主学习平台,建立师生移动学习共同体,教师对学生进行个性化指导,加强学生间的真实互动,帮助学生拓宽学习渠道。

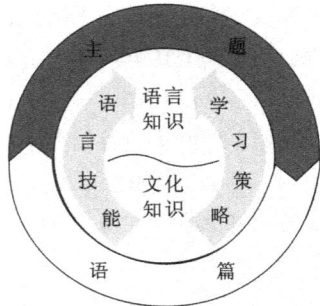

图1

(三)丰富翻译素材,凸显育人价值

《普通高中英语课程标准(2017年版)》继续阐述了"发展学生英语学科核心素养的基础是课程内容,包含六个要素:主题语境、语篇类型、语言知识、文化知识、语言技能和学习策略。教师需要整合课程的六要素,以主题为引领,以语篇为依托,将语言知识学习、文化内涵理解、语言技能发展和学习策略运用融合在学习理解、应用实践和迁移创新等相互关联的语言和思维活动中",如图1所示。《普通高中英语课程标准(2017年版)》强调"语言教学应该采用真实的英语语言素材,帮助学生增长知识,丰富生活经验"。因此,高中英语翻译的素材必须真实多样,紧跟时代,凸显育人价值。

2018 年上海高考(外语二考)的翻译题目更加凸显了这一点:

72.妈妈设置闹钟六个小时响一次,提醒自己给宝宝量体温。(reminder)

译文:Mom sets the alarm clock to ring every six hours as a reminder for herself to take the baby's temperature.

分析:【考点】as a reminder to do/of sth. /that...

【词汇】设置闹钟六个小时响一次——set the alarm clock to ring every six hours

【难点】"提醒自己"用名词短语表达:a reminder for herself.

本题的语境贴近真实生活,语料真实,给出中心词 reminder,旨在考查中英文的表达差异,让学生能用英语思维答题,将中文的动词短语"提醒自己"转换为英语的名词性短语"as a reminder to do...",体现了"词性转换"的翻译技巧。

76.在这个村庄里,人们通常每餐吃八分饱,但这种健康的饮食习惯最早是为了应对缺少食物的困境。(until)

译文:People in this village usually eat 20% less until they are full, but this healthy diet was originally meant to deal with the shortage of food in the early days.

分析:本题的"八分饱"为中文的地道表达,非常接地气,为了能更传神地传达真实含义并让英语读者读懂,采用"交际翻译法"译为 eat 20% less until they are full.

可见高中英语翻译的趋势偏向于真实的生活语境,帮助学生增长知识,丰富生活经验。因此,借助网络增加真实多样的翻译语料是必然趋势。

三、传统翻译教学存在的问题

传统的高中英语翻译教学局限于针对所学词汇的翻译练习,使得高中生所做的翻译练习大多是:中文为母语的出题者根据中心词造出英文句,再将其翻译为中文句,将此中文句作为题目,让学生翻译为英文。于是,学生做完练习对比的"标准"答案并非英语国家的地道表达,而更多是"中式英语"。长此以往,学生积累下的英语表达和思维越来越偏向中式,翻译教学事倍功半。

这种翻译教学模式的缺点是:忽略了汉英语言的用词、句法、语篇、主位述位、主次信息安排差异。缺乏系统性,比较零散,学生也无法系统地知道中英语言到底有何不同。由于没有借助互联网,因此语料较为简单,并非"真实的英语语言素材",对教学的实践意义不强。因此,传统翻译教学既无法满足师生、生生互动的需求,又不能对学生进行个性化辅导,故不再适应当代新高考改革的要求,应当用更科学的手段来进行英语教学。

本文主要研究基于《普通高中英语课程标准(2017 年版)》的网络环境下高中英语汉英对比翻译教学策略,旨在开发高效地利用互联网进行汉英对比的翻译教学模式与策略,建立适用于高中生的课上和课下网络翻译课堂。目的是帮助解决高中教师在翻译教学中遇到的问题:①学生受到中式思想的禁锢,"中式英语"泛滥;②翻译资源老旧,现有语料库单调、片面;③翻译教学缺乏个体针对性;④翻译教学只停留在课堂层面上;⑤翻译教学围绕做题,缺乏翻译方法和策略的系统讲解。

四、网络环境下高中英语汉英对比翻译教学的理论概述

(一)汉英对比的翻译教学理论

汉英对比的翻译教学既帮助学生了解英汉两种语言在词汇、句子和语篇等各个层面上的差异,又让学生掌握基本的翻译方法和策略(张春柏,2007)。

1.汉英两种语言的差异

语言学家洪堡特提出,语言的差异并不在于语音和文字符号的差异,而在于世界观本身的区别。由于

中国与西方国家有着不同的文化背景、价值观及思维方式,因此,汉语和英语有着不同的语言逻辑、篇章结构、衔接方式;在《英汉语言对比研究》一书中提到,汉英两种语言特点差异具体表现为:

(1)英语中常惯用代词替代上文中出现的词汇,而汉语辞藻华丽,同义反复,冗余修辞语使用频繁。例如经常见到"全面贯彻落实""精神追求、精神特质、精神脉络""循循善诱,春风化雨"等同义反复等现象。

(2)英语行文层次清晰、逻辑性强,注重"形合",强调形式的显性连接;而汉语行文灵活松散,讲究雕琢辞藻,注重"意合",强调语义的隐性连贯。因此,汉语句子被喻成竹节小句,侧重于语义结构;英语句子被喻成一串葡萄,侧重于语法结构。

(3)在词法层面上,汉语多用动态词汇而英语则常用静态词。英语词性丰富,形式变化多样,连接性词语大量存在;而汉语相对缺少词性变化,词性也相对匮乏,甚至许多连接性的词语也隐藏在上下文中,强调意义的间接表达。在句法层面,英语强调主谓结构,句子形式多样,旨在以形制意;而汉语注重主题,句子形式相对简单,旨在以意驭形。在篇章层面,英语注重形式、核心、主题连贯,强调形式连接手段对语义表达的导向性作用。

因此,基于汉英两种语言的差异,为了让学生能够掌握地道英语表达,建立英语思维,开展汉英对比翻译教学十分有必要。

2.汉英对比的翻译方法分析

汉英对比翻译教学的具体翻译策略有:省译,增译,调整句型结构,巧用四字结构等。具体翻译方法有语义翻译和交际翻译法。纽马克在他的《翻译问题探讨》(*Approaches to Translation*,1981)这一著作中提出了"语义翻译"和"交际翻译"的概念。语义翻译是试图在合乎第二语言的语义和句法结构下,将原文准确的意义尽可能地译出。交际翻译是试图使作者阅读译文时产生的效果尽可能地接近源语读者阅读原文时所产生的效果(Newmark,1981:39)。即语义翻译力求译文接近源语的语言表达形式,在结构和词序安排上力求贴近原文,屈从源语文化及原作者,以原文为导向。交际翻译注重信息传递的效果,关注点是目标语读者的理解和反应,以目的语读者或接受者为导向。语义翻译强调保持原文的内容;交际翻译强调传递信息,保留原文的功能。

具体来讲,学生们的翻译方法大概能够总结为纽马克提出八种翻译方式,并通过一个 V 字图表现出各种翻译方法的不同(图 2),从左至右翻译的自由度增大,前四种强调源语,后四种强调译入语。其中,逐字翻译(word-for-word translation)与衍译(adaptation)之间的差别最大,其次是直译(literal translation)和意译(free translation),再次是忠实翻译(faithful translation)与地道翻译(idiomatic translation),译文与原文差距最小的是语义翻译(semantic translation)和交际翻译(communicative translation)。语义翻译和交际翻译是纽马克认为最合理的翻译方法。

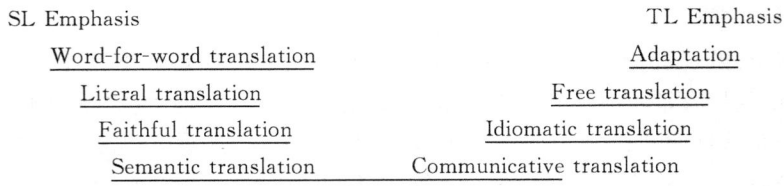

SL Emphasis	TL Emphasis
Word-for-word translation	Adaptation
Literal translation	Free translation
Faithful translation	Idiomatic translation
Semantic translation	Communicative translation

图 2

那么,如何科学地进行汉英对比的翻译教学呢? 笔者认为可以借助互联网资源和语料库,并创建网络环境下的高中英语汉英对比翻译教学模式。

(二)借助网络进行翻译教学的优势

在各领域数字化工具广泛应用的大环境下,计算机辅助翻译在国内外兴起,然而,高中英语翻译教学却缺乏相应的借助互联网优化翻译教学的探讨,在各核心期刊上几乎没有探究高中阶段借助网络进行翻译教学的文章。在数字化发展的浪潮中,高中阶段借助网络进行英汉对比的翻译教学和实践无疑是一种趋势,这种新的翻译教学模式具有创新性、科学性和可行性。

互联网高速发展的大环境为高中英语英汉对比的翻译教学提供了有利条件和创新契机。对比传统的

翻译教学,网络环境下高中英语汉英对比的翻译教学模式的优势是:

其一,互联网便于搜索,语料库丰富、强大、准确。教师借助互联网可以优化翻译练习选材,对比中外语料库语料,更有效地开展翻译教学和训练。例如:纽马克在 *A Textbook of Translation*(Newmark,1988)中提到"还原翻译"(back translation)的方法。依托于互联网的语料库,利用"还原翻译"(back translation)的方法进行英汉对比翻译练习,可以让学生了解地道的表达。笔者的做法是:选一篇已经由专家从英语译成汉语的文章或片段,要求学生译成英语,学生事先并不知道英语的原文,在完成练习后,再与原文进行对比。英汉两种语言在用词、句法、语篇三个层面都存在诸多差异,通过上述方法,能够实现学生在用词、句法、语篇甚至文化层面上的全面完善,进而提高翻译水平。

其二,在线查词和语法点方便、快捷。现在网上涌现出诸多优质词典,如:Google 翻译、CNKI 翻译助手、牛津高阶网络词典等,学生能够用最短的时间掌握词的用法。在线词典具有检索快捷,即时翻译,超级链接,多媒体性(图片、视频、文本相结合),词汇量大和更新及时等优点。大量真实的语料便于学生掌握该词最准确和真实的用法。在文本中学习词汇和词组,利用多媒体帮助理解和记忆是最有效的掌握词汇的方式。

其三,让资源共享与实时交流成为可能。笔者的做法是建立 QQ 群和微信群,及时上传学生的翻译练习和目的语原文(即标准答案),让学生能够综合做比较。师生可通过 QQ 群、微信群及时交流对题目和目的语原文中的语言点对照解读,对难点进行讨论,提出可能的译文,由浅入深,层层渗透系统性的讲解巩固翻译策略,达到事半功倍的效果。师生还可将优秀语料通过网盘实时共享,如美文、电影、系统的翻译方法和语法讲解、中外语料库、习题等多方面资源。同时,网络环境使得笔者能够布置"口头翻译"即"视译和口译"作业,为进一步培养口译人才提供条件和基础。

其四,这种模式比传统的面对面的课堂教学,更强调教师与单个学生的互动,更具有针对性,适合个性化、差异化教学的大背景。以学生为中心,教师在整个教学过程中起到组织者、指导者、帮助者和促进者的作用,利用情境、协作、会话等学习环境要素充分发挥学生的主动性、积极性和首创精神,最终达到使学生有效建构当前所学知识的目的。另外,网络讨论利用课后或假期时间,时间较为灵活,能够充分利用零散时间为学生进行一对一的指导与交流。

其五,符合高中生掌握信息的方式,更能引起其对翻译的兴趣。由于高中生对于网络的好奇,并且对于新兴科技的热爱,借助当今最热的网络翻译教学和人手一部的手机终端,可以充分调动高中生对于翻译的兴趣和参与翻译练习的热情。

五、网络环境下高中英语汉英对比翻译教学策略的研究与实践

基于以上论述,笔者尝试借助互联网通过还原翻译法和仿写法进行汉英对比翻译教学。利用互联网的语料库丰富强大、信息广泛、查找迅速、可以让人们打破时间和地点界限掌握英语为母语者的语言习惯、可充分调动学生的积极性等优点,搜索优质的可比中外语料,采用汉英对比的翻译教学方法,通过学生译文和目的语原文的对比,从用词、句法、语篇三个层面系统分析汉英的语言差异,从具体教学实例入手,给出适合当代高中生的翻译教学具体策略。

(一)网络环境下高中英语汉英对比翻译的教学模式

(1)以中译英为例,具体模式流程为:依托于网络精选可比文本(含优质英语原文和专家汉语译文)—将专家译文作为题目让学生进行翻译练习—学生作业课堂和课下展示(依托于网络)—总结问题,从词汇、句法、语篇三个层面系统对比中英文差异,进行点评和讨论(依托于网络)。这种模式比传统的面对面的课堂更强调教师与单个学生的互动,更具有针对性,适合个性化教学的大背景。网络讨论利用课后或假期时间,时间较为灵活,利用课余时间为学生进行一对一的指导与交流。

(2)探讨如何在课上和课下营造适合高中生的网络翻译课堂模式。笔者拟创建的网络课堂教学模式如下,分为三个过程:

模式 1 为教师在教室里向学生导入翻译任务,这个过程以教师提出教学要求、引出相关问题为主,教

学主要为单向性(单向箭头实线),如图3所示。

模式2为学生带着在模式1中获取的信息充分利用网络资源、语料库完成作业的过程。根据《普通高中英语课程标准(2017年版)》中"六、(一)教学建议—6.利用现代信息技术,拓宽学习和运用英语的渠道"章节的指导,这个过程主要"通过社交软件,搭建网络社交平台,建立师生移动学习共同体,教师对学生进行个性化指导,加强学生间的真实互动"。

具体实践为:学生通过网络论坛、QQ群、微信群等相互交流讨论。要求小组成员首先基于上课所学知识,利用网络资源进行补充学习相关语言点,利用网络语料库查找平行语料等,得出自己的翻译;小组成员之间相互交流讨论(双向箭头实线),鼓励不同小组成员之间再交流(双向箭头虚线);教师以隐性身份监督学习过程(以一个学生为例,单向箭头虚线),以显性身份和小组成员讨论交流,必要时给予学生个性化指导,以免学生走入误区(以一组为例,双向箭头实线),满足学生个性化发展需求,通过搭建网络社交平台,建立师生移动学习共同体,如图4所示。

模式3为学生带着翻译成果、翻译心得及翻译问题回到传统教室,各小组要将成果汇报给全班,教师讲解讨论的源信息来自小组课前的网络上传,教师课前批改,了解小组和每个学生存在的问题和优点(单向箭头实线),讨论中产生的问题可能来源于单个学生(单向箭头虚线),如图5所示。可以发现,这种网络论坛教学模式中课堂不再是教师的一言堂,学生为中心得到体现,教师可以进行更有个体针对性的教学。教师对课堂的操控更为科学有效,且充分调动学生的积极性。

同时借助翻译课堂交流QQ群、微信群等上传接收学生的翻译练习和目的语原文(即标准答案),让学生能够综合做比较。师生亦可及时交流对题目和目的语原文中信息点的对照解读,对难点进行讨论,充分利用碎片化时间,达到事半功倍的效果。这样学生与教师和其他学生的交流和反馈更加及时、高效。

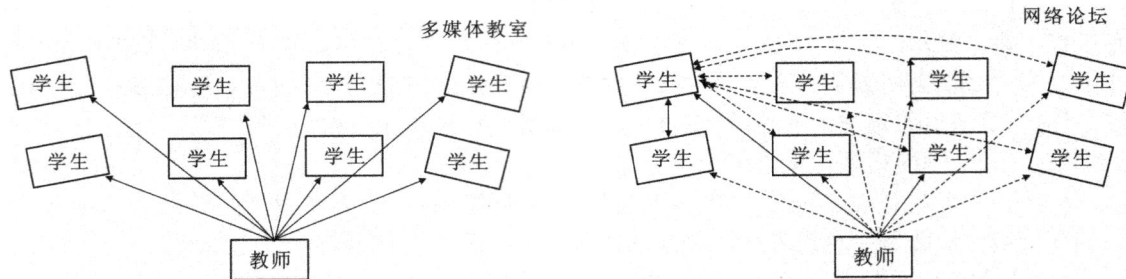

图3   图4

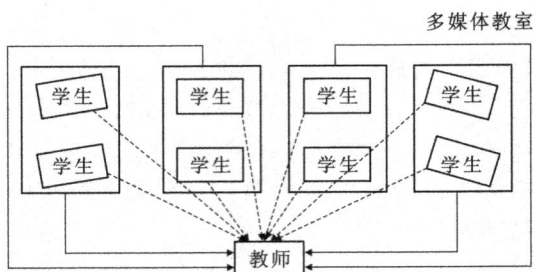

图5

(二)新模式的实践——以《从小积极培育和践行社会主义核心价值观》的假期远程网络汉译英项目为例

笔者将上述一、二、三点翻译课堂构想付诸实践,在校内开展新模式翻译课堂。利用上述模式对来自上海市甘泉外国语中学高一(1)班的46名学生进行教学实践,周期为一个学年。

具体的实践操作以高一第一学期寒假远程网络汉译英翻译项目为例。以《普通高中英语课程标准(2017年版)》中高中英语课程的总目标"培育和践行社会主义核心价值观,落实立德树人根本任务"为指导,为了"讲好中国故事,传递中国声音",站在"一带一路"的时代前沿,弘扬社会主义核心价值观,让翻译教学达到英语课程的最终育人目的,笔者为学生挑选了《习近平谈治国理政》中的《从小积极培育和践行社会主义核心价值观》一文进行翻译。此文是党的十八大以来,在治国理政的新的实践中,习近平总书记发表的一系列重要论述中的一篇。习总书记在提出社会主义核心价值观后,首次面向少年儿童解释、推广,表达了总书记对于少年的希望与教诲。此文第一时间被外文局翻译成几十种语言,英文译本经国际顶尖翻译专家翻译审定,是对高中生进行汉英对比教学最好的素材,具有极高的学习价值。

首先,笔者根据模式1,寒假前笔者对学生进行翻译前讲解,带领学生分析了汉英语言的差异,省译、增译、调整句型结构、巧用四字结构等翻译策略,并从语义翻译和交际翻译理论角度分析政府外宣文本的翻译方法,即如何准确地传达原文的精神实质,如何使译本被国外读者理解不造成误解,并且尽量地保留其中国特色,提高翻译质量,促进交流。指导学生将语义翻译和交际翻译理论结合起来指导政府外宣翻译,一方面保证译文忠实可信,另一方面保证译文通顺、流畅。

其次,根据模式2,分别建立了各翻译小组和班级的QQ群、微信群、公共邮箱和百度云盘等,教师均加入其中。①要求各小组成员首先基于上课所学知识,可借助网络词典、语料库、平行语料等手段,做出自己的翻译版本;②小组成员上传公共邮箱或公共网盘分享自己的译本,在翻译小组的QQ群、微信群相互交流讨论翻译的问题、差异,总结经验和优缺点,得出小组的优化翻译版本;教师以隐性身份监督学习过程,当小组遇到难以解决的疑问时,及时给予引导。③在班级的大群里,不同小组之间再对集中的问题进行交流讨论,教师对于难以解决的疑问或者误区,及时给予引导。同时,教师查看并批改所有学生上传的翻译习作,针对每个学生的问题,对学生进行个性化指导。

最后,根据模式3,在开学后,学生带着翻译成果、翻译心得及翻译问题回到传统教室,各小组将成果以PPT等形式汇报给全班,全班针对出现的问题共同讨论,并总结优缺点。之后,教师讲解国外翻译专家的标准答案,学生学习借鉴,并鼓励学生以批判性思维提出其他译法,全班畅所欲言。

表1、表2分别是笔者记录整理的学生借助网络进行翻译讨论过程中的两例,学生根据汉英对比翻译理论,借助语义翻译法和交际翻译法,采用不同的翻译策略对原文进行翻译:

例1:省译,增译,增添衔接词。

表1

原文	小组译文	班级改译	专家译文
记住要求,就是要把社会主义核心价值观的基本内容熟记熟背,让它们融化在心灵里、铭刻在脑子中	We need to bear it in mind that children need to remember the core socialist belief and always melt it in heart and keep it in mind.	We need to bear it in mind that children need to remember the core socialist values and always keep these values in mind.	First, remembering the requirements means that children need to learn by heart the core socialist values and always keep these values in mind.

分析:本句中的"融化在心灵里、铭刻在脑子中"是典型的中文同义重复,对仗工整,目的是增强语言的韵律和美感,但实际上都是"记在心中"之意。某小组翻译的melt it in heart是中式表达,且和keep these values in mind语义重复,受到了班级同学的质疑。随后,学生们思考了汉英语言差异,尝试以英语思维,让语言更简洁避免冗杂,所以在翻译时采用交际翻译法,强调传递信息,不逐字翻译,最后班级一致同意采用省译法,只留二者其一,改译为keep these values in mind。学生们还通过查找平行语料库,将该小组的core socialist belief改译为更多官方文件里出现的core socialist values,采用语义翻译法将原文的语义更准确地译出。

然而,虽然学生在词汇句式处理上已经颇有英语思维,但在语篇层面,学生们都忽略了"英语是形合的语言,而汉语是意合的语言",本句是习主席讲话中的"少年儿童如何培育和践行社会主义核心价值观呢?"问题的第一点回答。虽然中文没有标注序号,但逻辑上是第一点。故译为英语这种"形合"语言时需要用增译逻辑衔接词"first",让文章更有逻辑,使译文更加地道,增加文章的可读性。故最后的步骤,笔者让学生们学习国外专家译文,让学生通过汉英对比充分意识到汉英差异,避免中式表达,从而培养学生用英语思维的能力,增加翻译的地道性。

例2:拆分重组,处理句法结构差异。

英语中主位推进模式和汉语的语篇衔接方式不同,英语有主位同一推进模式、述位同一推进模式、线性推进模式、分裂述位推进模式、交叉推进模式等主位推进模式;而汉语中由于少用或不用连接词,句子的词序基本上按照事件发生的时间、空间和心理顺序来安排(张春柏,2011)。所以翻译时需要调整语句的结构和顺序,使文章衔接合理,突出句子重点,主次分明,让逻辑关系严密,符合译入语的思维模式。

表2

原文	小组译文	班级改译	专家译文
原文:大家还在学习阶段,社会阅历不多,对社会主义核心价值观的含义不一定能理解得很深,但只要牢记在心,随着自己年龄、知识、阅历不断增长,会明白得更多、更深、更透。	We are in studying stage and have little social experience. We do not have a full understanding of the core socialist values. But as we grow in age, we will know more and clearer.	We are still studying at school and don't have much social experience; therefore we may not fully understand the meaning of the core socialist values. But as long as you bear them in mind, we will acquire more knowledge and social experience as we grow up, and will understand more of them.	You pupils are still studying at school and don't have much social experience; so you may not thoroughly understand the meaning of these values. But you will acquire more knowledge and social experience as you grow up, and thus gain a better understanding of them, as long as you bear them in mind.

分析:本文偏长,多用并列短句或并列谓语,连接词使用不多,层次不明显。班级在讨论各小组翻译时,发现普遍逻辑不清晰,因此班级讨论后决定,在英译时需要拆分重组,处理句法结构差异,突出句子重点,主次分明,让逻辑关系严密。讨论的思维过程如下:

"在学习阶段,社会阅历不多"和"对社会主义核心价值观的含义不一定能理解得很深"应该是因果关系。于是翻译时考虑到英语逻辑思维方式和形合的特点,为便于译入语读者理解,从而添加了关联词 so,使句子之间的衔接性更强,因果关系分明,逻辑关系严密。

"但只要牢记在心"开始的半句,主要想说"随着……增长,会明白……",所以将其作为主句。将"只要牢记在心"作为 as long as 引导的条件状语从句。"随着自己年龄、知识、阅历不断增长"这一句,事实和阅历是主观能够获得的,用 acquire 连接两个并列宾语,但不能说 acquire age,所以调整结构,将"随年龄增长"作为一个时间状语,将本句译为 You will acquire more knowledge and social experience as you grow up.

最后对比专家译本发现,本文是习主席对青少年的寄语,所以翻译出的主语应该是 you 而不是 we。而对于"明白得更多、更深、更透",是明显的语义重复,根据交际翻译理论,应避免中文的语言韵律而产生的重复,将三者归纳为 gain a better understanding of them。此译法为英语中的固有短语,便于译文读者理解。相比之下,如果采用直译法翻译为 understand more,deeper and clearer,则显得翻译腔太重,缺失语言美感,使译文生硬,且不便于读者理解。

学生在汉英对比翻译的学习上颇有成效,英语思维初步建立。

(三)实践成果

利用上述模式对来自上海市甘泉外国语中学高一(1)班的46名学生进行教学实践,周期为一个学年。在结束了一个学年的实践后,学生在英语学习上发生了一系列的变化,学科核心素养明显提升。

1.英语思维增强,表达更加地道

表3选取了几例学生在参与为期一年的基于网络的汉英对比翻译教学实践前后的翻译对比:

表 3

原文	实践前	实践后
1.为了承担得起出国的费用,你必须要非常节俭。(economical)	In order to afford the tuition fee to go abroad,you should be very economical.	You can never be too economical in order to afford to go abroad. 分析:语言更简洁,表达更地道传神
2.给我印象最深的是中国人民对未来的满怀信心。(confident)	My deepest impression is the Chinese is confident towards the future. 分析:语法错误,中英文句式转换困难	What has impressed me most is that the Chinese people are very confident of their future. 分析:掌握了中英句式差异,从句使用自然准确
3.有机会了解…	Have a good view and appreciation of… 分析:中式表达	1. Be exposed to… 2. Have access to… 3. Gain an insight into… 分析:表达地道,更具多样化

从以上实践前后的对比可以看出,学生的英语思维增强,表达更加地道,中式英语几乎不再出现。

2.学业成绩进步,学习能力提升

随着学生英语思维敏感度的增强,学生的学习成绩也在发生微妙的变化。在对高一第一学期末和第二学期末的翻译平均成绩对比中,发现同学们的平均翻译水准有所进步,如表 4 所示。

表 4

平均分	72 题(3 分)	73 题(4 分)	74 题(4 分)	75 题(4 分)	76 题(5 分)
第一学期期末考试	1.87	1.11	1.68	1.74	1.87
第二学期期末考试	1.9	2.46	2.88	2.56	2.35

3.学习习惯改善,形成批判性思维

对自己译文的思考和对他人译文的推敲,学生形成了批判性的思维,课堂不再是教师或"标准答案"的一言堂,而形成了学生们积极思考和讨论的以学生为中心的课堂。学生在课堂内外的翻译小组合作中,发现了英语语言之美,找到了英语学习的乐趣和劲头,学习更加积极主动,在课堂内外开始愿意说英语,主动讨论英语,并能够有效地规划时间和学习任务。通过笔者精心挑选的呼应社会主义核心价值观的多种题材和体裁的翻译素材,增强了学生的"民族心和世界眼",使学生树立了正确的人生观和价值观,实现了高中英语育人的总目标。

六、网络环境下高中英语汉英对比翻译教学策略研究对英语翻译教学的启示

高中英语课程旨在培育和践行社会主义核心价值观,培养具有中国情怀、国际视野和跨文化沟通能力的社会主义建设者和接班人,发展学生的语言能力、文化意识、思维品质和学习能力等英语学科核心素养。课程的基本理念为:①发展学科核心素养,落实立德树人根本任务。②构建高中英语共同基础,满足学生个性化发展需求。③实践英语学习活动观,提高学生学习能力。④重视现代信息技术应用,丰富英语课程学习资源。

在此指导下,笔者尝试打破网络对高中生的壁垒,良性利用网络,建立并实践网络环境下高中英语汉英对比翻译教学模式,旨在开发高效地利用互联网进行汉英对比的翻译教学模式与策略,建立适用于高中生的课上和课下网络翻译课堂。借助互联网,精选《普通高中英语新课程标准(2017 年版)》要求的各个主题语境下的各种语篇类型作为翻译训练文本,进行汉英对比翻译教学,借助翻译实践,通过深层次对比中

英文差异,系统地讲解翻译方法和策略,建立"英语思维",摆脱"中式英语"。利用网络社交平台,建立师生移动学习共同体,加强生生、师生的讨论互动,提升学生的学习能力和学习兴趣,且让教师能对学生进行个性化指导。这种汉英对比翻译教学策略提升了翻译课堂的效率,发展了学生的语言能力、文化意识、思维品质和学习能力等英语学科核心素养,开辟了高中英语翻译教学的新思路。

参考文献

[1] Munday, Jeremy. Introducing Translation Studies: Theories and Applications. London: Routledge, 2001.

[2] Newmark, Peter. Approaches to Translation. Oxford: Pergamon Press, 1981.

[3] Newmark, Peter. A Text Book of Translation. Hemel Hempstead: Prentice Hall International, 1988.

[4] Nida, Eugene A. Language, Culture and Translation. Shanghai: Shanghai Foreign Language Education Press, 1993.

[5] Nord, Christiane. Translating as a Purposeful Activity: Functionalist Approaches Explained. Shanghai: Shanghai Foreign Language Education Press, 2001.

[6] 程镇球. 政治文献的翻译. 中国翻译,2004(1):48-50.

[7] 黄友义. 坚持"外宣三贴近"原则,处理好外宣翻译中的难点问题. 中国翻译,2004(6):27-28.

[8] 胡壮麟. 语篇的衔接与连贯. 上海:上海外语教育出版社,1994.

[9] 贾毓玲. 对中央文献翻译的几点思考. 中国翻译,2011(1):53-56.

[10] 潘文国. 汉英语对比纲要. 北京:北京语言大学出版社,1997.

[11] 沈若芸. 汉译英的增词与减词问题. 外语教学与研究,1964(2):39-42.

[12] 许渊冲. Thus Spoke the Master. 北京:海豚出版社,2013.

[13] 袁晓宁. 外宣英译的策略及其理据. 中国翻译,2005(1):76-78.

[14] 张春柏. 汉英对比的翻译教学方法. 国外外语教学,2007(4):33-40.

[15] 张春柏. 英语衔接理论与汉英对比理论在汉英翻译教学中的应用. 上海理工大学学报,2011(2):137-142.

"读写结合"在高中英语名著教学中的实践探究[①]

金华市外国语学校　施炳松

【摘　要】　本文结合教学实例,探讨高中英语小说读写结合教学设计的有效性。通过英文名著阅读,绘制思维导图,品鉴语言表达,掌握语言能力,为读后写作提供语言素材和支架结构,最终实现语言有效输出。

【关键词】　教学实例;英文名著;读写结合;文本阅读

一、引言

高中英语全面推行新课改之际,"以读促写"的教学模式成为英语教学研究中的热点。这是一种读写结合的方法,要求学生在阅读的基础上行文,在加强篇章内容和结构输入的同时,强化学生语言能力的输出。研究表明,如果将"读"和"写"合二为一进行教学,两种技能会同时得到有效提高(俞颖,2012)。但是,北京师范大学外文学院王蔷教授指出,学生的高中英语教材主要聚焦在语言知识的学习和语言技能的训练上,缺乏鲜活的语言、真实的语境以及贴近学生生活的内容,提供给学生思维和想象力的空间有限(李丹丹,2017)。

鉴于新高考读后续写题通常以故事形式出现,要求学生具备扎实的英语文学功底和较大的阅读量。因此,笔者借鉴汉语学习策略,在教学中尝试引入英文名著作为阅读材料,泛读和精读相结合,同步积累学生的阅读量,在阅读中培养学生英语逻辑思维和行文能力。

本文将结合课堂实践,分析以读写整合能力培养为目标的高中英语名著阅读教学模式,具体阐述实施步骤和路径,以期为促进高中英语读写教学提供有益尝试。

二、高中英语名著读写结合教学实践

本案例以"典范英语"中的《大卫·科波菲尔》(前三章)为教学素材。这部作品主要讲述了主人公大卫·科波菲尔在艰苦环境中通过自身奋斗逐渐成长的故事。前三章主要讲述的是大卫自幼丧父,母亲也在继父的逼迫下撒手而去。他被送到学校学习之后,又跑到工厂学手艺,给别人当学徒。

(一)读前活动——"走近小说"

《大卫·科波菲尔》前三章内容共34页,书后配有生词的中文注释,可以有效降低阅读理解障碍,因此要求学生在两个课时内完成阅读。阅读是吸收。有别于往常课堂教学中由教师来呈现作家的生平和作品涉及的相关社会文化背景,笔者要求学生在阅读阶段通过小组合作完成一张名著资料卡来启动学生对背景知识的了解。

名著资料卡(表1)可以帮助学生理解小说内容,并在此基础上开展小说赏析和品评。

---

① 本文在第十九届全国外国语学校外语教学科研论文评比中荣获一等奖。

表 1

	Reading Card		
Title of the novel		Excerpt	
Book rating		Author	

1. Introduction to the author
2. Summary of the novel(Excerpt)
3. My comments on the novel(Excerpt)
4. Particular points that interest or impress me

(二)读中活动——"走进小说"

理解文本是小说教学的关键。小说的人物关系比较复杂,绘制故事情节思维导图可以帮助学生快速厘清人物关系,使阅读的过程变得更为流畅。思维导图是用图画加关键词对故事人物关系以及情节走向做出的一种视觉分析(图 1)。不同于文字上的概要写作,思维导图会刺激学生在众多信息中去整理出一个逻辑关系。通过在教室背景墙对各小组成果进行展示,有针对性地邀请某个小组结合自己的思维导图来讲解故事中的人物关系以及情节发展,并在班级成员的共同帮助下进一步完善。通过组间分享,可以让学生打开思路,了解不同思维导图的制作模式及讲解方式,更加直观地掌握学生对小说的理解程度。

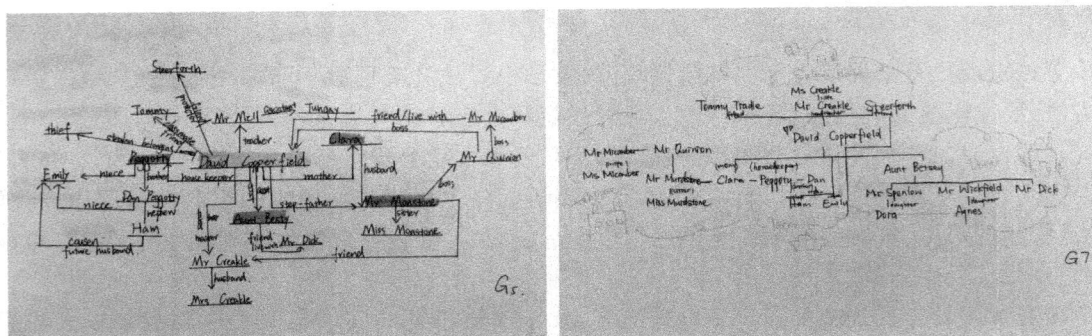

图 1

然后,笔者会从文学欣赏的视角引导学生走进小说去深入理解小说内涵。小说前三章对人物情绪、外貌以及动作的描写十分生动:姨婆得知"我"是男孩时的震惊与绝望,继父痛打"我"的一系列动作描写,艾米莉入木三分的形象刻画……这些语言表达的日积月累为新高考读后续写打下坚实的语言基础。基于此,笔者设计了赏析题:What's Betsay Trotwood's reaction when she was told I was a boy? What's David's little orphaned niece Emily like? How did Mr. Murdstone respond when I sank my teeth deep into his right hand?

采用问题链的形式引导学生品鉴名著丰富的语言表达和精彩的细节描写,促使学生更好地理解小说的主题和内涵。此外,笔者要求学生每读完一个章节需做一份 Reading Notes(表 2),分类摘记小说中出现的情绪描写、外貌描写、环境描写以及动作描写,促使学生在阅读中形成一个强大的语料资源库。

表 2

Reading Notes
feeling
appearance
setting
actions

(三)读后活动——"跳出小说"

批判性的阅读要求读者能够跳出小说,进行独立思考。基于前面环节对小说情节的理解和语言表达的品鉴,设置一个与主题相关或相同的语境,对设问形式稍作改变,如要求学生综合运用各种描写进行读后续写。结合前三章的故事内容,笔者设置了如下读后续写题:

During the five minutes or so that Mr. Chillip devoted to the delivery of this operation, my aunt eyed him narrowly.

"How is she?" said my aunt, folding her arms with her bonnet still tied on one of them.

"Well, ma'am, she will soon be quite comfortable, I hope," returned Mr. Chillip, "Quite as comfortable as we can expect a young mother to be. There cannot be any objection to your seeing her presently, ma'am. It may do her good."

"And she. How is she?" said my aunt, sharply.

Mr. Chillip laid his head a little more on one side, and looked at my aunt like an amiable bird.

"The baby," said my aunt, "How is she?"

"Ma'am," returned Mr. Chillip, "I apprehended you had known. It's a boy."

My aunt _____. (more than 30 words)

这一材料节选自原版未删减的《大卫·科波菲尔》,省略之处即所续部分不仅语言惟妙惟肖,情节跌宕起伏,人物性格刻画得淋漓尽致,而且能够将学生所学所思较好地呈现出来。学生文本中,这一情节的描写只是简单用了"she got up in a rage and stormed out."而此环节要求学生在充分理解人物个性的基础上进行创造,能够用更细致具体的语言去表达人物当时的复杂心理和动作。这不仅是对学生阅读表达能力的考察,而且旨在培养学生创新性思维能力和思维品质。

笔者以写作为语言输出形式要求学生续写情节,这可以帮助学生更深入地理解小说的结构、文学价值和社会影响,使阅读活动变得立体化,真正实现"学中用"。

三、名著读写结合教学模式探究感悟

以往的英语教学,尤其是小说教学,与写作的结合较少,阅读与写作独立进行。在这样的模式下,学生阅读时注重内容,写作时才注重表达的精确度和句子句法结构,导致英语教学中的视域交错现象。读写结合的教学模式不仅能弥补这方面的不足,也给笔者教学留下了以下几点感悟。

(一)教学中要引导语言素材和写作技巧的积累

学习外语的主要途径是模仿。要表达主题或思想,语言先得过关,而语言这一关是制约学生写作水平的一个重要因素。受表达能力的限制,学生写作时言之无"语",不能准确、合理地表达所要表达的心理情绪和动作,造成了对写作的恐慌和焦虑。所以,小说的阅读给学生提供了丰富的语言素材,教师加以正确引导,学生分类进行摘记,日后在碰到类似话题的写作中可以"手到词来"。

在阅读名著文本时,写作技巧也是值得借鉴的,如段落结构的模仿、话题的引入、结尾的模仿以及主题的烘托,这些技巧在分析过后也可以在写作中加以利用。

(二)教学中要赋予学生自主性

读写结合教学以学生自主学习为主,激发学生由表及里、由浅入深地阅读文本,发现规律,与文本交流,与作者对话,从字里行间感悟作者的情感态度和价值观等,懂得如何选择得体的语句表达自己的所思所想(毕胜,2016)。很多学生不愿坚持学习外语的一个重要原因是语言学习被认为是一个枯燥乏味的过程,因此要让课堂"活"起来,必须用"活"的东西去激发他们(陶行知,2005)。小说阅读就文本内容而言更富趣味性,而文本自主阅读、绘制情节思维导图、摘录语言表达等过程则给予学生更多的自主与选择权,保证了学生自主选择喜爱的句子和词汇运用到写作中去,从而变成自己的东西。

(三)教学中要培养学生深度思维

读写结合的名著教学课,并不是对原文本的简单仿制,是基于原文本又高于原文本的过程。阅读是思考的过程,而写作是创作的过程,学生通过阅读产生思考,通过思考内化成自己的东西。阅读与写作的结合就是学生探索与自主学习的过程,能够有效培养深度思维,提升综合表达能力。

四、一些可行的名著读写结合课堂教学实践

在小说读写结合的课堂写作环节,笔者进行过以下可行的写作实践。

(一)复述性写作

"典范英语"小说中配有插图,涵盖了小说发展跌宕起伏的情节。在《大卫·科波菲尔》第一章,让学生以小组形式对书中的四幅插图进行情节描述。针对小组的表现,教师给出有针对性的评价、纠正和规范,必要环节教师亲自做出示范,再鼓励学生个人进行复述。践行"读为引思,思为导说,说以促写"的训练方法。

(二)情境微写作

针对小说中出现的人物肖像、动作、语言、心理描写,可以给出一个类似或相同的主题,对设问形式稍作形式上的改变,要求学生根据主题运用"语言、动作、肖像、心理"描写进行微写作。如在《美女与野兽》序言部分的教学中,可以设计"王子手中握着一个小镜子""王子来到舞台中间""远处又传来了敲门声"等情境让学生进行微写作,如图 2 所示。

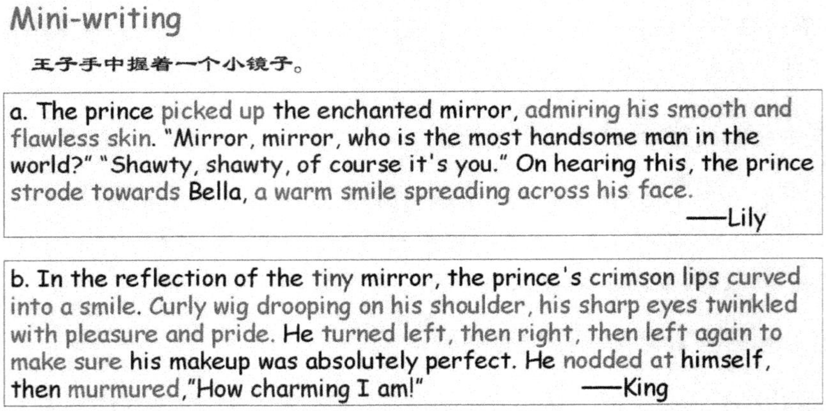

Mini-writing

王子手中握着一个小镜子。

a. The prince picked up the enchanted mirror, admiring his smooth and flawless skin. "Mirror, mirror, who is the most handsome man in the world?" "Shawty, shawty, of course it's you." On hearing this, the prince strode towards Bella, a warm smile spreading across his face.

——Lily

b. In the reflection of the tiny mirror, the prince's crimson lips curved into a smile. Curly wig drooping on his shoulder, his sharp eyes twinkled with pleasure and pride. He turned left, then right, then left again to make sure his makeup was absolutely perfect. He nodded at himself, then murmured,"How charming I am!"

——King

图 2

(三)仿写练习

仿写不仅能够降低学生的写作焦虑感,而且能够在品鉴语言的过程中真正习得语言。《最后一课》中有这样一个句子:"I jumped over the bench and sat down at my desk. Not until then, when I had got a little over my fright, did I see that our teacher had on his beautiful green coat, his frilled shirt, and the little black silk cap, all embroidered, that he never wore except on inspection and prize days."这个句子情节刻画十分详细,适合学生通过仿写体验并掌握"not until then, when... did I see that..."的句型,以期提高学生写作表达能力。又如图 3 所示的句子:

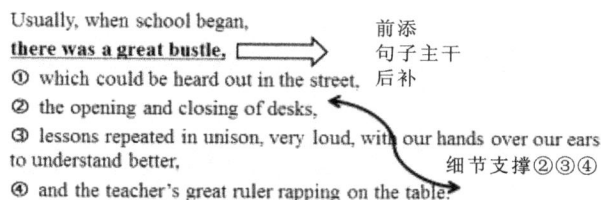

Usually, when school began,
there was a great bustle, ⟹ 前添 / 句子主干 / 后补
① which could be heard out in the street,
② the opening and closing of desks,
③ lessons repeated in unison, very loud, with our hands over our ears to understand better,
④ and the teacher's great ruler rapping on the table.

细节支撑②③④

图 3

这个句子的主干很简单,但前添时间状语从句,后补非限制性定语从句,后补中有三个分句作为细节支撑,因此这个句子信息量相较于主干句要大很多。基于此,可以引导学生开展如何使简单句变为信息量更大的长句的微写作练习,如设计"Henry jumped into the water to save Ronny"和"Then Lily found a beautiful girl beside Poet"。

(四)改写练习

改写可以是篇章格式的改写,也可以是语言风格的改写。小说中,不少段落是以对话形式出现的,比如欧·亨利的小说《二十年以后》和马克·吐温的《百万英镑》中,许多对话十分精彩。让学生以记叙文的形式对原先的对话或段落进行改写(也可改变人称或文本内容对文本进行二次创作),既考查了学生对课文的理解程度,也培养了学生的概括能力和思维创造力。

五、结语

读写结合能改变阅读课中机械式地讲解语言点和句型结构的教学模式,学生会在写作的过程中主动回顾和参考已学知识,这不仅强化了学生对名著的理解以及语言知识的积累,也为学生创造了运用语言知识的机会(蒋建华,2013)。在新课改全面推行,读后续写成为新高考作文题型之际,读写结合的教学模式已经顺应了当下教育发展的潮流。在高中英语名著教学中采用读写结合的教学模式,较好地处理了语言有效输入和有效输出的问题,学生可以在输出写作中习得语言知识,内化语篇结构,循序渐进提升写作能力。实践证明,基于读写结合能力培养为目标的高中英语名著教学是有效的教学尝试。

参考文献

[1] 毕胜. Project 板块读写整合的教学实践与探索. 中小学外语教学:中学篇,2016(5):36-41.

[2] 蒋建华. 阅读教学中开展读后续写活动的策略与思考. 中小学外语教学:中学篇,2013(10):29-33.

[3] 李丹丹. 基于文学阅读的以读促写教学实践——以《典范英语10》为例. 中小学外语教学:中学篇,2017(3):31-35.

[4] 陶行知. 陶行知全集:第1卷.2版.成都:四川教育出版社,2005.

[5] 俞颖.通过有效阅读促进学生写作能力的提升.中学外语教与学,2012(4):12-15.

Study on the Problems and Strategies of Oral English for High School Students[①]

四川省绵阳南山中学双语学校   魏君

【Abstract】 English is an important world-wild-used language tool for communication. Our aim of learning oral English is to communicate with others. Spoken English plays an very significant role in English education. However, the skill "speaking" is almost ignored by both the teacher and the students, as a result, "dumb English" appeared and has become a serious problem for Chinese students. In order to ameliorate this problem, to cultivate and improve students' ability of speaking, to master this vehicle of communication better, this paper will simply analyze the problems and the strategies in oral English, and also put forward some constructive views or suggestions.

【Key Words】 dumb English; problems; causes; strategies

Ⅰ. Introduction

Nowadays, with the deeper promotion of international communication and cooperation, China's entry into WTO, and the policies of reform and opening-up, English is of great importance to China as a tool of international communication. Oral English, accordingly, has become an important subject for high school students.

Halliday believed that language is a form of "doing", rather than the form of "knowing" from the perspective of functional grammar[1], that is to say, oral English always serves the first. The focus of the reform of English curriculum is to change the traditional way in English course that teachers always put too much emphasis on grammar and vocabulary teaching, ignoring the cultivation of student's actual language using ability, therefore, teachers are required to emphasize students' interests, life experience and cognitive level to develop students' comprehensive language using ability through advocating practice, participation, cooperation and communication. However, in our actual English teaching, many teachers run counter to the principles of curriculum reform, excessively focusing on grammar and vocabulary rather than the cultivation of the students' oral English ability. For the ultimate goal of learning a language is to use it, oral English is an aspect of using the language, which has a promoting effect on the cultivation of the other three skills. This paper will firstly analyze the problems of lacking English speaking environment, students' psychological barriers and the problems of teachers' teaching qualities and teaching methods, then give some effective strategies to improve students' oral English ability.

---

① 本文在第十九届全国外国语学校外语教学科研论文评比中荣获二等奖。

II. Problems in Oral English Teaching

1. Lacking Language Context

Restricted by conditions, students in China lack a English speaking environment, their opportunities to contact with real English communication situation are very limited, which became one of the obstacles in oral English learning. The language context is of great significance in oral English teaching. Language context was first put forward by Malinowsk, a Polish linguist, after that, English linguist Tirth and Halliday and American linguist Hymes and Chomsky respectively had great comments on the language context; Johnson Keith also said that the first condition of teaching a foreign language is to let the students contact with and use language as much as possible[2]. It is obvious that language context is an unavoidable issue in language learning.

2. Problems of Psychological Barriers of Students

(1) Self-abasement.

Self-abasement is a huge enemy to oral English. Due to less chance to practice oral English, and with little interest in English, poor listening, poor academic performance and low oral English ability, self-abasement that leads to tension and anxiety on students in the class is widely exist, especially the existence of anxiety which affect students both in psychology and study. One of the anxiety called the "trait anxiety" is determined by the character, while another called "environmental anxiety" is caused by fearing blamed by the teacher and laughed at by classmates. Both kinds of anxiety will affect the improvement of oral English.

(2) So called "face".

"Face" in China brings quite a lot of obstacles in English learning. Due to the so called "face", students are so afraid of making mistakes that they are not willing to speak English out. Why foreign students who learn Chinese is good at verbal expression instead of written expression, while in China students could not overcome the verbal barriers?[3] The most important reason is that Chinese students think too much of the "face". High school students are exactly at the stage of the strong self-consciousness in psychology and character, and their high self-esteem and "face" saving features in mental make them unwilling to speak. This fear often makes students appear anxious and nervous when speaking, thus affecting their normal thinking and expression. Therefore, how could students make progress without putting down their so called "face"?

(3) Little importance.

The students put little importance on oral English. Exam-oriented education concept is deeply rooted in students and teachers' mind, tests are attached to more importance in grammar and written knowledge while oral English is not included in the English Test of the College Entrance Examination. Though teachers asked the students to communicate in English at ordinary time, this requirement is sometimes less than substance and often become a mere formality. What is more, high school is quite a busy period for students preparing for the college entrance examination which allows them a little time paying more attention to oral English. These are why oral English teaching has become a dead angle in high school English teaching.

3. Problems from English Teachers

A good English teacher should be knowledgeable with developed thinking ability, good cultural cultivation, normal psychological quality and fast reacting skills who can speak English correctly and fluently. In China, however, such high quality teachers are scarce.

(1)The quality of teachers.

Firstly, teachers lack teaching quality. In the past few years, due to the lack of teachers, in order to adapt to the development of a large number of talent introduction, many schools have reduced the requirements to meet the demand for teachers. As a result, the abilities of teachers are uneven, some of them need the help of Chinese context to complete the teaching task in English; some teachers think that English teaching should emphasize on grammar, vocabulary, grammar and discourse; traditional and old teaching methods like spoon-feeding education were still be used by many teachers who regard themselves as the center of class. If teachers only care about the grammar and language points and occasionally ask a few simple questions, rarely giving students the opportunity to speak in English to express their ideas, the students will become passive recipients of knowledge of English, which means English teaching will become a mechanical process of language knowledge.

Secondly, teachers lack psychological qualities. Some of them may lack patience, confidence, imagination, enthusiasm, humor and creativity, some are not on good terms with the students or do not have an affirmative attitude towards the students. Language practicing involves a complex interaction of voice, style, intonation and tone, so teachers should organize the whole class in English as much as possible and focus attention on making the classroom a place where the use of spoken language is strongly supported.

(2)Old and traditional teaching methods.

Many teachers still relay on some old and traditional teaching methods in which teachers focus on the grammar explanation while students learn by rote, speaking a lot while students listen and take note only and practice less, in which teachers always translate English material into Chinese first, then spend a lot of time to explain the linguistic phenomenon, in which students are given a large number of homework emphasizing on word memorizing and passage reciting. It is not hard to imagine how boring such English classes are, consequentially, students' learning motivation will reduce and they even get wearied to English.

(3)Controlling most of the class hour.

We all know that traditional English class usually dominate most of the class hour in English teaching. Throughout the class, the teachers instruct and the students listen, they are asked to learn and then copy the teachers' notes without even thinking about them, the teachers, meanwhile, with the purpose to finish the teaching target, focus on what is required by syllabus, ignoring the individual needs of the students and some actual problems in education. As a result, the students could only remember some grammar and words, unable to put them in practice when communicating with others.

Ⅲ. Strategies to Improve High School Students' Oral English

Effective strategies have many advantages in oral English learning, which can be used to motivate students in their improvement of oral English. Effective strategies can motivate students by reinforcing the effect in the process of oral English learning. As a result, students will take a more active role in learning process. Besides, the combination of several effective means and methods can lead to a more joyful and relaxing atmosphere for English teaching, in which students can master the language more easily.

1. Creating the Language Context

Whether English speaking environment can achieve the desired effect depends on teachers' teaching methods and means to a large extent. In the process of teaching, it is essential to mobilize the initiative of learners. Therefore, teacher should take a variety of means to provide students a real and interesting context of situation. S. D. Krashen has pointed out that foreign language teacher's duty is to create favorable language learning environment for students to let students contact and use the target language as much as possible[4]. In the 20s of last century, American scholars had put forward the situation teaching theory which played a revolutionary role in education and in the popularization of English in non-English-speaking countries. Using multimedia equipment such as projectors, tape recorders and DVD players are more attractive to students. Historical events, people and places vividly and intuitively showed in front of the learners on multimedia impress them too deeply to forget. Besides, such illustrated and informative environment not only provides a real and interesting English learning environment for students to enhance the understanding of English, to make the students to think, but also ensure students to learn accurate pronunciation. For instance, imitating the classic dialogue in an original English movie can bring students the feeling of the unique national cultures and customs.

2. Arousing Students' Interest Through Classroom Activities

The overall structure of classroom activities is to combine varieties of methods of oral English teaching. First of all, in the classroom activities, teachers play a leading role which requires teachers to carefully select information carriers and design the teaching methods scientifically. Secondly, the psychological barriers and knowledge barriers should be maximally eliminated in the process of information transfer. Finally, teachers should pay more attention to students' creation and initiative. Follows are some examples of classroom activities:

(1) Carry out the Free Talk, Daily Talk before class. Students can talk about recent events or things around them, reading English poetry, or singing English songs, under which they can connect with the reality, talking about their own interests and hobbies, life anecdotes, feelings. Other students will listen and think carefully at the same time. Then the whole class participate in the learning of English and enjoy the happiness of English. Talk brings students the willing and the ability to speak English, and they are provided with the space of free expression to exchange their emotion in English.

(2) A little debate stimulates students' performance desire. *High School English New Curriculum Standard* pointed out that the English class must base on the characteristics of student's body and mind to reform the classroom teaching pattern in which the student learns in play and fun, and to stimulate their interest and passion in learning through the form like performances, competitions and little debates. The little debate game in class is in line with students' psychological characteristics of expressing themselves and competing with others. Through the fierce debate the whole class will reach a climax.

(3) Carry out Question-Answer activity or role play activity. Question-Answer activity is performed before students learn a new passage, teachers take a question from or relating to the passage students are going to learn, and change the hero, asking students to answer. There will be different kinds of answers, and the class will be more colorful and interesting. Role play activity is performed after a passage was learned. It can motivate students' vitality and by the way students can review what they have learned.

3. Paying Attention to Emotional Psychological Factors

American linguist Rogers who contributes to the development of non-intelligence factors said man's cognitive activities is always accompanied by a certain emotional factors, their self creative potential will not be developed and implemented when the emotion factors is repressed[5]. Only respecting and understanding students' inner world with sincerity, can their learning enthusiasm be inspired and their self-confidence be strengthened.

There are many factors including intelligence factors and non-intelligence factors that can affect learning. Early in the 1980s Dulay and Burt had proposed the theory of "affection filter" which made teaching workers and learners realize the importance and the influence of emotional factors mainly including motivation, confidence and anxiety in language learning[6]. High school students already have enough knowledge of everyday-use language, but they still can not actively practice speaking English in class. One of the most important cause is anxiety, as it is put forward before, anxiety refers to a kind of threat that the individual cannot reach the goal or overcome the barrier, under which the self-esteem and self-confidence would be baffled; or a kind of nervous, intranquil and afeared emotional attitude formed by a sense of failure and guilt. According to students' emotional factors, teachers should encourage students to put aside misgivings, or even allow them to use gestures and other auxiliary means to help them understood by audience, to establish confidence and participation enthusiasm when they can not express themselves clearly in English.

How to change such passive situation of learning? Except guiding students to actively participate in speaking with a variety of means and teaching methods, teachers should know more about their students and be their friends. First, teachers can learn the topic they are interested in in the form of a questionnaire survey, or choose some of their familiar topics. Second, in the process of learning teachers should give students more encouragement, allowing them to make mistakes, even ignoring some negligible mistakes, and do not give them psychological pressure and hurt their self-esteem.

4. Dealing with Individual Difference Rationally

Characters of high school students in a class differ in thousands ways, so teachers should give suitable educations and demands basing on students' individual differences, should act as various roles like a supervisor, an instructor, or an organizer to arouse their learning enthusiasm. Teachers need to be responsible for students to understand their characters and learning level, encouraging them to participate in a series of oral communication activities.

Some outgoing students always dare to speak, so teacher's praise can stimulate their learning enthusiasm easily. And some silence, introversion and weak-foundation students often keep quiet in the classroom for fear of making errors, hence the teachers should have a tolerant attitude and give more encouragement with tactful tone. Therefore, teachers must face all students in accordance with the individual.

5. Valuing the Group Cooperation Learning

Group cooperative learning originated from the 70s in the United States, it is a students-to-students-oriented teaching theory and strategy system. Different from traditional teaching method, group cooperative learning regards the heterogeneous study group as a basic form, and promote students' learning by taking advantage of the interaction between the dynamic factors in teaching to achieve the teaching goal. Teaching in the form of mutual assistance can make students work together to promote their learning with others, and promote students to achieve common learning objectives in heterogeneous team cooperation, using the rationality interpersonal communication, it can also promote students' cognitive and affective sociality and the all-round development. In addition, group work can provide an "affective climate" positive environment, in which almost all students recognize that they are in the language environment of English to use language in a wider range of social and interpersonal function. Such interactive group can give students plenty of opportunities to communicate in English, and make students have more and better opportunities to express freely.

6. Avoiding Cultural Difference

Language is a communication tool and also a cultural carrier, its communication function must be suitable for its own background culture. Therefore, in the oral training teachers must pay attention to the culture of target language knowledge, combining oral English teaching with culture teaching, otherwise the students will easily bring some of the native language habits into cross-cultural communication, thus causing the negative transfer of mother tongue and communication barriers or failure.

In teaching explanation can be used by teacher to introduce Western culture and basic values to students, contrast method can be adopted to let students compare Chinese and Western cultural differences. In a word, cultures incorporated in the oral English teaching will efficiently keep cultural misunderstanding away and improve the students' oral English communicative competence.

7. Changing the Way of Correcting Mistakes

Making mistakes is inevitable phenomenon in the process of language learning. Du Lei (Duly) said "Make no mistake is not language". However, teachers' attitude and ways of correcting mistakes decide students' attitude towards English.

Firstly, do not to correct too much when students freely express ideas. Teachers' too much error correcting will not only interrupt students' way of thinking, but also make students dare not speak for fear of making mistakes. There is no need to point out some small errors, for example, when a student said "What is your mother name?" the teacher could slightly shake their head, thus the student would be aware of the mistake and correct it themselves.

Secondly, encourage is very necessary. Every time after the students' speaking in English, teachers should give timely and suitable encouragements and compliments to make them feel progress and have a sense of accomplishment. At the same time, teachers should value their courage, treating them with respect and friendly attitude, and the attitude should be sincere without showing any disappointment, angry, and impatient.

The last is to allow students to have their own patterns of behavior with trust, rather than always expect students to meet the requirements of the teachers.

8. Reforming the Evaluation System

Scientific evaluation system for oral English teaching is of important guiding significance. But for the disadvantages of exam-oriented teaching, teachers and students ignore the oral English training and improving in different degrees, the existing oral assessment system that is not yet mature need to be improved and perfected.

On the one hand, in the improvement and implementation of oral English, teachers can autonomously increase the spoken language test which will occupy a certain proportion in the final exam score to make students put more importance on oral English training, what is more, due to the independent operation by English teachers, fairness and justice should be valued in oral exam. On the other hand, the form of evaluation system can be diversified. For example, discussion in groups of four, two people dialogue, question and answer or free talk about given topics which concern with campus life, the social hot spots, life values or the teaching material are great choices. Follows are more details about the forms of oral English test.

Adhering to the oral test is an effective measure to check and consolidate oral English. Timely oral English test can not only make students pay enough attention on oral English, but also bring them a sense of success. Therefore, in the mid-term, the final and graduation exam a test of spoken English is necessary. In the oral language test teachers can adopt such several forms:

① Reading a passage or a dialog loudly. This form can motivate students to do a lot of reading training outside the classroom to form a good pronunciation and intonation and language sense.

② Restricted situation reaction. Namely teachers provide a relatively simple scenarios, students are required to use a certain language structure or everyday language to make appropriate response.

③ Looking at the picture speaking. It is to test students' oral expression ability as well as their imagination.

④ Retell story. It can test the students' oral generalization ability and the ability to reorganize the language.

⑤ The oral composition. It belongs to a oral form with a certain difficulty, it is suitable for students of high levels.

Improving the teachers' own English knowledge and quality.

Strengthening teachers their self-cultivation, improve their spoken English ability. As a saying goes: An accomplished disciple owes his accomplishment to his great teacher, to teach a student well, teachers' basic skills must be solid, especially in oral English teaching. Therefore, English teachers should master more rich culture of English countries in historical political and economic and social background than any other subject teachers to be able to handle the teaching material to students rightly, make them learn more rich, more comprehensive and more authentic real English in it.

Firstly, teachers can enhance their English through self-cultivation. For example, one way is using English to organize classroom activities. Many teachers find lecture in English is very difficult while Chinese is more simple, thorough and concise, for a lot of difficult grammar knowledge to explain and to be understood by students, they do have to use Chinese interpretation, but such method will exert a subtle influence on students. Only teachers themselves form the habit of thinking in English, can they create a real English environment, providing students with language practice opportunities, the other is to keep reading. Reading English article can not only continuously expand their vocabulary, but also gradually form the habit of thinking in English. Many articles also help teachers learn more about western culture and the current new development and dynamic language. Then is to watch English programs. Learn English from TV movie news. For example, CCTV-10 hope English programs is suitable for all the English lovers to watch, and from there teachers can also hear native foreign teachers' perfect pronunciation, such programs can enrich their knowledge and cultivate the language sense in English, it is one of two.

Secondly, teachers can also take part in training. There are usually two kinds of ways, one is off-job-train, the other is on-job-train. During the training time, three main aspects will be involved: ①To learn the modern advanced education theory and teaching experience. Through the study, teachers fully recognize that a foreign language is an important tool to learn cultural knowledge, and to gain information, their concept will thoroughly changed, the first is from exam-oriented education to quality education, the second is from traditional methods focus only on teaching knowledge to on both teaching knowledge and cultivating students' communicative ability, the last is from teacher-centered to student-centered class. Through training, teachers will enhance the sense of mission and sense of responsibility, establishing their dedication to work to laid the ideological basis for the educational reform experiment. ②To learn and master teaching methods of English, know the main schools of English teaching methods at home and abroad and the development trend of English teaching. Through the study, English teachers will realize that teaching method is a science of the research on the laws of English teaching. ③To make detailed analysis and research on the current teaching material, to study difficult and key points in teaching materials, to learn the handling methods of different types of classes and the art of organization a classroom teaching.

Thirdly, teachers are required with being passionate in the job, loving students and setting good examples to students. ① The teachers should be loyal to the education cause, be concentrate and be down to earth to perform the duty, dedicating to teaching as a kind of responsibility and enjoy, and to discover and correct the shortcomings and the insufficiency with high criteria to achieve a standard. ②Humanistic education requires the teachers' full performance of love, teachers should indiscriminately respect students' subjectivity, emotion and will, at the same time, teachers get students' respect in return. ③Teachers' professional knowledge, ability quality, ideological and moral quality will be an example to the students.

Ⅳ. Conclusion

The writing theme is the analysis of high school students' oral English, which contains the problems and strategies in the improvement of students' oral English. The situation in Chinese students' oral English is not so good, and students learn English but unwilling to and can not speak English, so the "dumb English" appeared in high school class. This problem was caused by the teachers' imperfect teaching skills and students' own problems. As for the approaches, with the deepening of new curriculum reform, the teachers, on the one hand, are supposed to change the teaching methods and strategies, to give more opportunities to students and to encourage them to speak more English actively. They should pay more attention to the oral English practice, continuing to improve the classroom teaching methods. On the other hand, they themselves should also enlarge their oral English skills and ability. With the endeavor, students' oral English would be improved day by day, and the teaching task of teachers would become less difficult.

Bibliography

[1]　Halliday M A K, Hasan Rugainya. Cohesion in English, Longman Teaching. Chicago: University of Chicago Press,1976.

[2]　Johnson Keith. An Introduction to Foreign Language Learning and Teaching. Chicago: University of Chicago Press, 2002.

[3]　Long, Porter. In Methodology in TESOL. Cambridge: Cambridge University Press, 1987.

[4]　Krashen S. Second Language Acquisition and Second Language Learning. Oxford:Pergamon,1981.

[5]　Richards J C, Rodger T S. Approaches and Methods in Language Teaching. Taipei: English of China, 1968.

[6]　Dulay H M, Burt S Krashen. Language Two. New York:University Press, 1982.

基于核心素养的初中英语项目式学习探究①

杭州外国语学校　倪骅骊

【摘　要】　项目式学习是一种课程理念,也是一种教学模式。研究表明,其符合认知规律,应用于初中英语课堂内外让学生在做中学,可以培养学生利用语言完成真实任务的能力,体现了英语学科核心素养的理念。本文将对杭州外国语学校在初中英语课程教学中进行的项目式学习进行梳理和探究,分析实施中发现的问题,以便今后更高效地开展和实施项目式学习。

【关键词】　项目式学习;初中英语;核心素养

一、项目式学习理论

项目式学习英文原文为 Project-Based Learning(PBL),又被称为项目学习或基于项目的学习。Markham(2003)等认为,项目式学习是学生围绕复杂的、来自真实情境的主题,在精心设计任务、活动的基础之上,进行较长时期的开放性探究,最终建构起知识的意义和提高自身能力的一种教学模式。Solomon(2003)认为,项目式学习活动往往围绕着具有一定挑战性的项目主题展开,主题的选定往往来自真实的环境,依托某一学科理论,并在活动过程中体现多学科交叉的思想。柯清超(2016)认为,项目学习是一种以学生为中心的教学模式,是学生从真实世界中的基本问题出发,围绕复杂的、来自真实情境的主题,以小组方式进行周期较长的开放性探究活动,完成一系列诸如设计、计划、问题解决、决策、作品创建以及结果交流等学习任务,并最终达到知识建构与能力提升的一种教学模式。

二、基于核心素养的项目式学习在杭州外国语学校的尝试

虽然教育界对项目式学习没有统一的定义,但可以从上述的专家释义中发现项目式学习的特点:以学生为中心,模拟真实世界,开放性探究,以提升能力为目的。这些特点都集中体现了英语学科核心素养的理念,学生通过项目式学习不仅能提高分析和解决问题的能力,做好学习的自我管理,拓宽学习渠道,提高学习效率,并且能通过小组合作学会做人做事,解决真实世界发生的问题。在运用英语完成项目的过程中,核心素养的四个方面即语言能力、文化意识、思维品质和学习能力都能得到有效提高。因此,杭州外国语学校在初中英语教学和课程设计中非常注重基于核心素养的项目式学习,并进行了一定的尝试和探索。本文将就已经实施过的项目进行分类、总结和分析、研究。

(一)项目的形式及种类

杭州外国语学校在初中英语教学中尝试的项目大致分为以下四类:基于校本课程主题语境的项目、基于语言知识和技能的项目、基于文化知识的项目、基于评价的项目。

---

① 本文在第十九届全国外国语学校外语教学科研论文评比中荣获二等奖。

1.基于校本课程主题语境的项目

杭州外国语学校初中英语校本教材选用的是原版引进的 *American English in Mind*，每册书后自带四个 projects，分别与教材内的部分单元话题和语境匹配。比如，初一选用的此教材的起始级 Starter 这册书最后有四个 projects，依次是：A poster presentation about a band or singer；A tourist brochure；A class survey about free time；A presentation on changes in your country，分别涉及人与自我、人与社会、人与自然三大主题语境。每个 project 有相应设计好的步骤，一般包括 brainstorm，research，presentation 等。除了课本设计的项目外，我们还根据教材涉及的话题和语境增加了许多有趣的项目，比如初一学生学完 Starter 第八单元 This is delicious 后教师会设计让学生完成菜单、菜谱以及录制 cooking 小视频等和饮食及生活方式相关的主题语境项目。学完前五个单元后，由于会涉及非常多的世界各地、各个领域的名人，教师会设计 Celebrity Show 这个项目，通过学生介绍或者模拟名人，让其更好地了解名人及相关的文化。

2.基于语言知识和技能的项目

语言知识涵盖语音、词汇、语法、语篇和语用知识，是构成语言能力的重要基础。学校进行的 Spelling Bee 比赛，就是基于词汇知识的项目，而初一年级常规进行的语音语调模仿比赛则基于语音知识。

语言的技能分理解性技能和表达性技能，具体包括听、说、读、写、看。侧重听、说技能的个人的项目按照能力要求逐步提高，有课文模仿背诵、英语歌曲或影视片段配音、英语故事会、英语 TED 演讲。集体的项目一般有能力要求相对低的影视配音，然后到短剧表演，再高的要求则是音乐剧表演，最后则是表演一个相对完整的戏剧。基于读、写、看的项目也非常多，比如初一年级的绘本阅读及制作项目，初二及初三年级报刊课内的 Reading Club 项目以及英语分层阅读课内的 Literature Circle 项目，等等。

3.基于文化知识的项目

杭州外国语学校每个年级有固定的文化实践活动，比如初一年级的学农活动、参观博物馆活动，相应的会给初一学生设计农场故事绘本制作及短剧表演的项目，博物馆参观完后的撰写 postcard 或者 diary 项目；给高年级的学生则是设计模拟法庭的项目，列席旁听法庭审判。一年一度的校级外语文化节也会设计全校性的文化主题游园会。有关文化传统节日的项目更多，比如新年的年历制作及新年 New Year's Resolution 撰写，复活节的彩蛋制作及 Egg Hunting，感恩节的卡片制作及模拟购买礼物，圣诞节的才艺表演及礼物交换，中国传统节日介绍展示等。

4.基于评价的项目

比如，Spelling Bee 项目可以用来检测词汇的掌握情况；报刊知识竞赛可以用来检测报刊阅读的情况；微电影及短视频制作则可以作为口试的评价等。

(二)项目式学习的实施与管理

项目式学习的实施过程一般包括设计学习项目、制订项目学习计划、开展项目活动以及组织学习评价四个阶段。项目式学习管理则贯穿于项目学习实施的整个过程，科学规范化管理主要包括项目学习进度管理、项目学习质量管理、项目学习沟通管理以及项目学习人员管理(柯清超，2016)。在初中阶段，鉴于学生有限的自主学习和自我管理能力以及时间分配，教师则需要投入比较多的精力进行设计和管理，因此实际操作中杭州外国语学校把项目的实施及管理简化成以下三个阶段。

1.项目式学习前

在项目式学习前，教师首先依据能体现课程教学内容和教学目标的驱动问题来设计学习项目，然后制订项目计划表，包括项目名称、项目简介、目标及背景、学习方式及进度要求、项目的成果及展示方式、小组分工、评价表及参考资料等。在布置项目时，给学生提供已有的项目范例，比如之前学生创作的作品并解答疑问。学生则需讨论决定自己的任务，探究讨论项目的具体内容及方向。

2.项目式学习中

在开展项目式学习时，学生按照项目计划及进度表先收集资料及进行探究活动，然后进行项目作品的制作。教师则需要进行监管,确保能按时完成,保证作品的质量,及时介入出现问题的小组等。

3.项目式学习后

项目式学习完成后,教师则会组织项目作品及成果的展示和评选,学生通过之前提供的评价表进行自评及互评。在展示的过程中,一般会邀请其他教师、学校领导和专家以及学生家长共同参与,调动学生的积极性。

(三)项目式学习的评价

基于英语学科的核心素养,我们在设计评价时非常注重评价主体的多元化、评价内容的全面性及目标的多维化。尤其对项目成果的评价一直会贯穿在项目式学习的过程中,包括前、中、后三个阶段。在项目式学习前,首先制订好评价体系,教师一般会设计好评分表即 rubrics,让学生一目了然,对最后要求完成的作品或展示做到心中有数。在项目式学习的过程中,引导学生按照评价及打分表的要求进行。在项目完成后则会组织评选,按照打分表进行自评、互评及教师和专家评分等。下面以初一年级常规进行的绘本故事书制作项目为例:评价要求以文字描述为主,包括尺寸大小及页数、封面要求及必须涵盖的信息、文本写作的步骤要求以及配图装饰文字等具体细节标准。具体的评分表如表 1 所示。

表 1

评分项目			自评	互评 1	互评 2	互评 3
故事书制作 10 分		装订 5 分				
		大小 2 分				
		页码 1 分				
		硬封面封 2 分				
故事及配图文字 35 分	封面 5 分	题目 2 分				
		作者 1 分				
		配图 2 分				
	Story Map 15 分	Characters 3 分				
		Setting 3 分				
		Problem 3 分				
		Solution 3 分				
		Theme 3 分				
	配图及装饰 10 分	故事相关性 5 分				
		艺术性 5 分				
	文字 5 分	字体大小 1 分				
		语法及拼写 3 分				
		美观性 1 分				
小组合作 5 分		组员分工 2 分	总体印象 5 分	创意 3 分	总体印象 5 分	创意 3 分	总体印象 5 分	创意 3 分
		互相配合 3 分		整洁 2 分		整洁 2 分		整洁 2 分
各项总分						
总得分						
教师评语			😁	🙂	☹️	

从此评分表可以看出,评价的主体有学生自己、同学及教师。评价的内容涉及语言及故事创作的质量、手工制作绘画书写的艺术性及小组合作的情况,体现了多维度的目标,对学生完成项目起到了辅助指引的作用,突出了学生在评价中的主体地位,体现了核心素养的理念。

(四)项目式学习的案例

以杭州外国语学校初二年级常规进行的有关名人短剧创作及表演项目为例,完成整个项目将近8周时间,项目配合课内教学内容同步进行。学生首先在教师的辅助下通过2个课时来学习一个剧本,了解剧本的要素及如何撰写剧本。然后在接下来的3~4周时间里,教师组织学生将近期所学的书本里涉及的名人故事传记改编成短剧,全班讨论、分析、评价以提高撰写剧本的能力。在此期间,教师还会邀请有关专家前来开展讲座,讲授有关剧本编写及话剧表演的相关知识。接下来正式开展小组活动,讨论决定要改编的人物,1周内分工收集资料,根据教师提供的短剧撰写提纲,列出剧中的人物角色、道具背景、情节大纲、表现的主题,然后利用一周时间进行短剧撰写及修改。完成剧本后,小组成员在2周内需设计道具服装,进行角色分配、台词排练、正式彩排及最后的表演。其间,小组成员分别担任组长及导演、材料收集者、剧作家、舞美及演员等其中的一个或多个职务。项目的成果展示分享采用年级短剧比赛的形式,邀请专家、外教、家长及年级学生一起观看欣赏,并从前期准备、情节、语言、主题、道具服装、表演及观众反应等方面进行全面评比。此项目完成度高,效果好,不仅激发了学生的学习热情,提高了学习及语言能力,文化意识和思维品质也得到了提升,综合性地体现了学科核心素养。

三、发现的问题与启发

在具体实施项目式学习的过程中,我们发现仍有很多不足之处有待完善和改进。

1. 学习计划的制订

在设计学习项目和制订学习计划书时,教师往往作为主导者全权负责。可是学生才是具体落实开展项目学习的主体,今后应让学生也尽量参与学习计划的制订。

2. 项目式学习的全面评价

我们非常关注对项目结果的评价,很好地利用了评分表的手段给学生以指引,但是相对缺乏对项目学习计划及过程的评价。评价工具基本为评分表,形式过于单一,可多尝试使用其他形式,比如柯清超(2016)建议的除了测验、调查、观察等传统手段外,还可以使用电子档案、概念图、反思性档案工具(如博客、论坛)等。

3. 作品管理

在项目式学习时,教师及学生比较关注最终成果,能有效收集并管理作品,但对过程中产生的阶段性成果往往没有进行管理。今后可以多借助网络手段帮助完成,如学习论坛、博客、电子邮件、云储存、QQ群共享、Google Docs等。

项目式学习在杭州外国语学校初中英语教学中的尝试总体来看还是非常有成效的,不仅有效激发了学生学习的兴趣和动机,还强化了学生的学科核心素养的能力。如何更科学、有效地开展项目式学习,融合多学科知识,全面发挥学生的主动性是今后教学重点关注的方向。

参考文献

[1]　Markham, Thom. Project Based Learning Handbook. 2nd ed. Novato, C A:Buck Institute for Education, 2003.

[2]　Solomon G. Project-Based Learning: a Primer. Technology & Learning, 2003(1):20-30.

[3]　柯清超. 超越与变革:翻转课堂与项目学习. 北京:高等教育出版社, 2016.

[4]　中华人民共和国教育部. 普通高中英语课程标准(2017年版). 北京:人民教育出版社, 2018.

On the Effectiveness of Questioning in Senior English Teaching[①]

成都外国语学校高新校区　　文静

【Abstract】　As an indispensable part of senior high school English class, questioning plays a greatly significant role in English teaching and learning. It is an important medium of foreign language teaching and learning in classroom for teachers to carry out teaching tasks and to organize teaching activities. Due to the special characteristics of English, the quantity of classroom questions is more than other subjects. Classroom questioning is also an important way of interaction between teachers and students which can promote students' thinking, both locally and critically. In high school English teaching, students' English learning ability varies one to another. Therefore, teachers must master the skills and methods of class questioning in order to improve the effectiveness of questioning in high school English classroom.

【Key Words】　senior high school English; classroom questioning; effectiveness

Ⅰ. Introduction

As an integral part of the teacher's discourse, questioning is one of the most frequently used strategies in teaching. Questioning is regarded as an effective teaching method, which has won the favor of Chinese and foreign educators since ancient times. In high school English courses, students acquire knowledge in this language through using the language to communicate with the teacher and students and to receive information through teacher's questions. Thus, effective questioning in high school English teaching occupies an obvious position. Since the implementation of the new curriculum reform, the "full-time compulsory senior high school English curriculum standard experiment" (hereinafter referred to as "curriculum standards") clearly pointed out that the English is to be targeted for all students, which aims at developing quality education, training practical ability and cultivating the spirit of innovation. Above all, it contributes to realizing teaching objectives.

Ⅱ. Classifications of Question

1. Closed Questions and Open Questions

Closed questions refer to those with only one correct answer. In other words, a closed question will be answered with a simple "yes" or "no", or with a specific piece of information. Business dictionary defines closed question as it provides a set of answers from which the respondent must choose. Multiple choices questions are closed questions. It is also called closed-ended question.

---

① 　本文在第十九届全国外国语学校外语教学科研论文评比中荣获二等奖。

To the contrary, open questions may invite many different answers. An open question cannot be answered with a "yes" or "no" response, or with a static response. Open questions are phrased as a statement which requires a response. The response can be compared to information that is already known to the questioner. There are some examples of open questions. For instance, "How do you see your future?" "Why did you choose that answer?" "Tell me about your relationship with your classmates?" "What you think about...?" "Tell me about...?" "What are your views on...? "What is your opinion about...? "Describe..."etc.

2. Display Questions and Genuine Questions

Display questions are those that the answers are already known to the teachers and they are used for checking if students know the answers, too. Conversely, genuine questions are questions which are used to find out new information and since they often reflect real context, they are therefore more communicative than display questions.

3. Lower-order Questions and Higher-order Questions

Lower-order questions refer to those that simply recalling of information or memorization of facts while higher-order questions require more reasoning, analysis, and evaluation.

4. A Taxonomy Proposed by Bloom

Taxonomy was proposed by Bloom, which underpins the different question types. Firstly, the taxonomy is knowledge, including recalling facts, terms and basic concepts. Secondly, the taxonomy is comprehension, which includes understanding if facts and ideas by organizing, comparing, translating, interpreting, describing and stating the main ideas. The third one is application, which means applying acquired knowledge, fact, techniques and rules in a different context. The fourth one is analysis, identifying relationships, causes, or motives and finding evidence to support main ideas. The fifth but the least one is synthesis, combining elements in a different way and proposing alternative solutions, creative thinking. The last one is evaluation, presenting and defending opinions by making an informal judgement about information or ideas based on a set of criteria.

It can be seen clearly that different question types will invite different levels of thinking and this is more clearly demonstrated in Bloom's taxonomy—as it moves down the list, the thinking is more demanding. Though the above discussion on classification of questioning describes the cognitive features in general education terms, they have important implications for language teaching.

In general, it is said that the teacher asked more than 80 questions in a 30-minute lesson. When examining those questions, it is found that most of the questions asked are closed questions and display questions which means the answers are already known to the teachers and many of them are simple "yes/no questions" among which very few are real questions. In most language classrooms, questions mostly involve lower-order thinking rather than higher-order thinking. Some teachers argue that it is difficult to ask higher-order questions because students' language level is not high enough for them to answer higher-order questions.

Therefore, next chapter will narrate some problems in English classroom questioning and several strategies that can solve those problems.

III. Problems and Strategies

1. Problems in English Classroom Questioning

(1) Mono-form questioning.

In the conventional English classes, questions are always raised by the teachers, and students are the ones to answer those questions. Students have no opportunities to ask questions. Besides, the questions are always aimed at either individuals or the whole class. Students have no opportunities to discuss with classmates, which makes them lack of team spirit. Even some questions are meaningless.

(2) Time limitation.

Time limitation means that students have no enough time to think about the questions carefully, because students are asked to answer the question once the question was raised. If students cannot be given enough time to think about the question, the designed questions cannot bring the deserved effect into play. There is a common situation. ZhouXi (2004) said that teachers ask students to answer the question instantly, but students act overwhelmed and make an ambiguous statement, even at a loss. The main reason is that students don't have enough time to think about the question. Some questions, in the teacher's view, are very simple, but the students do not think so. Especially some complex or long interrogative sentences, students may have to look a few times to see clearly, and then think about how to use English to express more appropriate or no grammatical problems. Thus, longer time is needed to be given.

(3) Feedback and interaction.

Feedback and interaction mainly mean the communication between the teacher and students, or between students and students. Teachers and students are alive, and not machines, emotions should be shown during the questioning and answering. To be specifically, when asking question, teacher should look the student who is being asked with smile or soft attitude which will ease the student, thus the student has a better performance. And then, when students are answering, teacher should nod to the right part or use some appropriate body language to show affirmation. When the student's answer is not complete, teacher can ask other students to complement, and finally let the student answer again, which can effectively guide students to success due to subjective efforts, rather than luck.

In addition, teachers can cleverly evaluate students' answers and make timely feedback. For open questions, teachers should adhere to the diversity of answers. For different answers of the students, try to use the language of encouragement; even if the student's answer is not correct, teachers can also encourage their courage, and to speak loudly and clearly, etc.

2. Strategies to Improve the Effectiveness of English Classroom Questioning

(1) Clear purpose.

Quan Lijuan (2002) said that classroom questioning should have clear purpose, which means that questions should "cut the key", because clear purpose can not only attribute to helping teacher to achieve teaching objectives, but also help students acquire language knowledge and develop language skills.

When teaching Book 2 Unit 3 Reading I —Computers, the author designed a few questions elaborately.

Teacher: Who is the speaker of the passage? (The title actually is "Who am I?" It was designed in pre-reading, which can make students to have a general understanding of the background of the text.)

Teacher: What's the main idea of the passage? (It was designed in while- reading, which can highlight the main teaching content.)

Teacher: How computers have changed our life? It was shown on the screen; it was designed to let students understand the advantages and disadvantages of the benefits brought by the computer.

If the author didn't design the above questions, but asked the students the following questions causally, "Is the computer useful in our life? What's the computer's real father?" These questions can make the students think, but did not reflect the main content of this article.

Hence, Xu Chunxia (2016) said that it can be seen that the design of effective questions must overcome asking questions blindly, and arbitrary undesirable phenomena. Only teachers attach importance to the overall situation and design questions elaborately through focusing on the key teaching contents, the effective teaching can be achieved.

(2) Level.

Classroom questions should be hierarchical. There are two connotations. The first one is that the question itself should have different levels, namely, there are difficult classroom questions, and surely simple ones. The second one is that questions of different levels match to students of different levels. That is to say, questions should be based on the teaching content and the specific situation of students, different degrees of the problem by the different levels of students to answer. Usually, we can take the way that to separate a difficult question into several simple ones to reduce the difficulty of the question, thus stimulating students' thinking from shallow into deep. Questions raised by teachers should have different levels, targeted different level of students. Following are the specific examples.

To begin with, in Book 1 Unit 4 Wildlife protection, the author designed some questions like these, "How many places did Daisy go? What are they?" These two questions belong to the question of memory, identification and management, which can let the lower level of students to answer. While there is another question, "Why are these animals endangered?" and it belongs to the level of application and analysis, teachers can deliver it to the students in middle level or upper-middle level. For the high-level students, the author designed a question belongs to the level of synthesis and evaluation, "If you were Daisy, what would you do to protect wildlife after you got back home?"

Besides, the choice of questioning objects should also be done "point of the combination"; teacher can not only take care of the positive students, but also take the relatively "quiet" students into account. The number and frequency of being questioned will affect the students' learning mood. Students who are "frequent patronage" are likely to have a doubled interest in English, and learning progress is obvious; but the students, who are set aside, whose learning enthusiasm and initiative, can easily be contaminated, resulting in the "polarization" in class performance.

Furthermore, high school students' English level and learning ability have a great discrepancy, so when it comes to the design of the classroom questions, teachers cannot design the questions that one fits all, whereas teaches should combine the easy ones with the difficult ones, scientifically grasp the difficulty of the questions and the proportion of them. Only the scientific and careful design of the questions can take the greatest possible to take care of different levels of students, shorten the gap between different levels of students. Therefore, in general, a series of questions will be asked, from easy to difficult.

For example, when teaching the first letter from Passage A—in Unit 1 of Module Five—Getting along with others, questions from easy to difficult are as follows:

① Is that writer of the letter happy or sad? Why?

② What did Sarah get for the surprise Math test?

③ What did Sarah tell Hannah in the girls' toilets?

④ Why did Sarah tell Hannah that they weren't going to be friends anymore?

⑤ Suppose you are the advice columnist, what advice will you give Sarah?

⑥ If your friend tells others about your secrets, how will you feel and what will you react?

⑦ What may lead to a broken friendship?

⑧ How to save a broken friendship?

Questions from one to four are relatively simple and they are targeted to those lower level students, as long as they read the original content carefully, they can find the answer. While Questions ⑤ and ⑥ are mainly not only to guide students to put themselves in the hero's point of view to think about the problem, but also can play the role of warning, so that students can learn to how to keep secret for others when getting along with others. Questions ⑦ and ⑧ require students to have strong language skills and thinking ability, and they are more suitable for students with better English proficiency.

According to the goal of reading teaching, the question can be divided into the following four types: the question of background knowledge, the question of literally understanding, the question of article connotation and open question. The first two questions require students' low level reading skills; the usual problems are as follows:

The main idea of this text may be... Who/where/when/what/why/how... According to the passage, which of the following is NOT a statement? The latter two questions require students' high-level reading skills, and teachers can usually raise questions of inferred types.

Take Book 5 Unit 2—Puzzles in Geography as an example; the author designed some questions for the reading part:

Activity 1: Match the main idea of each paragraph.

Activity 2: Scanning to get detailed information—Multiple-choice.

Activity 3: Get more details and fill in the blanks (each paragraph).

It is difficult to study the whole text and it is necessary to reduce the difficulty of learning. Multiple-choice makes the questions simpler, and getting more details and filling the blanks assist students to understand the whole passage better.

In a word, Liu Fengbo (2014) said that teachers should design levels questions, targeted to different levels of students, making each level of students have the opportunity to answer, participate in the class, so that students can establish the confidence of learning slowly and make progress progressively.

(3) Variation.

In high school English classes, the forms of questioning can be diversified. For one thing, questions can be raised not only by the teachers, but also can be raised by the students. For instance, teachers can be asked questions by the students, and students can also ask each other question, which makes the questioning opening and regardless the objects of raising questions. For another thing, the targeted objects can be diversified as well. To be specifically, if the question is raised aiming to one student, the teacher can change the form into the form that the question can be answered by one student in a specific group. That is to say, students have to discuss in group and then choose one student to present the answer, which involves teamwork and can train students' team spirit. In addition, there is another form. The teacher can raise a question or a specific topic, and ask all the students to think about the answer, express their opinions, finally, ask some a student to sum up all the ideas and express his or her own thought.

For example, when teaching the Unit 2 in Module Five—the environment, teachers can ask the following questions.

① What words do you think of when you think of the environment?

② Do you think the forest plays an important part in balancing nature? Why?

③ What can we do to protect the environment?

The first two questions are aimed at individuals and groups, while the third one is about human-beings, and needs each student to contribute their thoughts and actions, thus it is suitable for all the students in the class to discuss together. Furthermore, this form can let the classroom atmosphere be active.

What's more, classroom questions should be varied and thoughtful. For instance, teachers can use antisense question, alternative question, special questions and supplementing sentences, matching pairs, filling out the form, adding paragraph information, true or false and marshalling sequence, etc. to raise questions. The questions can be individual work, group work and whole-class work. When design the questions, teachers can also make full use of pictures, blackboard-writing, flash to create different teaching situations, some body languages can also be applied, such as facial expressions, gestures and so on. All the things above can be used as the supplementary means to inspire students to think about the answer. And then, teacher should be good at raising questions from different angles to inspire students and develop their divergent thinking.

For example, when leading in Book 5 Unit 3— Life in the future, the author set the following questions according to the changes of life between the past life and current life, and imagination of the future.

Teacher: How do you usually go to school every day?

Student 1: I usually go to school by bus/bike/on foot.

Teacher: Suppose you lived in the past, how would you go to school?

Student 2: Suppose I lived in the past, I would go to school by bike.

Teacher: What in the past did the people use as vehicle?

Student 3: I think people use sedan (chair), carriage... in the past.

To sum up, Chen Wenjing (2013) said that variation of questioning is one of the effective methods to improve the effectiveness of questioning. Teachers should keep it in mind that they are not the group of people who can raise questions; students also have the right to ask questions. And then, questions can be individual work, group work, and whole-class work. In addition, the form of questions being shown is varied.

IV. Conclusion

Although this paper provides some useful information of effective questioning in high school English class, there are still some limitations and suggestions. As a crucial component of foreign language classrooms, the further study on effective questioning still has a long way to go in order to promote teaching quality and facilitate the effectiveness of English language teaching.

In a nutshell, only effective classroom questioning can achieve effective teaching, but mastering the skills of effective questioning is a task of great difficulty. Therefore, teachers should design various questions elaborately aiming different teaching objects to give full play to the teaching function of the question, and ultimately promote the development of students' thinking and teaching quality.

Bibliography

[1] Wragg E C. Classroom Teaching Skill. New York: Nichols Publishing Company, 1984.

[2] Jackie A Walsh, Beth D Sattes(Eds.). Quality Questioning: Research-Based Practice to Engage Every Learner. Corwin Publishing Company, 2005.

[3] 陈文静. 高中英语课堂提问有效性探索. 剑南文学: 经典教苑, 2013(9): 24.

[4] 黄慧. 高中英语课堂提问有效性探析. 文理导航: 上旬, 2016(11): 37.

[5] 刘凤波. 浅谈高中英语课堂提问的有效性. 英语广场: 学术研究, 2014(8): 164-165.

［6］　王笃勤.英语教学策略论.北京:外语教学与研究出版社,2006.

［7］　王蔷.英语教学法教程.2 版.北京:高等教育出版社,2006.

［8］　王雪梅.课堂提问的有效性及其策略研究.兰州:西北师范大学,2006.

［9］　徐春霞.高中英语课堂提问有效性探讨.教育现代化(电子版),2016(16):149.

［10］　赵敏霞.教师课堂提问新探.北京教育:普教版,2003(11):25-27.

［11］　周晞.论初级中学英语教师课堂提问.重庆:西南师范大学,2004.

多样化课外作业对初中生英语学习兴趣促进作用的探究①

乌鲁木齐外国语学校　王庆艳

【摘　要】《义务教育英语课程标准(2011年版)》指出,激发和培养学生学习英语的兴趣,使学生树立自信心,养成良好的学习习惯,形成有效的学习策略,发展自主学习的能力和合作精神。英语课外作业则是课堂教学的延伸和补充,然而由于长期受应试的压力,学生英语作业逐渐增多,且基本是枯燥的重复或大量的习题,有时不仅达不到英语课外作业的目的,反而会挫伤学生学习的兴趣及积极性、主动性和创造性。那么教师就需要更新观念,对实效科学的课外作业进行主动、科学的探索,利用多样化作业形式刺激初中学生学习英语的兴趣,提高学习英语的积极性,增强学生探究合作、自主学习的意识,从而实现初中生多方面发展的目标。

【关键词】　多样化作业;初中生英语学习兴趣;促进作用

一、引言

随着我国英语新课程改革的不断推进,《义务教育英语课程标准(2011年版)》提出,基础教育阶段英语课程的总体目标是培养学生的综合语言运用能力,而综合语言运用能力的形成建立在学生语言技能、语言知识、情感态度、学习策略和文化意识等素养整体发展的基础上。《义务教育英语课程标准(2011年版)》指出,基础教育阶段英语课程的任务之一是:激发和培养学生学习英语的兴趣,使学生树立自信心,养成良好的学习习惯,形成有效的学习策略,发展自主学习的能力和合作精神。课堂教学是达成这一任务的主阵地,而英语课外作业则是课堂教学的延伸和补充,为了帮助学生达到以上课程目标的要求,教师需要根据他们的认知水平和年龄特点,让他们完成不同类型的作业。利用多样化课外作业激发学生学习英语的积极性和主动性,从而不断提高他们的英语水平。

二、传统课外作业存在的弊端

传统的有效课外作业对于应试是有积极作用的,但对于培养学生语言综合运用能力的确存在一定弊端。

1.缺乏应用

由于应试教育的不可避免性和为了便于检查,教师布置的课外英语作业多为书面作业,淡化了不易操作、评价困难的运用型作业:听、说、读。作业形式单调乏味,不利于学生英语学习兴趣的培养,也不利于学生发展个性和培养实践能力。

2.作业中的"拿来主义"

大部分教师布置的作业资料基本上采用"拿来主义"策略。受应试教育影响,有些教师大搞"题海战

---

① 本文在第十九届全国外国语学校外语教学科研论文评比中荣获二等奖。

术"，缺乏针对性，不仅加重了学生的负担，耗时耗力，而且逐步减弱学生学习英语的兴趣。

3. 作业评价注重结果，忽视过程

传统作业对学生的评价大都只看完成时间及对错，只注重作业本身的客观结果，缺乏师生情感的真实互动，严重影响学生的学习热情和学习的积极性。

过去的作业只是一味地抄写、背诵、不断地练习，注重英语知识的大量输入，脱离学生的生活实际，枯燥乏味而效果也并不如人意。《义务教育英语课程标准（2011年版）》提出要发挥学科之间的融合性，要以学生的发展为本，培养学生的创造能力与实践能力。这也为我们创造更多形式的英语课外作业提供了依据。

三、探究多样化课外作业的类型

爱因斯坦说过，教育应该让学生将提供的东西作为一种宝贵的礼物来享受，而不是作为一种艰苦的任务来承担。英语作业的设计要具有趣味性、创造性、实用性，要面向全体学生，让学生通过作业练习获得能力的提高，让作业不再成为学生的负担，而是他们展现个性魅力的舞台，灵活自如地将语言"在用中学，在学中用"，最大限度地发挥作业的效益。

因此，在平时的教学中，教师应尝试给学生布置多样化的作业以提高作业的有效性，并刺激他们学习英语的兴趣和积极性。通过实践和探究把多样化课外作业大致分成四类：实践型作业、模仿型作业、合作表演型作业和创新型作业。

1. 实践型作业

英语是一种语言，语言是用来交际的，所学的语言能够用到实际生活中，学生才会更感兴趣。这类作业多贴近学生生活，新颖有趣。形式多为调查、整理并用所学目标语言进行报告。例如，在初一预备课中学习了字母组合的拼写及其含义，所以让学生课后自己搜集生活中遇到的字母组合并能解释其含义。第二天，每个学生搜集到至少十个字母组合，有的学生甚至找到了教师都不熟悉的，他们各个都积极发言，课堂气氛非常热烈。谁能想到这么一个小活动也可以让学生如此热情高涨。在之后学到如食物、运动、电视节目或电影类型、天气等话题时都会布置让学生对家人或同学、朋友就相关话题进行调查、整理，然后在班级做汇报。在调查和做报告的过程中，学生不仅学习了相关知识，还运用了语言，对所学知识也实现了巩固复习的目的，同时调动了学生学习英语的兴趣和积极性。

2. 模仿型作业

对于初一、初二的学生来说，所学单词和表达方式很有限，所以模仿的形式会减轻作业的压力。如在学习完动物的描写后，会要求学生在课后模仿所学文章进行仿写，但不可写出所描述对象的名字，而是在第二天的课堂上给全班同学进行描述，然后让大家猜猜描述的是什么。学生的参与热情立刻就被调动起来，甚至还有学生主动多准备了一篇文章。上课时大家也都争先发言。学习人物、职业、节日等描写时都可以用相同的方法。

3. 合作表演型作业

这是学生们最喜欢的作业，从初一的"3L"学习，到初二情景交际场景，再到初三的课本剧表演都是可以用到的。学生们在准备时也是最用心和踊跃的，因为是分组活动，每一个学生都会有自己的角色，也都发展了自己的个性，发挥了各自的特长。初一时，学生基本都只是情景再现，因为所学有限，不会有太多的创新，但从初二开始学生们就会根据所学知识和场景需要进行剧本编写，然后进行排练，最后在班上表演。《义务教育英语课程标准（2011年版）》倡导合作交流的学习方式，并且初中生表现欲非常强，符合他们的心理和年龄特点。在课堂上合作表演，不仅可以提高学习兴趣，还能使学生加深体会，更容易理解所学的内容。在此过程中学生始终保持高昂的情绪，不但体验了角色，还活用了语言。小组活动增强了合作交流意识，使语言真正实现了交际的目的。

4. 创新型作业

创新型作业也称为自主探究型作业。自主探究型作业要求学生在明确对象的基础上自主设计探究任务,通过小组合作研究、查资料等方式,进行多种形式的探究活动,综合运用和自主习得语言,从而实现多方面的发展。例如,在初三学完二胡表演艺术家阿炳的故事后,要求学生介绍一位自己最喜欢的人物,职业、身份不限。有相同爱好的学生自行组队,明确分工,有查阅整理资料的,有负责翻译的,有负责做PPT的,还要有主要发言人,至于怎么分配由组长和组员商议。

一周后的英语展示课上,学生们表现得特别出色,真是一场别开生面的汇报。每一组都有自己的特色,有介绍伟人的,有介绍诗人、作家的,还有介绍著名运动员、歌唱家、演员的,各有千秋。内容丰富,形式多样,每一组学生在台上介绍时,坐在下面所有的学生都睁大了眼睛,生怕错过了精彩之处,介绍完后都报以热烈的掌声。那一节课的课堂纪律是最好的,教师根本无须组织;学生的学习效率也是最高的。如果只是一位教师在讲,怎能有如此的效果!因为是学生感兴趣的话题,他们最大限度地发挥了自己的主观能动性,利用三年所学展示了他们的实力和能力,完全在教师的期望之上。同时也意识到,学生浓厚的学习兴趣以及这种自主探究学习,学生之间的相互学习合作交流是多么的重要!

现代教育把促进学生主体性的发展以及教育教学过程的民主化、个性化放在首位,倡导学生主动参与、乐于探究、勤于动手,培养学生获取新知识的能力。英语学科是一门工具类学科,英语教学是融语言文化和口语交流于一体的素质教育。而课外作业作为课堂教学不可或缺的部分,也是课堂教学的有益延伸部分,不仅对课堂所学知识进行巩固,还是一个重建与提升课程的创造过程,应当进行开放性的设计。在《义务教育英语课程标准(2011年版)》要求下,作业多样化是一个积极的尝试,是符合素质教育的创新发展。它尊重了个体差异,突出了学生的主体性,让学生在探究、实践与合作中激发学习英语的兴趣,提高学习英语的积极性,增强他们的探究合作、自主学习的意识,从而实现了初中生多方面发展的目标。

在实际探究和实践过程中,也发现了学生学习的兴趣有了明显提高,在完成各种形式的课外作业中的确表现积极、踊跃,学生的个性得到了发展,能力也得到了一定程度的提高;在课堂的展示过程中也都是热情高涨,口语技巧和语言的交际能力有了很大提高,学生也能较灵活地将所学目标语言"在用中学,在学中用",表现得越来越自信。但也存在一定的问题,如学生在情景表演的过程中,教师无法对每个学生的每个发音或表达错误进行及时纠正,导致了学生错误的累积;另外,由于上课时间有限,不可能做到每一组、每一位学生都有上台展示的机会,就无法做到对每位学生的学习过程和结果做有效的评价。这也是今后的教学中需要不断努力去探究和解决的问题。

参考文献

[1] 教育部基础教育课程教材发展中心.基础教育英语教学评价研究与探索(二).北京:北京教育出版社,2004.
[2] 中华人民共和国教育部.义务教育英语课程标准(2011年版).北京:北京师范大学出版社,2012.
[3] 赵金前.初中英语作业多样化的尝试.现代教育科学,2010(4):57-58.
[4] 蔡莉.初中英语教学中多元化作业设计与多元化评价体系初探.校园英语:教研版,2009(7):231-232.

基于阅读的初中英语写作教学探究[①]

南京市外国语学校仙林分校　薛梅

【摘　要】　阅读是语言的感知和理解的过程,是写作的前提和基础。写作是阅读的巩固和延伸,是将阅读过程中所获得的语言、词汇等知识调动起来,表达自己的真情实感。本文分析了初中英语写作现状,阐述了如何利用教材中的阅读资料,不断提高初中学生英语写作能力。

【关键词】　英语;阅读;写作

初中英语学习要求学生掌握四项基本能力,即听、说、读、写。其中写的能力是要求更高的综合性、实践性的语言技能。美国语言学家 Krashen 在他的教学理论力作 *The Power of Reading* 中指出,在非自然英语的语言环境中,学习者只有通过阅读才能大量地接触地道的书面语言。正确而又地道的语言输出有赖于充足而又高质量的语言输入。教材中出现的文本是语言信息的载体,也是写作材料的聚集地;是表达方式的模板,也是学生写作的话题源泉。我们要引导学生在把握教材所提供的材料内容的基础上,积极地吸收、运用,进行适当的同话题延伸和拓展,开展写作活动。

一、初中英语写作教学现状

南京市目前英语中考写作的分数是 15 分,在总分 90 分的试卷中所占比例是很大的。通过对以往的试卷分析,可以清楚看出写作是失分最多的项目之一,因此写作教学也就成了初中英语教学中的薄弱环节。是什么原因造成了这种现状呢? 在平时的教学中,常会出现为读而读、为写而写的教学分离现象。从学生角度来看,他们写作时词汇量不够,句式简单,条理不清,过渡僵硬,文章缺乏逻辑性。从教师角度来看,教师在写作之前,缺乏对学生写作技巧的指导,在批改作文时,教师更加注重词汇、语法错误的更正,而忽视了学生写作结构与文章的创意。要改变现状,传统的写作教学是无法达到要求的,这就需要在教学中将写作与阅读教学融为一体,把语言知识的传授、语篇结构的分析和写作知识的传授、写作技能的提高紧密结合在一起。

二、基于阅读的写作教学的可行性

南京现在使用的牛津英语教材采用了"题材—功能—结构—任务"的编写体系,每个单元的教学活动都分为听、说、读、写四个部分,着重培养学生运用语言的能力。每个单元都会安排对话或语篇阅读形式的文章,而且每个单元都设计了根据阅读课文呈现相应的写作活动,基于阅读的写作教学,意在将初中英语阅读教学与写作教学,尤其是 Task 的教学作为一个整体。每一课的阅读材料都成为 Task 写作取之不尽的源头及研究范本,让学生储备了丰富的词汇知识、多变的句型结构,感悟不同语篇的布局谋篇。

美国作家舒伯特在其 *Reading Is Writing* 中指出,教科书所编写的阅读课文是写作素材的集聚地,是语言现象的展示厅,是语法规则的剖析室,是文章体裁的示范本(转引自朱惠芳,2007:44)。初中生在三

[①]　本文在第十九届全国外国语学校外语教学科研论文评比中荣获二等奖。

年的英语学习中,精读了 40 多篇阅读课文。阅读材料的内容广泛,话题涉及生活的方方面面,其中有很多话题与学生的生活息息相关。因此,借鉴、利用教材内的阅读资源,培养和提高初中生的写作能力,是行之有效的。

结合这一现状,反思自己平时的英语教学,笔者在教学实践中探索着把阅读教学与写作教学相互融合,把输入活动与输出活动有机结合,通过利用好阅读教材,以读为本,培养学生的写作能力。

三、基于阅读的写作教学实践

第二语言习得理论认为,语言输入是输出的前提,只有可提取的信息丰富了,输出才会有效。阅读是初中学生学习英语的主要输入途径之一,写作则是语言输出的关键途径之一。根据上述理论,笔者在教学过程中尝试了借助教材,分解语篇,使学生逐步掌握所学的内容,能够进行与主题相关的表达,从而建构起整体全面的认知,达到厚积薄发的效果。叶圣陶先生在《论写作教学》中,说:"阅读与写作,吸收和表达,一个是进,从外到内,一个是出,从内到外,当然与吸收有密切的关系。"意在强调将写作技巧融入阅读中去领会,再将阅读中学会的知识灵活运用到写作中,以此逐步提高写作能力。这个教学程序可以概括为学习材料——消化阶段、分析语篇——吸收阶段、实践写作——产出阶段。

(一)学习材料——消化阶段

写作作为一项综合技能,不是一蹴而就的。学生语言运用能力的提高在于平时的训练和积累。写作中,要充分地表达自己的思想,掌握足够的词汇、句型是必备的条件和前提。可以说,教材阅读材料是初中生获得语言知识最肥沃的土壤。俗话说"万丈高楼平地起",词汇是写作中最基本的要素。要想清晰地表达自己的思想,必须有足够量的词汇。词汇的记忆,要让学生在熟悉的语境中,才更容易记得牢。比如在 7A 英语教学中,学到两个词组 in front of 和 in the front of 时,学生很容易记得一个是"在…前面",另一个是"在…前部",但是很快在使用中,他们分不清到底哪一个是"在…前面",哪一个是"在…前部",我们就让学生记住两个句子:There is a tree in front of our classroom. My teacher stands in the front of the classroom.通过几次,学生很快就能辨认两者之间的区别。在练习写作 My school 时,学生都能准确使用。

学习阅读材料也是掌握句型与语法的重要途径。英语句型的学习不仅仅要求学生掌握句型的中文意思,更要理解该句型在何种场合、何种话题时使用。句型的多样性是学生写作水平提升的一个重要因素,在平常的教学中,注意引导学生用不同的句型表达相同的意思。比如:Jim 花了 30 元钱,买了一本书。我们可以让学生用多种方式表达:Jim spends 30 yuan on the book. Jim spends 30 yuan buying the book. Jim pays 30 yuan for the book. The book costs Jim 30 yuan.

(二)分析语篇——吸收阶段

在语篇教学中,教师要有意识地引导学生整体感知语篇,寻找主题句、关键词,归纳段落中心到句法、词法、修辞运用以及阅读方法,篇章建构和图表信息分析,等等,这些活动帮助学生理解文章的大意、结构,从而使学生学会了如何列出关键词、归纳组织语言材料、整理思路以及对于文章结构的布局谋篇。

1.通过阅读材料,积累大量的词汇、短语与句型

丰富的词汇是学生写作中用词多样化的前提,他们可写的内容越多,主题思想得到充分发展的可能性就越大,文本的质量就越高。针对写作中词汇方面的需要,笔者采取引导学生根据本单元的话题,整合教材中所有同话题的词汇,并加以梳理,最后形成"Phrase Map"。这个"Phrase Map"构建了一个具有内在联系且与写作教学同步的词汇网络。

比如,9A Unit 7 Task 的写作是 My favorite film star,既然是要求写出最喜欢的电影明星,那就必然牵涉许多与电影明星有关的短语,personal details, acting career, work as..., act in ... films, the lead role, win the ... for her/his role in the film, win the nomination, win the best actor/actress... 于是,笔

者就想方设法激活学生头脑中各色各样的与电影明星有关的短语,让学生在写作时有话可说。把原本孤立的一些短语集合在同一个话题中,使短语与短语之间有了意义联系,这个意义联系使学生能够自然习得、运用和拓展短语。这样在写作中他们就能灵活地提取自身储备的有关词汇与短语。

2.通过阅读材料,掌握各种文章体裁

初中英语46篇阅读教学材料,涉及内容广泛,科普、文学、人物、诗歌、书信等应有尽有,学生通过学习不同形式的文章,掌握各种体裁文章格式的写法。

比如:7A Unit 5 Halloween,学生通过材料的学习,知道记叙文的写作要注意以下几点。

(1)要交代清楚事情发生的时间、地点、人物,发生了什么事,为什么会发生,如何发生(即我们常说的5W+1H,When,Where,Who,What,Why,How)。

(2)重点明确,结构清晰。通过结构图,学生仿写 Spring Festival,按照五个问题开始构思文章结构(图1):①When is Spring Festival? ②Where do people usually celebrate it? ③Why do people celebrate it? ④Who celebrates it? ⑤What do people usually do at Spring Festival? ⑥How do people celebrate it?

(3)注意时态一致性。文章描述孩子过春节的经历,通常用一般现在时。

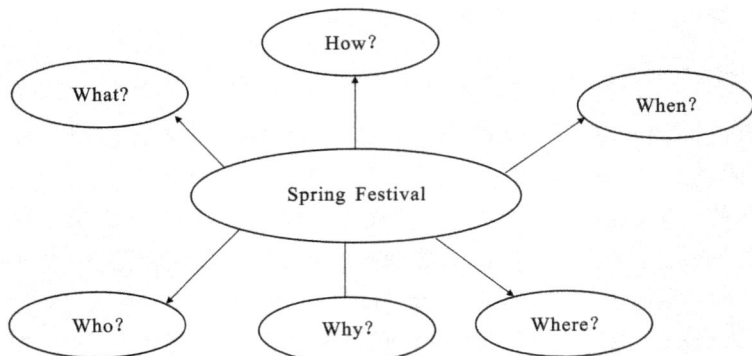

图1

3.通过阅读材料,学习写作技巧

阅读不仅能够让学生掌握文章的整体结构,还能够提高学生的写作技巧、写作能力。在阅读课中教师应该适当地引导学生对文章进行分析,找出主旨句,掌握文章的基本段落结构,这对培养学生谋篇布局的能力及写作能力都起着重要的作用。例如:7A Unit 4 School life,在教学中,让学生了解文章的基本段落结构,第一段描述 Millie's school,第二段介绍 school activities,第三段谈论 Millie's friends,第四段介绍 after-school activities。学生掌握文章的基本段落结构,他们在写作时,就会模仿这个基本结构,构思自己的 School life 了。

(三)实践写作——产出阶段

1.仿写

学生把平时阅读中积累的词、句和表达方式运用到写作实践中去。仿写是提高学生写作能力的一种重要手段。学生可仿写学到的词组、句子、段落,甚至文章。在阅读文本中实用的词汇和句型都是以后学生写作的"资源库",教师在课堂教学中,要引导学生善于发现,最后内化成学生自己的语言积累,从而有效地进行语言输出。比如:7B Unit 1 Homes around the world,让学生仿写 My dream home,学生运用课文中 There is a / an ... in front of / behind / beside.... It has ...floors. There is /are ... on the ground / first floor. There is / are enough ... there. I would like to invite my friends to.... My friends like to.... It is great fun!

2.改写

改写是用不同形式表达同一内容的方法,使之成为与原文意思相同而表现方式、文体不同的作品。改写可以变换文章的人称、顺序,可以改变原文的体裁、结构,可以灵活运用自己的语言,尽可能用多种方法来表达、替换原文语句的内容。比如,我们可以把对话改写成散文,可以把记叙文变成通讯报导、新闻特写,反之亦然。比如:7B Unit 8 Reading 部分是诗歌,为了使文章更有乐趣,笔者让学生对文章进行了改写,学生把诗歌变成了一篇记叙文:My dog is the cleverest dog of all the animals. He likes to run, but he doesn't run after a ball. He always opens his eyes wide. . . .

3. 缩写

缩写是原文的"高度浓缩"。它是对一篇文章的概括压缩,把原文篇幅缩短,在保留原意的基础上概括要点,体现中心思想,化繁为简,用更精简、明确的语言重新写作。缩写时必须做到层次分明、要点突出、结构得当。缩写文章要抓住关键词语和重点句。

例如:牛津 8B Unit 6 Reading "Volunteering for the Special Olympics World Games",这篇课文通过 Liu Ming,作为一名特奥会的志愿者,介绍了特奥会概况,以及自己作为特奥会志愿者的经历与感受,这是学生感兴趣的话题。于是,笔者让学生在课后写一篇缩写文,笔者列出了写作提示:Liu Ming's experience, an introduction to the Special Olympics World Games, what volunteers do for the event? Liu Ming's feelings about the event. 然后让学生们把课文中与之有关的一些句子整理一下即可。

记叙文要脉络清晰,语言流畅,基本事件概括齐全。对于说明文、议论文等其他文体的课文,通常首先找到每个段落的主题句,把握住文章的基本论点,再选用一些恰当的关联词,即完成一篇好的缩写。缩写能够锻炼学生的分析能力和概括能力,使其学会提炼文章的精髓,能为其他的写作方式打下良好的基础。

4. 续写

续写是要求学生在理解原文的基础上,顺着课文去想象,给故事加上一个他们认为最可能的结局。续写能调动学生的写作兴趣,他们能续写出很多出人意料的精彩片段。面对同一件事,不同的人会有不同的看法,课文续写也是如此,可以有很多种结果,只要学生能自圆其说就要给予认可。

例如:9B Unit 3 在学了"The Home Robot"这篇课文后,同学们都好奇 Mr. Jiang 的机器人出了故障之后,是否能够修好。笔者要学生展开想象力,续写故事会演变成哪种结局,结果学生想出了很多有创意的结局。续写是一种创造性写作,是开发学生深层次思维能力和拓展兴趣的手段。有研究表明,初中时期正是发展、培养创造思维能力的最佳时期。对于创造性写作,学生很容易沉浸在所写题目中,能真正地写出他们想写的内容。

在写作教学中,我们要不断提高解读文本、提炼文本特点的能力,并通过巧妙的设计带领学生走进文本、赏析文本,并搭建脚手架,为学生的写作输出做好铺垫,从而保证写作教学的有效性。可以有效地克服目前初中英语教学中过度强调对语法、词汇知识的学习,而写作能力培养不足的弊端,同时促进学生篇章阅读理解能力和英语写作水平的双重提高。

参考文献

[1] 石卉.输入假设与输出假设理论在英语写作中的运用.安阳工学院学报,2008(3):109-111.
[2] 邓佳妮.以读促写在初中英语教学中的实证研究.南京:南京师范大学,2012.
[3] 朱小敏.以读促写提高初中学生英语写作能力的研究实验.广州:广州大学,2012.
[4] 马海峰.通过在阅读教学中结合写作练习来提高高中生的英语写作能力.呼和浩特:内蒙古师范大学,2011.
[5] 李茜.应用读写结合法提高九年级学生英语写作水平的行动研究.乌鲁木齐:新疆师范大学,2011.

基于核心素养的高中英语阅读教学探究①

济南外国语学校　周东

【摘　要】 根据《普通高中英语课程标准(2017年版)》提出的培养学生核心素养的理念,本文以人教版高中英语 Module 4 Unit 4 Body Language 的阅读教学设计为案例,探究基于英语学科核心素养的阅读课教学策略。在英语阅读课教学中,教师应注意培养学生文化品格和英文思维能力,激发其学习动机并加强语篇意识。

【关键词】 核心素养;英语;阅读教学;文化品格

根据教育部《关于全面深化课程改革　落实立德树人根本任务的意见》,培养学生应有的核心素养和公民素质成为进一步深化新课改、落实素质教育的重要任务。《普通高中英语课程标准(2017年版)》也指出:"学科核心素养是学科育人价值的集中体现,是学生通过学科学习而逐步形成的正确价值观念、必备品格和关键能力。英语学科核心素养主要包括语言能力、文化意识、思维品质和学习能力。"由此可见,培养学生英语学科核心素养是落实当前国家人才战略和《普通高中英语课程标准(2017年版)》的具体举措之一。

结合这个大背景,笔者所在济南外国语学校教育集团于近期举办了提升学生外语学科核心素养研讨会,强化指向外语学科核心素养的课堂教学设计与评价。英语学科核心素养涉及培养学生包含语言能力在内的四大方面品质。"当前,学生发展核心素养的培养,最终还是要落实在课堂教学上。在我国多次课程改革过程中,课堂教学目标的确立从双基到三维目标再到学科核心素养。英语核心素养正是建立在原有三维目标的基础上,结合了时代精神对中学生英语学习方面的具体要求。当前,基于培养英语核心素养的课堂教学设计是教师们必须要解决的问题。"(孙起华,2017)

阅读是英语教学中最受重视的一个课型,同时,阅读也是培养学生思维品质发展的最重要的方面(冀小婷,2016)。本文尝试从一节高中英语阅读课的教学实践中,结合提升学生英语学习素养的教学目标,探讨如何在课堂教学设计及实践活动中落实核心素养的教育理念。

一、基于核心素养培养的教学设计案例分析

(一)学情分析

进入高一学年第二个学期,学生已适应高中学习节奏,能比较熟练地运用导学案,并在此基础上进行课文预习,也能在课余时间进行英语知识的合理复习。第二学期要求学生形成更好的学习习惯,阅读课对提高学生的词汇量、扩大知识面都有很大帮助。本单元涉及的是国外文化背景环境下生活中的常见问题,需要提前布置让学生做好预习,通过网络、图书馆等了解国外生活常见问题,以培养他们的自学能力。

(二)教材分析

本课时选自人教版高中英语 Module 4 Unit 4 Body Language 的 Reading 部分。本单元的中心话题

---

① 本文在第十九届全国外国语学校外语教学科研论文评比中荣获二等奖。

是国外学习、生活中常见的"身势语"问题,身势语是非语言交际手段中非常重要的一个方面,它通过无声的语言表达一个人的内心世界。与有声语言一样,身势语也是文化的载体,在跨文化交际中起着举足轻重的作用。了解身势语的不同文化含义并正确地加以运用,会在交际场合中起到意想不到的好效果。学生通过本单元的学习,可以了解肢体语言在交际中的重要性。

Reading 一共五段,以机场迎接客人为场景,讲述了来自几个不同国家学生由于文化背景的差异,在初次见面时互相问候的方式截然不同,造成一些小误会,形象地表明了身势语与文化背景的密切关系,以及身势语在人们日常生活中的重要作用。

本课时的重点是帮助学生了解多元文化现象和多元文化国家的特点,进一步训练学生 scan 和 skim 的阅读技巧。所以在教学中特别设计安排了读前、读中和读后的阅读任务,让学生带着问题去阅读,培养其搜集信息并处理信息的能力。本课时的难点是帮助学生了解不同国家肢体语言的含义,进一步学会如何回应。

(三)教学设计

1.教学目标

(1)Talk about the basic information about studying abroad.

(2)Learn how to express problems abroad.

(3)Learn to express ideas.

(4)Vocabulary:statement,greet,represent,association,dormitory,canteen,flight,curious,approach,cheek,defend,major,misunderstand,Jordan,dash,adult,spoken,likely,facial,function,ease,truly,false,anger,fist,rank.

【设计分析】 从以上 4 个教学目标来看,学生语言知识学习在得到兼顾的同时,如何提升学生的表达能力以及进行国外生活指导得到了重点关注,符合核心素养关于关注学生语言能力、提升其社会适应能力的基本要求。

2.教学过程

(1)Free talk.

How do you meet new friends for the first time?

How can you greet someone if you cannot speak?

【设计分析】 作为本节课的导入环节,两个问题的选用有效地引出了本单元主题,在激发学生学习兴趣的同时,采用让学生进行自由发挥、回答问题的形式取得了类似头脑风暴的效果,能锻炼学生短时间内多角度思考问题的能力。

(2)Guess the meanings.

Facial expressions,Gestures,Postures.

【设计分析】 本环节是对上一环节内容的深化,进一步使学生了解在与别人交流时可以借助的非语言手段,开阔了学习视野,同时了解到了几个基本的短语、词汇的含义和用法。

(3)Fast reading.

Find the countries mentioned in the passage.

【设计分析】 找出本文所提及的几个国家,这实际上是对文章进行 scan 训练,属于阅读理解文章的一项基本技能,锻炼了学生带着问题阅读文章寻找答案的能力,同时也是对学习能力的一种基本巩固。

(4)Careful reading.

①The main idea of each part. (Pair work)

Part 1 (Para. 1):Meeting international students at the airport.

Part 2 (Para. 2-3):Examples of cultural body languages.

Part 3 (Para. 4):Different cultures have different body languages.

Part 4 (Para. 5)：It's helpful to study international customs.

【设计分析】 了解文章的段落及大意是考查学生阅读理解能力的一个基本方面。本环节的设置让学生对文章的整体框架及大致思想进行了有效把握,同时在一定程度上提升了学生概括问题、思考问题的学习能力。

②Fill in the chart.

③Read Paragraph 2 and find out the two cultural mistakes at the airport：

a. Englishmen often stand close to others or touch strangers as soon as they meet.

b. Most people around the world now greet each other by kissing.

c. Japanese will bow to others as greeting.

d. People from Jordan will move very close to you as you introduce yourself to them.

e. Some body languages in some countries are good while some countries' body language are bad.

【设计分析】 步骤②、③主要针对的是对文章细节内容的考察,找出在机场发生的两起误会,锻炼了学生细节理解的学习能力。

（5）Post reading.

How to greet foreigners/strangers：

①Oral expressions(pronunciation).

②Words and idioms(content).

③Postures and gestures.

④Facial expressions.

⑤Smile is a universal language.

【设计分析】 阅读课内容当堂学习结束后要进行总结,本节课主要是关于国际交流中出现的误会以及身势语的重要性,以几位留学生的经历向我们说明身势语的必要性和重要性。本环节总结的五个方面,包含了口头交际、词汇、习语、面部表情等。

（6）Group work.

Imagine that you were a group of people from different countries, and you were going to do something together, what would happen?

Requirements：

①Two-four students in a group.

②Roles：traveler, volunteer, exchange students, athlete, narrator,....

③Choose your country：America, Thailand Turkey, Spain, France, China, Japan,....

④Prepare for 5'.

a. Comment Standards.

b. Language (use many/few useful expressions).

c. Content (contain much/little information).

d. Cooperation (communicate well/badly with each other).

Conclusion：

Learning international customs can help us understand today's multicultures.

Getting the knowledge of multicultures will adapt ourselves to the worldwide competition.

When in Rome，do as the Romans do.

【设计分析】 小组活动的设计充分体现了锻炼学生解决实际问题能力的设计意图,2～4名学生组成一个队,每个人的话题角色自选,所来自的国家自选,所要参与的活动内容、主题也自由发挥,尽量给学生创造宽松的氛围,让他们体会到解决实际问题能力的重要性,突出学生思维品质的锻炼,同时让他们了解到国内外学习、生活情形的差异,国外异域文化的特性,一定程度上培养了他们的文化品格。学生们在锻炼自身学习能力、提高文化意识的过程中,也意识到了身势语的关键作用,跨文化交际中,身势语其实也是文化的一种载体,承担了非语言交际手段中一个非常重要的方面,学会正确地使用身势语会起到意想不到的效果。

（7）Homework.

Design a meeting with your foreign friends and show us next time.

【设计分析】 作业布置为设计与外国友人的一次见面,模拟实际生活中人际交往中可能发生的情况,把课堂所学应用到问题解决中去。作业布置是进一步发展学生思维能力的重要环节。

二、课后反思、总结

本节课由话题思考导入,激发了学生学习兴趣,采用了略读、细读、跳读的教学环节,同时设置了独立阅读、小组讨论及大组合作等多样化学习形式,引导学生对国外社会生活环境概况及风土人情,尤其是交流交际中的常见问题进行了深入理解,调动了学生的学习积极性,促进了学习效率提高。课堂学习完成后的学生活动,模拟现实社会生活中常见问题,基于课文框架又不局限于课文内容,有效促进了学生的学习输出。具体总结如下。

（一）突出学生文化品格培养,形成独立思考能力和见解

程晓堂等认为,文化品格核心素养不仅仅指了解一些文化现象、情感态度与价值观,还包括评价、解释语篇反映的文化传统和社会文化现象,比较和归纳语篇反映的文化,形成自己的文化立场与态度、文化认同感及文化鉴别能力。虽然文化品格的某些方面显得抽象和宽泛,但文化也是可教授的,教授的重心在于通过学习者对获取的信息加以思考,为不同的文化信念寻找合理性解释,从而增补、丰富自己的知识信念系统(程晓堂、赵思奇,2016)。

通过学习这篇课文,学生了解到不同国家留学生之所以会产生一些交际误会,是因为不同国家文化背景的差异,认识到了身势语和文化背景知识的紧密联系,以及身势语在日常生活中的重要作用。在学习国外文化传统、社会现象的基础上,笔者认为学生也该学会逐渐形成自己的文化立场和见解,培养民族文化认同感,尤其是面对国外或者网络上各种误导甚至负面的文化声音、现象时,一定要有独立的甄别力,因此笔者认为学生文化品格的培养应放在课堂教学目标设计的突出位置。结合这篇跨文化交际的阅读课,学生要学会得体、大方地与国外人士进行交际,摒弃可能存在的"国外月亮比国内圆"思想,意识到文化认同感的重要性。When in Rome, do as the Romans do.

（二）注重学生英文思维能力锻炼,结合单元主题创设适当语境

束定芳认为,英语学科的核心素养应该突出"外"字,突出"国际交流能力",突出"国际视野"和"跨文化",突出中西不同思维方式碰撞和比较中的"思维品质"的提升。就高中阶段而言,更加强调语言使用能力,特别是运用外语去接触、学习语言之外的主题知识和文化知识(束定芳,2017)。思维品质是学生通过英语学科的学习而得到的心智发展。思维品质的发展有助于提升学生分析问题和解决问题的能力,从跨文化的视角观察和认识世界,对事物做出正确的价值判断(程晓堂,2017)。

很多学生之所以出现能学会知识点却表达不出来或者有表达困难的现象,其中一个重要的原因,就是输入环节效果不理想,结合英语学科来说,就是没有很理想地培养学生英文思维的习惯。尤其是在表达环节,教师要避免学生纯汉语翻译现象的出现,让学生学会从解决问题的角度去用英文进行表达。教师备课时一定要注意结合单元话题创设恰当语境,比如本节课学生活动生成环节:Imagine that you were a group of people from different countries, and you were going to do something together, what would happen? 就给学生创设了很合适的主题语境,有助于学生活动进一步开展。

（三）激发学生学习动机,发掘课外教学、学习资源

根据学习动机理论,学习任务难度的等级会直接影响学生的学习积极性,适中的难度最有助于学习活动的开展。因时间、进度、学生学情等多方面因素的影响,课堂活动难度必须适中,不能超出学生现有水

平。此外,要取得进一步巩固的学习效果,课外活动必不可少。比如本节阅读课话题,Body Language,课下可以开展形式更丰富的学习活动,当然这也需要教师支持,课下牺牲一部分个人时间。笔者认为可以从学校角度开展一些工作,考虑设置除英语角之外的一些固定英语学习活动。目前济南外国语学校模拟联合国社团学生辩论、外语艺术节、英语角等活动的定期成功开展,都取得了不错的活动效果和反馈。

(四)加强学生语篇意识,提高其篇章宏观思考能力

在授课过程中,教师一定要注重对学生语篇意识的培养,具体体现在两方面。其一,备课阶段教师要注意对文章教学进行宏观设置,包括主旨思想、段落大意、写作意图、文章体裁分析以及过渡手段等。其二,在上课过程中,教师首先要给学生强化语篇体裁分析的意识,学会运用图式理论指导教学,让学生学会合理地猜测文章发展脉络、推理作者写作意图,比如由文章题目 Communication:No Problem? 可知这篇文章涉及人际交往,再根据每段第一句话及时态来推测,文章可能是以发生过的事例来引出作者的思考,后面文章内容的学习也印证了这一点,当然也要同时提高学生文章整体以及段落理解的基本能力。

三、结束语

高中英语学科核心素养的理念呼应了立德树人的人才培养目标,也是素质教育在当今的进一步表现。作为十九大后新时代的高中英语教师,我们应在平时的课堂教学中贯彻核心素养的理念,从听力、写作、词汇教学等不同课型入手注重对学生语言能力、思维品质、文化品格和学习能力的培养,不断提高学生适应国内外社会生活的能力,呼应当前进一步深化对外开放的国家战略,为更好地促进对外开放交流、宣传我国优秀传统文化作出贡献。

参考文献

[1] 程晓堂,赵思奇.英语学科核心素养的实质内涵.课程·教材·教法,2016(5):79-86.
[2] 程晓堂.英语学科核心素养及其测评.中国考试,2017(5):8-14.
[3] 冀小婷.英语学科核心素养培养的实现途径.天津师范大学学报:基础教育版,2016(7):48-51.
[4] 刘林峰.基于学生核心素养培养下的有效阅读教学.英语教师,2016(24):54-63.
[5] 束定芳.关于英语学科核心素养的几点思考.山东外语教学,2017(2):35-41.
[6] 孙起华.培养英语核心素养背景下的课堂教学设计探究.天津师范大学学报:基础教育版,2017(4):57-61.
[7] 中华人民共和国教育部.普通高中英语课程标准(2017年版).北京:人民教育出版社,2018.

初中英语写作教学中反思性教学的应用[①]

成都市实验外国语学校　王奕

【摘　要】　作为一种新型的教学方法,反思性教学的运用越来越普遍。尤其是在英语写作教学中,这种教学方法较为实用,对课堂效率的提高有着重要作用。本文将论述反思性教学的内容和初中英语写作教学的特点,将两者结合起来,探讨初中英语写作教学中反思性教学的具体应用。

【关键词】　初中英语写作教学;反思性教学;应用

一、反思性教学的定义

反思性教学是指教师在教学实践中,自觉地把自己的课堂教学实践作为认识对象而进行全面、深入的冷静思考和总结。

反思性教学包括两个方面:一方面是指教师对于自己教学内容的反思,包括课前对于课堂教材的理解审查,课程中对于自身教学方式、教学效果的反思和课后对于自己整个教学活动的思考。即教师对自己进行的反省与审查,属于自我衡量方式。另一方面是指教师对于学生的反思,通过学生对课堂知识把握的直接反馈、随堂测验、定期考试等方式了解学生对于课堂知识的掌握程度,难以理解掌握的难点、重点、课堂内教学方式的效果等。这种反思能够为教师今后的教学内容和教学方式做出指导,让教师讲解的内容有侧重点,教学方式更加科学,师生互动效果更好,课堂气氛更加活跃。这是一种因材施教的方法,教师对学生的学习能力和学习习惯有了宏观的把控之后,就能够更好地提升自己的教学能力和学生的学习效率。

反思性教学的本质是一种"问题—尝试—反思—新问题—调整—反思"的模式。如今,这种教学方式在教学过程中越来越普遍,人们对于反思性教学的认识也越来越深。但是如何根据各学科的教学特点来加以实践,是仍需思考和解决的问题(黄和斌,2015)。

二、初中英语写作教学的特点

初中英语写作注重基础知识的掌握,要求学生能够掌握一定量的词汇,灵活地运用各种标点符号,根据正确的语法知识和英语思维逻辑来进行英语表达。这种英语表达往往是最为简单和基础的,语句通顺,语意完整即可。日常的写作过程一般是根据英语写作主题搜集相关材料,进行构思,根据思路写作。考查学生对于单词、短语用法的掌握,逻辑思维的清晰与否和日常积累。在初中英语写作的教学过程中,教师要注重这些要求,根据这些要求来进行教学。

相应地,初中英语写作教学侧重于培养学生的基本功,在教学过程中要不厌其烦地强调重点知识,对于学生的易错点要多加进行复习指导。写作是学生英语能力的综合体现,也是听、说、读、写四大学习板块中最难的部分。对于学生来说,英语写作中较难的是思维的构建,这离不开学生的日常积累与学生逻辑思维能力的培养。在最初写作阶段,英语写作教学多采用指导学生对优秀范文进行模仿的方式,让学生在模

---

①　本文在第十九届全国外国语学校外语教学科研论文评比中荣获二等奖。

仿过程中掌握好的文章构架和语言逻辑,进而能够体会到汉语书写和英语写作的不同,更好地表达自己头脑中的构想。初中英语写作包括记叙文、说明文和议论文,每一种文体都是通过鉴赏和模仿范文的形式开始教学的。

另外,初中英语写作教学要求加强英语语言的输入,让学生掌握正宗的英语表达,避免汉语表达和汉语思维的不良影响,摆脱母语语言的束缚。随着学生对知识的不断掌握和英语表达能力的不断提升,教师可以开始进一步的教学,传授给学生更高级的英语表达和写作技巧(刘爱英,2014)。

三、在初中英语写作教学中反思性教学的具体应用

(一)从教学内容出发

在对教学内容进行仔细反思后,不难发现英语写作和汉语写作有着诸多相似之处,其写作本质都是相同的,无非是运用语法和结构将字、词、句串联起来,组成一篇文章。内容由易到难,由简到繁,由抽象到具体。英语写作要求学生具备大量的词汇和素材,因而教学内容不应该仅仅局限于课本知识,还应添加课外知识,如引导学生定期阅读英文报纸,及时关注英语新闻,丰富学生的知识面。

(二)从教学过程出发

在课堂上实施英语写作教学的流程一般是:准备—写作—修改。在这一过程中,教师要注重师生间的互动,并引导学生之间进行互动交流。在准备阶段,教师可以引导学生对写作题目进行分析,提供相关的思路和想法。在修改阶段,教师可以现场对学生的写作进行批改,指出学生作文的优缺点。这一过程可以得到学生写作水平的直接反馈。除此之外,还可以将学生进行分组,小组内部交换修改作文,修改完成后进行讨论,这一过程学生可以自由发挥,表达自己对于作文主题的理解和对于英语基础知识的了解。在对自己作文的分析过程中更能厘清文章结构,对文章进行整体把握,学生能够主动地对所学知识进行反思。教师也可以观察学生的动向,把控课堂节奏,对于小组无法解决的问题进行解释。这种互动性的教学方式是反思性教学经常使用的一种方法。

以上是一般英语写作的教学方法,但是英语写作离不开英语的听、说、读、写,教师在教学过程中应当尽可能采用多种方式和手段,从语言基本要素、语言基本技能、思维能力等方面对学生进行多层次和综合性的写作训练。除了平时给学生进行知识点的讲解,训练学生的英语听力,指导学生进行阅读外,在课堂上,教师还应指导学生进行即兴对话,锻炼英语表达能力,让学生灵活地运用所学知识,而不是死板地学习课本知识。这种方法是一种循环往复的模式,教师不断地根据自身体会和学生在课堂上的表现来进行教学方法的调整,学习情况和课堂效率也不断得到检验(赵永青,1995)。

(三)从课外教学工作出发

在课堂结束后,教师应当对课堂中出现的问题进行反思,总结自己的课堂表现。保留好的教学方法和教学思路,抛弃失败的教学方法。对于课堂中学生们易犯错的知识点进行归纳整理,在往后的教学过程中反复强调,例如初中学生在英语写作上易犯的语法错误,要进行结构上的梳理,多次复习,直至学生完全掌握语法知识。对于那些基础特别好或者基础特别薄弱的学生,也要好好记录他们的学习情况,改变"吃不饱"和"吃不消"的情况。课后还要认真批改学生的英语作文,掌握全班学生的整体学习情况,以制订更好的学习方案,提高全体学生的英语学习能力。

为了更好地运用这些理论措施,我们进行了课堂实践。课堂以"坚持的力量"为题来进行说明文的写作。第一堂课,课程前半部分,教师在简单地对学生进行这一话题的引导后就让学生开展了分组自由讨论,讨论过程中,教师对部分学生不懂的地方进行了单独指导。课程后半部分,学生独立思考进行写作。第二堂课,课程前半部分,学生按分组交换批改作文,教师对部分作文进行批阅,而后教师集中讲解作文中易出现的错误,用错的语法和词汇,对好的作文进行示范,让大家学习、借鉴。整个教学过程结合了师生互动、集体学习的方法,增添了学习的趣味性。在学习过程中,学生可以互相汲取好的学习方法,但是也出现

了某些学生借机偷懒的现象,甚至影响了周围学习的学生。另外,在学生交互批改作文的过程中,由于某些学生基础知识掌握不牢,给学生批改错误,还灌输给了对方错误的写作知识。在以后的实践过程中应当注意防范这一点。

四、在初中英语写作教学中加入反思性教学方法的影响

(一)有利于提升教师的教学水平

反思性教学要求教师有自我反省的自觉性、审视教材的洞察力和对全体学生的宏观把控力。这一过程也是教师自我学习的过程,教师可以养成自我反省的优良习惯,增强对学生的敏感度,提升自己的教学能力和课堂效率。这种发展式的教学方法有着许多传统教学方法无法比拟的优点,能根据实时情况加以改进,使得教师能够灵活应对各种教学对象和教学内容。

(二)有利于提高学生的学习效率

反思性教学方法有利于教师探索出更适宜学生的教学方法,为学生学习英语写作提供捷径。传统的英语写作教学往往单调乏味,学生学习兴趣不大,课堂内吸取知识的效率低。而反思性教学注重师生间的互动教学,增强了英语学习课堂的趣味性和学生学习英语的主动性,使学生从知识被动的接受者转变为知识的主动获取者。兴趣是最好的老师,一旦学生有了学习的积极性和主动性,英语写作水平必然会提高,效率也能得以提升。

五、结语

反思性教学方法的科学性和有效性毋庸置疑,但在实际运用过程中,我们应该根据实际情况,更好地与具体学科进行融合。在将反思性教学方法运用于初中英语教学的过程中,我们可以将其分为教学前、教学中和教学后三个部分:教学前做好课堂准备;教学中注重师生互动,活跃课堂气氛;教学后认真反思总结。每一个部分都要做好反思,不断探索寻求最佳的教学方法,提高教师的教学水平和学生的学习能力。

参考文献

[1] 黄和斌.外语教学理论与实践.南京:译林出版社,2015.
[2] 刘爱英.英语写作:课程目标与教学方法的重新定位.外语教学,2014,5(24):8-9.
[3] 赵永青.从语篇思维模式看英文写作教学.现代外语,1995(2):21-26.

英语学科核心素养视角下的高中泛读"导与学"[①]

【摘　要】　在国内外各类英语类考试不断增加阅读理解比重与难度的形势下,泛读教学日益成为高中英语阅读教学一个不可或缺的部分。本文以"典范英语"丛书为例,从阅读目标、任务及多元化检测手段三个方面阐述和总结如何设计及使用导学案以辅助高中英语泛读教学,从而全面、有效提升学生的英语阅读素养。

【关键词】　高中英语;泛读教学;导学案;检测手段;阅读素养

近年来,各类英语类考试在增加阅读材料篇幅的同时不断加大材料的难度及题目设置的深度,而现行高中英语教材中篇目有限的阅读材料已经不能满足社会对学生阅读能力的要求及学生对阅读广度和深度的需求。在这样的形势下,泛读教学的开设便成为大势所趋。高中英语泛读教学的目的在于提高学生的阅读速度和能力;培养学生细致观察语言的能力以及假设判断、分析归纳、推理检验等逻辑思维能力;提高学生的阅读技能,包括细读、略读、查阅等能力;并通过阅读训练帮助学生扩大词汇量、吸收语言和文化背景知识。本文以"典范英语"丛书为例阐述和总结如何设计及使用导学案以辅助高中英语泛读教学。

一、目前高中英语泛读教学存在的问题

1. 泛读教学在英语课堂中缺乏足够的重视

以江苏省普通高中为例,除部分外语特色学校可能会专门开设泛读教学以外,江苏省大多数学校甚至连泛读教学也没有。大多数教师会选择在假期布置泛读任务,部分外语特色学校会定期安排泛读课让学生自由阅读。这样的安排带来很多弊端:其一,阅读文本的题材、内容及词汇量是否适合该年龄段学生阅读不得而知;其二,教师没有切实有效的方式跟踪学生的阅读进度并及时检查和指导,从而使学生的阅读效果大打折扣。

2. 泛读教学方法缺乏新意且目标设定模糊

纵观省内一些开设泛读课的外语特色学校:首先,在精读课挤压下夹缝求生的泛读教学往往跳不出传统阅读教学的桎梏。陈旧的教学方法和以教师为主体问答式的教学模式无法充分调动学生的阅读兴趣和热情。其次,在泛读教学中,教师往往忽视对阅读目标的设定,使学生在阅读的时候不能做到有的放矢,从而严重影响学生的阅读效率和深度。最后,泛读教学普遍缺乏对文本阅读的引导和阅读技能的指导,导致学生的所学所得严重受限。

3. 泛读教学检测和评价环节缺失或手段单一

目前,检测学生泛读效果的唯一手段是书评。事实上,能按要求完成泛读任务和书评的学生仍为极少数。这种缺乏创意的强制性检测手段极易挑起学生的抗拒心理,让泛读成为一种负担而不是让人身心愉

---

① 本文在第十九届全国外国语学校外语教学科研论文评比中荣获二等奖。

悦的体验。此外,仅以书评形式去检测学生阅读效果和理解程度的方法是狭隘的;在书面表达方面有所欠缺的学生对文本的理解及思考并不一定逊色于其他学生。单一的检测手段并不利于全面提升学生的阅读素养。

各类英语类考试对阅读难度的不断提升,以及对学生阅读技巧和理解能力的要求,都使得泛读教学成为有效提升学生阅读理解得分率的突破口(李天紫,2007)。此外,以英语工具性结合学科人文性设定泛读阅读目标,引导学生有效阅读、深入思辨和挖掘文本中的人文内涵,则符合《普通高中英语课程标准(2017年版)》对高中生英语核心素养培养的要求。

基于以上问题及思考,泛读教学在高中英语课堂中不可或缺,但基于高中教学时间紧、任务重的特点,泛读教学应当目标更为明确且课堂高效化。因此,笔者认为根据不同的文本阅读材料个性化制订阅读目标,兼顾语言能力、文化品格、思维品质和学习能力四个方面科学设计导学案,并采用多元化的评价体制才能全程监督和指导学生的泛读过程,从而使学生的英语核心素养得到全面、有效的提升(王蔷,2015)。

二、导学案辅助高中英语泛读教学的实践与总结

作为外语特色学校,南京市外国语学校仙林分校率先开设了系统的泛读教学,采用的教材是由北师大原版引进的"典范英语"(Good English)。这套教材作为全国教育科学"十一五"规划教育部重点课题暨"中国基础英语素质教育的途径与方法"课题实验教材,备受国内知名英语教育学者与专家的推崇。

笔者以"典范英语"第十册之《秘密花园》(The Secret Garden)和第九册之《顶级跑鞋》(The Ultimate Trainers)为例,分别就泛读教学中阅读目标、任务及检测手段三个方面阐述如何合理设计以《普通高中英语课程标准(2017年版)》为指导、以素质教育要求为目标,引导学生自主学习、主动参与、合作探究及优化发展的导学案以辅助高中英语泛读教学。

1.在导学案中设定阅读目标

以《秘密花园》(The Secret Garden)为例,阅读目标涵盖阅读前、课堂汇报及课后三个阶段的目标达成,分别为:①学生阅读小说后完成教师设计的导学案;分组讨论并领取任务,准备report相关素材(本节课的report主题是对三个人物外观及个性变化的研究)。②以小组为单位,全员参与report主题汇报;与台下同学互动,与教师互动;改进report主题并完成总结(张野,2014)。③在对小说人物、主题更深入理解的基础上以"My Secret Garden"为题完成课后写作任务。

【设计说明】 鉴于泛读教学的特点,阅读目标分三个阶段达成,便于随时观察和检测学生各阅读阶段对文本的理解程度,以便随时指导、纠正及启发,保证了泛读教学的完整性和有效性。同时,为辅助阅读目标的达成,贴合文本主题"量身定制"的阅读目标以四把钥匙作为教学线索引导学生思考和探索的个性化设计,充分调动了学生的好奇心和求知欲,在为升华文章主题做好铺垫的同时引导学生挖掘文字背后深层次的信息和内涵,有利于高中生文化品格和思维品质的提升。

阅读教学目标应针对不同文本类型个性化、分阶段制订。如,故事性文本可侧重培养学生的读写能力;科幻类文本可培养学生的思维品质;文学性文本可倾向于培养学生的语言能力和文化品格;而探险类文本则可训练学生的思辨能力和学习能力(王蔷、罗少茜,2014)。此外,阅读目标的制订应贯穿课前阅读、课堂展示和课后反馈三个阶段。因此,首先,在阅读目标中明确阅读时间可督促学生提高阅读速度以保证阅读效率;其次,提前下达课堂展示的内容和侧重点可确保课堂目标的顺利达成;最后,明确课后反馈的任务和要求可深化学生对文本的理解和运用。

2.在导学案中设定阅读任务

鉴于泛读教学的特点,阅读任务的设计显得尤为重要。阅读任务的目的是引导和启发学生的阅读和思考,因此,任务的设计应当在辅助阅读目标达成的同时具有一定的趣味性和启发性,才能调动学生阅读的兴趣,从而使阅读成为一件愉快的事(刘蕾,2014)。

以《顶级跑鞋》(The Ultimate Trainers)为例,在电影《蝴蝶效应》的启发下,笔者在导学案中设计了"事件树"任务。从整本书提取出的五个关键情节点,启发学生在每个情节点上做出不同的选择从而改变

故事发展的轨迹。该"事件树"任务也为接下来的书面表达任务——故事续写做好铺垫,以辅助阅读目标的顺利达成。

【设计说明】 首先,"事件树"导学案的设计在情节上做文章,以五个关键情节点提取故事发展主线,便于学生读后回顾和梳理;其次,为避免框梏学生对文本理解的角度和深度,"事件树"导学案的设计追求简洁概括;最后,"事件树"的设计打破传统问答式导学案的固有模式,在调动学生兴趣的同时减少被迫完成作业的压迫感。

图1为"事件树"图例,供参考:

If Mariah and Luther had decided to give the trainers to Jake as a present, what would have happened?

If Mariah had revealed Beadle and taken the trainers back, what would have happened?

If Jake had listened to Anna's advice and given up wearing the trainers to take part in the championship, what would have happened?

If Jake hadn't stuffed the trainers into his bag, what would have happened?

If Jake hadn't kept the trainers in his locker at school and had brought them home, what would have happened?

图 1

阅读任务作为泛读教学中的指挥棒,在导学案中的作用不言而喻。首先,泛读文本的多样性决定了阅读任务应依据不同文本特点做出个性化设计。例如,故事性强的文本可设计文本续写;科幻类的文本可引导学生分析情节中的漏洞和科学幻想的可行性;文学性较强的文本多创设人物性格和环境描写等相关话题的讨论;探险类的文本可引导学生将探险情节与实际生活对比,分析情节设计的可行性。其次,阅读任务的设计可突破传统问答式的模板。图文并茂的导学案不仅简洁明了,还不会给学生造成心理上的负担和压力,从而调动学生阅读和参与的兴趣(郄利芹,2012)。

3. 在导学案中告知检测手段

鉴于泛读教学的特点,检测应分别放在课外及课内两个时间段进行,并贯穿阅读前、阅读中、阅读后三个环节;随时跟踪学生阅读理解的效果和深度,以便及时调整和指导。在此,笔者分别从课外和课内两个阶段阐述泛读教学的检测手段。

首先,在课外需要准备的检测工具主要是阅读前的导学案及课后的书面表达作业。导学案中阅读目标和任务的制订上文已经详细阐述,此处不再赘述。表1为《顶级跑鞋》一课的书面表达模板:

表 1

1. Pick out from the story some important expressions or sentences to remember.
2. Read the story carefully and answer the questions in "After Reading" on the inside cover.
3. Please choose a turning point in the novel and continue to write the novel by using your imagination.

其次,课内检测也应多元化:①学生以小组为单位的汇报和展示是教师对学生阅读情况的全方位检测;②对学生个人汇报和展示情况的评价是兼顾其小组表现及个人表现两项的综合检测;③对学生个人课

堂表现的检测应当兼顾其他学生及教师两个维度的反馈。表2为课堂评价表示例：

表2

Name	Team Score	Individual Score	Bonus	Demerits	Total Score

【设计说明】"事件树"阅读任务在检测学生阅读进程的同时铺垫续写任务；书面表达作为检测手段之一，分三个层次，即摘抄经典语句、回答思辨型问题、完成文本续写，由浅入深地检测学生阅读和理解的深度、思维的创造性及语言表达的准确度和严谨性。课堂检测表中生评与师评两项相加得出各小组及其成员参与课堂汇报和互动的得分，与书面表达得分相加即为该生的综合得分。多维度检测手段使检测体制更客观，在鼓励不同层次学生认清自身不足的同时分别调动合作和竞争机制，使课堂互动气氛更热烈。

泛读教学的检测既要体现在文本处理中的各个环节，同时也要体现在师生、生生检测的多个维度上，从而使检测结果更客观、全面(李小青、李瑛,2013)。贯穿泛读教学前、中、后各环节的多元化检测可以从多维度、多角度观察每个学生掌握、理解文本的程度，便于教师对学生的阅读习惯和思维模式提出正确、有效的建议和调整。师测与生测相结合的多元化检测手段使泛读教学的检测体系更加尊重每个学生的阅读成果，给很多平时内向或英语成绩并不拔尖的学生以崭露头角的机会。

三、导学案辅助高中英语泛读教学的效果

笔者在"典范英语"九、十两套读本共20册书的泛读教学中，针对不同文本特点，设计个性化导学案，对学生阅读素养的全面提升起到了积极的影响和作用。

1. 导学案辅助下的泛读教学更易调动学生积极阅读的兴趣

现行高中英语教材中阅读材料话题单一，篇目有限且教学方法千篇一律，不利于调动学生积极阅读的兴趣；而泛读文本则突破了选材和篇幅上的桎梏，针对不同泛读文本特点配合个性化设计的导学案以其丰富且多样化的话题和任务设计让阅读变得愉快起来，从而鼓励更多的学生积极参与阅读。

2. 导学案辅助下的泛读教学对词汇的掌握和使用大有裨益

教材文本受篇幅限制，在词汇量及其复现率方面远逊于泛读文本；而导学案的作用则好比泛读教学中的指挥棒，先引导学生在阅读中收集和积累新词汇，再通过课堂展示及课后书面任务的下达帮助学生使用和巩固新词汇，从而全面提升学生的词汇掌握和使用能力。

3. 导学案辅助下的泛读教学帮助培养学生的阅读习惯和技能

在平时的阅读教学及考试中，我们不难发现学生在阅读习惯和技能上的欠缺。如指读、读出声等错误的阅读习惯以及不能灵活运用略读、细读、查读等阅读技能，均严重影响阅读和解题的速度，这与学生平时阅读量严重不足及阅读教学缺失、习惯培养和技能训练大有关联。而泛读教学中依据不同文本特点设计导学案在扩大学生阅读量和语言、文化背景知识输入的同时，可有所侧重地培养学生的阅读技能和良好习惯。

4. 导学案辅助下的泛读教学培养学生细致观察语言、文字的能力和思维品质

依据泛读文本量身定制的导学案可以引导学生细致观察语言、文字在不同语境下的表达，并挖掘和探讨语言、文字背后的深意和内涵；同时，导学案可依据文本特点多样化设计阅读任务以训练及考查学生假设判断、分析归纳和推理检验等逻辑思维能力，从而全面提升学生的思维品质。

在教师引导、学生主导的泛读教学中，阅读得以以一种积极开放的方式推进。在质疑中彼此说服，求同存异；在合作中有批有评，互补共赢。仔细想来，这不正是我们希冀通过泛读教学帮助学生感悟和获取的东西吗？

参考文献

［1］　李天紫.论英语泛读教学的发展趋势.外语界,2007(6):65-73.

［2］　王蔷.从综合语言运用能力到英语学科核心素养——高中英语课程改革的新挑战.英语教师,2015(16):6-7.

［3］　张野.论小组合作学习方式下的《典范英语》教学.教育教学论坛,2014(4):69-71.

［4］　王蔷,罗少茜.英语学习与思辨及表达应融为一体.中国教育报,2014-6-12.

［5］　刘蕾.创新设计导学案,提高高中英语阅读教学效能.中学生英语:高中版,2014(7):52-53.

［6］　郄利芹.高中英语阅读教学中导学案的设计与实施.教育实践与研究,2012(18):37-39.

［7］　李小青,李瑛.高中英语阅读教学评价多元化分析.江西教育,2013(12):38.

非谓语动词错误分析及其在高中英语教学中的应用①

成都外国语学校高新校区　杨银

【摘　要】　英汉语言表达上存在较大差异,汉语讲究意合,强调意义的表达;而英语以形合为主,动词的曲折变化很多。这使得非谓语动词成为中国学生的学习难点,也是高中英语教师的教学难点。本文以错误分析理论和语言迁移理论为基础,试图通过实证研究探究高中生非谓语动词的使用错误原因及其有效教学途径。

【关键词】　非谓语动词;错误分析;语言迁移

一、研究背景

埃里克·霍金斯（1987）说过"语言意识被提升到英语学习的初级阶段,是通过语法来达到的"。语法作为一种语言的核心,对于许多中国英语教师而言,是遇到的最困难的教学点之一。本文对非谓语动词的语法点进行了研究。

英语强调动词,其形式多种多样,使中国学生感到困惑,因为在母语中没有动词的曲折变化。因此,在谈论英语学习困难时,非谓语动词通常是第一个。帕尔默（1988）指出,"几乎任何一门语言,有关动词的部分往往是最困难的。学习一种语言在很大程度上是学习如何操作那种语言的语言形式"。显然,对中国学生来说,学习动词,尤其是非谓语动词,是非常重要的。此外,非谓语动词在英语高考中占有很大的比重,这就使得教师特别注重非谓语动词的教学。然而,由于自身的复杂性和汉语的负面影响,许多学生不理解,只是一味机械地学习非谓语动词。这种学习违背了语言学习的最初目的,导致最后没有得到想要的结果。这就需要教师找出一种高效的非谓语动词教学方法。

根据布朗（1987）所说的"人类学习是一个制造错误的过程",我们得知错误体现了学生目前的知识水平和对新知识的不理解,所以对学生所犯错误的研究就是对他们学习情况研究的一种方式。

要学好非谓语动词,教师应该对学生所犯的错误有一个清晰的认识,并试图找出他们错误的原因,这对教学和研究都是很有帮助的。错题本是一种收集自己错题的很好的方式,它可以充当特殊的学习材料。这个特殊的材料可以作为教师研究的主要依据。

二、研究的重要性和意义

如上所述,非谓语动词是一个重要的语法点,也是一个难点。因此,研究如何改进非谓语动词的教学是有意义的。然而,与传统研究不同的是,本研究旨在对学生所犯的错误进行分类,然后找出这些错误可能的原因,以期能够有针对性地调整教学方案以达到最好的教学效果。另外,错题本身也是一位老师,它将帮助学生复习错题,这是一种教学强化。

---

① 本文在第十九届全国外国语学校外语教学科研论文评比中荣获二等奖。

三、研究理论与过程

本文以错误分析理论和语言迁移理论为理论基础进行研究,利用错误分析理论对错误进行了分析。迁移理论解释了这些错误的可能原因。这些精确的分析会丰富非谓语动词的理论。

关于错误分析理论的定义,*Longman Dictionary of Applied Linguistics* "the study and analysis if the error made by second and foreign language learners",这是对第二语言学习者或者外语学习者所犯错误的一种研究和分析。经典的定义是由科德(1981)提出的"错误分析是一种用来理解和描述第二语言学习者语言系统的方法论"。这些错误可以为教师提供信息,说明应该教什么和教育者的学习过程,以及要根除哪些错误。布朗(1987)指出学习就是犯错。就像其他学习一样,在第二语言的学习过程中,错误是不可避免的,但在过程中,学习者可以观察、分析、分类和描述错误。这些错误可以作为语料库来纠正以后的错误,是对学习和教学都有用的教材。理查兹(2000)将错误分析理论定义为"对第二和外语学习者所犯错误的研究和分析"。它试图从研究实际的错误中得出关于困难区域的推论。从定义上可以很容易得出结论:错误对教学有帮助。第一,它给了教师一个提示,即哪些部分是学生的重灾区。第二,这些难点的原因是教师可以参考的。

本文从教育学的角度,首先对受试者所做的试卷的错误进行了分类,然后明确了错误的类型,给了教师明确的提示。基于迁移理论,对这些错误的可能原因进行了分析。这些错误原因可以提醒教师非谓语动词学习的难点。在以后的教学中,每次遇到关于非谓语动词的题目,教师首先帮助学生找出其所属的种类,根据学生容易出错的方向来反向讲解,避免学生又用之前的错误思维来做题。长此以往,学生在碰到非谓语动词题目的时候会先想到这道题的分类,进而采取相应的做题方法。

在做这项研究之前,我们设计了一套测试题给学生做,有 30 个选择题、46 个填空题和 10 个改错题。为了保证考试的信度,几乎所有的题目都是高考题或者是高考改编题,这些题目几乎涵盖了高中非谓语动词的所有用法。选择题的四个选项几乎均匀分布,以避免学生的机选对研究数据造成干扰。

四、研究结果

共有 4 个同层次的教学班,共计 126 人参与此次考试。考试结束后,试卷被收回,其中 120 份试卷为有效试卷。利用错误分析理论对错误进行分析,提出了基于语言传递的误差可能产生的原因。通过统计,总结出表 1 所示 7 种常见的错误。

表 1

种类	对于错误的描述
1	混淆过去分词与动词过去时
2	搭配使用错误
3	忽略 be 动词
4	分不清主动语态和被动语态
5	分词的拼写错误
6	忽略介词后面应该用动词的 ing 形式
7	混淆动名词开头的句子和祈使句

每种错误所对应的个数和比例如图 1 所示。

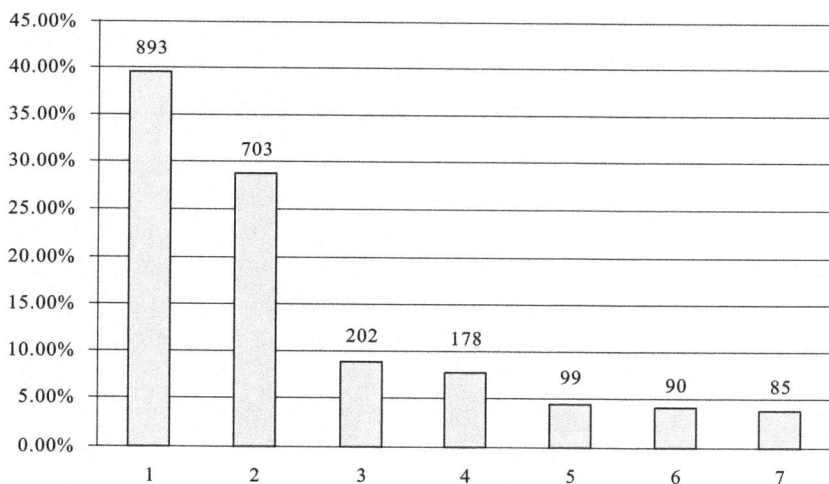

图 1

对于这些错误可能的原因分析如下。

种类 1:由于很多动词的过去时和过去分词形式一致,再加上某些句子的时态刚好就是一般过去时,学生就会出错。

<u>Arrested</u> by the police, the thief began to say the truth.

学生没有思考要用非谓语表达,仅仅是认为这个句子的时态应该是一般过去时,所以选择填写 arrested。对此应该帮学生分析和认清该类型题目的考点和思维方式。

种类 2:英语里面的固定搭配有很多,动词不定式里面的 to 后面跟动词原形,而有一些 to 是介词需要跟动词 ing 形式。学生的背诵不到位。

种类 3:be 动词是英语语言里面的特殊存在,导致很多学生习惯了在句子中加入 be 动词。根据笔者的经验,现在很多学生在写作文的时候都会有意无意地在实意动词前面加 be 动词。没有仔细思考和深入理解。

种类 4:中国的"把"字句和"被"字句其实就是主动语态和被动语态的体现,但是由于受到中式思维的影响,学生会分不清某些句子是主动还是被动。例如:

Time <u>permitting</u>, we can't have a drink.

很多学生会写成 permitted,认为时间是被允许。

种类 5:特殊变形动词的拼写错误。

种类 6:中文没有此项规定而引起的错误。

种类 7:受初中老师的影响,所有动词开头的句子都要用 ing 形式。

针对这些错误种类,教师在日后的教学中要避免学生的这些思维,或者在讲解题目时有意扭转学生的这些思维,会对教学效果有一定的正面影响。

本文就如何提高非谓语动词的教学效率,从错误分析理论出发,进行了一些探索,并提出了一些教学建议和参考方法。其实不只是英语,几乎任何一门学科都可以采取对学生的错误进行研究进而找到错误根源,采取相应措施的方法来提高教学效率。本文对于学生也有一定的启示:要有效利用错题本这一特殊的学习材料来达到高效的学习。

本文也有一些不足之处:样本数量小,可能会对研究结果有一定的影响。

参考文献

[1] Brown H D. Principles of Language Learning and Teaching. New Jersey: Prentice Hall Regents,1987.

[2] Corder S P. Error Analysis and Interlanguage. Oxford: Oxford University Press,1981.

［3］ Eric Hawkins. Changes That Might Have Been. British Journal of Language Teaching，1987，25（3）：123-128.

［4］ Richards J C. Longman Dictionary of Language Teaching & Applied Linguistics. Beijing：Foreign Language Teaching and Research Press，2000.

［5］ 蔡龙权，戴炜栋.错误分类的整合.外语界，2001(4)：52-57.

［6］ 陈辉，王健.学生"错题本"的巧妙利用.教学与管理，2008(9)：33-34.

［7］ 戴炜栋，蔡龙权.中介语的认知发生基础.外语与外语教学，2001(9)：2-5，25.

［8］ 戴炜栋，陈莉萍.二语语法教学理论综述.外语教学与研究，2005，37(2)：92-100.

［9］ 戴炜栋，束定芳.对比分析、错误分析和中介语研究中的若干问题——外语教学理论研究之二.外国语，1994(5)：1-7.

［10］ 林汝昌.母语对学习目的语的干扰——非谓语动词学习的难度等级和习得顺序.湖南大学社会科学学报，1995，9(1)：74-78.

［11］ 刘绍龙.英语中介语错误及其动态范式——儿童及大学生 BE 动词习得错误的个案调查.现代外语，2000，23(1)：77-88.

［12］ 毛云萍.错误分析理论在英语教学中的应用.教学与管理：中学版，2010(3)：63-65.

［13］ 王道发.英语非谓语动词用法.北京：国防工业出版社，2004.

［14］ 王还.汉语动词有"非谓语形式"吗？汉语学习，1992(3)：26.

［15］ 项成东.错误起因、学习策略与外语教学.外语教学，1994，15(4)：6-10.

［16］ 张振邦.新编英语语法教程学生用书.上海：上海外语教育出版社，1995.

衔接视角下高考英语七选五阅读的语篇分析
——以 2015—2018 四年全国卷为例①

【摘　要】　随着英语课程及高考改革的推进,七选五阅读理解已成为高考英语中的常规题型。但实际仍有很多学生缺少合适的方法和策略,得分不高。而归根结底,七选五是考查学生对语篇上下文衔接与连贯的理解。但在教学中,语篇知识的渗透往往被忽略。本研究基于已有衔接理论,结合课程标准和高考大纲,选取 2015—2018 年高考全国卷的七选五阅读进行语篇分析,发现其中综合考查多种衔接手段,主要包括照应、连接、替代、省略、词汇复现、词汇同现和并列结构,并选取典型例题呈现分析过程。在此基础上研究者给出建议,为教学和研究提供参考。

【关键词】　七选五阅读;衔接;高考英语;语篇

一、引言

语篇是由意义相关的句子构成的语言单位。高考中七选五阅读(以下简称七选五)能够较好地考查考生对语篇衔接和连贯的理解。虽然七选五已是测试中的常规题型,但实际中,学生得分普遍不高,且很多教师也表示较难讲授。

实际上,当下英语教学对语篇越发重视。教育部《普通高中英语课程标准(2017 年版)》从知识目标、语言技能等方面对学生理解语篇连贯性和表达出流利连贯的语篇进行了明确说明。相应地,2018 年高考大纲、考试说明和试卷均重点在阅读和写作上考查学生语篇层面的理解与运用。

目前,对于七选五解题分析的研究大多是教师经验总结,更多从段落大意的归纳上着手,可操作性不强。从衔接视角对历年高考中七选五进行语篇分析的更少。考虑到大部分省份高考采用全国卷,研究者在前人研究的基础上,选取 2015—2018 年共 11 篇全国卷七选五阅读题,以衔接视角进行语篇分析,为教师教学和相关研究提供参考。

二、文献综述

衔接和连贯,即通常意义上的"流畅",是语篇的两个重要特征,且两者联系紧密。一般认为,衔接是浅层的、有形的语篇连接手段,而连贯是深层的、隐性的语篇内在关系。胡壮麟的定义(1994)更为具体,他指出,"衔接是将语句聚合一起的语法及词汇手段的统称,是语篇表层的可见语言现象。连贯是将一个个词汇、小句连成更大语义结构的一种逻辑机制"。

对语篇连贯性的研究国外起步较早。Halliday 于 1962 年提出了衔接(cohesion)的概念,并将其分为语法衔接和词汇衔接两大类。随后该理论进一步发展,Halliday 和 Hasan(1976)将衔接分成五类:照应(reference)、替代(substitute)、省略(ellipsis)、连接(conjunction)和词汇衔接(lexical cohesion)。而后

---

①　本文在第十九届全国外国语学校外语教学科研论文评比中荣获二等奖。

Halliday 和 Hasan(1976,转自赵建良 2008)对衔接概念进行了扩充。以 Halliday 和 Hasan 为代表的衔接理论认为语篇连贯需要由外在的标志词作用,正是由于标志词互相串联衔接,形成有形网络,才得以构成连贯的语篇。有些学者则有不同思考,如 Brown 和 Yule 则认为,人们自然假定一篇语篇是连贯的,而不需要形式标记。

国内也有很多理论成果,其中以胡壮麟的研究最有影响力。他(1996)提出衔接和连贯包括社会符号层、语义层、结构层、词汇层、音系层五个层次。其理论同 Halliday 和 Hasan 的理论类似,并对诗歌语篇衔接和连贯有更好的解释力。其社会符号层分析视角不仅仅局限在字面的分析,更是已深入认知层面。此外,还有很多学者,如朱永生、郑立信和苗兴伟(2001)等对英汉语篇中的衔接手段进行了对比研究;何兆熊(1983)分析了四大类别的词汇同现,包括词间意义联系、话题相关、构词上互有联系和语义相近但语体不同词等。

教学研究中,从衔接理论视角的研究(程晓堂,2002)多集中在阅读理解和写作两个题型,也多针对大学英语教学;而七选五作为高考题型时间相对较短,这方面的研究较少,有研究探讨衔接与连贯在北京高考模拟题中的运用;有研究(刘燕燕、陈晶晶、唐日泾,2016)表明教学实践中渗透语篇知识有助于学生提高该题得分。

随着衔接和连贯理论的不断发展和完善,其解释力也更强。因高考题所涉及的衔接和连贯的语篇知识更多的是较为显性的衔接手段,所以本研究更倾向于以 Halliday 和 Hasan 为代表的衔接理论。

三、基本概念

本文分析高考七选五中常见的七种衔接手段,包括照应、连接、替代、省略、词汇复现、词汇同现和并列结构,基本概念如下。

照应主要通过代词来指代上文或下文中的名词,包括人称照应、指示照应和比较照应三个类别。其中,人称照应包括人称代词(如 I, he)、所属限定词(如 his, one's)和所属代词(如 mine, hers);指示照应包括名词性指示词(如 this, those)和定冠词 the;比较照应有形容词和副词比较级及表示比较意义的词,如 same, similarly。

连接则更强调句子之间意义上的联系。常见的有:增补或递进(如 and, furthermore)、转折(如 but, instead)、结果(如 therefore, hence)、时间(如 now, then)和地点(如 here, elsewhere)。

替代是用一个词去代替另一个或几个词,因此找到被替代的词是理解的前提。通常采用如 one, same, did, so 等词替代上文内容。如对话 A:Who plays the piano? B:Mary does. 例句中,does 就用来代替 plays the piano。而省略其实可以看作零替代。

词汇复现是指词汇的重复出现构成上下文联系,包含四种情况,即以原词、近义词、上下义词或概括词的形式出现。其中,上义词和下义词指的是两个词之间的关系,如 animal 和 cat 等,前者相对后者的概念更笼统,后者较前者更具体;概括词则是一般意义中的泛指,常见的有 people, stuff, things 等。

词汇同现相对复杂,也没以上衔接手段明显。它指在某一篇章中某些词会同时出现,这些词构成了连接上下文的纽带。常见的类别包含反义词(如 high-low)、共下属词(如 table 和 chair 都是家具,构成共下属词)、属于同一序列的词(如 Monday 和 Tuesday 都属于星期序列)、同一物件各部分的词(如 brake 和 wheel 都是车的组成部分)以及同一话题下出现的词(如 night-sleep)。

并列结构为形式上相同或相近的结构或句型在语篇中多次出现构成的衔接,且通常它们在意义上也具有相互联系,如 if... if..., for example... for example...,first... second... 等。

此外,还有其他衔接手段,但高考试题中出现较少,本文不作赘述。

四、高考七选五阅读的衔接分析

1.2015—2018 年高考七选五定量统计

研究者选取 2015—2018 四年共 11 篇高考七选五阅读题,从衔接视角进行分析,发现以下两个主要特征:

第一,词汇复现、词汇同现和照应为常规主要考点。七种主要衔接手段在 2015—2018 年高考题中的比例见表 1。

表 1

序号	衔接手段	考查次数	比例
1	照应	16	21.05％
2	连接	9	11.84％
3	替代	2	2.63％
4	省略	2	2.63％
5	词汇复现	27	35.53％
6	词汇同现	16	21.05％
7	并列结构	4	5.26％

从表 1 可以看出,在所选题目中,考查最多的衔接手段是词汇复现,多达 27 次,比例达到 35.53％;照应(16 次,包括人称照应和指示照应)、词汇同现(16 次)和连接(9 次,包括增补、转折和时间连接)也很常见;而替代、省略以及并列结构相对较少,仅出现 2～4 次。研究者分析认为,前四种除了词汇同现,标志词均较容易识别,且通常出现在上下句中,构成句间内容上或逻辑上的紧密联系;词汇同现相对较难,但一段话的内容紧密相关,从设题角度,也较为容易考查;并列结构可以是句间或者段间关系,后者则需要整体把握,但设题上一篇最多一处考查。

第二,多衔接手段综合考查较为常见。有些考查单一衔接手段;有些需结合上下文,则会涉及两种或三种衔接手段,具体见表 2。

表 2

序号	试卷	1	2	3	4	5
1	2018 全国 I	原词复现	人称照应	替代 并列结构	人称照应 原词复现	人称照应
2	2018 全国 II	并列结构	词汇同现 原词复现	原词复现	原词复现	原词复现 近义词复现
3	2018 全国 III	词汇同现	人称照应	人称照应 词汇同现	人称照应 词汇同现	原词复现
4	2017 全国 I	时间连接	词汇同现 人称照应	转折连接	指示照应 人称照应 近义词复现	上下义词复现
5	2017 全国 II	原词复现	近义词复现	人称照应 时间连接	词汇同现	人称照应 词汇同现
6	2017 全国 III	名词性替代	词汇同现	近义词复现	近义词复现	并列结构 同现
7	2016 全国 I	原词复现	并列结构	原词复现	上下义词复现	原词复现 转折连接
8	2016 全国 II	转折连接 人称照应	词汇同现	词汇同现 增补连接	词汇同现 近义词复现	原词复现
9	2016 全国 III	词汇同现	省略	原词复现	人称照应	原词复现 省略
10	2015 全国 I	人称照应	人称照应	原词复现 近义词复现	原词复现	转折连接 反义同现
11	2015 全国 II	时间连接 近义词复现	人称照应 词汇同现	词汇同现	原词复现	时间连接

具体而言,在 11 篇语篇的 55 个空共涉及 76 个衔接,且综合考查的均为词汇复现、照应和同现中两种甚至三种。词汇复现方面,平均每篇至少 2 次,其中最多的是原词复现,共出现 17 次;近义词复现 8 次;上下义词复现 2 次。照应则以人称照应为主。连接包含增补、转折和时间三种。研究者分析,原词复现简单也最明显,而人称照应同原词复现比较类似,因此这两种最多;连接通过各类连词较易判断;近义词和上下义词则需一定的词汇能力,难度较大。

2. 典型例题分析

以下选取两篇典型语篇来呈现分析过程(题号均按照考卷原编号)。

篇 1 选自 2017 年高考英语全国新课标 Ⅰ 卷,讲述的是作者从最初讨厌露营到最后喜欢露营的过程,语篇按照作者几次露营后态度的变化展开。学生需要按照时间先后顺序抓住故事发展脉络。

篇1

　　If anyone had told me three years ago that I would be spending most of my weekends camping, I would have laughed heartily. Campers, in my eyes, were people who enjoyed insect bites, ill-cooked meals, and uncomfortable sleeping bags. They had nothing in common with me. ___36___

　　The friends who introduced me to camping thought that it meant to be a pioneer. ___37___ We slept in a tent, cooked over an open fire, and walked a long distance to take the shower and use the bathroom. This brief visit with Mother Nature cost me two days off from work, recovering from a bad case of sunburn and the doctor's bill for my son's food poisoning.

　　I was, nevertheless, talked into going on another fun-filled holiday in the wilderness. ___38___ Instead, we had a pop-up camper with comfortable beds and an air conditioner. My nature-loving friends had remembered to bring all the necessities of life.

　　___39___ We have done a lot of it since. Recently, we bought a twenty-eight-foot travel trailer complete with a bathroom and a built-in TV set. There is a separate bedroom, a modern kitchen with a refrigerator. The trailer even has matching carpet and curtains.

　　___40___ It must be true that sooner or later, everyone finds his or her way back to nature. I recommend that you find your way in style.

A. This time there was no tent.

B. Things are going to be improved.

C. The trip they took me on was a rough one.

D. I was to learn a lot about camping since then, however.

E. I must say that I have certainly come to enjoy camping.

F. After the trip, my family became quite interested in camping.

G. There was no shade as the trees were no more than 3 feet tall.

在解题过程中,首先需要对设空的前后句以及七个选项进行通读,并识别其中所包含的衔接标志词。本篇中有:36 题前文的 they,37 题后文的 we,38 题后文的 instead,39 题后文的 it,40 题后文的 it;选项 A 中的 this,B 中的 things,C 中的 the 和 they,D 中的 since then 和 however,F 中的 after the trip。具体分析如下。

36 题:注意到第三句中的 they 指代第二句 campers,构成人称照应;第二句 campers 跟第一句中 camping 构成词汇同现衔接,前三句由此衔接起来,因此第四句也应同 camping 相关,因此在 D、E、F 三个选项中选择。进一步比较,E 中 come to enjoy 表达逐渐变化的结果,同上文无关;F 中 after the trip 表达旅行后,跟上文无关;D 中 since then 可以同第一句中的 three yeas ago 构成时间连接,最终选择 D。

37 题:下文作者描述第一次露营的经历,从该段最后一句话的 recovering, sunburn, food poisoning 等词说明露营的条件不好,可以同选项 C 中的 rough 构成同现,表达经历的艰难;且选项 C 中的 they 也和第一句的 the friends 构成人称照应,37 题后一句的 we 指代第一句中的 the friends 和 me,同 C 选项中的 they 和 me 构成人称照应,因此 C 合适。

38题:后面的 instead 表达转折关系"然而",前后句应构成转折连接;后一句中有"comfortable beds",因此38题中应包含有"不舒服"的词。B选项虽然表达条件变好,但是无法同 instead 所引导的内容构成转折衔接。因此选 A。

39题:后一句的 it 提示该段第一句中应有相照应的名词,而从 have done a lot of it 看出 it 应指某项活动;we 应在该空中找到表示人的复数名词。B 和 F 中有复数名词,但 B 中 things 不能指人,且 B 中没有名词能同 it 构成人称照应;F 中的 my family 可以是复数集合名词;进一步分析,after the trip 同上一段的 another fun-filled holiday 及后面的内容构成词汇复现关系中的同义复现,camping 同 it 构成人称照应,故选择 F。

40题:到此处已选择 D、C、A、F,还剩 B、E、G 三项,可依次代入检验。B 中 things 无法在下文找到所指,故排除该项;G 中 shade,trees 也同下文无关;E 中 come to 可表达逐渐改变,也能起到总结上文经历的作用,适合放在末段,且 camping 可以看作 back to nature 的一种方式,因此构成上下义关系。故选择 E。

篇2选自2018年全国Ⅰ卷,介绍家居配色,并从小、中和大三个层次上给出建议。语篇内容比较清楚,且属于七选五常见的说明文。学生需抓住文章的总-分结构,从而为解题奠定基础。

篇2

Color is fundamental in home design—something you'll always have in every room. A grasp of how to manage color in your spaces is one of the first steps to creating rooms you'll love to live in. Do you want a room that's full of life? Professional? Or are you just looking for a place to relax after a long day? _____36_____, color is the key to making a room feel the way you want it to feel.

Over the years, there have been a number of different techniques to help designers approach this important point. _____37_____, they can get a little complex. But good news is that there're really only three kinds of decisions you need to make about color in your home: the small ones, the medium ones, and the large ones.

_____38_____. They're the little spots of color like throw pillows, mirrors and baskets that most of us use to add visual interest to our rooms. Less tiring than painting your walls and less expensive than buying a colorful sofa, small color choices bring with them the significant benefit of being easily changeable.

Medium color choices are generally furniture pieces such as sofas, dinner tables or bookshelves. _____39_____. They require a bigger commitment than smaller one, and they have a more powerful effect on the feeling of a space.

The large color decisions in your rooms concern the walls, ceiling, and floors. Whether you're looking at wallpaper or paint, the time, effort and relative expense put into it are significant. _____40_____.

A. While all of them are useful

B. Whatever you're looking for

C. If you're experimenting with a color

D. Small color choices are the ones we're most familiar with

E. It's not really a good idea to use too many small color pieces

F. So it pays to be sure, because you want to get it right the first time

G. Color choices in this range are a step up from the small ones in two major ways

浏览识别标志词有:37题、38题和39题后的 they,40题上一句中的 it;A选项中的 them 等。此外,还可观察发现,A、B 和 C 均不是整句,而 D、E、F 和 G 均为整句。而36题和37题后均为逗号,因此仅在 A、B 和 C 中选择;后三题在剩余四个选项中选择,从而缩小范围。分析具体如下。

37题:比较36题和37题,37题更容易确定答案。因为37题后半句中的 they 为人称代词,需要同上文的复数名词构成照应关系。而在 A、B 和 C 三项中,只有 A 中的 them 可以同样指代复数名词。因此 they 和 all of them 均指的是该段第一句中的 techniques。故答案为 A。

36 题：从上述分析可知，在 B 和 C 项中选。可以发现 C 中出现的是 a color，而 36 后面的是 color 颜色，为不可数名词，因此无法联系起来。B 选项中 look for 和上文、you 和上下文均构成原词复现，故 B 合适。

38 题：阅读到此需要注意，第二段的最后一句话中出现 three kinds of decisions 和 the small ones，the medium ones，and the large ones，其中 ones 应替代上文的 decisions。而下文正好有三段，且最后两段开头有 medium color choices 和 the large color decisions。因此判断，第三段内容应关于 small ones。这几段构成并列关系，而且有原词复现相互联系。进而可知，38 题中应有 small color choices 或者 decisions 这样的词。观察选项可发现 D 中有 small color choices，而 E 中的是 small color pieces，并不相符。故答案为 D。

39 题：下文的 they 应照应第一句中的 medium color choices，构成人称照应。因此 39 题也应包含相关的内容。需要在选项中选择有复数可数名词形式，可选项有 E 和 G，对两个选项进行比较：E 是 small color pieces，无法构成衔接；G 选项 color choices 可以照应后文的 they，构成人称照应；且后文的 small ones 同上一段构成原词复现，表达两种选择之间的比较。故 G 合适。

40 题：前句的 it 指代前文的 wallpaper or paint。而此处剩余的选项为 E 和 F：E 中 small color pieces 跟上文无法衔接；F 中的 it 可以照应前文的 wallpaper or paint，构成人称照应。故 F 合适。

可以发现，两篇阅读考查的衔接手段有共性，也有所不同。

共性为照应和词汇复现是主要考点。其中，篇 1 词汇复现 2 次，照应 3 次；篇 2 词汇复现 2 次，照应 3 次。且以人称照应和原词复现最多，同上文反映的特征相符。

不同为：篇 1 有上下义词复现，而学生对词汇的上下义关系并不敏感；篇 1 更多考查连接，包含时间连接和转折连接。篇 2 有并列结构，通过 small ones，medium ones 和 large ones 构成的并列段落，结构较清晰，但需要学生对语篇结构有整体认识。类似考题如 2017 年全国新课标Ⅲ卷的第 40 题，考查的是 if...if(not)...的并列结构，而且是段内的相邻两句，衔接上更为紧密。

需要补充的是，其他未使用全国卷的省、市的高考七选五阅读题同样适用该分析过程，如 2017 年浙江卷七选五涉及的衔接手段有反义同现、指示照应和复现，此处不展开。

五、解题策略及启示

衔接是语篇有形的网络，标志词的识别是解题的前提。根据以上分析，研究者建议采用以下策略，培养学生形成语篇能力，提高解题能力。

第一，辨识标志词，代入比较检验。从上文分析可知，通读原文以及选项并注意标志词是识别衔接手段的第一步。而且很多题综合多种衔接，往往需浏览上下文，甚至段间关系和全文结构来辨别衔接关系。教师引导学生寻找解题线索时，也不应完全按照题目顺序进行，可以按照标志词的明显程度，来快速确定衔接手段，逐步缩小范围，以提高正确率。

第二，多层次词汇学习，敏锐辨识词汇衔接。从上文分析可知，词汇衔接占高考题中衔接手段比例最多，而复现和同现都对词汇学习有较高要求。传统重视音形义的词汇学习更侧重单个单词记忆，缺少对词的联想，也往往缺少语境。为了快速、准确地辨识标志词，教师应丰富学生词汇学习层次：引导学生熟悉词性变化及构词法，注重词汇之间的联系；创设情境，使学生通过联想掌握词汇，避免死记硬背；注意反义、近义词及同一序列或话题下的词汇，使学生加深词汇理解并扩大词汇量，从而能敏锐辨识词汇衔接。

第三，注重总结归纳，形成语篇意识和能力。语篇知识理论性较强，除了熟悉常见衔接标志词外，还需要一定的逻辑推断能力。在教学过程中，教师要引导学生有意识地观察、分析、思考和总结各类语篇衔接特征，除了理解细节外，也要把握语篇整体；通过各个语言技能培养强化，形成自我语篇意识，培养思维、掌握分析方法，根据具体语篇合理分析、运用来正确解题。

此外，其他的语篇知识，如归纳主旨大意、寻找主题句等，也可运用到解题上来，可根据具体语篇灵活处理。

对教师而言,本研究的启示有:

第一,教师需要不断提升自身专业素养,以选取适当理论指导、改进教学。语篇层面的英语教学是培养学生学科核心素养的关键。因此,教师需要主动学习并掌握必备的语篇理论,如连贯和衔接、主位推进、语义场等知识;有意识地选择某一理论视角对语篇进行分析;多思考、尝试如何在教学中渗透语篇知识,从而达到以教研指导、促进教学的目的。

第二,教师需注意合理设计,并培养学生综合运用衔接手段。在掌握一定理论的基础上,教师应避免单纯讲授理论知识,而应合理设计语篇分析教学,将其融入课堂活动,引导学生观察、识别和分析语篇。在看、读和听三项理解性技能的培养中多引导学生更频繁地接触不同文体的、真实的语篇材料,感受语篇的连贯性,进而理解、总结语篇衔接和连贯的特征;在说和写两项表达性技能的培养中有意识地运用这些衔接手段,使学生自己构建出连贯的语篇,最终能够评判语篇连贯与否并加以改进,从而综合提高学生语篇分析能力。

六、结语

本研究基于已有衔接和连贯理论,选取 2015—2018 年高考英语的七选五阅读,以衔接理论为基础分析了共 11 篇语篇所考查的衔接,并着重以两篇典型语篇为例呈现解题思路,在此基础上给出解题策略和启示,以期为教学和以后研究提供参考。受研究者水平所限,研究仍存在不足之处,希望在后续研究中能更加全面和深入。

参考文献

[1] Halliday M A K, Hasan R. Cohesion in English. London: Longman, 1976.

[2] 程晓堂. 从主位结构看英语作文的衔接与连贯. 山东师大外国语学院学报, 2002(2):94-98.

[3] 何兆熊. 英语语句的衔接手段. 外国语, 1983, 23:31-36.

[4] 胡壮麟. 有关语篇衔接理论多层次模式的思考. 外国语, 1996, 101:1-8.

[5] 胡壮麟. 语篇的衔接与连贯. 上海:上海外语教育出版社, 1994.

[6] 中华人民共和国教育部. 普通高中英语课程标准(2017 年版). 北京:人民教育出版社, 2018.

[7] 教育部考试中心. 2018 年普通高等学校招生全国统一考试大纲及考试说明. 北京:人民教育出版社, 2018.

[8] 刘燕燕, 陈晶晶, 唐日泾. "衔接理论"在高考英语"七选五"中的应用. 福建教育学院学报, 2016, 17(3):45-48.

[9] 赵建良. 语篇衔接与连贯理论研究历史概述. 中国电力教育, 2008, 108:194-196.

[10] 朱永生, 郑立信, 苗兴伟. 英汉语篇衔接手段对比研究. 上海:上海外语教育出版社, 2001.

浅谈初中英语阅读课堂中的追问技巧[①]

南京外国语学校　毛菁倩

【摘　要】　本文以《剑桥中学英语教程》第三册 Unit 21 The football team 的阅读教学为例,通过对试教和公开课呈现的几处细节进行对比和分析,探讨了英语学科核心素养背景下教师如何巧用追问启发、引导学生思考,提升课堂互动品质,从而实现帮助学生锻炼思维的逻辑性、批判性、创造性,提升思维品质的目标。

【关键词】　核心素养;思维品质;英语阅读;追问技巧

一、引言

学界就"英语课堂学习真正意义何在"的话题给出了很多思考和见解。束定芳(2011)认为除了系统传授语言知识外,课堂教学可以给学生提供一个接近真实的使用语言、促进语言学习的环境。简言之,英语课堂教学是基于有效教学目标前提下充满师生互动以及生生互动的教学过程。教师的追问是实现课堂有效互动的教学策略和手段之一,在倡导英语学科核心素养的大背景下,教师可以通过有效追问发展学生的思维品质。《普通高中英语课程标准(2017 年版)》将思维品质定义为"思维在逻辑性、批判性、创造性等方面表现的能力和水平""思维品质的发展有助于提升学生分析和解决问题的能力"。

阅读课是英语教学常见的课型,教师围绕语篇设计一系列学习任务和活动。教师在教学过程中有意识地融入对学生思维品质的培养,对提高学生英语学科核心素养具有重要的作用。理想的英语阅读教学应该是教师通过科学合理的任务设计以及互动过程中及时有效的追问,培养学生的"发散思维、深度思维、概括思维、比较思维、推理思维和批判思维等思维品质"(陈胜,2017)。然而,笔者通过课堂观察发现,在现实的初中英语阅读教学实践中,能力为导向的教育观容易停留在表层,部分教师缺乏追问意识、追问不够深入或者缺乏追问技巧。教师的追问是否能够启发、引导学生进行深度思考、是否能够促进学生思维品质的提高、是否能够提升课堂互动品质,很大程度上取决于教师的追问技巧。本文以《剑桥中学英语教程》第三册 Unit 21 The football team 一课为例,通过对试教和公开课呈现的几处细节进行对比和分析,试图探讨初中英语阅读课堂中的追问技巧。

二、教学案例展示与分析

(一)教学设计说明

本节课的教学对象是初二学生,该阶段的学生已经具备一定的听、说、读、写能力,能够完成文本表层信息的提取以及简单的细节加工等任务。在此基础上,教师应该注重深层次阅读,注重学生思维能力的培养,启发学生思考,让学生真正读懂文本,能够挖掘文本字里行间的意思,领会文章的中心思想,体悟作者

[①]　本文在第十九届全国外国语学校外语教学科研论文评比中荣获二等奖。

的思想感情,进而走出文本,将所学运用于实际问题,结合自己的观点,形成创造性的新思维。然而,这一阶段的学生高阶思维能力还有所欠缺,因此教师在带领学生进行深层次阅读的同时,通过合理的提问和追问启发引导学生思考至关重要。该课是《剑桥中学英语教程》第三册 Theme D Changing views 的最后一课,学生通过 Unit 18 的主课 Changes in women's lives 已经简单了解了近代以来女性社会地位的变迁及其背后的原因。本课生词量较少,文本表层信息提取与简单的细节加工也并不难,但如何引导学生对文本延伸出来的"男女平等""消除性别刻板印象"的话题进行思考,是本节课的教学重点与难点。笔者希望学生在处理文本信息的基础上,对"男女平等"这个话题能够表达自己的观点和看法,能够理解"gender equality"的两层含义。学生对于男女平等的相关话题可能有过一定的思考,但还不太能够清晰地表述自己的观点和看法,学生的思维组织以及语言表达,需要教师通过有效的设问以及富有技巧的追问进行启发和引导。笔者的试教,除了教学目标设置不当以及教学任务设计存在不合理之处以外,还出现了追问不足以及缺乏追问技巧的问题。经过修改和优化,笔者在公开课呈现中尽量避免了试教过程中出现的这些问题。下面笔者选取三处试教与公开课呈现的追问细节,对其进行对比和分析。

(二)追问细节呈现

【追问细节1】

试教呈现:

T:What do you think of this notice?

S1:I think it is OK.

T:Well, you think it's OK. Any different ideas?

...

公开课呈现:

T:What do you think of this notice?

S1:I think it is OK.

T:Why do you think it's OK that only boys can be football players and girls can just be cheerleaders?

S1:Because girls usually are good at singing and dancing.

T:It seems to be. But what about some girls who are not only good at singing and dancing, but also good at playing football? Do they have the chance to play football?

S1:No.

T:What about if there are some boys who are good at singing and dancing, do they have the chance to be cheerleaders?

S1:It doesn't say clearly in the text.

T:That's true. However, do you think this notice has taken boys' and girls' needs into consideration? Is it fair?

S1:I think it's fair because it's true that physically speaking, boys are more suitable to play football.

T:Do you agree,×××?

S2:No, I don't agree. This notice doesn't give girls an opportunity. It's unfair.

...

【修改意图】

此细节选自读前导入环节,旨在通过对 notice 的讨论,使学生在进入文本之前感知 notice 信息中隐藏的男女不平等现象,这也是文本所要探讨的话题。在试讲呈现中,学生读完 notice 内容,接着笔者在简单的铺垫后提出问题"What do you think of this notice?"并期待听到学生批判性的观点。但是当学生认为 notice 没有不妥甚至赞同 notice 所表达的信息时,他们的回答超出笔者备课过程中的预设。当时笔者没有能够临时调整预设,没有针对学生的回答进行追问,而是复述学生所答然后继续寻求预设的批判性的观点。笔者的第一点失误在于预设答案不充分,忽视了对话题的多元解读的预设;第二点失误在于没能抓住机会促进课堂即时生成。当学生认同 notice 时,笔者应该抓住机会,进一步追问其原因。经过调整和优化,笔者注意把握预设与生成之间的关系,对于不在预设内的学生的回答,追问其原因,并在追问的过程中启发和引导学生思考自身认知中疏于考虑的一些细节。

【追问细节 2】

试教呈现:

T：Why do you think that girls should be cheerleaders rather than football players?

S：Because they are good at singing and dancing.

T：Do you mean that boys are not good at singing and dancing?

...

公开课呈现:

T：Why do you think that girls should be cheerleaders rather than football players?

S：Because they are good at singing and dancing.

T：Do you mean all the girls? And how do you know that?

...

【修改意图】

该细节选自读中环节学生对问题"Who do you agree with, the girls, Blake or Steve?"的回答。在提问之前,笔者已经带领学生领会并总结出 gender equality 在文中的两层含义。显然,文中 Steve 坚持认为女生不能踢足球的观点是违背两性平等的认知的。从情感态度价值观的引导和培养角度看,笔者期待看到学生赞同 girls(认为 gender equality 是指男女做同样的事情)或者 Blake(认为 gender equality 是指男女可以做不同的事,但必须有选择的机会)。然而,在试教过程中,个别学生仍然赞同 Steve 的观点。笔者抓住这个"意外"生成对学生进行追问,但采用的却是类似于辩论比赛中反驳的方式"Do you mean that boys are not good at singing and dancing?"这种情况下笔者的追问方式(反驳)与笔者追问的意图(启发、引导思考)背道而驰,而且以反驳的方式进行追问,可能会误导学生(学生觉得女生擅长唱歌、跳舞,但并没有顺势认为男生不擅长唱歌、跳舞,或者说根本没有考虑过男生是否擅长的问题)。另外,笔者反驳式的追问在逻辑上是有漏洞的,教师自身的提问具有逻辑漏洞,那么自然也很难达到在阅读课堂中培养学生思维的逻辑性与批判性的目的。经过调整,笔者不再采用反驳式的追问方式,而是利用"How do you know that?"等层层深入的启发式追问引导学生进一步思考,让其在思考过程中判断自己的论点是否能够在逻辑上自圆其说。笔者在公开课呈现的其他细节之处,尽可能多地使用 why,how 等特殊疑问句进行追问,充分发挥教师的引导者作用,启发学生思考,使学生通过思维活动进入思考的状态,锻炼思维的开放性(李爱云,2017)。

【追问细节 3】

试教呈现:

T：Some people have a fixed image or idea of boys and girls, and we call this gender stereotype. For example, we can see.... From your point of view, what kind of people are easy to have gender stereotype?

S：(没有回答)

T：(笔者自己回答和总结后) When facing gender stereotype, what can we do?

S：(没有回答)

T：(笔者试图通过追问进行引导,效果不佳)

...

公开课呈现:

T：Some people have a fixed image or idea of what boys and girls should be or they should do. For example, what do you think of the following statements? First one, men prefer jobs with high salaries. What do you think? Is that true?

S1：Yes，I think it is true.

T：Why?

S1：Because men need to raise the family.

T：What about women? Should they earn money for the family?

S1：Yes.

T：If wife earns more money than husband，is it OK?

S1：Yes. I think it is OK.

T：What about you? What do you think?

S2：...

【修改意图】

此细节选自读后活动的第一步,引导学生对男女不平等现象背后的一大原因——性别刻板印象进行分析和讨论。然而从以上细节呈现中不难发现,试教过程中该讨论环节一度处于尴尬局面,因为学生回答不了超出他们现有的认知和表达水平的问题。对于大部分初中生,他们很难对 gender stereotype 这个概念具备非常直观的认识和感受。笔者给出这一概念的英文解释后简单地举了几个例子,紧接着就问学生"What kind of people are easy to have gender stereotype?"学生回答不了,首先是因为他们对这个概念理解很模糊,其次是因为笔者在提出这个问题前没有给予足够的铺垫和引导。无奈之下笔者选择了自问自答,且在仓促中继续按照预设进行追问"When facing gender stereotype，what can we do?"在学生尚不能较好理解 gender stereotype 这个概念的情况下,让他们给出应对 gender stereotype 之策,这一步教学设计违背了循序渐进、学生中心的教学原则和理念。面对非预期的"沉默",笔者没有及时调整策略,依然根据预设继续进行无效追问,然后继续以自己圆场的方式结束追问,结果学生费解,课堂沉闷。实际上,学生回答不出问题时,教师应当反思自己的设问以及追问的内容与方式是否恰当,是否真正做到以学生为中心。经过优化,笔者不再将该讨论环节的重心聚焦在 gender stereotype 这个概念上,而是通过对几个生活中常见的性别刻板印象言论的快速讨论,通过与学生的互动对话尤其是追问,让学生感知这一概念具体是什么并去思考生活中常见的性别刻板印象的不合理之处。这一环节的师生互动讨论,为读后活动的最后一步 role play 搭建了支架。

三、结论与反思

笔者选取了读前、读中、读后三处追问细节进行分析,通过对这三处追问细节的修改意图分析,总结出以下三点初中英语阅读课堂中常见的追问技巧。

(1)以学生为中心进行有效设问,提出符合学生英语水平的问题。《普通高中英语课程标准(2017 年版)》对思维品质的高度重视鼓励教师根据学生思维发展的规律和特点,设定教学目标并开展有效的教学,促使语言能力和思维能力协同发展(程晓堂,2018)。教师提出的问题须符合学生现有的认知水平和思维能力。问题设置太难,不利于启发调动学生的思维,甚至可能挫伤学生的积极性。问题设置太简单,学生同样会产生不耐烦的负面情绪。教师追问的问题在难易程度的设置上应尽量遵循"只要学生跳一跳就可以摘到果实"的原则。教师追问不能随心所欲或过度发散,否则会浪费宝贵的课堂时间,不能有效达成教学目标。教师通过有效追问才能调动学生思维,启发学生深入思考,发展学生的思维品质。

(2)追问措辞要严谨,注意追问过程中问题的逻辑性与层次性。追问不是激烈的师生辩论,而是教师通过有效提问调动学生的思维,引导学生利用逻辑性和批判性思维去分析问题和解决问题。追问过程中学生依旧是主体,追问的根本目的在于帮助学生提高英语语言能力和思维能力。教师的追问在于层层引导,激发学生深入思考,锻炼思维的逻辑性、批判性、敏捷性、条理性等。因此,在追问的过程中,教师首先要注意自身措辞是否恰当、是否层次清晰并具有逻辑性;教师可以使用 How，Why，If，What about，Imagine 等引导的句子进一步启发学生。

(3)灵活把握预设与生成之间的关系,抓住"意外"瞬间进行追问。教师要预设充分,重视预设中的生成,这种预设不是僵化死板的预设,不应该仅预设问题和答案,还应该预设怎样引导学生进入学习佳境,怎样激发多元解读,怎样应对课堂的各种变数等(李爱云,2017)。同时,教师要把握好即时性的课堂生成,仔细观察,认真倾听,允许多种声音,抓住"变数"和"意外",通过层层追问,对其进行有效利用将其变成新的教学资源,构建真正意义上的互动课堂。同时,教师通过追问不断地启发学生思考、鼓励学生表达,不仅锻炼了学生的思维能力,也在很大程度上有助于学生提高语言实际运用能力。在即时性的生成中进行追问,教师自身的语言素质、知识的积累以及临场应变能力尤为重要。

四、结束语

语言和思维密切相关。语言的学习和使用都是思维的过程(程晓堂,2018),语言能够促进思维的发展,思维品质的提升有助于提高学生分析问题、解决问题的能力。教师的有效追问在初中英语教学中对提升课堂互动品质、锻炼学生的思维品质、提升学生英语学科核心素养具有重要的作用。教师的有效追问,不仅仅是教师自身认知和实践能力的反映,更充分体现了对学生主体地位的尊重,对课堂有效互动以及发展学生思维品质的重视。

参考文献

[1] 陈胜.从思维品质培养视角看初中英语阅读教学中的问题设计.中小学外语教学:中学篇,2017(4):10-14.

[2] 程晓堂.在英语教学中发展学生的思维品质.中小学外语教学:中学篇,2018(3):1-7.

[3] 中华人民共和国教育部.普通高中英语课程标准(2017年版).北京:人民教育出版社,2018.

[4] 李爱云.在初中英语语法教学中渗透思维品质的培养.中小学外语教学:中学篇,2017(1):48-54.

[5] 束定芳.论外语课堂教学的功能与目标.外语与外语教学,2011(1):5-8.

浅谈初中英语有效教学策略对课堂教学效果的探究[①]

乌鲁木齐外国语学校 谭敏

【摘　要】　新课程改革和标准对教师提出了新的要求:提高教师教学质量和效率,培养学生自主学习能力,促进学生英语综合素质的提升。在初中英语教学中,丰富、有效的课堂教学策略能让学生以更好的状态和情绪进入课程学习,让课堂活动更加生动活泼;更容易调动学生的学习兴趣和唤起学生发散性思维;提升学生探索问题的欲望和解决问题的能力,很大程度上提高了初中英语课堂教学效果。

【关键词】　初中英语;教学策略;课堂教学效果

一、单词技巧

正如著名语言学家威尔金斯(Wilkins)所说"Without grammar very little can be conveyed,without vocabulary nothing can be conveyed."可见单词教学的重要性。词汇量教学增加了英语教师的教学压力,有效开展英语单词教学已成为目前许多教师要研究的问题,掌握单词的拼读法和构词法,对于提升英语词汇量非常重要。识记单词,由简到难,以旧带新,并锻炼拼写技能,注意构词法,如 imagine—imagination—imaginative;create—creative—creativity。在拼写单词时,侧重拼写单词的关键部分,如 memorize,带着学生反复拼写-rize;如 candle,反复拼写-dle。用单词编有意思的句子,如 I often drink milk after I milk a cow. There are two competitive competitors compete in a competition. 以此来让学生区别单词的不同词性,也增加了趣味性。学生掌握了单词学习策略,学习有侧重点,简单不烦琐且印象深刻。杨春燕在《对初中英语词汇教学技巧的探究》中提道:"英语教师都知道掌握一定量的词汇是学好英语的基础,为此很多教师都给学生布置大量的词汇拼写作业,认为英语的学习就是词汇的积累,这在很大程度上增加了学生学习的负担,容易让他们走进英语学习的歧途。英语的学习在于应用,即使学生机械地掌握了很多词汇,不能学以致用也是徒劳的。词汇作为语言的基石,作用举足轻重,在英语词汇教学中,英语教师必须掌握一定的教学方法,发挥学生的主体作用,这样才能解决词汇教学中存在的问题。"

由此可见,掌握单词的学习技巧,对于增加词汇量和进行有效阅读,至关重要。课堂有时不是一场华丽的表演,而是单词的不断堆砌。在课堂活动中,学生通过听、说、读、写、练等方式,接收新单词后不断重复操练,自我消化,不断自我挖掘潜力,树立对单词学习和运用的信心。

二、文化渗透

在学习单词 wedding 时,延伸到 wedding dress,wedding party,讲到美国新娘的特点,something old,something new,something borrowed,something blue。学生课上兴致勃勃,容易记住并乐于分享。学习语言的另一种方式就是通过了解文化、风俗、习惯、礼节等激发兴趣,不断自我探索和学习。程崙欢在《文

[①]　本文在第十九届全国外国语学校外语教学科研论文评比中荣获二等奖。

化渗透在初中英语教学中的应用研究》中提道:"在学习一种语言的过程中,了解所在国家的文化背景是必要的,它有利于学生英语能力的提高。英语教师在教学生语言的同时,还应该有意识地对学生进行文化渗透,通过文化知识的渗透,语言教学与文化传播有机地结合起来。在此基础上,提出初中英语建构主义教学的'文化渗透'模式,即以传统文化熏陶学生,东西方文化兼容并蓄。实践证明,初中英语'文化渗透'建构主义教学的模式能够调动学生的积极性,发挥学生的主观能动性,提高学生对中外文化异同的敏感性和鉴别能力,加深对英语的理解和使用,加深对本国文化的理解与认识,提高跨文化交际的能力,有助于学生拓宽视野和培养世界意识。"唐旻岚在《以文化渗透为抓手,培养学生英语学习的兴趣与技能》中提道:"在词汇教学中进行跨文化词汇教学是英语语言中最活跃的成分,最能反映出文化的内涵。所以在教学中应注意介绍英语词汇的文化意义。"

英语中有许多词汇来自神话、寓言、传说,或与某些名著有关,了解这方面的文化知识,有助于学生对英语词语的理解。比如 dragon,在汉语中是吉祥动物,中国人将自己说成龙的传人,还有"望子成龙"的说法。而在英语中,龙则是一种凶猛的怪物,常被看成邪恶的象征。因此,在翻译亚洲四小龙时就不说 Asian Four Dragons,而要根据英美文化的背景知识,译成 Asian Four Tigers。在人教版七年级下册第五单元 Why do you like pandas? 课上可以讲到 When the cat is away, the mice will play.(山中无老虎,猴子称大王);在讲作文技巧的时候可以提到 A good beginning makes a good ending.(良好的开端就是成功的一半);讲到对待友谊的态度时,可以分享 A friend in need is a friend indeed.(患难见真情)。对于英语中大量的成语、典故、谚语等,教师要不失时机地介绍给学生,这样课堂氛围会更加活跃,学生学习热情更加高涨,课堂效果也能达到预期水平。

三、及时表扬与适当惩罚

在教学实践中,对于课堂表现好的学生应及时给予表扬,如一位语音不是很标准的害羞男同学,回答完问题后,老师说道:"这是迄今为止发音最标准、声音最洪亮的一次,真不错!"在英语课堂上,运用评价性语言表扬学生的方式丰富多样,如 Good job! This is a good idea! Your opinion is new. I think you can share more with us if time is enough. 及时表扬可以让学生对自己的课堂表现更重视,也能有获得小成就的愉悦感。对于学生课堂表现差的可适当惩罚,如对于不能答出问题的学生全部留到最后做集体 PK,谁先回答正确谁先坐下,留到最后一位的同学在班级群里发经典美文一篇、朗读课文语音一遍或发微信红包一个。奖惩方式多样,贯穿整节课堂,把课堂评价机制落实到位。

贾晓琴在《即时评价,彰显英语课堂教学魅力》中表明,教师如能对学生良好的行为及时认可评价,会使学生产生某种心理满足,促使其继续向更高层次需要发展。即时性评价已经成为教师教育智慧和才能的一种表现,有利于教师的再发展、再提高,有助于增强学生的自尊心、自信心和学习的积极性,建立融洽、民主的师生交流渠道。《基础教育课程改革纲要(试行)》指出,要建立促进学生素质全面发展的评价体系,要建立促进教师不断提高的评价体系,要建立促进课程不断发展的评价体系,这是建构素质教育课程评价体系的三项核心任务。终结性评价方式不能对学生的全面发展进行评价,而且在很大程度上忽视了学生在学习中的主体性、能动性和创造性,同时也不利于外语教学方法和内容的改革。我们原来教学关注得比较多的是最后的终结性评价,对学生学习过程当中的发展状态很少关注:①过分强化了考试分数的作用;②误导了学生只重视语言知识的记忆与背诵,而忽视了语言运用能力和交际能力的提高;③考试分数不能对学生的情感及行为能力进行评价;④由于终结性评价的片面性,给学生带来了许多负面影响;⑤挫伤和遏制了教师们对外语教学内容与方式进行改革与探索的积极性。

评价,或是表扬,或是批评,都是一种提醒,一种确认,一种激励。通过及时评价告诉学生怎样有利于语言学习。教师应该擅于把课堂评价贯穿于课堂教学中,让学生感受到教师对其课堂表现的关注,从而更加专注地投入学习中。

四、启发式提问

启发式教学策略充分调动学生学习的积极性,激发学生学习的内在动机,促进学生积极思考,提倡学生自己动脑、动口、动手获取知识,让学生敢于主动提出问题、思考问题,从而找出解决问题的方法。启发式提问更能发挥学生的主动性,更有利于对知识的主动建构。有效的启发式提问,让学生大胆地表达自己,锻炼学生思维和表达能力,并让学生乐于分享。40分钟的课堂,足以看出教师设计课堂问题的教学功底和教学经验。

王紫贻在《英语课堂提问策略的研究》中提道:"从英语学科特点、教学内容和学生实际出发,深入研究课堂提问的艺术,对提高英语课堂教学的质量,培养学生的综合语言运用能力有着深远的意义。然而,由于英语课堂教学的特殊性质以及不断深入进行的英语教学改革给英语课堂提问提出了新的问题和挑战:如何巧妙地设计问题,设置不同难度的问题,使所有的学生经过思考都能回答,让他们体验学习的成功感;采用多种提问方式,激发学生的参与热情和学习动机;对于学生的回答做出认真的评讲,并注意鼓励性,使学生发言的积极性不再受挫等诸多现实问题。因而,在教学实践中,我们必须不断地、科学地、艺术地对待提问。"课堂活动中,教师应不断挖掘和设计与教学有关的启发性问题,让学生在思考中进步和成长,并不断摸索适合学情和班情的教学方法,形成自己的教学风格。

教学实践证明,有效的课堂教学策略,如本文提到的单词技巧、文化渗透、及时表扬与适当惩罚和启发式提问等都是提高初中英语课堂教学效果的积极因素。作为教师,应不断转化教学方式与方法,在日常教育教学工作中研究、尝试并运用各种教学策略,提高学生的综合能力和教学质量,达到期待的、满意的课堂教学效果。

参考文献

[1] 杨春燕.对初中英语词汇教学技巧的探究.语数外学习:初中版:中旬,2013(12):24.
[2] 程崭欢.文化渗透在初中英语教学中的应用研究.重庆:重庆师范大学,2011.
[3] 唐旻岚.以文化渗透为抓手,培养学生英语学习的兴趣与技能.中学课程辅导:教师教育,2014(18):25.
[4] 贾晓琴.即时评价,彰显英语课堂教学魅力.语数外学习:高中版:下旬,2013(10):22.
[5] 王紫贻.英语课堂提问策略的研究.北京:首都师范大学,2009.

赴外营地教育对培养高中生英语学科核心素养的实践探索
——以中加青少年文化交流大使为例[①]

西安外国语大学附属西安外国语学校　席燕

【摘　要】　营地教育是校外教育的重要形式,它在提升学生创新能力、提升社会责任感、科学技术普及、文艺体育培养、劳动技能锻炼、习惯养成等方面发挥着重要作用。参加国外营地教育,能够强化英语的语用能力,增强学生的综合素质,有利于对学生进行多元化人文教育,提升学生国际理解能力和跨文化交流能力。

【关键词】　营地教育;核心素养

一、核心概念的界定

(一)营地教育的概念

营地教育是相对于学校教育和家庭教育而言的一种社会教育模式,起源于美国,至今已有150多年的历史。目前,作为学校教育和家庭教育的有效补充和组成部分,营地教育受到世界许多教育发达国家的重视。现代意义上的营地教育以教育学和发展心理学等跨学科理论与实践为依据,鼓励和引导青少年发现潜能,培养他们在经济全球化与社会多元化背景下共处、共赢所需的意识与能力,如跨文化沟通与交流能力、领导力、生存能力、服务精神等。

(二)理论依据

在营地教育的教育模式中,运用了实用主义教育理论、行为主义理论、建构主义理论和社会认知理论。笔者将这四种指导理论进行比较,可以看出无论何种理论都会对营地教育产生积极影响(表1)。

表 1

理论依据	实用主义教育理论	行为主义理论	建构主义理论	社会认知理论
主要特征	从做中学;教育即生活;学校即社会;教育即从经验中的改造;儿童中心说	学习是刺激与反应之间形成的联结,即"S-R",构成了行为的基本准则	儿童思维发展的结构论;儿童的思维是在主体对客体适应的过程中形成的,它不取决于先天的成熟和后天的经验	环境、行为、人三者之间互为因果交互。观察学习,通过观察他人的行为及其强化结果习得的反应,矫正已经具有的某种行为。强调自我效能

---

① 本文在第十九届全国外国语学校外语教学科研论文评比中荣获二等奖。

理论依据	实用主义教育理论	行为主义理论	建构主义理论	社会认知理论
主要优点	"教"转向了"学",培养了学生的兴趣,激发了他们的动机	人的行为、个性和情绪等都是习得的,以严格的实验为基础,所以得到的结论内部效度比较高	学生是教学认知的主体,学生积极能动性是获取知识的重要条件,教师提供材料,提供情景主题,参与只是自我构建	重视榜样的作用,强调个人对行为的自我调节,主张建立较高的自信心;把学习心理学和认知心理学有机地结合在一起
针对的项目	创造的本能;交际的本能;表现的本能;探索的本能	行为矫正训练的应用程序;教材的系统开发过程;项目有行为目标和标准参照评价	营员主动参与教学实践活动;同伴影响法	身教胜于言教的方法优势视角,增强积极效能;形成内驱力

(三)英语学科核心素养

英语学科的核心素养包括语言能力、思维品质、文化品格和学习能力四个维度(图1)。语言能力就是用语言做事的能力,涉及语言知识、语言意识和语感、语言技能、交际策略等;思维品质是思考辨析能力,包括分析、推理、判断、理性表达、用英语进行多元思维等活动;文化品格重点在于理解各国文化内涵,比较异同,汲取精华,尊重差异等方面;学习能力主要包括元认知策略、认知策略、交际策略和情感策略。

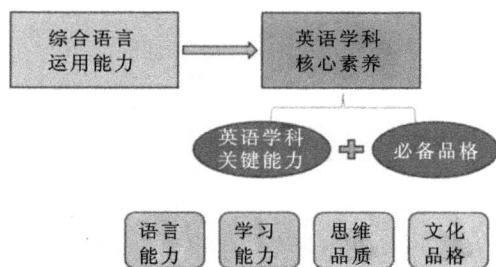

图 1

二、国内外研究现状述评

在西方,营地教育有着很专业的课程体系,他们的营地往往有湖泊、森林和木屋,有几十种各式各样的项目。一到假期,学生们就会去营地参加活动,锻炼领导力、沟通能力、抗挫折能力、独立性等。经过150多年的发展实践证明,营地活动在帮助青少年建立自信心、培养独立品格和领导力、提高社交能力等方面效果显著。以美国为代表的环境保护型营地教育对各国营地教育产生了深远影响。中国的营地教育开展较晚。20世纪90年代初,教育专家孙云晓的一篇《夏令营中的较量》揭开了中国素质教育的序幕。营地教育及其形式的多样化和内容的广泛性,加之其体验式、实践育人的特点,对培养青少年的综合素质真正做到了"寓教于乐"。经过百年发展和各国教育的努力,21世纪的营地教育进入了稳定、成熟的发展阶段。

三、本实验研究的目的及意义

《普通高中课程方案和语文等学科课程标准(2017年版)》强调课程内容要情境化,促进学科核心素养的落实。教育内容努力呈现经济、政治、文化、科技、社会、生态等发展的新成果,充实、丰富培养学生社会责任感、创新精神、实践能力的相关内容。赴外营地教育为学生创设了真实情境,有助于学生体验中国传统文化和国际优秀文化。日常的学校教育使学生难以深入了解异国文化,也缺少参加社会学习的机会,赴外营地教育能让学生深入了解各地区的自然、历史、文化,丰富社会知识,培养英语思维能力、国际理解力和跨文化交际能力,提高学生的逻辑思维能力、创造性思维能力和领导力,从而培养学生的核心素养。

四、研究方法

本实验以多元学习理论为指导,结合行动研究法、问卷调查法、经验总结法等,进行数据分析与验证。按照"计划—行动—反思—调整"模式开展研究。

五、研究过程

(一)实验对象

为了确保收集到的数据能反映大多数学校的实际情况,笔者从西安外国语大学附属西安外国语学校选择研究对象。该校以提高学生"思考力+创新力"为核心,以提高综合能力为目标,注重学生个性发展需要的开放式国际化办学特色。笔者在学校选取20名高中学生,利用调查问卷的方法调查学生对营地教育的理解和需求。

(二)问卷设计

问卷题型为选择题,内容分为三个部分:第一部分为被调查者的基本信息以及英语学习情况调查;第二部分为被调查者对营地教育的了解和对营地教育课程的期待;第三部分为被调查者对即将参与营地教育后达到效果的预期。问卷调查的目的在于了解学生对营地教育的认知,更好地培养学生核心素养,为实验的研究找准方向。

(三)调查的实施

调查问卷

亲爱的同学:

您好! 邀请您填写一份关于英语营地教育的问卷。根据您的真实经历进行选择,请在表中相应的数字上画"√"。本问卷采用不记名形式,请放心填写实际情况。谢谢合作!

一、学生的基本情况

性别:A. 男　　　　　　　B. 女

二、以下内容请根据你的实际情况做出选择(除加标注的题外,其余的题都是单项选择,如表2所示)。

表2

问项	完全不同意	不同意	不确定	基本同意	非常同意
1.我对参加英语活动很感兴趣					
2.我对营地教育有所了解					
3.我对赴外营地教育很感兴趣					
4.我喜欢在实际场景中学习					
5.我在实践中学到的很有教育意义					
6.英语实践活动提高了我的语言能力					
7.我希望赴外营地教育能够提高我的学习能力					
8.我相信赴外营地教育会让我了解更多国外文化知识					
9.我相信营地教育会提高我的思维能力					
10.我认为营地教育能够提高我解决问题的能力					
11.我认为营地教育能够培养我的团队协作能力					

续表

问项	完全不同意	不同意	不确定	基本同意	非常同意
12.我认为营地教育能够培养我的领导能力					
13.我认为赴外营地教育能够增强我的沟通能力					
14.我认为赴外营地教育能够培养我的跨文化沟通能力					
15.我认为赴外营地教育能够培养我的国际理解能力					

(四)调查的结果与分析

本次问卷主要目的是对学生参加英语营地教育和预期效果进行了解。从调查结果分析,35.7%的学生对营地教育不十分了解。58%的学生喜欢参加英语实践活动,73%的学生喜欢在实际场景中学习。85.8%的学生认为,赴外营地教育能够促进他们的英语综合应用能力的提升,学习到国外文化知识;78.6%~82.5%的学生认为赴外营地教育能够培养他们的思维能力、团队协作能力、领导力、跨文化沟通能力、创造能力以及国际理解能力。

(五)实验的实施

问卷结束后,笔者进行调研。根据学生的需求进行选择和策划,在加拿大国际教育与多元文化交流中心的帮助下,为学生设计了一次中加青少年文化交流大使活动。2017年7月,17名学生前往渥太华,参加了本次活动。

1.中加青少年文化交流大使介绍

国际学生交流项目是加拿大国际教育与多元文化交流中心和多个国家的政府及教育机构联合发起的大型国际教育文化交流活动,旨在推动年轻一代对其祖国以外国家的文化、宗教、社会风俗习惯的认识、认知、认同。学生们通过担任国际大使这一荣誉职位,将获取宝贵的跨文化交流技巧与能力,为其未来成为具有全球视野的领导者打好基础。

2.课程设计(表3)

表3

时间	2017年7月8—28日	地点	加拿大渥太华	人数	17人
形式	中加青少年文化交流大使				
内容	教育局官方提供针对国际学生的英语语言课程,参观加拿大历史博物馆、加拿大自然博物馆、国家美术馆,了解加拿大的民族和历史、艺术,学生作业及演示;参加营地团队训练				
课程特色	1.渥太华教育局提供课程设计和教学实施,由专业老师授课,可信度高,品质有保证;针对学生年龄、语言水平设计不同主题的课程,贴近生活实景,实用性强;课程涵盖历史、文化、科学、自然、手工、厨艺、艺术、体育等多个方面;语言能力、行为习惯、学科知识全面培养。 2.营地教育:采用目标驱动法和项目教学法,导入营地制度、荣誉制度和徽章制度,通过一系列富有挑战性和进度性的营会活动,让学生深度探索自己。 3.从实践中学习:学生成长教育最有效果的方法,这是一个主动教育的概念。本次营地活动丰富多彩,采用营地导师管理和营员自治,让学生从实践中来,到实践中去				
意义	推动年轻一代对其祖国以外国家的文化、宗教、社会风俗习惯的认识、认知、认同。学生们通过营地教育,将获取宝贵的跨文化交流技巧与能力,提高思维品质,促进语言能力的发展,提高学习能力,为其未来成为具有全球视野的领导者打好基础				

实验对象按照此课程进行了为期三周的营地教育活动。每天上午进行课程的学习(英语课例,如图2所示),下午是营地活动。在实验过程中,学生均能按照要求参加课程,无人缺课,师生配合默契。学生学习主动性高,能够积极参与活动。

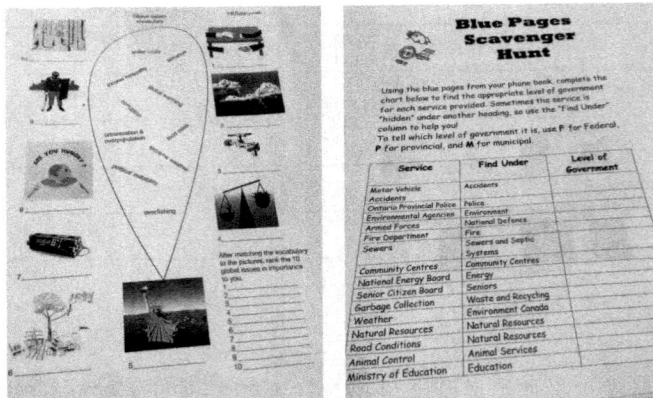

图 2

在营地,设有营地导师,营地导师由多次参加营地活动并对此活动项目感兴趣的志愿者组成。营员可以从"参与者"进一步转化为"管理者和观察者",并在不同的交互环境下进行观察学习和自我实践,以此来提升领导力和不同环境下的思考能力。同时,营地导师和营员在观察别人行为反应及其结果的过程中,得到了"替代经验",因此,自身能力得到了提高。社会认知理论认为,行为决定因素起到了很大的作用。在户外环境中,学习如何进行团队合作,如何为他人考虑,对自己日常生活方式进行反思,对自己的行为进行调节。在整个过程中,营员变化的一个特点是平时学习和生活环境中各种形式的管理都是通过外部的规则、社会认知进行的,而在营地教育的过程中,通过营地活动的设置改变了原先的计划和意图,因此激发了营员的创造力和解决问题的能力。图 3 为营员在营地的发展变化图。

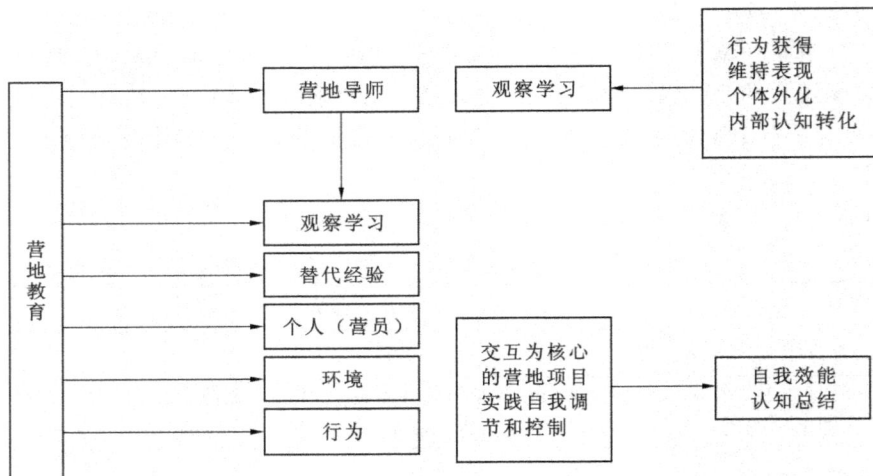

图 3

(六)实验后测

营地教育结束后进行了后测,后测是以问卷调查的形式进行的。调查对象为参加营地教育的学生和他们的带队教师,共 35 人。本次调查问卷共发放 17 份,收回 17 份,回收率 100%。其中有效问卷 17 份,有效率 100%。并分析了调查结果。问卷设计如下:

亲爱的同学:

您好! 本期营地教育已经结束,邀请您填写一份关于本次营地教育的满意度问卷。根据您的真实感受进行回答,本问卷采用不记名形式,请放心填写实际情况。谢谢合作!

1.你对本次活动是否满意?(分值越高越满意)

☆☆☆☆　整体印象

☆☆☆☆☆☆☆☆　安全措施

☆☆☆☆☆　营地环境和条件
☆☆☆☆☆　课程设置和饮食安排
☆☆☆☆☆　教师配备
☆☆☆　活动设置

2.本次项目是否达到了你的预期效果？
A.超过预期　B.达到预期　C.低于预期（请说明理由）_____

3.你印象最深的活动是什么？为什么？

_____

4.本次营地教育对你在英语学习方面有什么收获？

_____

5.谈谈你在本次活动中个人成长方面的感想。

_____

通过分析问卷,笔者得出在营地中个人成长的三个时期:矛盾期、适应期、成长期,如图4所示。

图 4

本次营地教育让每位参与学生都有不同的收获,以下摘录了两位学生的感想:

学生1:人生就是一场旅行,不必在意目的地,在乎的是沿途的风景和看风景的心情。这次加拿大营地教育使我真正意识到了人生旅行的意义。不再是每天背着书包上学,回家做作业,而是要去经历,去探索,去思考,去冒险,去挑战自我,发现自己的最大潜能。世界那么大,我们应该多去经历,在不同的环境和文化中去了解自己,发现另一个全新的自我,未来,我准备好啦!

学生2:这次营地教育教会了我很多,让我认识到了沟通的重要性,执行力的重要性,自我管理的重要性,信念的重要性。同时,我体验到了加拿大多元文化,学会了主动学习,学会了和团队一起探索。感谢我的队友给我的帮助和温暖,感谢这次特别的学习经历,让我知道了世界有多大,让我知道了将来要努力的方向。

六、结束语

营地教育是一种体验式学习。赴外营地教育能够帮助学生探访不同文明的历史,有利于更好地认识人类的现在和未来;体验不同的文化,有利于更深入地认知自己的民族和国家;沉浸于非本土社会生活观察研究,有利于青少年视野的开阔。营地课程可以通过丰富多彩的游学活动,引导高中生积极参与社会实践,了解国情民生,感知时代脉搏,培育动手能力和创新能力,陶冶情操,修养品格。不仅如此,学生在营地还能建立学习与生活的有机联系,通过领导力培训以及自然环境的熏陶,促进学生生理、心理、社交能力的发展。作为落实立德树人教育目标的重要载体之一,营地教育大大丰富了教育的形态,为学生心灵成长提供了一个自由的空间。

参考文献

[1] 陈笑颜,李家成.户外定地教育中营地教师和学校教师的合作.基础教育研究,2015(11):81-83.
[2] 翟晋玉.重视青少年"营地教育".中国教师报,2014-03-19.
[3] 孙云晓.夏令营中的较量.广州:广东新世纪出版社,2013.
[4] 顾建国,李立峰.为学生走向社会搭桥铺路——野外活动营地教育功能的探索与实践.上海教育,2000(10):19-20.
[5] [美]加涅.学习的条件和教学论.皮连生,王映学,郑葳,译.上海:华东师范大学出版社,1999.
[6] 梁花,李雪梅.杜威教育思想对我国学校教育的启示.教育探索,2008(11):7-8.

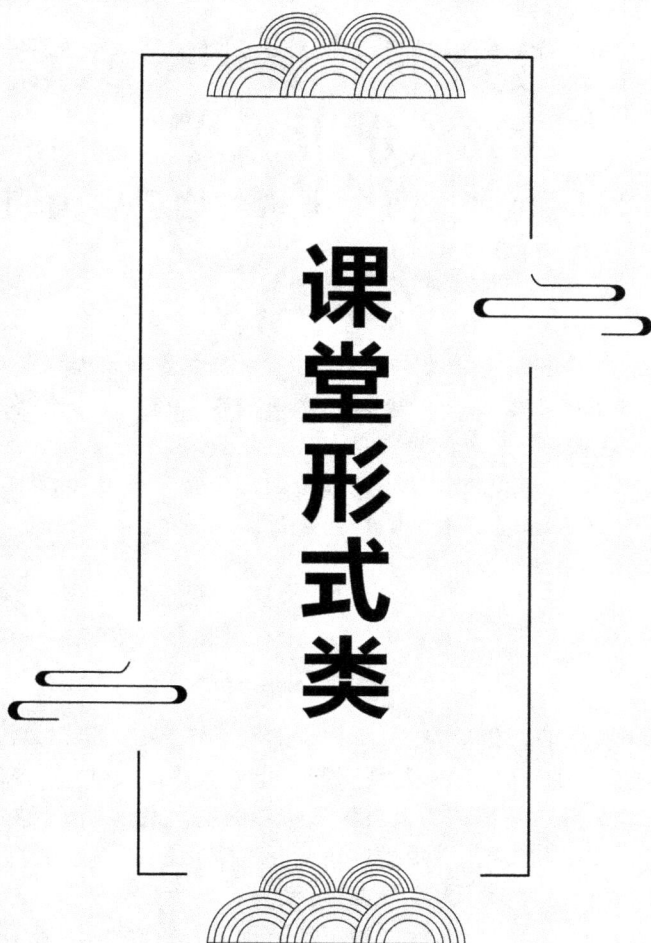

课堂形式类

合作学习法指导下开展中学英语阅读的语篇分析教学
——以同等水平两个班级对比教学为例[①]

成都市三原外国语学校　胡晓雨

【摘　要】　合作教学法在中学英语的课改中逐渐运用,但其在英语阅读理解中的运用较少,此次实验教学将合作教学法与语篇分析法结合起来,对两个同等水平班级分别采用合作学习法与传统语篇分析教学法指导语篇分析,并进行了为期半学期的教学实验。结果表明,在合作学习法指导下更容易实施语篇分析教学,教学成果更加明显;同时,采用合作学习法更容易激发学生的学习热情和互助精神。在初中英语阅读教学中采用合作教学是有必要的,值得教师们研究应用。

【关键词】　合作学习;语篇分析;阅读理解

一、背景介绍

20 世纪 70 年代初兴起于美国的合作学习法(cooperative learning),能有效改善课堂内气氛,提高学生的学业成绩,促进学生形成良好非认知品质,很快引起了世界各国的关注(王坦,2002),在国内的英语教学改革中起到了重要作用。语篇分析法强调阅读教学从宏观角度出发,以语篇结构形式为基本单位,立足于整体概念,对语篇进行分析、理解和概括,在中学英语教学改革中引起普遍重视。但是语篇分析法教学因其操作实施难度大,多数时候仍由教师一人主导课堂,没能让学生参与学习。这次教学实验在九年级水平相当的两个班级中开展,实验班在合作学习法指导下展开语篇分析教学,对照班采用传统教师主导的语篇分析教学法。

(一)合作教学法

美国约翰斯·霍普金斯大学教授斯莱文(Slavin R. E., 1991)认为,合作学习是指使学生在小组(group)或小团队(team)中开展学习,互相帮助,来学习某些材料,并根据他们整个小组成绩获取奖励或认可的课堂教学技术。美国明尼苏达著名学者合作学习的主要代表人物约翰逊兄弟 (Johnson D. W. & Johnson R. T.,1990)认为,合作学习就是在教学上运用小组,使学生共同活动以最大限度地促进自己以及他人的学习。合作教学法在由国外传入国内后得到了广泛发展,国内学者肖川教授(2002)认为:"合作学习是指学生在小组或团队中完成共同的任务,有明确的责任分工的互助性学习。"此次教学实验在实验班以小组活动为教学形式,课堂设计了有趣的合作小组任务和评估标准,希望学生在合作学习中学会明确分工,积极承担个人责任,进行集体反思,受到了学生的欢迎。

(二)语篇分析法

语篇又称"篇章""文章""话语",等等。语篇通常是指一系列连续的话段或句子构成的语言整体。篇

---

①　本文在第十九届全国外国语学校外语教学科研论文评比中荣获一等奖。

章是表达结构和意义关系的总和。国外学者韩礼德夫妇（Halliday&Hasan,2001）认为最好把语篇看作语义单位（sentence unit），即不是形式单位，而是意义单位。基于以上学者的研究，阅读语篇是阅读文章的整体结构，借助衔接与语境，符合语义、语用和认知原则，从整体把握文章主旨。但是，语篇分析法在教学中的运用也考验课任老师的英文功底和对整个教学班级的把控。多数时候，教师会采用自上而下（top-down）的教学方式，这种自上而下的演绎教学方式容易使学习者形成被动接受概念和结论的习惯，难以激发创造性思维。

此次教学改革采用合作教学法使得传统的教学模式转变成为自下而上（bottom-up）的模式，充分调动学生的学习创造力，最大限度地发挥学生的自主学习能力。

（三）初中生学习特点分析

初中生正处在由幼年向成熟的过渡期，从对直观材料的记忆进入意识记忆。意识记忆是一种理解记忆。教师对学生的意识记忆提出了更高的要求，要求他们对记忆识别的材料进行综合分析，从而找出各部分内容之间的联系。同时中学生的抽象思维开始占据主导地位。中学英语教学需跳出死记硬背的传统教学模式，特别是英语阅读教学，采取整体语篇分析教学。此次教学改革发挥了合作教学法的优势，突出了整体语篇分析教学的特点，符合中学生现阶段的学习特点和学习需要。

二、课前准备

为配合为期半学期的教学实验，实验班全班学生被人为分成几个学习小组，保证每个学习小组中的学生水平分布均匀。每个学习小组中民主选出合适的组长，明确组长和组员的责任和关系。教学实验课程选自人教版 Go for it! 九年级全册 Section 2 的阅读部分，每次课前均给学生分配下次课程的任务，课前由组长带领组员完成全篇文章的预习，自助扫清词汇障碍。对于难度较大的文章，每组学生分别完成不同部分课文的预习，课上相互交流。对于难度较小的文章，每组学生必须完成整篇文章的预习工作。课上交流的方式也是多样化的，有"世界青年说""奇葩说"等方式，活动形式要与时俱进，迎合当代中学生追逐时尚的喜好。对照班采用传统的教师主导的语篇分析教学法。因本次教学实验历时较长，在此篇论文中无法一一呈现每堂课的教学过程。这里选用最具代表性课程即人教版 Go for it! 九年级 Unit 3 Section 2 Should I be allowed to make my own decision? 集中展示合作教学法指导下的语篇分析教学。

（一）课前师生沟通

合作教学法能否在课上成功实施，预期的教学任务能否完成，与课前师生的沟通密切相关。课前时间允许的条件下，教师需要深入了解不同层次学生的预习效果。这次课前，教师利用课前的自习时间了解了高水平学生、中等水平学生和学习吃力学生的预习情况。高水平学生基本能理解文章的大意，个别句子也存在句意不清楚的情况，但是并不影响整体阅读，需要教师引导理解较难词汇和句子。中等水平学生大致了解了文章大意，但是对于有些部分的转折和衔接理解不到位，需要教师引导。学习吃力学生的预习水平还停留在对文章字词句的理解上，教师需要帮助学生跳出字词的影响，学会整体把握文章脉络。教师充分了解了学生的课前预习情况，在课上才能随时调控教学进度，照顾各个层次学生的学习需要，发挥学生互帮互助精神，最大限度地发挥学生的主观能动性。在时间较短的情况下，教师可以从组长处了解全组队员的预习情况，及时调整课堂安排。

在实验前期，因为没有合理地了解课前学生的预习情况，合作教学法在实施中遇到了很大阻力，教师对学生和课堂有时甚至脱离把控。发现此问题后，教师进行了及时调整，发现课前与学生沟通发挥着非常重要的作用，虽然教师的工作量加大了，但可以增进师生的感情，及时了解学生学习状况，保证教学任务有效完成。

（二）教案及教具准备

实验班和对照班的教案教学内容相同，只是教授手法不同，实验班分组合作教学，对照班实行教师引导教学。实验班教具准备丰富,对照班教具较为单一。实验班与对照班教案见表1。

表1

Students：Grade 9 Class 1（实验班）	Students：Grade 9 Class 2（对照班）	学生水平相当
Class size：45	Class size：43	学生数量接近
Duration：40 minutes	Duration：40 minutes	教学时间相等
Teaching content：*Go for it*！Unit 3 Section 2 Should I be allowed to make my own decision?		教学内容一致
Teaching aim： 1. Promote students' overall reading ability. 2. Arouse students' interests and motivation.		教学目标一致
Learning objectives： 1. Understand the main idea of each paragraph. 2. Use the new words and phrases to express own ideas. 3. Understand the conjunctions：but；however；now that.		学习任务一致
Teaching method：Discourse-Analysis		教学方式一致
Learning strategy：cooperative learning	Learning strategy：follow the teacher	实验班用合作学习法,对照班被动接受教师教学
Teaching aid：multimedia,blackboard	Teaching aid：blackboard	实验班教具较丰富,对照班教具单一
Teaching procedure： 1. Warming up. (2 minutes) T：Good morning! My dear boys and girls! How's it going? S：Good! \ Great! \ Wonderful! \ Awesome! \ Not too bad! \ Sorry! I am not myself today! T：Do you have any hobbies? If you have, please hands up! 2. Introduction. (5 minutes) T：Let's see a boy named Liu Yu together! He likes running but his parents do not allow him to practice. (Play the slide：some questions about the passage) Please discuss the questions in your group and send a representative to express your group result. Question 1：What's Liu Yu's hobby? Question 2：What does Liu Yu want to be? Question 3：When was Liu Yu allowed to practice running? Question 4：Do Liu Yu's parents believe that he become a professional runner? Question 5：Should Liu Yu be allowed to make decision by himself? 3. Match each paragraph to the right main idea below in your group. (10 minutes)（实验班） Teacher summarizes the main idea of each paragraph. (10 minutes)（对照班） Liu Yu said he was serious about running. Paragraph 1 Two difficult ideas from children and parents. Paragraph 2 Liu Yu wants to be a professional athlete but his parents think he should be realistic. Paragraph 3 Liu Yu thinks he will succeed and achieve his dream. Paragraph 4		教学过程： 1.课前热身方式一样 2.引入部分:课堂问题相同,但是实验班采用小组讨论、代表发言的方式,学生参与度较高;对照班直接给出问题请学生回答 3.实验班采用雅思考试配对主题的方式,让小组成员讨论;对照班采用学生归纳主题,教师点评的传统方式

续表

Students：Grade 9 Class 1 （实验班）	Students：Grade 9 Class 2 （对照班）	学生水平相当

Liu Yu's parents think the right thing for Liu Yu should be studying hard.

Paragraph 5

4. Find all the "but" sentences in the passage and discuss the function of this conjunction in group. (10 minutes)（实验班）

List all the "but" sentences on the blackboard and explain the function of the transition word "but". (5 minutes)（对照班）

①But sometimes these hobbies can get in the way of school, and parents might worry about their child's success at school.

②However, his parents won't allow him to train as much as he would like to.

③But we do think that our son needs to be realistic.

④But I'm serious about running.

⑤But we think we're doing the right thing.

⑥But Liu Yu still doesn't agree.

⑦But they are always talking about what will happen if I don't succeed.

⑧But I will succeed!

5. Find the relationship between the sentences and then fill in the blanks in groups. (10 minutes)

Task One for Group One：

Task Two for Group Two：

4.实验班请学生找出所有 but 的句型，小组讨论 but 的作用；对照班教师直接列出所有 but 句型，并讲解作用

5.实验班分组完成各段的句间关系，采用思维导图填空方式引导学生；对照班由教师直接讲解思维导图式的句间关系（学生填写表格时，教师提前将课文分好，学生将各部分填入思维导图。划分的课文附后）

Students：Grade 9 Class 1 （实验班）	Students：Grade 9 Class 2 （对照班）	学生水平相当
Task Three for Group Three: Task Four for Group Four: Task Five for the whole class. Choose the only sentence that cannot be deleted in this paragraph，and give your reasons. But I will succeed! 6. Homework. Discuss the question in group：Should Liu Yu be allowed to make decision by himself? And write an article not less than 100 words.		6. 实验班以小组讨论文章主题为结；对照班由教师总结

三、课后反思

在合作教学法实施前期，需要教师耐心、及时地调整课程安排。因为合作教学法实施前，实验班学生已经适应了教师的灌输式教学，不愿意自主学习，加上教师对合作教学法实施不够熟练，实验班的教学任务通常很难完成，教师为了完成教学任务有时不得不将课时延长。但是经过一段时间的适应，教师能够掌控教学进度，学生能够扩展自学能力。

在合作教学法实施中，要求教师对教学难度适当降低，并对学生加以引导，例如，此次实验班的教案，对于文章的每段大意采用的是雅思阅读考试方式，配对相应的段落大意。而在对照班教师主导的教学中，段落大意则是由教师归纳的。

合作教学法实施后期，实验班的教学进度明显高于对照班，但同时也要求教师灵活安排学生合作方式，与时俱进，创新教学方法，单一的合作讨论方式很快让学生失去兴趣，对教师的创新精神有着较高的要求。

四、学习成果分析

从短期来看，实验班的学生进度较慢，对文章的吸收理解不如对照班。但长期来看，实验班的学生在后期的学习中表现更加优秀，特别是在后期阅读理解的测试中表现更优秀。

（一）实验班与对照班阅读理解能力分析

实验前期，实验班的当堂测试成绩不如对照班，随着教学实践的深入，教师及时发现了教学中的问题，调整教学安排，学生也开始逐步适应合作教学法，实验班的阅读理解能力不断提高，特别是学习水平中等的学生和学习吃力的学生进步较快。主要原因是合作教学法发挥了优秀学生的帮助作用，使得所有学生参与活动，在潜移默化中贯穿语篇分析法，而不是教师主动灌输。实验前期，对照班高水平学生比实验班高水平学生表现更好，因为实验班高水平学生需要时间适应合作学习法，对照班高水平学生可以快速接受教师灌输。但到了实验后期，实验班高水平学生后来居上，因为他们在合作教学中扮演着组内小老师的角色，对语篇分析法更能融会贯通，举一反三，甚至能对教师的观点提出质疑。

（二）实验班与对照班跨文化交际能力分析

合作教学法要求学生自主分析，推举代表在课上发言，这种方式本就符合西方文化，更能让学生感受西方宽松的文化氛围。以本篇文章为例，在实验班的教学中教师在课上给予中西方文化差异的提示，不仅让学生阅读本篇文章，在课后还要求学生讨论这个问题，并以作文的方式呈现出对差异的理解，在小组讨论中学生对于文化差异的理解更加深刻。教师甚至看到学生因为观点不同争执不下，各自尽力找论点支撑自己。这不仅仅让学生感受了西方辩论文化，更多的是让学生经历辩论文化，表达个人观点。西方辩论文化的真谛在学生的实践中展现出来。九年级学生此时的词汇表达尽管有局限性，但是合作教学法却培养了其敢于表达的精神，有了表达欲更能激发学生学习语言的动力。在这一点上，合作教学法更能帮助学生实现表达自己、交流文化这一学习语言的最终目的。

（三）实验班与对照班自主学习能力分析

毫无疑问，在实验班中，合作学习法降低了教师在课堂上的主导地位，教师转变成为引导者，学生由被动接受变为自主学习。从前期难以推行合作学习法，到后期学生甚至敢于质疑教师的观点，不难看出学生的自主学习能力大大提高。特别是实验班中的中等水平学生和学习吃力学生，他们可能因为某次成为小组代表信心大增，也可能因为观点新颖崭露头角，学习的积极性大大提高。实验后期，对照班的中等水平学生容易出现上课不专心的情况，学习吃力学生依然停留在对生词和句子的学习上，对语篇分析法无法理解吸收。

（四）学生反馈

从学习兴趣的角度来说，采用合作教学法后实验班学生学习兴趣均有提高。因为合作教学法中学生有明确的分工，既能发挥高水平学生的能力，又能调动中等水平学生和学习吃力学生的主动性，所有学生在课堂均能自由发出声音，真正参与课堂。同时，在小组讨论中学生对语篇分析法的理解更清楚。与对照班教师讲解相比，学生相互学习效果更加明显，主动学习的精神和互助学习的精神有了明显提高。

五、小结

此次教学改革用合作教学法推进语篇分析教学，从学生长期能力的培养上来看，合作教学法能更好地帮助语篇分析法在英语阅读教学中推广。教师不再在课堂上强调"语篇分析"这一专有名词，使学生心生畏惧，以小组合作的形式在潜移默化中推广语篇分析。同时，小组合作的形式多变，从严肃的辩论形式到活泼的七嘴八舌，从简单的小组对抗到复杂的多人对抗，学生的学习兴趣被激发出来，学生的阅读理解能力、跨文化交际能力和自主学习能力得到提升。特别是学习吃力的学生，在小组成员的带领下跳出了字词的困扰，开始用整体的眼光看待阅读理解，成绩进步不少。同时，小组教学能激发学生的合作竞争意识、创新思维能力和表达自我的能力，提升了学生的自信心。本次教学实践也因教师经验不足、实施时间较短等局限存在不足，教师将在今后的教育工作中不断改进。

附

Unit 3 Section 2 Should I be allowed to make my own decisions?

Many teenagers have hobbies. (Sentence 1) But sometimes these hobbies can get in the way of schoolwork, and parents might worry about their child's success at school. (Sentence 2) Teenagers often think they should be allowed to practice their hobbies as much as they want. (Sentence 3) Do you agree?

Liu Yu, a fifteen-year-old from Shandong, is a running star. (Sentence 1) He is in his school running team, and has always wanted to be a professional athlete. (Sentence 2) However, his parents won't allow him to train as much as he would like to. (Sentence 3) "Of course we want to see Liu Yu achieve his dreams," says Mr. Liu, "and we know how much he loves running. That's great, and my wife and I watched him in every one of his races. We have nothing against running! (Sentence 4\5\6) But we do think that our son needs to be realistic. Now he is getting older, he needs to think about what will happen if he doesn't become a professional runner in the end." (Sentence 7\8)

Liu Yu doesn't really agree. (Sentence 1) "Well, I think I should be allowed to make decisions for myself," (Sentence 2) he says. "My parents have always taught me the importance of working hard and not just to do what I enjoy. I understand this. (Sentence 3\4) But I'm serious about running. Being a professional runner is the only thing I have ever wanted to do." (Sentence 5\6)

Mr. and Mrs. Liu believe that Liu Yu should study hard in the evenings, and so they don't allow him to practice running on school nights. (Sentence 1) "I know this might seem strict," says Mrs. Liu, "but we think we're doing the right thing. (Sentence 2) He has to understand that very few people can become professional athletes. It's a very difficult dream to achieve. (Sentence 3\4) We don't allow him to practice every day because we think he needs to spend time on his homework." (Sentence 5)

But Liu Yu still doesn't agree. "I know my parents care about me," he says. "But they are always talking about what will happen if I don't succeed. But I will succeed! I think I should be allowed to make this decision myself. Only then will I have a chance of achieving my dream."

参考文献

[1] Halliday M A K. Language as Social Semiotic: The Social Interpretation of Language and Meaning. Beijing: Foreign Language Teaching and Research Press, 2001.

[2] Johnson D W, Johnson R T. Social Skills for Successful Group Work. Educational Leadership, 1990, 47(4): 29-33.

[3] Slavin R E. Student Team Learning: A Practical Guide to Cooperative Learning. Washington D. C.: National Education Association, 1991.

[4] 胡壮麟. 语篇分析在教学中的运用. 外语教学, 2001, 22(1):38.

[5] 黄国文. 语篇分析概要. 长沙:湖南教育出版社, 1988.

[6] 王坦. 论合作学习的理念与实施. 北京:中国人事出版社, 2002.

[7] 王小楠, 王彩琴. 语篇分析及其内容. 海外英语, 2012(4):246-247.

[8] 王福祥. 话语语言学概论. 北京:外语教学与研究出版社, 1994.

[9] 张跃刚. 中学教育心理学. 济南:山东大学出版社, 2011.

[10] 肖川. 论学习方式的变革. 教育理论与实践, 2002(3):41-44.

高中英语"情境创设型以听促口" SIEE 教学模式的构建与实践[①]

成都外国语学校高新校区　　曾跃

【摘　要】 当前高中英语课堂将听口教学割裂,使得听口教学训练目标单一且低效。本文构建了情境创设(Situation-creating)→多维模仿(Imitating)→探索思辨(Exploring)→灵活表达(Expressing)的高中英语"情境创设型以听促口"SIEE 教学模式,并以教学实例展示该模式的实际操作与应用。

【关键词】 高中英语;情境创设型;以听促口;教学模式

一、引言

一方面,情境创设以生动有趣的情境调动学生的兴趣,引导学生积极参与听口训练,可有效提高听口交际能力。另一方面,在我国高考的背景下,传统的高中英语听力教学注重听力语言知识的灌输,却不注重听力的应用,听口教学被割裂,没有实现"听"的输入与"说"的输出相结合。实际上,听力教学中优质的表达方式和表达思维可以充分为口语交际所用。如果以情境创设为导向,以听促口,那么将极大程度提高听口综合交际能力。

当前国内针对高中英语以听促口教学模式的专门研究很少,已有的听口结合的教学理论实际上并没有建立条理清晰,步骤明确、可操作的模式,也没有教学实例演示相应的教学模式。以听促口的英语教学的重要性和必要性还没有被广大学者和教育工作者充分认识到。由此,笔者在已有听口教学模式研究和大量教学实践的基础上构建高中英语"情境创设型以听促口"SIEE 教学模式,并用教学实例展示该教学模式的操作和运用。

二、高中英语"情境创设型以听促口"SIEE 教学模式

高中英语"情境创设型以听促口"SIEE 教学模式是以贯穿整个过程的情境创设为导向,以听促口综合培养交际能力、思辨能力和文化品格为目标所构建的教学模式。

1. 构建英语"情境创设型以听促口"SIEE 教学模式的背景和依据

国内对于听口教学模式的研究大多停滞在零散的课堂设计阶段,大部分并没有形成结构清晰、步骤明确、可操作性强的教学模式。关于听口教学模式主要有:李蓉提出的支架式教学模式在高中英语听说课堂教学中的应用;江枫探索了支架式教育模式在高中英语听说教学中的应用探究;王良璩探求了高中英语听力及口语抛锚式教学模式。

然而,已有的支架式教学模式没有固定为可操作性强的系统的教学步骤,其他听口教学模式实际上并无模式可言,也缺乏教学实例详细演绎相关教学模式的操作方法。由此,笔者在已有听口教学模式和大量教学实践的基础上创造性地提出高中英语"情境创设型以听促口"SIEE 教学模式,以情境创设为导向,以

---

① 本文在第十九届全国外国语学校外语教学科研论文评比中荣获一等奖。

听促口强化交际技能和思维,帮助学生自由灵活地表达。

2.英语"情境创设型以听促口"SIEE教学模式结构

英语"情境创设型以听促口"SIEE教学模式中,SIEE 由 Situation-creating, Imitating, Exploring, Expressing 四个词的首字母组成。这四个词分别对应情境创设、多维模仿、探索思辨和灵活表达四个要素。其中,情境创设和灵活表达贯穿整个教学过程,前者降低输出难度,后者本身就是输出目的(自由交际),情境创设生发出灵活表达,灵活表达最终在创设的情境中实现;多维模仿和探索思辨是逐渐升级的两步,前者在于"神形兼备"的模仿化用,后者在于创造性思维、批判性思维和文化品质的深层培养。这四个步骤相互作用,不断深化。

SIEE 教学模式的各要素关系如图1所示。

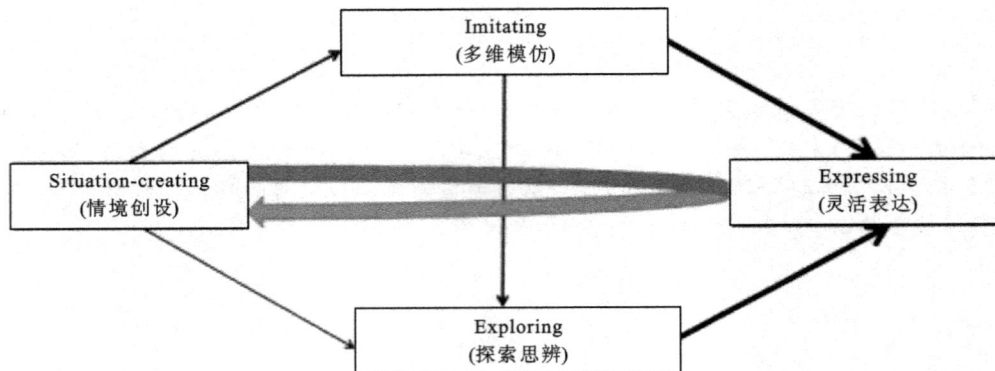

图 1

(1)Situation-creating(情境创设)。

情境创设须贯穿整个听口教学步骤中,始于情境,终于情境,最终达到在语境中灵活应用的目的。教师可利用图或者短视频等直观的方式,创设生动且贴近高中生兴趣的语用环境,调动学生的感性认知,使学生自然、轻松且快速地进入主题。学生以小切口的简单问题热身(用单词短语回答问题),不断延伸,逐步引导至有个性、有深度的思考,同时用多个句子或语段进行口语表达。情境创设伴随着问题的设计,从事实性问题到思辨性问题,由浅到深,由点到面,层层递增难度,这样才能有效激发学生的兴趣点和表达欲,由"听"这一输入自然过渡到"说"这一输出,从而得到各个层次语言能力的锻炼。同时,学生根据听前的活动可以预设听力材料的主题,明确听力目标,在后面的听力任务中将出现具有针对性的积极表现。

(2)Imitating(多维模仿)。

语言的习得开始于模仿。但是模仿不是单一粗糙地照搬,而是根据表达需要,多维度模仿:一方面,模仿表达方式和表达结构,创造性地整合化用听力材料中的词、句、段;另一方面,模仿思维模式。在这一阶段,教师注意设置听力任务,引导学生在听的过程中有目的地记下关键词以形成线索,寻找表达逻辑、结构和层次。再由教师挑出地道、精练的表达,供学生复述所听内容,重构故事。此过程中学生既习得了口语表达,又整合了表达思路。

(3)Exploring(探索思辨)。

组织学生以小组合作方式挖掘听力材料反映的社会现实或问题,形成自己的思考,找出可行的解决方案,再通过个人陈述或小组展示的方式口头呈现。有目的地输入"听",结合深层次思辨,为最终形成个性化表达模式做准备。在小组协同合作中,由于组员个人经历和认知水平的差异,彼此在交流中,或激发出独具创意的想法,或不断修正,形成具有批判性的全面系统的思维。同时,教师把学生所答和听力材料所答进行对比,引导学生对中西文化背后的思维模式异同进行比较,培养跨文化交际能力。

(4)Expressing(灵活表达)。

每一阶段的输入"听"都是为此阶段不同难度的输出"说"这一目标服务。对听力材料的层层剖析将表达的深度不断推进,学生也从被动地回答事实性问题转变为积极地表达深层思想。促进表达的方式多样,设计活动如对话练习、游戏、角色扮演等,这些活动融合了对听解能力和创意表达的复合考查。其中,游戏和角色扮演是在情境中综合应用听说的趣味活动,可以快速活跃课堂气氛,充分调动学生的参与积极性。学生需要在小组讨论出方案后,以极快的速度搭建情境,设计台词,修改用语,规范表达逻辑,应对临场突发状况灵活演绎。由此在最贴近目标文化的语境中,学生体会到文化微妙的差异,培养了实用交际能力。

三、SIEE 教学模式实例展示

本案例以笔者 2017 年学校年会优秀公开课——牛津版 English in Mind 高中英语第三册 Unit 14 Happiness 为例,展示 SIEE 教学模式在教学实践中的操作流程。

1.教材分析

本案例出自牛津版 English in Mind 高中英语第三册 Unit 14 Happiness。本单元的话题是讨论幸福是什么和怎样获得幸福。该听力材料是两个英国学生在街头共采访 6 人进行"幸福是什么"的调查研究。6 人分别叙述了自己心中对幸福的定义,同时描述了发生在自己生活中的幸福细节和幸福感受。该听力材料语言原汁原味,难度适中,视角贴近生活又独具个性,因而容易引起高中生的共鸣和思索,进一步引出其强烈的表达欲。

2.教学目标

(1)知识目标:引导学生掌握与幸福相关的地道的表达法(词汇和句式)。

(2)能力目标:培养学生在听力过程中抓关键词梳理材料脉络,同时找到支撑核心观点的分支观点和归纳原因的能力;培养学生模仿表达方式和思维模式、自主探索、归纳总结的能力和协作精神。

(3)情感目标:激发学生对幸福的思考,帮助学生树立"幸福不一定是宏大的事业(典型中式思维),幸福可以是身边的细小事件带来的暖心感受(典型英美思维)",鼓励学生在日常中学会发现幸福、追求幸福。

(4)思维目标:培养学生理解英语国家民众的思维方式和表达方式,锻炼学生化用、批判的思辨能力和探究文化异同的能力。

3.教学过程设计

Step 1:Pre-listening.

教师通过 6 张图片(PPT 1)引出 feelings(感受)一词。

再创设 4 个常见情景分别呈现难过、害怕、恐惧、快乐(happy,happiness 的形容词)4 种情感,在此过程中提出问题:

(PPT 3) If your best friend would study overseas and wouldn't be back for two years,how would you feel?

(PPT 4) If you went back to your hometown to have your wedding ceremony after WW Ⅱ,but it turned out to be a ghost town and your fiancee became a corpse bride,how would you feel?

(PPT 5)If your parents canceled your dream family trip to Paris without saying a word to you in advance,how would you feel?

(PPT 6)If you were Leonardo DiCaprio,you won Oscar's Best Actor after years of setbacks,how would you feel?

【设计意图】 这一环节是"Situation-creating(情境创设)"的体现。教师以 6 张展现演员安妮·海瑟薇不同情绪的照片切入,随后导入 4 个高中生感兴趣的情境(用 4 个虚拟句型设置"喜、怒、哀、乐"4 个情境),以最后一个回答 happy(happiness 的形容词)引出听力主题 happiness。

Step 2:Listening.

①Predicting.

教师呈现两则对话对应的图片(图 2),要求学生猜测图中的两个人物为什么感到开心幸福;然后精听两则对话,并回答下列问题:

a.Guess,why does the woman feels so happy?

图 2

b. What's happiness in her opinion?

c. What things/incidents make the woman happy? (Retell)

【设计意图】 这一环节是"Imitating(多维模仿)"的体现。由看图猜测引发学生的好奇心,通过精听两则对话,学生带着听力目标完成快速获取主题、人物、主要事件和原因的任务。同时,指导学生记关键词,抓住听力材料脉络和对原材料细致重述,让学生习得 mean the world to me, like little angels, the sensible side;I'm never happier than when I'm..., love seeing the look on people's faces when..., was so depressed 等地道表达。

②Listening to the rest 4 dialogues.

每听一则听力材料,请学生总结主人公感到幸福的原因:

What is happiness to him/her? Why?

Step 3:Post-listening.

①在听完了 6 则调查后,教师引导学生进行归纳,思考 6 个人幸福的共性:

What does their happiness have in common?

听了 6 人对幸福的定义,此时学生心中会涌现自己对幸福的看法,有了较强的表达欲,教师问:

What is happiness to you? Why?

教师进一步深入话题,引导学生思考:

Share some happiness around you that you didn't notice before.

【设计意图】 这一环节是"Exploring(探索思辨)"的体现。教师指导学生在回答过程中使用之前归纳的地道口语表达,将回答细致化、精准化;学生归纳总结出"幸福来自细小的身边事"这一西方英语国家的思维模式;对比我国和西方英语国家对幸福的不同定义,比较文化异同,培养学生思辨能力和文化品格。

②Role-play.

T: One will be the staff member doing a survey in our class with a microphone in hand, and he can choose anyone to answer "What does happiness to you? Why?" The ones being asked should give detailed answers including detailed reasons. This is group work for 3 minutes, and then you have to perform your show in our class and on the stage.

【设计意图】 这一环节是"Expressing(灵活表达)"的突出体现。一个学生随意问班上任意学生对于幸福的理解和体验,形式新颖,贴近现实,极大限度地调动了学生的积极性。从小组讨论到全班参与,多样的参与形式全面锻炼了学生的听说能力,使学生在独立思考和合作交流中实现自由灵活的表达。

讨论中两位学生的精彩表达。

S(A):For me, our dormitory's lights are on at 6:20 a. m, but we don't have to get up until 6:35 a. m. So this 15 minutes from 6:20 to 6:35 is my happiness moment.

S(B)：Staying with my family for a whole day doing nothing is my happiness. But even this kind of happiness is difficult to have for senior high school students like me.

四、SIEE 教学模式应用于英语教学的反思与启示

1.所选听力材料的难度要适中

听力的输入到口语的输出并非一蹴而就,需要学生有夯实的基础和长期系统的训练。教师应根据自己班级学生的英语能力水平,把控所选听力材料的难度,否则课堂表现容易出现两极分化:基础较好的学生能够理解所听内容,化用并产出;而基础较薄弱的学生不能吸收所听内容,无法有效利用听力材料进行口语产出。只有难度适宜的听力材料才能有效践行 SIEE 教学模式。

2.教师应布置明确的听力任务

SIEE 教学模式以情境创设为导向,以听促口为最终目的。教师除了尽力深入挖掘听力材料,在最短的时间内对学生进行最大限度的听说训练,实现听力材料服务于口语表达外,还应注意布置清晰明确的听力任务。如果任务布置不够明确,导致学生不清楚听力目标,那么学生就会不知道怎样记听力笔记以及记到什么程度好。

五、结束语

经过教学实践验证:高中英语"情境创设型以听促口"SIEE 教学模式适用性强,不仅仅让学生在语言形式和思维模式上多维度模仿,无限靠近地道精练口语的表达,更培养学生创造性思维、批判性思维、文化品格和跨文化交际能力。SIEE 教学模式按情境创设(Situation-creating)→多维模仿(Imitating)→探索思辨(Exploring)→灵活表达(Expressing)步骤,结构清晰,可操作性强,易于以有效利用听力材料为口语输出所用。同时,此模式始终贯穿情境创设,充分调动高中生的听口兴趣和参与性,且每一个教学步骤都指向口语输出,目标明确,有利于学生听口技能、思辨能力和文化品格的综合培养,切实解决当今听口教学分离、低效等问题。

当然,"情境创设型以听促口"SIEE 教学模式还需要教师结合自身班级特色创造性地加以利用。怎样更合理、高效地利用 SIEE 教学模式还值得广大教育工作者和专家们的进一步研究、探讨和实践。

参考文献

[1] 陈杰云.基于新课改的高中英语听说课教学模式探究.中学生英语:高中版,2014(22):6-7.
[2] 葛文山,郭慧,刘桂岩.高中英语听力教学常见问题分析——从一次高中英语听力教学评优观摩课说起.中国科技信息,2015(3):1-5.
[3] 顾婕.任务型教学法在高中英语听力教学中的应用研究.中学生英语,2012(26):15.
[4] 江枫.支架式教育模式在高中英语听说教学中的应用探究.校园英语,2017(11):169.
[5] 李蓉.支架式教学模式在高中英语听说课堂教学中的应用.名师在线,2017(5):45.
[6] 吕娟娟.高中英语听说课教学模式设计.中学生英语:高中版,2011(13):10-13.
[7] 王良豫.高中英语听力及口语抛锚式教学模式.中学生英语:初中版,2013(20):68-69.

高中英语口语考试小组合作模式的运用[①]

乌鲁木齐外国语学校　张慧

【摘　要】　口语考试打破以往一对一的口语测试形式,秉承以学生为中心的教育理念,通过学生之间的互动,以小组对话或者讨论的形式,开展英语口语测试,最终达到较理想的测评效果。学生可以个性化地进行学习,从而更加有效地提高自己交际能力、自主学习能力和合作学习能力。

【关键词】　口语;互动;合作学习

激发学生英语口语学习要依靠高效课堂,评估学生英语口语能力要依靠口语测试机制。小组合作学习法是英语教学中普遍运用的教学方式,是否可以将小组合作学习法转移到学生口语测试评估中,如何运用科学的口语测试方式促进学生口语能力的提升,是当前英语教师面临的重要课题。只有以兴趣活动交际为出发点,优化口语交际内容,展开口语考前、考中、考后活动,让口语开展形式多种多样,充满情感交流,才有利于学生创造性的培养。

一、小组合作学习理念

小组合作学习,以小组为单位,通过成员之间的合作完成学习任务,最终实现学习目标。为了进行小组活动,需要将学生分成不同的小组,组内成员学习基础和能力相当,再运用多样的评价方式对小组以及成员的表现进行评价。基于这一学习理念,将其运用于口语考试活动中,打破常规一对一的考试模式,即考官和考生一对一,面对面交流进行最终评价。科学运用小组合作学习方式,才能有效增强学生英语学习的有效性。

二、小组合作的必要性

以学生为主体是新课标的教学理念,小组活动是整个活动的中心,充分体现学生的主体地位。每个小组的组员都分配有相应的任务,考前每个成员都要做好充分的准备,考试内容提前给定,环节和过程由组员们一起商讨、合作完成。这样他们就十分乐于承担自己的责任,可以在活动中体现更多的积极性和主动性,与学习的伙伴之间形成平等的搭档关系和良好的学习氛围;赋予学生更多的自主权,有利于促进学习效率的提升。

合作意识是现代社会不可或缺的重要品质,是学生适应未来发展应当具备的技能之一。通过小组合作的考前准备,学生在口语准备的过程中学会交往、敢于参与、愿意表达,学会尊重和理解他人,同时小组合作模式强调集体目标的实现,有利于增强学生的集体荣誉感。另外,每个组的学生英语表达能力不同,实施帮扶模式,学习能力较强的学生带动学习能力较弱的学生共同进步,促进学生学习的主动性和积极性。

[①]　本文在第十九届全国外国语学校外语教学科研论文评比中荣获二等奖。

三、传统口语考试模式

乌鲁木齐外国语学校以往的口语测试,按照一对一的考试模式,即将几个考试话题提前告知考生,给其一定的时间准备。考试当天一个老师对应一个考生,以抽签的方式,考生以抽到的话题开始展开描述,根据口语的不同程度,包括语音语调、流利程度、内容准备等进行评分,实行满分制。这样的口语考试模式单一,缺乏交流的情境,缺乏多人之间的交流互动。有时由于紧张等因素,考生口语考试不能顺利进行;或缺乏团队合作意识和竞争意识,因而缺乏考前充分准备的积极性和动力。

四、运用小组合作学习理念优化口语考试模式

1.口语考试模式的实施方案

只有建立参与与合作式的教学模式,才能真正激发学生说英语的欲望,促进英语听说能力的提升。为了打破常规的口语考试模式,经过改革,乌鲁木齐外国语学校尝试将考生进行分组。以班级为单位,例如,若每班平均55人,每组安排5人,其英语程度都不同,考虑考试目标的要求,确保每个小组的成员大致能力相当,避免出现两极分化现象。每组至少有一名学生英语程度较好,一至两名学生英语成绩相对中等程度,剩下一至两名学生英语成绩较弱,按这样的方式把全班学生平均分成11组。其目的是让每个组英语程度较好的学生带动英语程度较弱的学生共同参与,避免讨论或对话中冷场,让每个学生都有展示自己的机会,最终达到说的目的。将考试的几个话题提前告知学生,要求每组学生以对话或讨论的形式认真准备每个话题。考试时,以班级为单位,按组进行考试。按年级英语老师的人数进行分组监考,每组两个老师作为考官,每组派一名学生抽签后,展开讨论,活动结束后,两个老师对每个学生的表现进行评分,实行满分制。根据口语流利程度、内容充实度、语音语调等以90分以上、80分以上、70分以上、60分以上及60分以下等分值进行评分。

2.口语考试模式的实施过程

乌鲁木齐外国语学校期末对高二年级大约420个学生进行了形式新颖的英语口语考试,时长约两个半小时。此次口语考试打破了以往一对一的口语测试形式,秉承以学生为中心的教育理念,通过学生之间的互动,以小组对话或者讨论的形式,开展英语口语测试,最终达到较理想的测评效果。学生可以个性化地进行学习,从而更加有效地提高自己交际能力、自主学习能力和合作学习能力。

3.口语考试模式的实施反思

整个活动以学生的全面发展为培养目标,对小组合作的目标和实现过程进行科学的设计,对整个口语考试活动进行观察和记录,在辅助学生实现学习目标的同时,形成团结互助、合作学习的理念,真正促进学生的全面发展,最终达到口语测试的目的。小组合作是全员参与的过程,小组内的任何一个成员都担当着重要的职责,同时积极参与也是激发学生用英语交流的欲望,承认每个学生的个性化存在,让每个学生在小组合作学习中都能发挥作用,即使口语能力相对较弱的学生也能通过帮助参与其中,形成充满情趣而且热烈的学习氛围,提高英语口语考试的有效性。

通过此次创新性的尝试,学生口语测评的效果较为显著,每个学生都有说的机会,达到每个学生敢于张开嘴巴表达自己的目的,同时激发学生的兴趣及对英语学习的积极性。教师创新性地使用这种考试模式,根据学情及话题难易程度,整合学生所熟知的话题,做到让学生说有所获。教师为学生提供各种机会,使学生运用所学词组和句型,由易到难,由控制到半控制,逐步增加学生的自主性。该模式采用交际会话的方式,使学生通过完成一定的交际任务,达到培养语言运用能力的目的。

这个活动的灵感源于教学的三部分:通过实景展示必要的语言知识和语言技能;布置交际性任务,如克隆的利弊、出国留学的利弊、描述一个地方、学习英语的意义等;活动之后是对任务完成情况的评估。

五、结束语

　　任务型学习模式使听说活动的设计尽量给学生自由发挥的余地；在真实的任务驱动下，增加听说材料的趣味性，在完成任务的过程中增加听和说的竞争成分；听说过程中如遇到忘词或者不知如何正确表达，其他队员可以及时补救，相互提醒，使得活动顺利开展；让学生在交际中得到充分的锻炼。小组合作的口语模式对于增强学生学习能力、口语表达能力及团结合作能力都有重要的推动作用。将小组合作学习理念巧妙运用于口语考试测评体系，可以有效地帮助学生体验考前、考中、考后的过程，增强学生语言表达的积极性和主动性，促进口语测评效率。

参考文献

　　[1]　罗凤利. 小学英语口语教学策略浅谈. 旅游纵览：下半月，2014(7)：315.

　　[2]　张菊玲. 浅谈小组合作学习在小学英语课堂中的有效运用. 现代阅读：教育版，2013(1)：482.

Development of New Models of School-based English Speaking and Debate Curriculum[①]

济南外国语学校　孔令振

【Abstract】 This thesis introduces the development and practice of school-based English curriculum in the school where the author teaches. At the beginning, the developmental need is learned through questionnaires aimed at students, thereby the specific curriculum goal and content are determined with corresponding evaluation criteria used for assessing the accomplishment of student development and teaching goal by means of formative assessment in class and tests. By summarizing and analyzing the development and practice of school-based English curriculum in this school, the article is intended to make an exploration of new models for school-based English speaking and debate curriculum.

The author also offers suggestions for implementation as well as providing reference for ordinary senior schools in setting up the curriculum. However, the insufficiency of the study is obvious due to the author's lack of academic ability. There is still a long way to go in the process of developing school-based English speaking and debate curriculum. Great efforts need to be put to the further study and exploration.

【Key Words】 English speaking and debate; school-based curriculum; new teaching models

Ⅰ. Development Objectives

Traditional English education merely focuses on students' ability to get high grades instead of practical language ability, which results in "Chinglish" and "dumb English". Today, the phenomena still widely exists in senior schools. In order to achieve the objectives for developing all-round language ability of students, the *New Curriculum Standards* requires senior schools to set up English Speaking and Debate course as an elective. Based on the reality of the students in ordinary senior schools and the *New Curriculum Standards*, the general goal of senior school English Speaking and Debate Course will be: guide students to focus on the training of expressing ability, arouse their English learning interest, and cultivate their critical thinking, language logic, as well as fluent expression of their ideas. Meanwhile, helping students form positive attitude and value and enriching their culture awareness are also part of the general goal.

According to the *New Curriculum Standards*, there are three levels to estimate students' academic qualities.

Level One:

Objectives for students to achieve after finishing the compulsory courses.

---

① 本文在第十九届全国外国语学校外语教学科研论文评比中荣获二等奖。

Level Two：

Objectives for students to achieve after finishing selected compulsory courses.

Level Three：

Objectives for students to achieve after finishing selected upgradable courses.

Ⅱ. Setting of the Curriculum

As a school-based curriculum, English Speaking and Debate course is designed to finish in 15 weeks, focusing on different types of speeches from prepared speech to unprepared speech and finally debate.

First Stage：prepared speech.

This is the easiest type of the three and practice will last for 5 weeks with the basic aim to let students open their mouths and gain self-confidence to speak. At this stage, teachers' explanations and speech video imitation are very important. Through these, students know clearly about the difference between speech and common statement, and then they deliver their speeches and win over the audience with proper intonation and gestures. In order to reduce the difficulty and let students have a good beginning, students are allowed to select materials on their own or ask about their opinions and choose some interesting topics, such as stories, jokes, anecdotes and so on. Don't choose difficult topics that students have nothing to say about at the beginning.

Second Stage：unprepared speech.

Unprepared speech tests students' instant performance and real language ability, which is very challenging to Chinese English learners. But after the first 5 weeks of prepared speech, students have gained the ability and confidence to speak, so they are supposed to take the challenges willingly. This stage will last for 5 weeks too. To reduce the degree of difficulty, topics may be chosen from their former prepared speeches. Teachers are also encouraged to adapt some topics from the required textbooks so that students could make use of what they have learned in the required English lessons and won't feel empty-minded when speaking. Teachers and classmates should give timely encouragement. After every speech, teachers or the other students are supposed to make comments and point out something for improvement. Discussion is also a better form to improve each class.

Last Stage：debate speech.

Debate speech is the most difficult of the three because it not only requires English-speaking ability but also quick response to the opponents' ideas. Debaters need to organize their words quickly, logically and above all, persuasively. This stage comes after prepared speech and unprepared speech in the last 5 weeks. At this stage, students need to organize activities by themselves, arrange the pros and cons, and choose topics. The teachers are only to give help and suggestions and finally make conclusions and comments.

English Speaking and Debate is different from casual conversations. Teachers need to be able to control classes flexibly in order to ensure students to thoroughly show their current communication skills and create many chances for them to take part in and overcome obstacles to practice. Also, teachers should try to make a friendly and tolerant atmosphere, so that students' speeches or debates are not misjudged. What is more, teachers should encourage and guide students to participate in class activities to make sure that every student gets involved. Being the organizer, leader and coordinator, teachers are also supposed to improve themselves to satisfy the requirements with professional knowledge, specialized skills and class management ability. When necessary, teachers are able to make demo speeches and debates.

Ⅲ. Material Selection

Appropriate material selection is extremely important in school-based curriculum. As for senior school English Speaking and Debate course, the material selection should follow the following principles: Firstly, interesting content. Whether this course can be successful or not largely depends on the selection of teaching content. The selection of topic and material should be abundant and interesting. It also should satisfy students' needs and meet senior school students' cognition and mental development level. Besides, when choosing materials, teachers also need to focus on students' curiosity and exploring spirit, and choose the materials that can arouse students' imagination and creativity. Secondly, thoughtful themes. According to the *New Curriculum Standards*, English textbooks should permeate ideological and moral education and should be beneficial to the training of students' philosophy, worldview and value. So, teachers should center on the *New Curriculum Standards* and focus on students' moral and personality education. Thirdly, suitable level of difficulty. Topic selection for the course shouldn't be too difficult for the students to talk about. Materials and topics that are too difficult will scare students off and gradually make them hate this course.

One suggestion for Material Selection for School-based English Speaking and Debate course is to set up the relation with the required textbooks. For example, after the study of Module Ⅰ Unit 10 Are We Endangered, teachers may ask students to make speeches on endangered animal protection. In this way, students apply what they've learned in required lessons into their own thinking and form their own speeches. So, they learn to meet practical needs and improve their ability.

Another way for Material Selection is to get students involved in the material choosing process to make full use of their creativity and listen to their suggestions. Teachers ought to narrow down the material scope, make a list and ask for most agreement about the selected materials. During the material selection, students have access to a large number of authentic and vivid language, input information of the latest political, economic, and cultural issues, and thus good for their output. What's more, the process also opens a new window for them to understand the culture, the background knowledge and the customs of the world.

Currently, there are some textbooks about English Speaking and Debate in the market. The following are part of the selected ones after the author's widely collecting and study: *English Speaking and Debate*, revised by Cao Jun and Zhang Yu, published by Beijing Institute of Technology; *Speech and Debate of National Foreign Language School Textbook Series*, compiled by Zhu Hua; *Oral Workshop*, volume two, compiled by Chen Hui. What need to be paid attention to is that some textbooks are revised for college students even English majors. So, senior school teachers shouldn't totally bring and use without any adaptation, but to choose and select.

Ⅳ. Test and Evaluation

Test and evaluation play a very important role in the curriculum. Through test and evaluation, teachers know the students better and students also get to know about their advantages and disadvantages. Therefore, setting an effective evaluation system is a must.

According to the *New Curriculum Standards*, the evaluation of senior school English Speaking and Debate curriculum should form a system that combines process evaluation and summative evaluation, even dynamic evaluation mechanism. Test the students before the course and again at the end of the course, taking the changes as part of the evaluation. During the course, the performance of students and the teachers' guidance also need to be taken down as evaluation references. Besides, the evaluators should be diversified too, teachers, learners themselves, classmates all need to be included. The final evaluation includes students' performance in each class and the results of the three period tests.

Ⅴ. Teaching Model for Each Stage of the Curriculum

Based on the previous research of the current class models in key schools, and considering the objectives of the curriculum and its three stages, the author designs three models for the curriculum.

1. Model for Prepared Speech

The first 5 weeks of the curriculum focus on prepared speech and the model is designed as follows.

Before Class:

Teachers ask students to choose their own topics and write an outline of the speech. By choosing the topics they are interested in, students won't feel reluctant to speak. Writing an outline helps students know clearly about the structure and content of their speeches.

During Class:

(1) Preparation. Students are given 5 minutes to prepare for the speech. This step is to help students with their problems. Students are allowed to ask their classmates and the teacher for help. Also, it is a rehearsal before their speech.

(2) Delivery. Students take turns to deliver their speeches. Teacher sets the video to record the speakers' performances and hands out the evaluation papers (Table 1) to the audience. The audience listen to the speakers and evaluate their performances on the paper.

(3) Evaluation. After each speech, teacher asks the speaker to comment on himself/herself and invites other students to comment according to the evaluation paper.

Table 1

Speakers	Speech Content(5')		Verbal Language(3')		Body Language(2')	
	Ideas(3')	Logic(2')	P & I(2')	Grammar(1')	Eye Contact(1')	Gestures(1')
1						
2						
3						
4						

As seen in Table 1, the evaluation paper contains 3 aspects: speech content, verbal language and body language. The score for each part is not fixed. For example, in Table 1, the author wants to focus more on the speech content, so she distributes the highest mark to content. But gradually, students may be accustomed to focusing on the speech content, and may be lack of body language, then the scores can be changed to body language (5') and content (3'). The total mark is 10 points. Audience mark the grades of each speaker and comment according to the paper. When commenting, tell the others the mark of each aspect, say why and give suggestions.

(4) Summary. The teacher summarizes the class, pointing out the good points of the speaker and give suggestions on how to improve the speech. Also, speaking techniques may be given to the students. The teachers also need to collect the evaluation papers and then calculate the scores of each speaker.

After Class:

Do self-analysis. Ask students to copy the video of their own performance and watch, then make an analysis of the performance and think about ways to improve.

Model for Prepared Speech is shown in Figure 1.

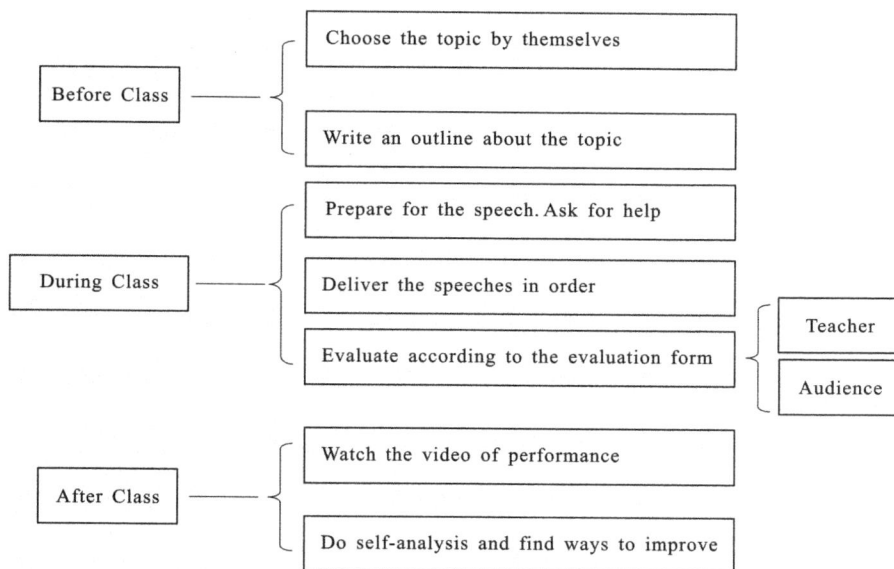

```
                    ┌─── Choose the topic by themselves
     Before Class ──┤
                    └─── Write an outline about the topic

                    ┌─── Prepare for the speech. Ask for help
                    │
     During Class ──┤─── Deliver the speeches in order
                    │                                          ┌─── Teacher
                    └─── Evaluate according to the evaluation form ──┤
                                                               └─── Audience

                    ┌─── Watch the video of performance
     After Class ───┤
                    └─── Do self-analysis and find ways to improve
```

Figure 1

Period Test:

At the 5th week, hold a prepared speech contest, and choose the best speaker to award.

2. Model for Unprepared Speech

From the 6th week to the 10th week, the teaching of English Speaking and Debate curriculum focuses on unprepared speech. Compared with prepared speech, this stage requires higher English ability of students. What is more, quick organization of language and swift response to the topic are also essential. To reduce the difficulty of unprepared speech, topics are chosen from the required textbooks. On the one hand, students have gained certain vocabulary and sentence structures as well as enough information about the topics so that they do not worry about being blank-minded when speaking. On the other hand, students need to review the topic-related articles on their required textbook in order to prepare for unprepared speech, which helps them consolidate the knowledge they have learned. Model for unprepared speech is designed as follows.

Before Class:

Teachers design as many topics as possible according to the content of required textbooks. For example, after the learning of Unit 1 Friendship in Book 1. Topics for unprepared speech can be designed as:

(1) Tell us the story between you and your best friend.

(2) How do you choose your friend?

(3) What do you usually do for your friends if he/she is in trouble?

(4) If you and your friend have an argument and your friendship is in crisis, what can you do to make up?

Students review the lesson they have learned in order to accumulate the vocabulary and sentences for speaking.

During Class:

(1) Preparation. ① Teachers guide students to have a quick review about the content related to the unprepared speech topics from their textbooks. ② Set the speaking order. Students volunteer to speak. If there are not enough volunteers, teachers may choose the speaker randomly.

(2) Delivery. ① The first speaker chooses one topic from the unrevealed topics. ② The first

speaker gets 3 minutes to prepare for the topic and write an outline. ③ The teacher hands out evaluation papers (Table 2) to the audience and explains to them how to evaluate.

(3)Evaluation. The first speaker delivers the speech and the audience evaluate according to the evaluation paper. While the audience are writing down their comments on the paper, speaker 2 gets his/her topic and prepares.

Table 2

Name	Speech Content(5')		Verbal Language(3')		Body Language(2')	
	Ideas(3')	Logic(2')	Fluency(2')	Grammar(1')	Eye Contact(1')	Gestures(1')

Good points of the speech:

Suggestions:

The evaluation paper is different from the one in the previous stage. In this stage, audience need to give the mark to each speaker as well as write down the good points of the speech and give suggestions. All evaluation papers are to be collected and given to the speaker so that the speaker will know where his/her good points are and how to improve the week points.

At last, collect the evaluation papers and summarize the class. The teacher has a complete summary of the class, pointing out the goodness and weakness of the speakers. Students propose their questions and get suggestions from their classmates and the teacher.

After Class:

(1)Teacher reveals the topic-related contents on their textbooks and asks students to review.

(2)Students read the evaluation papers about their own speech and do a self-analysis.

(3)Prepare for the next class.

Model for Unprepared Speech is shown in Figure 2.

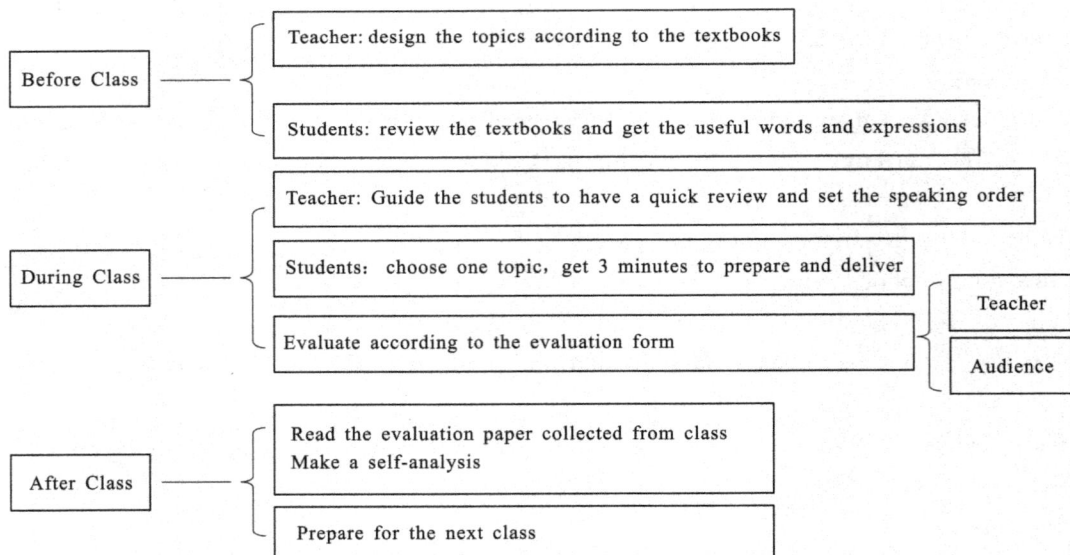

Figure 2

Period Test:

At the end of the stage, hold an unprepared speech contest, choose the best speaker to award.

3. Model for Debate

Debate is the most difficult speech among the three types of speeches. But since students have got enough practice from the first two stages, debate may not scare the students off.

Before Class:

(1)Teacher reveals the topic of debate.

(2)Students do research on the topic and choose to be affirmative side or negative side.

It is not easy for senior school students to do research, because on the one hand, they do not have enough spare time, on the other hand, the Internet and phones are forbidden to use in most schools. Even the library is not open to students most of the time. Therefore, the topic needs to be revealed a week earlier so that students have enough time to research. Meanwhile, websites and books are better to be recommended to students for an effective research.

During Class:

(1)Preparation. ① Students are allowed to get together and have a discussion according to the position they chose. Students of the affirmative side go to the front of the classroom while students of the negative side go to the back of the classroom to discuss about the topic. ② After a discussion of 10 minutes, each side chooses 4 students to represent their position. ③ For the first time of the debate, the teacher plays as the host, then in the following debates, students are encouraged to volunteer to be the host.

(2)Debating. ① The host announces the rules of the debate. ② The 1st debater of the affirmative makes the statement. ③The 1st debater of the negative makes the statement. ④ Free debate. Debaters of both sides question or rebut the opposite side confirming their own views. ⑤ Affirmative 4 and negative 4 summarize and claim their positions.

(3)Evaluation. Audience evaluate the debaters on the evaluation forms (Table 3).

Table 3

Affirmatives	Content	Manner
1		
2		
3		
4		
Negatives	Content	Manner
1		
2		
3		
4		

(4)Voting. Students vote for the best debater and award.

After Class:

Students make an analysis of the debate and prepare for the next class.

Final Test:

Divide the students into several debating groups. Make a debate and grade each student's performance.

VI. Suggestions for the Implementation of the New Model

（1）The time setting of each stage can be changed depending on students' language ability. In the exploration for a new model of English Speaking and Debate curriculum development, the author designs a curriculum of 15 weeks, 5 weeks for each stage. However, the time setting is not fixed. In schools whose students are of high English level, the time of first stage can be shortened to get more practice for the second or third stage. Accordingly, in schools where the students' English is not good enough, the first stage can be expanded to 6 or even 8 weeks while the debate courses be shortened or cancelled.

（2）The evaluation of each stage can be different. In the development of the new models, the author provides 3 types of evaluation forms, one in each stage. The evaluation forms contain the following aspects: speech content, verbal language and body language. To show the teacher's focus on the speech, the aspects are marked with different grades. For example, in the Table 1, the author marks the aspect of content with a score of 5, with ideas 3 and logic 2 points respectively. As the students improve their speech ability, they may have paid enough attention to the ideas and logic of their speech but neglected their manners when speaking. In that case, teachers are allowed to change the evaluation form and distribute more scores to body language rather than content.

（3）It is better to encourage students to provide topics. In the first stage, students choose their own speech topics for the class, but in the second and the third stages, teachers pick up the topics for students, which is a tough task because teachers are busy with their work and may not have enough time for the topic-picking. Meanwhile, the topics that teachers picked may not cater for students' interests. Encouraging students to adapt the topics from textbooks in Stages 2 and 3 gives them chances to be the master of classes and helps them better understand the knowledge of the textbooks.

（4）For schools that do not provide recording facility, phones can be used instead of the video set. Video recording is strongly recommended by the author in English Speaking and Debate course, though not all schools provide recording facilities. In rural schools where no recording facilities are provided, teachers may bring their own video set to record. Another suggestion is to invite one student to be responsible for the recording task.

VII. Conclusion

During the process of exploring the new models, the author encounters two problems in material selection and teaching methods. On the one hand, the teaching materials are selected from various sources, books, Internet, newspapers and so on, which results in the unsystematic teaching materials. On the other hand, debate is of high difficulty for students and preparing for a debate requires much time. How to make the debate effective in a class of 40 minutes still remains a problem.

The present study urges further research on a wider range of participants and calls on educational administrators and teachers for a more efficient teaching model in school-based English Speaking and Debate course. The new teaching model proposed by the author of this thesis have laid a solid foundation for the further development of English Speaking and Debate curriculum and paved the way of curriculum reform. It is recommended that the new model's feasibility and efficiency be tested and improved by teachers and researchers.

Bibliography

[1]　Carlin D, James P. Public Speaking Today. Illinois: National Textbook Company, 1995.

［2］ Dublin,Olshtain E. Course Design: Developing Programs and Materials for Language Learning. Cambridge: Cambridge University Press,1986.

［3］ Harmer J. The Practice of English Language Teaching. 6th ed. London: Longman Group Limited,1983.

［4］ Jeremy Harmer. How to Teach English. Beijing: Foreign Language Teaching and Research Press,2002.

［5］ Lucas,Stephen. Art of Public Speaking. 10th ed. Beijing: Foreign Language Teaching and Research Press,2012.

［6］ Sue Kay. Practical Debating: A Simple Guide to the Art of Debate in English. Beijing: Foreign Language Teaching and Research Press,2006.

［7］ Tomlinson B. Materials Development in Language Teaching. Cambridge: Cambridge University Press,1998.

［8］ 曹秀娟. 校本课程开发的现状及其对策研究. 长沙:湖南师范大学,2013.

［9］ 曹军,张宇. 英语演讲与辩论. 北京:北京理工大学出版社,2007.

［10］ 王力红. 创新性校本课程的开发与实施. 课程·教材·教法,2011(6):5-10.

［11］ 温晓芳. 口语交际类校本课程开发研究. 济南:山东师范大学,2012.

［12］ 文秋芳,刘相东,金利民. 中外评委对大学生英语演讲能力评价的差异. 外语教学与研究,2005,37(5):337-342.

［13］ 颜静兰. 英语演讲辩论与学生综合素质培养关系探索. 化工高等教育,2010,1(2):22-25.

［14］ 俞海波. 高中英语校本课程开发研究. 杭州:浙江大学,2014.

［15］ 俞婷. 新课程改革背景下高中英语教学的思考. 当代教育与文化,2010,3(5):74-80.

［16］ 朱晔. 英语演讲与辩论. 上海:上海外语教育出版社,2009.

"微课热"之后的"冷思考"
——如何将微课融入初中英语课堂①

四川省绵阳南山中学双语学校　云秀娟

【摘　要】　近几年来,"微课"成为教育领域的热词和焦点,引发了关于"微课是否将改变传统课堂教学模式"的讨论。作为一线初中英语教师,笔者与微课有过"亲密接触",从结识微课、制作微课,到去中国微课网上学习微课,翻阅大量微课研究文献,逐渐对微课有了从浅到深的认识。本文从微课的定义及发展现状分析,对如何将微课融入初中英语课堂提出了建议,作为自我学习的思考和总结,也期望对初中英语教学改革实践提供一定的理论参考。

【关键词】　微课;定义;现状;初中英语课堂;应用

近年来,随着移动通信技术、智能终端及社交媒体的蓬勃发展,信息化社会日新月异,带来了一个以微博、微信、微视频为代表的微时代,形成了一个追求个性化、碎片化、快速更新的互联化环境。"微"教学模式也逐渐在全球范围内兴起。在国外,以可汗学院(Khan Academy,http://www.khanacademy.org/)与TEDEd (http://ed.ted.com/)为代表的微型网络教学视频的出现进一步触发了教育研究者对微视频等运用于课堂教学的可行性探究。在国内,2010年,佛山教育局率先在国内组织开展了全市中小学教师优秀微课资源征集与评审活动,首次正式给出微课概念。微课一提出,就受到热捧,在全国各地迅速成为教育界关注的热点。国家级、省级、地市级各种微课征集评比活动如雨后春笋般出现,基于微课的研究全面兴起,微课迅速地完成了从小学、中学、高校,直至社会大众的覆盖,成为风靡教育领域的新生事物。

一、微课的定义

"微课"是微课程的简称,其核心内容是课堂教学视频(课例片段),同时还包含与该教学主题相关的教学设计、素材课件、教学反思、练习测试及学生反馈、教师点评等教学支持资源,它们以一定的结构关系和呈现方式共同营造了一个半结构化、主题突出的资源单元应用"生态环境"(胡铁生,2011)。随着微课概念和实践迅速升温,众多教育教学技术学界的专家学者、教育企业及教育行政部门对微课逐渐给出了各方定义,如表1所示。

表1

编号	研究者	定义	特点
1	胡铁生 (2011年10月)	微课是根据新课程标准和课堂教学实际,以教学视频为主要载体,记录教师在课堂教学中针对某个知识点或教学环节,而开展的精彩的教与学活动中所需各种教学资源的有机结合体	强调微视频及相关资源的有机结合,把微课定义为一种新资源类型,有利于微课的规范化建设

---

① 本文在第十九届全国外国语学校外语教学科研论文评比中荣获二等奖。

编号	研究者	定义	特点
2	百度词条 （2012 年 3 月）	微课是指以视频为主要载体,记录教师在课堂教学过程中围绕某个知识点或教学环节而开展的精彩的教与学活动全过程	强调微课的形式——视频,微课的内容——教与学活动
3	教育部教育管理信息中心 （2012 年 9 月）	"微课"全称"微型视频教程",它是以教学视频为主要呈现方式,围绕学科知识点、例题习题、疑难问题、实验操作等进行的教学过程及相关资源之有机结合体	强调微课的资源构成及微课的制作途径,也涉及教学过程
4	胡铁生 （2012 年 10 月）	微课又名微型课程,是基于学科知识点而建构、生成的新型网络课程资源。微课以"微视频"为核心,包含与教学相配套的"微教案""微练习""微课件""微反思"及"微点评"等支持性和扩展性资源,从而形成一个结构化、网页化、开放性、情景化的资源动态生成与交互式教学应用环境	强调微课的基本构成和生长扩充性,并关注微课的应用环境
5	黎加厚 （2013 年 4 月）	"微课程"是指时间在 10 分钟以内,有明确的教学目标,内容短小,集中说明一个问题的小课程	微课除了视频外,还可以是录音、PPT、文本等形式,并包括学习清单和学习活动安排
6	郑小军 （2013 年 5 月）	微课是为支持翻转学习、混合学习、移动学习、碎片化学习等多种学习方式,以短小精悍的微型教学视频为主要载体,针对某个学科知识点或教学环节而精心设计开发的一种情景化、趣味性、可视化的数字化学习资源包	强调微课最终服务于各种学习方式,是嵌入课堂以视频为主要载体的学习资源包

二、微课的教学应用现状

从一些学者的文章中可以看到,微课作为一种新型的教学资源,其推动教学模式变革、有效提高教学效益的重要价值并未得到教师的广泛认同。微课在课堂应用还比较少,"微课热"目前主要"热"在各种大赛和评奖上。所以在大赛落幕、征集结束后,微课的应用几乎陷于停滞。对中国微课网（http：//dasai. cnweike.cn）的调查研究发现,微课开发在应试压力较小的小学和初中阶段较为活跃,而在高考压力较大的高中阶段应用相对较少。这反映了一线教师对微课能否真正优化教学还存在很多疑虑,微课应用还未成为一种自发意识。

微课的优势无须质疑,其内容"短小精悍"的特点符合了网络时代学习碎片化的需要。但也极容易让学习者在碎片化的大环境中感染"浅阅读"的顽疾,把学生带向肤浅、惰性思维、思维碎片化、注意力匮乏的境地。建构主义理论认为,知识是完整的体系,而不是一个个的重难点堆积。缺乏宏观的思考和归纳,学习将变得死板而局限。这也是很多教师将微课仅仅作为课堂教学的补充,而不是教学主角的重要原因之一。

微课的核心资源是微视频,其目标明确、资源丰富、使用方便、灵活性强,易受到学习者的青睐。在网络发达的现在,微视频让学习可以随时随地进行,公交车上、超市排队时、餐馆等餐时都可以拿出手机或平板电脑来学习。而关于全国中小学微课大赛（www.cnweike.cn）教师问卷调查显示,34％的教师认为自己没有掌握微课制作设计的方法,在制作微课的理念、方法、设计等方面,还处于迷茫和摸索阶段。而网络平台上的微课质量水平参差不齐,部分微课选题不精、定位不准、支持性资源缺乏、互动率低下,无法达到预想的讲授和学习效果。

微课平台是微课资源的载体,对于微课资源共享、学习者交流互动、微课评价分析等具有重要意义。但当前国内的微课平台功能单一,一般只具备点播、评价、下载等基础功能,在用户交互联系、推送资源等方面还有待完善。从对中国微课网的统计数据来看,排名靠前的微课作品讨论较为热烈,点击率较高,但仍有相当比例的作品尚无用户点播和评价记录。在有评论的微课中,大部分的评价较为笼统,并无实际参考价值,并且只有少量作者与用户进行互动。微课平台的开发需要大量的人力、物力投入,免费共享、功能完善的微课平台还有待建立。

三、如何将微课融入中学英语课堂的思考

微课作为一种现代化的教学手段,产生于教育信息化发展过程中,是教育改革大潮中的新鲜事物。微课的出现不大可能改变传统课堂教学模式,但对中小学教育来说,微课既是一种教学资源,服务于教师的"教",又是一种优质的数字化资源,服务于学生自主探究的"学"。如何扬长避短,将微课融入初中英语课堂,笔者有如下思考。

1. 开发制作高质量的微课

微课的制作,不在于技术层面,更多地取决于教学设计和教师的教学智慧。微课的"短小精悍"最终必须落在"精"和"悍"上,精——教学设计的精巧,悍——学习效果的震撼。要做到这两点,英语教师应注重微课与现实课堂的整合,了解学生水平及需求,明确教学任务,分析学习内容,进行巧妙的设计构思,制作出让学生感兴趣并学有所得的高质量微视频。同时依据某一学习主题将教学内容制作成一系列的微课程,并提供微课程资源(微教案、微课件、微练习、微反思、微点评、微反馈),形成一个完整的微课系统,才能发挥更大的学习效益。

与此同时,微课应聚焦初中英语课程中学生不易掌握的重点和难点问题,突出"解惑"的功能。当学生出现课堂内没有完全理解和消化的知识点时,可以通过自主学习微视频中有针对性的讲解,反复观看,最后达到解除疑惑的目的。同时培养学生英语思维能力和自主学习能力,以及指导学生感悟、探究、自主构建能力的提高。

2. 加强对微课的筛选与整理

微课作为传统课堂的补充,有很多优势,但不能代替教师的地位。初中生的认知水平有限,对网络的运用能力及网络资源的甄别能力还不够,因此在选择微课时,教师应对微课资源做出筛选和整理,以确保其内容的针对性和对初中学生的适应性。同时微课的碎片式特点与英语学习中的知识点繁杂不谋而合,但如果学生只注重星星点点的知识点,不利于知识系统的组织与建构。在教学实施过程中还需要对学生进行恰当的引导,帮助他们快速、有效地接受新知识,建构知识体系,以确保学习的有效性。

3. 利用微课进行个性化教学

由于家庭环境和成长背景差异,同班的学生中英语基础及素养参差不齐,尤其到了初中阶段,这种差异会越来越明显。教师帮助不同水平的学生选择适合的微课,作为课后的知识强化,有助于教师对学生进行个别化教学,同时调动学生学习的主动性。

教师也可以根据班级学生及教学实际情况,制作适合本班学生的微课,如将课本内容与本班情况相结合,或将学生的真实生活与课本的情景相结合,让学生将生活情景与语言真正结合起来,不仅仅增加学习的乐趣,更能加深对语言的感悟,真正做到语言源于生活,运用于生活。

4. 利用微课进行重难点教学

初中英语的重难点出现频率很高,某些难点单靠课堂上重复出现、重复讲解、重复记忆不能满足需要,此时正是微课大显身手的时候。教师可以收集全面的资料进行一次重难点的讲解微课的录制,方便学生随时查阅并观看,以图文、音频、视频等多种方式,让学生印象深刻,达到巩固并最终掌握的目的。微课以短小的视频呈现,避免课堂上一次性灌输造成的枯燥氛围,一个个短小的视频,学生不易疲乏,增强了学习效率。

5. 利用微课进行课前预习和课后复习

初中英语知识点的学习是一个不断重复的过程,课前预习和课后复习非常重要。每天课堂学习之后,教师常常布置课后作业巩固当天所学,并预习下堂课即将学习的内容。如果学生将生动形象的微课作为课余学习的一种补充资源,远远比对着一本厚厚的作业本或参考书更有温度。教师生动的讲解,知识点的

清晰呈现,音频、视频对感官的全方位刺激,让自主学习变得主动而高效。

信息时代飞速发展,教育变革永不停息。教育正在改变,学习正在改变,当我们关注教育教学时,应该将目光转向网络教育和在线学习,站好传统课堂阵地的同时,用好网络这个巨大的资源库,使自己成为信息时代知识的加工者、建构者、创造者和集大成者。唯有这样,才能在这个急剧变化的时代里与时俱进,立于不败之地。

参考文献

[1] 胡铁生,黄明燕,李民.我国微课发展的三个阶段及其启示.远程教育杂志,2011(4):36-42.

[2] 王玉龙,陈奕如.我国中小学微课开发与应用现状的内容分析研究——以中国微课网的微课资源为例.中国远程教育,2014(12):56-62.

[3] 郑小军,张霞.微课浅阅读趋向及其对策探讨.中小学信息技术教育,2013(12):67-69.

[4] 胡世清,文春龙.我国微课研究现状及趋势分析.中国远程教育,2016(8):46-53.

[5] 张波.摘掉帽子,让"微课"变微课——微课的"落地难"与"软着陆"对策分析.中国教育信息化,2016(2):17-19.

[6] 刘雪凌.初中英语教学中微课的应用探讨.速读:旬刊,2017(11):116.

[7] 郭运庆.微课创始人谈微课的现状、问题与未来——访佛山科学技术学院胡铁生教授.数字教育,2016,2(1):1-8.

[8] 籍国莉,赵艳丽,崔羽杭."微课+课堂":微课在大学英语中的应用研究.价值工程,2017,36(24):258-259.

[9] 梁乐明,曹俏俏,张宝辉.微课程设计模式研究——基于国内外微课程的对比分析.开放教育研究,2013,19(1):65-73.

[10] 王竹立.微课勿重走"课内整合"老路——对微课应用的再思考.远程教育杂志,2014(5):34-40.

[11] 李凤红.高质量的英语微课开发研究.山东农业工程学院学报,2017(6):25-26.

[12] 周小萍.微课在英语教学中的应用研究.成才之路,2017(11):79.

[13] 秦宏强.微课制作及其在教学中的应用.信息与电脑:理论版,2017(22):232-233.

英语阅读活动课设计探析
——以"典范英语"为例①

南京市外国语学校仙林分校　　袁艺

【摘　要】　英语阅读课对培养学生的语言能力、思维品质、文化品格、学习能力与习惯有着重要作用。本文通过对英语阅读课存在问题的分析，从教学目标有效达成、学习动机的激发、活动方案的设计、合情的评价等方面论述了如何进行英语阅读课的设计。

【关键词】　英语阅读；目标达成；学习动机；方案设计；评价

学科"核心素养"研究是教师的教学担当，教师要从学科的教学导向转向学科全面发展的育人导向，培养学生终身学习的习惯与能力。核心素养四个维度（语言能力、文化品格、思维品质和学习能力）对英语的教学目的、本质、内容和过程等进行了诠释。就学习的过程而言，学习过程是由一个个活动构成的，如果每一个学习活动是有效的，学习过程就有效，一节课或单元的"教学目标"或"期望的学习结果"就能达成。英语阅读教学，不仅能使学生的阅读技能与英语思维能力得到训练，还能使学生应用英语的能力得到提升。

一、英语阅读教学存在的问题分析

学校层面存在的问题：第一，课时受限。由于升学的压力，阅读课程课时较少，为了中考和高考，学校在课程安排上趋向设置应试类课程。第二，阅读教学材料单一，内容不足。这些问题也使阅读教学在课堂上难以有效展开。第三，教学理念不够与时俱进，教师缺乏专业指导。英语阅读教学时，很多教师仍然认为词汇和语法知识才是教学的重点，忽视了培养学生学习词汇文化意识、理解文本背后的意义，以及更好地把握语言学习、写作规律以及主旨思想三者之间的关系，这样的阅读教学使知识呈现"碎片化"状态。

课堂层面存在的问题：由于英语阅读教学过分注重语法、句子和词汇，而忽略语篇与交际的培养，导致学生未能积极主动地融入与阅读相关的活动中，被动地接受课本知识的灌输与语法句子和词汇的操练，因而学生学习兴趣的提升与维持、知识的拓展以及阅读能力和思维能力难以真正得到发展。目前课堂阅读教学普遍存在的问题：①阅读课上学生的积极性、主动性得不到充分的发挥；②部分基础薄弱的学生由于信心与兴趣不足，不能积极参与课堂阅读活动；③阅读过程缺乏语言输出，学生交际能力得不到训练，思维能力得不到发展；④个别学生只注重自己的任务是否出色完成，因而缺乏合作学习精神。

二、英语阅读活动课设计

基于既往的实践，英语教师应该从学习动机激发和维持、教学目标达成、活动方案设计、评价合情等方面重点考虑。

---

① 本文在第十九届全国外国语学校外语教学科研论文评比中荣获二等奖。

(一)学习动机激发和维持

关注学生的学习活动,不仅仅要关注其智力因素(认知因素),更要关注其非智力因素。研究表明非智力因素是个人成功的决定性因素,实证研究验证了非智力因素与学习成绩的相关性。进一步研究显示,非智力因素主导智力活动。动机就是非智力因素之一,被认为是英语学习的决定因素之一,决定着学生学习英语的积极性、持续性和参与性,学习成绩和动机呈正相关,高动机导致高产出。

如何激发和维持学生学习动机?首先,教师在阅读材料准备、计划制订、学习目标达成等方面要有弹性,便于差异化阅读,不同层次的学生,虽然阅读材料相同,但可布置不同难度与深度的学习任务,充分挖掘不同学生的潜力。"典范英语"(Good English)是英国牛津大学出版社出版的一套家喻户晓、享誉世界的英国学生阅读学习的母语材料,能很好体现地道的英语文化。这种材料不以"交际""语法"为纲,不以"实用""速成"为目标,而以学生的"精神世界"为重,以培养学生的想象能力和思维能力,提高学生的综合语言素养为目标,非常符合培养学生核心素养的教学目标,适合我国中小学生使用。其次,对学生的错误要采取宽容的态度,消除或降低学生所面临的学习焦虑感,对基础差的学生以鼓励为主,达到要求就给予鼓励。最后,教师要注重引导学生阅读,给学生足够的学习时间和空间,方法上给予引导,学生出现错误,要启发学生寻找原因和解决方法,培养学生的自主性、积极性。

(二)教学目标达成

英语阅读教学的任务不仅要提高学生获取并应用英语知识的能力,还要能够激发学生学习英语的兴趣和信心,同时帮助学生培养有效的学习策略以及相互合作的学习精神。

英语核心素养构成要素是语言能力、文化品格、思维品质与学习能力,在教学目标设计上,就要依据英语核心素养四个要素展开。这四个要素是递进的关系,相互依存和转化。语言能力包含知识掌握和知识应用,知识是语言能力的基础和前提,属于行为目标,知识应用属于表现性目标。文化品格是在对材料的阅读过程中,基于实践的理性思考:体会了怎样的情感,感受到了怎样的思想冲击,属于过程性目标。英语阅读教学中思维品质和学习能力的培养,就是通过观察语言和文化现象,进行分析、比较、推理、评价,进而进行知识建构,即思维品质和学习能力是在语言能力和文化品格的基础上形成的,属于生成性目标。

(三)活动方案设计

1.教学方法

从翻转课堂教学模式入手,通过引导学生充分利用多元化的学习资源来拓展课外知识面,以此增强学生对所学内容相关的话题进行语言输出的意愿与信心,改善学生在阅读课堂上的表现,提高学生分析问题的能力。同时针对班级学生英语基础参差不齐的现象将合作学习策略引入阅读教学中,建立学生之间相关帮助、相互监督的机制,以克服翻转课堂教学模式的不足,使英语阅读课堂得以优化,让学生能在和谐、活跃、互助的学习氛围中增强课内外英语阅读的兴趣与信心。

2.情境设计

在情境中学和在情境中观察学不仅符合初中学生的心理认知实际,还强调了语言学习的实践性要求,主张学生在语境中接触、体验和理解真实语言,以及学习和应用语言。

很多时候,英语阅读教材虽然选定了,但内容引入的情节需要再加工。青春期前后的学生阅读兴趣的发展正处于故事期和文学期,情境的设计要达到激发和培养学生学习英语兴趣的目的。因而,在进行阅读教学时,根据学生的心理特点,精心创作一个个引人入胜的故事,有些源自英美文学经典,有些源自学生生活,有些源自中国文化故事。这些生动有趣而又极富内涵的情境,在语言和心智两方面都要切合学生经验。

3.具体操作

在不影响既定教学任务的前提下,英语老师每周拿出一节课堂学时(一般为周五),共两个学时完成一部阅读作品。

（1）合理的分组。根据学生阅读兴趣和阅读能力分组；师与生，生与生，组与组，组长与组员，监督与协作，合理分组，共同行动，形成阅读学习小组。

（2）阅读习惯的培养。带着强烈的问题意识去阅读，形成一种结果导向的观念和多元的思维。在第一周开始时，教师布置学生自行阅读。例如 *My Noisy Neighbors*，这个作品分为四章。教师要求学生阅读时"整进整出"，了解故事梗概；整体输入，整体输出，从中自然吸收语言。在整体阅读输入过程中，学生会遇到一些不认识的英语生词，这时不要立马停止阅读查字典，可以将生词画线；有的英语生词不影响理解可直接跳过；有的通过上下文，能大概猜出含义；对于影响文章理解的生词，也不要急于查字典，而是做上记号，到第二遍阅读时通过提出问题再理解，必要时可以通过查字典，注释音标、词义等帮助理解。

（3）负责的裁判员。在学生自行花一周时间通览过这部作品后，师生就进入周五课堂阅读教学第一课时，教师会通过若干个"General ideas"和"Talking points"这样的问题，了解、监测、评估学生对作品的初步认识，教师会引导学生去关注作品的写作背景、作者的生平等。在教学中会设计一个"故事接龙"，随机点一个学生开始，这个学生讲完一两句后，随机点下一个学生，这时第一个学生就自动变为评委，其他学生和英语老师就成为"评审团成员"，以检测每位学生是否完成教师布置的"学生自行阅读"这一教学环节。这里有个小插曲：在刚试行阶段，班级有两三个学生，由于没有养成良好的学习习惯，凭着侥幸心理，根本没有自行阅读就等着课堂"听书"，在课堂"故事接龙"环节，被小伙伴随机点起，这样的"Miss/Mr. Nan Guo 南郭先生或小姐"在小伙伴面前很羞愧，教师也及时地做善意的提醒与督促，他们下次就再也不敢不认真阅读了，这就是发动集体督促规范的力量，效果非常明显。

（4）适当的作业。指导学生周末做一些简单摘抄作业：书名、作者、出版社，好词好句；指导学生进一步分主题和章节阅读，在书上对于故事情节、人物性格特点等做思考与见解的简单注释，哪怕就寥寥数句，都对作品的进一步理解奠定了基础，以及为后面的写作积累了素材。还有非常重要的一点，再以 *My Noisy Neighbors* 为例具体说明，此部作品共分为四章。各小组在组长的带领下，领了各自小组感兴趣并认为本组擅长演绎诠释的章节任务，在第二周周五之前，各组成员要在组长带领、安排下研究脚本、排练；教师进行跟踪、适时提供帮助、督促进度等。

（5）激动人心的表演时刻。有了前面第一周阅读教学的指导与铺垫，第二周的周五英语阅读课堂，就是完全以学生为主体、教师为主导的课堂。第一环节，教师带领全班同学，复习巩固故事理解，师生共同用简洁的英语语言复述和巩固、强调作品的主旨，教师带动并进一步引导和帮助学生理解作者所要表达的作品文本背后的意义，经仔细阅读之后真正了解作者所持的态度、所想传达给读者的思想，从而实现阅读的真正目的。第二环节，创设积极的阅读动机和环境，提供积极的阅读体验，在课内外阅读相结合的基础上，围绕阅读语篇来设计听、说、读、看、演相结合的活动，教师引导学生打开知觉，将听、说、读、看、演结合起来，对语篇建立整体把握。在这一过程，每位学生的阅读体验的积极性都被调动起来。第三环节，英语教师持续观察和反馈学生的阅读行为，重视其努力程度。教师对学生的反馈，不应该只是评价性的，而应是具有导向性的，要在评价中对学生的努力给予肯定。教师在教学中提倡什么、推崇什么，也应该体现在反馈中，从而促进学生思维的流动；而不只是给出一个标准的答案。教师引导学生在阅读后进行独立思考，站在自己的认知角度去考虑文本意义，而不是揣测教师所希望得到的答案。第四环节，教师要尊重学生个体差异，包括学生风格、内部动机、认知方式差异，因材施教，提高学生的综合素质，使学生的个性得到适度张扬。这一教学过程中，教师要学会运用智慧来挖掘学生所拥有的知识储备，并帮助学生完成阅读。例如，班上的一位英语学困生，因较好地揣摩了作品主人公的心理，惟妙惟肖地模拟了主人公的语气，他的阅读演绎表演，赢得了课堂上教师和其他学生的热烈掌声，这位学困生也因此眼中大放异彩，这一幕深深感染了课堂上的每一位师生。该生也由此燃起学好英语的兴趣。

（四）评价合情

核心素养理念下，应该将评价话语权归还到师生手中[4]，核心素养所带来的评价内容与方式需要转变：第一，核心素养在评价内容指向上要对学生情感态度、学习动机、学习责任心、价值观等非认知因素进行评价,要突显对学生批判思维、合作精神、探究素养、问题能力、创新意识等认知能力的考查;第二,在活动情境中及时评价,这样才能有助于学生的形成性评价。例如,英语语言在不同语境中,含义和使用可能相差很大,只有在特定的语境中及时进行评价,才有助于学生的理解。

具体评价设计时:第一,评价要有层次性,评价标准要细化,体现针对不同程度的学生评价的差异,不同学生有不同的获得;第二,评价目标性要强,阅读评价要落在综合语言能力的运用上,体现英语学科特点,例如,阅读课最后的表演是用来帮助学生进一步理解、学习英语的,不能作为评价的重要方向;第三,评价要量化,能让学生知道自己哪些方面或哪些点存在问题;第四,最后的评价结果要反馈给学生,让学生有"申诉"的机会。

三、结束语

通过英语阅读培养学生的核心素养,不仅要关注学生阅读能力的提高,还要关注阅读品格的形成。英语教师要在教学中遵循阅读教学的基本原则,改变过去英语阅读教学中长期存在的误区,促进学生主动、自觉地投入阅读,为学生的终身发展奠定基础。

参考文献

[1] 程晓堂,赵思奇.英语学科核心素养的实质内涵.课程·教材·教法,2016(5):79-86.
[2] 沈德立,白学军.高效率学习的心理机制研究.心理科学,2006(1):2-6.
[3] 沈德立,李洪玉,阴国恩.非智力因素的理论与实践.北京:教育科学出版社,1997.
[4] 李洪玉,阴国恩.中小学生学业成就与非智力因素的相关研究.心理科学,1997(5):423-427,480.
[5] 张大均,刘衍玲.高中生心理素质与学业成绩的相关研究.心理科学,2001(1):110-111.
[6] 燕国材.关于非智力因素的几个问题.上海师范大学学报:哲学社会科学版,1988(4):134-139.

结合本校特点，巧用英语配音社 激发初中生英语学习兴趣[①]

乌鲁木齐外国语学校　马召雪

【摘　要】　笔者从乌鲁木齐外国语学校学情实际出发，通过多年初中学生英语配音社团活动经验，研究和总结配音社团活动对基础较弱的初中学生英语学习兴趣的激发的意义。在"教"和"学"的过程中，集趣味性、娱乐性和教学实用性为一体的英语电影配音教学对英语学习来说是很有帮助和促进作用的，但终究是正常英语教学的辅助形式和对日常学习的补充，不能本末倒置。

【关键词】　初中英语；英语配音社团活动；兴趣激发

一、开展英语配音社团活动的背景和意义

1. 结合本校实际，从学生自身出发，培养对英语学习的兴趣

兴趣是学生的内驱力，引发学生浓厚的情感是学好英语的关键。英语社团活动是中学英语教学的重要组成部分，是课堂教学的延伸和补充。要实施英语素质教育，英语社团活动有其特殊的作用。笔者多年组织过英语角，担任过英文歌曲社、英语话剧社和英文电影配音社等英语社团活动的指导老师。本文主要讨论英语配音社对激发基础较弱的初中学生英语学习兴趣的意义。

笔者所在的乌鲁木齐外国语学校地处西北，位于新疆首府乌鲁木齐南端城乡接合地带，是新疆唯一一所国办外国语学校，1996 年在市十二中学基础上创办，是一所有外语特色的初中、高中学历教育的全日制学校。学校在办好外语特色教育的同时，本着"强化外语、全面发展"的宗旨，重视对学生进行全方位的教育教学。目前，全校师生正发扬"严格、勤奋、团结、文明"的校风，向着"队伍强、质量高、校风好、环境美、有特色的现代化新学校"目标努力拼搏！但因学校位于城乡接合地带，学生大多是流动人口子女，遵照教育局均衡办学思想，学校目前已取消了自主招生，只招收教育局按学区就近划分的学生，所以生源质量很不乐观。但作为外国语学校，学校特别注重对有特别突出语言能力的学生的培养，使他们在培养兴趣的同时更进一步成为高精尖的学生，从而也可以在全校营造出更好的英语学习氛围，让英语更好地融入学生的日常生活。

2. 营造宽松有趣的学习环境，寓教于乐

英语作为第二语言，因为缺少语言自然习得环境，尤其是笔者所在的学校，更缺乏语言环境，造成了学生们不敢说、怕说错，最后干脆不说的现象，一些学生成了胆小怯懦的语言学习者。有效的社团活动通过丰富多彩的游戏、对话、竞赛来提高学生学习积极性，更重要的是把阶段性的英语知识加以总结，为英语语言的信息加工提供机会。每举行一次活动，学生就多一次重新考虑和寻找材料之间内在联系的机会，使一些新的信息与原有的知识相联系，把所有的孤立知识条理化、系统化。

---

①　本文在第十九届全国外国语学校外语教学科研论文评比中荣获二等奖。

3.运用激励的手段，鼓励学生积极进步

在学习英语的时候，经常及时并真诚地赞美和表扬学生，即便他们只有一点点的进步。而对于那些学习进度慢的学生，更要注重鼓励和认可。教学是一个传授知识的过程，也是师生之间感情交流的过程。学生有进步了，老师有真诚的表扬；学生犯了错，老师有一个宽容的微笑；当学习上碰到困难时，老师一个安慰的眼神；这些都可以让学生们从中受到鼓舞和支持。在教学过程中，老师要用自己的态度来活跃课堂气氛，营造轻松活泼的课堂氛围以调节学生的情绪，使学生们对接下来的内容充满好奇和期待。所以默契的师生关系对调动学生学习的积极性起到润滑作用。

老师在平时的课堂中如果以准确性为语音锻炼目标，对发音、语法的要求甚高，用"鸡蛋里挑骨头"来形容也不为过，那么即使老师百般鼓励，有的时候学生仍然不愿意在众人面前回答问题，承受独自回答问题的压力。而作为不严格控制上课时间的社团课，学习氛围更轻松，老师也会紧密观察社团成员们的搭档是否合理，可以强强联手，也可一强一弱搭配，通过统筹安排，帮助学生们尽可能地在口语锻炼的过程中取长补短。作为社团的核心人物，老师可以在口袋里多备几张"brave heart"剪纸，在学生操练的过程中来回走动，可以主动加入，也可以受邀加入，还可以安静地在一旁聆听，给勇敢表达自我的孩子贴上一张"brave heart"，甚至可以邀请他作为本小组的发言人。

初二(3)班学生徐××挺机灵，其他科目都学得挺好，就怵英语，平时上课不怎么举手发言，每次别人发言后就急急忙忙插嘴："和我想的一样！"但是每次老师如果在课堂上喊他起来回答问题，他又结结巴巴，说不完整就摇摇头，沮丧地坐下。这样反复几次，他对回答问题已经产生了恐惧心理。笔者仔细观察他做作业的情形，其实他的作业完成速度非常快，少有错误，语感较好，但知其然不知其所以然，在语言表达方面欠佳。于是在英语社团中，笔者特意安排一个反应不是很快可是表达能力较好的学生和他编成一组，回答问题的时候让他们商量，准备时间为5～10分钟。两人既可像说对口相声一样，互相补充着回答问题，又可经讨论后推荐其中一个为小组发言人。渐渐地，徐××从推荐别人为发言人的"绿叶"，成为为集体荣誉而站起来的"红花"，两人在英语学习中培养了做独立发言人的能力，很是自信。

二、英语配音在英语教学中的作用

1.应用英语配音可以激发学生学习的兴趣

从儿童心理学角度分析，孩子在低学龄阶段注意力品质较差，但是模仿他人言行能力强，英语的习得比较容易，所以根据儿童的心理特点，社团活动根据生活场景创设各种语言情境，对于达成"用中学"的能力目标有着积极的作用。

初一第一学期，学校在 Go for it! 教材基础上又外加一本外国语学校特色教材 Look, Listen and Learn(以下简称"3L")。按书的前序来看，3L 为内地小学的教材，可在笔者所在学校，初一的学生学起来并不轻松，但笔者要求每个学生每个单课必须模仿语音语调，背会，并参与表演。有些学生课上跟着老师，语音语调还行，但回家就忘了，第二天再抽背巩固时，出错比较严重。鉴于此种情况，笔者和学生家长沟通，要求在家长或学生手机上下载"趣配音"软件，在家巩固配音并发在班级群里，老师检查。这种配音作业有效地巩固了课堂所学内容，而且明显感觉学生在语音语调等方面比没有"趣配音"的学生地道，对巩固所学内容也有很大帮助，更是极大地调动了学生学习英语的积极性。笔者还组织学生们多次改编并表演了 3L 的课本剧，效果非常好。

另外，在教学七年级上册 Unit 7 How much are these socks? 时，学生对于"What are these?"句型掌握得较好，通过笔者的课堂观察，学生对于课本对话中买东西的内容表现出了极大的兴趣，因受到课堂时间和学习内容的限制，在同一周的社团活动中，笔者特意安排了"flea market"。笔者把教室布置成一个跳蚤市场，学生做起"生意"来有板有眼，连平时在超市中看见的"Buy one, get one free"也用了起来，让笔者不禁赞叹学生们已有的丰富的背景知识。这类活动迎合了学生的学习需求，灵活运用了以前学的问颜色、问尺寸、问新旧、讨价还价、夸赞等旧知识，充满了生活气息。

2.分层教学在社团中更容易实施,原声电影的配音可以让学生更加了解原汁原味的口语化英语

世界上没有两片一模一样的叶子,所以每个孩子都是独一无二的,是有个体差异的。个体的差异说明了每个孩子对世界的认识方式都不同,由于学生个体学习能力有较大差异,在课堂上用统一教材的教学方法,用同一个标准衡量学生就不适合处于正态分布两端的孩子。有的孩子在课堂上吃力地追赶老师讲课进度,根本听不懂,而有的孩子却"吃不饱",只好闲下来做小动作、开小差。

最能体现社团活动分层教学成果的就是笔者和社员们一起以"3L"教材内容为模板,编排课本剧 *New School*, *New Friends and New Life* 的过程。从最开始的选择课文篇目,到改编成有逻辑的完整的英语故事,再到排练话剧及准备道具的整个过程,笔者见证了孩子们的创新思维在英语学习过程中从一个较低层次,发展到一个较高层次的历程。从课本第一课"Meet Sandy and Sue!"开始,知识迁移能力强的孩子从口头改编到改编纸质剧本,再到主动担任话剧 *New School*, *New Friends and New Life* 的导演、编剧,一步一步地锻炼了自己的听、说、读、写能力。学习的过程由易到难、由浅入深。有挑战,但不是不能完成的。接受能力强的孩子还体会到"有行动,才能得到知识;有知识,才能创造;有创造,才能有热烈的兴趣"。接受能力较弱的孩子,对于语言的掌握反而不是最重要的,他们更需要的是体会学一门语言的快乐,不能过早地失去学习语言的兴趣。

3.学习英语电影配音可以全方位地培养初中学生的视听说能力,情感体验在社团中也更丰富

对于英语电影配音,首先要让学生大概明白电影的内容。然后让学生们大胆地尝试去说,以小组等形式鼓励他们说出他们听到的、理解的内容。这样可以锻炼学生的听力、理解力和表达能力,有时还能了解其他国家的历史、地理、文化等。

学习不可能是一帆风顺的,总是在曲折中前进。社团的活动通过对学生正面积极的引导,有利于培养学生的责任感和集体荣誉感。每个小组都由各组组员起一个或响亮或有灵气的名字,增强组员的认同感和归属感,每个人都愿意为自己的小团体争得更多的荣誉。每当自己的组员获得了"brave heart"的贴纸或者来自老师的"good job""nice trying"的表扬,或者来自竞争组的一次鼓掌、一个大拇指时,都是对全体组员极大的鼓励。尤其对于"slow learner",他们更需要集体的帮助和支持,其他同学对他们的关心,会让他们鼓起为集体的荣誉而拼搏努力的勇气,每当他们取得了一点点进步,全体成员都会引以为豪。在这个讲究协作的集体中,学生的自信心、合作精神等正面积极的情感因素会被激发出来,对学生们性格的形成和人格的健全都大有裨益,而良好的情感教育不仅仅是英语学科教学过程中的引导方向,更是教育过程中的一个极其重要的目标。

三、如何运用英语电影配音教学

因为英语电影配音对英语教学和学习都很有作用,现有的教学设备和配置也能满足这一需要,所以运用电影配音教学是很实用也很可行的一种手段。当然,只有了解它的使用方式,掌握技巧,才能发挥它的作用。

第一,选择一部适合的电影是最关键的,那些在学生眼里很受欢迎、人气很高的英语原声电影可以很好地激发他们的学习动机。只有选择这类学生们关注的影片,才能引发他们学习电影中对白内容的兴趣,使教学充满娱乐性和趣味性。中英文双字幕组最佳,这样可以使学生在听到台词的同时,能通过中英文字幕了解它的含义;符合社会当下主题和审美观的英语电影更有效果;一些主题比较轻松的电影表述比较舒缓,语言简单明了,学习起来比较容易。《海底总动员》、《狮子王》、《怪物史莱克》、《功夫熊猫》系列、《冰河世纪》系列、《加菲猫》系列、《富贵猫》、《小叮当——失去的宝藏》、《爱丽丝梦游仙境》、《别惹蚂蚁》、《疯狂动物城》、《马达加斯加》系列、《美女与野兽》、《头脑特工队》等电影都是笔者曾经组织初中不同年级学生配音很成功的电影。特别是《功夫熊猫》,其不但语言浅显易懂,动画角色造型可爱活泼,更难得的是它还具有浓郁的中国文化,非常适合用于教学。

老师作为指导者,必须非常熟悉每一个片段中的每一句话,随时为学生辅导。这就需要指导老师不断强化自己的语言能力,只有这样才能成为学生所信服的老师。而且,老师必要的点评能够帮助学生更准确

地把握人物的特点，把握语音、语调，恰到好处地表达人物情感，使之流畅、自然、传神。老师在学生出现畏难情绪时可适当帮助他们进行调节，以鼓励学生们顺利完成配音过程。

四、结束语

虽然英语电影配音教学的作用非常有效，但毕竟是正常英语教学的辅助形式，是对英语日常学习的补充，不能本末倒置。在教学过程中占主导地位的还是正式的课堂教学，这样才能打好英语学习的基础。因此，在采用英语电影配音教学这一新型的教学方式时，要根据实际要求，不断思考和改进，以新课程标准要求来改变旧有的不适合的教学观，灵活机动地掌握教学环节，不断激发学生的积极性和主动性。只有让学生们自己愿意去学，并且快乐学习，才能使我们的英语教育从应试真正向素质教育转变。

多语种教研类

以"虚拟式"教学为例探索多媒体在德语课堂中的应用^①

天津外国语大学附属外国语学校　杨彦

【摘　要】　核心素养的提出，为德语教学提供了新的思路和方向。本文以学习动因、学习任务设置及评价三方面为基本立足点，以德语语法"虚拟式"教学为案例，探索如何在德语课堂中有效并长期地使用多媒体设备辅助德语教学，促进学生在德语学科核心素养中语言能力、文化意识、思维品质和学习能力方面的发展。

【关键词】　多媒体教学；动因；任务设置；评价；"虚拟式"教学案例

一、引言

科技的发展使多媒体技术越来越多地应用于外语课堂教学中。多媒体技术，以其声情并茂、形象灵活等特点，为外语教师创设生动、活泼的课堂语言环境提供了条件。如今，越来越多的教师尝试将传统板书与多媒体教学适度结合，以期达到更理想的教学效果。在以培养"全面发展的人"为核心的教育理念指导下，外语课堂更不应局限于传授语言知识本身，而是要培养具有跨文化交际能力、有着海纳百川胸怀的外语人才。教师在课堂上呈现的不仅仅是丰富的语言知识，更应有语言背后的文化内核。多媒体技术在课堂中的应用则为达到这一教学目标提供了便利。本文以学习动因、学习任务设置及评价三方面为基本立足点，并以德语语法"虚拟式"教学为例，探索如何在德语课堂中更有意义地使用多媒体设备，以辅助德语教学，并达到对学生学科核心素养四方面能力培养的目的。

二、探究的基本立足点

（一）学习动因

学生的学习动因可分为外在动因及内在动因。外在动因存在于多媒体本身，学习内容以图像、动画、音频等形式直观而形象地呈现出来，给予学生多种感官刺激，吸引学生的注意力，提高其学习兴趣。在课堂中使用多媒体设备，学习者的学习动力会有所增加。但这种对新鲜事物的兴趣通常会在一段时间后消失。正因如此，教育心理学更重视学习的内在动因，即学生的自主学习能力。自 20 世纪 70 年代开始，罗切斯特大学心理学教授 Edward Deci 就针对学习动因进行了研究，并得出使学生产生内在学习动因的三个基本要素：首先，学习者可胜任学习任务，并能从中获得经验、提高能力；其次，学习者有获得他人对其认可的需求；最后，学习者愿意为自己做决定并为完成学习任务承担责任。Edward Deci 把这称作"内在动因"。也就是说，在外语学习层面下，学习者愿意参与决定自己的学习内容及方式（Edward Deci，2002）。

---

①　本文在第十九届全国外国语学校外语教学科研论文评比中荣获二等奖。

（二）任务设置

Robert J. Blake 在他的 *Brave New Digital Classroom Technology and Foreign Language Learning* 一书中提出，教师在使用多媒体进行教学时，应考虑学习者的需求，并将其需求进行适用于教学设计的处理（Robert J. Blake，2008）。例如，Klaus Brandl 教授在华盛顿大学以 94 名德国学生为研究对象，让他们用邮件及聊天软件与自己的同学交流。其目的在于研究学生处理开放性和定向学习任务时不同的处理方式。学生们被要求针对家庭关系话题进行讨论。定向学习任务是画出学生各自的家庭构造图，并向一位同学讲述图中的内容。而开放性任务则是以任何一种方式介绍学生各自的家庭。Klaus Brandl 指出，开放性学习任务对于初学者来说要求过高。而对于有一定基础的学生来说，在处理开放性问题时，他们一般只会做很简短的必要回答，甚至来自不同文化背景的学习者在聊天过程中写得很少、交流很少。在这种情况下，为促使交流顺利进行，教师应在整个过程给予学生适当的引导，在任务设置时要明确任务分配，并根据学习者语言水平、年龄、性别、兴趣等多方面因素将学习者进行分组，同时课堂的规划和组织也至关重要。

（三）评价

评价多媒体对实际德语课堂产生的作用，不仅应从学生的知识获得角度来看，更应从学生自身能力的提升方面来估量，即通过德语课程学习，能了解、评价和批判性接受德语国家和地区的文化，不断提高跨文化交际能力，也就是学科核心素养中提到的"文化意识"。

伯克利加州大学 Claire Kramsch 教授认为，了解所学语言文化，意味着发展与人的关系及与人交流。在这过程中，不能丢失自己的语言和文化，而是要运用自己的文化和语言深化与对方的沟通交流。除此之外，跨文化交际原则还意味着认识、理解、尊重不同文化的区别（Claire Kramsch，2004）。

作为外语学习者，应在外语学习过程中将两种语言及文化相比较，理解并批判性接受他国的价值观、传统及行为方式等。在跨文化交际能力的培养中，多媒体可以很大程度上为外语学习者提供便利。

三、探索多媒体在实际教学中的有效应用

在这部分中，笔者尝试以教授德语语法"虚拟式"为例，探索多媒体如何更有效地应用于德语课堂，辅助教师达到教学目标，并使学生获得更为理想的学习效果。

（一）应用视频进行知识导入

首先选取合适的视频片段，用电脑连接在大屏幕上播放，向学生直观展示"虚拟式"的实际应用。笔者选择了德国电影《再见，列宁》的片段，一方面，因其为许多德语学习者熟知；另一方面，学生也可通过网络资源很快搜索到这部电影。此外，这部电影与德国"二战"后的历史相关，也是很多学生的兴趣点所在，便于学生了解更多德国历史文化知识。

（二）多彩表格展示语法构造

在教授"虚拟式"的构造形式时可采取多种方式，如归纳法，借助实例及电影片段台词原文让学生总结语法规律。在播放视频片段时，给学生发原文。对于大部分学生来说，视频与文字相结合更加直观，也更容易找到语言背后的语法结构特点。另外，也可采用演绎法，直接展示"虚拟式"构造形式、规律。但无论采取哪种形式，最后都需要用表格呈现语法点的重要信息及规律。这类表格虽在教科书里也会出现，但大多数情况下，并不完全符合学生的需求，有些过于复杂，有些则过于简单。

借助表格生成、处理软件，教师可制作表格，并将重要信息用不同颜色标注。例如，总体概念"虚拟式"，用紫色标明；分类概念"第一虚拟式"，用红色标明；"第二虚拟式"用蓝色标明。其用法也用同样的颜色标注："第一虚拟式"用法为间接引语，红色标注；"第二虚拟式"用法为猜测、假设、愿望、礼貌请求，蓝色标注。两种"虚拟式"中的动词变化构造也可以用相应的颜色来标明。教师不仅可在课堂上给学生展示这

类总结表格,也可以将这些数据以 htm 格式储存并传到网上,让学生能随时查阅教师按照学生水平及需求制作的表格。而这种重点和层次清晰的语法总结表格也为学生学习、复习提供了更多便利。

(三)借助音频软件模拟读音、练习听力

在介绍了"虚拟式"的字法及词法结构后,其读音也应让学生进行一定的练习。借助音频软件如 Audacity 等,教师可将选出的母语者朗读录音以 mp3 形式保存,以供学生模拟读音或练习听力。语法相关的语音练习在教科书中常被忽视,虽在对话或课文中"虚拟式"形式也会有所体现,但有针对性的听力练习,借助其来模拟、练习读音的内容,常很少涉及。此外,这种音频文件也可传到网上,便于学生随时进行听力练习。

(四)利用习题制作软件丰富练习内容

为使学生能够正确运用"虚拟式",大量的练习必不可少。一般情况下,教科书中也会有很多相关语法点的练习,但教师若想补充练习或弥补教材练习不足,可利用如"热土豆"(Hot Potatoes)这类习题制作软件,快速生成符合教学设想的练习。而这类软件也提供生成多种习题模式的功能,教师可根据学生水平及需求进行选择。

这里以"虚拟式"的讲授为例展示了多媒体在教学过程中多方面的运用。但基于我们在第二部分所阐述的评价多媒体使用的基本立足点可以发现,若单纯将多媒体运用在以上教学步骤中,则仍是不够的。第一,在这一过程中,动因由电影视频引发,即学生获得外部学习动因。第二,软件设置的任务一定程度上限制了学生的创造性。即使设置开放性问题,让学生自己写出答案,电脑软件也很难实现输入全部可能出现的答案,则也无法判断答案的正误,给予学生直接的反馈。第三,学生在这种学习任务上投入少,承担的责任少,则难以获得认可感。第四,学习任务相对简单,学生可自己完成,则与其他学生的合作缺失。第五,学生在此过程中缺少与母语者的交流沟通,则跨文化交际能力的培养缺失。通过 MP3 听母语者的读音对于这一素养的提升显然是不够的。

(五)以多媒体为媒介,为学生搭建沟通桥梁

教师除将多媒体投入以上所展示的教学步骤中辅助学生以外,还应以多媒体为媒介,为学生建立交流的平台。

1. 建立学习者之间的交流

教师可利用多媒体建立同一班级学习者间的交流。例如,以电影《再见,列宁》片段引出问题:"在这种情况下你会怎么做?"将学生按语言水平、性格特征、兴趣等因素分为几组。在德语语音实验室中,让每组成员通过聊天软件交流,并通过设置在网上保存聊天内容,以避免信息丢失。之后节选交流内容并用大屏幕展示给全班同学看,共同学习其中语言表达或观点的精彩、成功之处,或发现错误的方面进行改正。此外,也可在一段时间后将聊天内容回放、展示。例如在一个单元学习结束时再对比学习,了解改善之处。

这种沟通方式的优势在于:使用多媒体,促进学生间相互合作、交流,并使学生在一定程度上进行自我管控,在合作中渴望获得其他学生的认可,且此类学习任务对学生的创造力也有所要求。教师应特别注意将学生分组,并明确任务分配。此外,教师对学生谈话的量与时长也应有所要求,并密切关注每组的谈话情况。学生也可通过大屏幕展示或教师的直接指导得到反馈信息。在此过程中,学生在获得新知识的同时,也表达了自己的观点。

相对于在课堂内分组讨论,这一过程投入多媒体优势在于:第一,学生可随时回放交流内容,研究学习,并在一段时间后,对比自身改进之处;第二,学生有更多时间思考、交流内容及表述的正确性。

如此,学生迈出了培养德语交流能力的第一步。下一步,则是与母语者建立联系,逐渐培养其跨文化交际能力。

2. 建立学习者与母语者之间的交流

现代外语教学以创建真实语言环境、学生为课堂中心的教学方法,遵循"学习者即行动者"的教学理

念,将文化教学延展至课堂教学以外,以培养学生的跨文化交际能力(吕银平,2016)。在德国中学的访问学习中,笔者发现,德国中学生对于中国兴趣浓厚,对中国的学校生活也充满好奇,然而因为年龄较小、路途遥远及资金方面的问题,大部分德国中学生没有机会直接来中国。而我们学习德语的中学生也需要和同龄的德国学生加强交流,故可以通过多媒体,在双方教师的协作和管理下,以更为便捷、快速的方式使中德学生进行沟通交流,比如以 E-mail Project(邮件项目学习)、针对同一主题的微课堂教学视频互换等形式进行沟通,不仅仅能对学生外语知识加以巩固,更能借此了解德国学生的课堂学习、生活、思想、文化等特点。也可使他们针对同一主题,通过邮件、Moodle、Skype 等学习或聊天软件,交流彼此的看法。如上文中提到的教学案例,针对由电影《再见,列宁》片段引出的问题:"在这种情况下你会怎么做?"进行讨论,母语者会根据自己年龄及经历不同给出不同的答案,学生通过直接沟通,可了解更多德国文化。

在此过程中,教师要为交流做充分的准备:第一,与对方课程的教师进行沟通和协商;第二,应充分考虑学生语言水平的匹配;第三,双方教师在配组上应考虑学生年龄、性别、兴趣等因素;第四,教师要明确任务分配(如提问方式、谈话时长、谈话量);第五,双方教师应密切关注学生的交流过程,给予适当的引导和控制。

若能充分准备、合理安排并计划此类交流,则双方学生均获益颇多,且多媒体的投入适用于此教学过程的多个环节。

四、结语

多媒体应用于外语课堂教学具有资源共享性、时空广延性、多向互动性、学习协作性及自主选择性等特点,有利于外语课堂教学以及学生自主学习和师生、生生互动(李漫,2013)。也正因为如此,如何长期而有效地将多媒体技术投入外语课堂之中,是外语教师需要在教学实践中不断去探索并改进的。正如本文多媒体教学案例中所体现的,教师可引导学生利用多媒体进行多种形式的有效外语学习。更为重要的是,要通过多媒体促进学生间及学生与母语者沟通、交流的建立,以使其逐步拥有宽阔的视野和对语言背后社会文化、历史的理解,丰富其思维体系,令其具有用多元眼光看待事物的能力,培养其跨文化交际能力,使其成为能对不同文化理解和批判性接受的"多语人"或"多文化人"。

参考文献

[1] Edward Deci. Handbook of Self-Determination Research. Rochester:University of Rochester Press,2002.

[2] Blake Robert J. Brave New Digital Classroom Technology and Foreign Language Learning. Washington D. C.:Georgetown University Press,2008.

[3] Kramsch Claire. Language,Thought,and Culture // The Handbook of Applied Linguistics. Malden:Blackwell,2004.

[4] 中华人民共和国教育部. 普通高中德语课程标准(2017 年版). 北京:人民教育出版社,2018.

[5] 吕银平. 论外语教学与学生文化素养培养途径. 牡丹江大学学报,2016,25(11):155-157.

[6] 李漫. 多媒体网络技术在课堂教学中的应用研究. 长沙:湖南师范大学,2013.

一外英语对二外阿语学习的正迁移影响[①]

苏州外国语学校　朱荷菁

【摘　要】　语言迁移现象长期以来一直是外语教师关注的研究课题,当学生已经掌握英语,再学习阿拉伯语时,会受到一外英语的迁移影响。本文选择典型案例,尝试探索如何运用已有的英语基础,导入阿拉伯语知识,通过英语对阿语的正迁移影响提高阿语学习效率。

【关键词】　英语;第二外语;阿拉伯语;正迁移

一般来说,外语教学认为学习者的母语是影响外语学习的根本因素,因此将母语影响与语言迁移同等而论。但是随着英语作为一外日趋普及,掌握第二外语成为竞争优势;而二外学习也逐渐向低年龄段延伸,中学生学习二外的情况屡见不鲜,并且越来越受到学生、家长的认可。基于这样的情况,本文尝试研究一外英语对二外阿拉伯语(以下简称"阿语")学习的正迁移影响。

一、理论基础

"迁移"一词最早来源于心理学,由 Lado(1957)提出,随之被用于第二语言习得的研究。1957 年,美国语言学家罗伯特·拉多(Robert Lado)发表了《跨文化语言学》(*Linguistics Across Cultures*),比较集中地反映了对比分析理论。在论述语言的迁移理论时提出了语言的"正迁移"和"负迁移"现象:"正迁移"是指原语言与目的语之间的相似性会对第二语言学习产生促进作用;而"负迁移"是指两种语言相异之处的迁移,它对第二语言的学习产生消极影响。在教育学中也有相关理论:学习迁移是指一种学习对另一种学习的影响,或习得的经验对完成其他活动的影响。任何一种学习都要受到学习者已有知识、技能、态度等的影响,只要有学习,就有迁移。中学阶段,英语作为一外,阿语作为二外,两种语言同时学习,学生会自觉或不自觉地将英语与阿语进行比较。美国应用语言学家奥德林(Odlin)指出:"当学习者已经掌握两门语言时,这两种语言都会对第三种语言产生影响。"因此,英语会对阿语的学习产生影响。

《中国百科全书》指出,语言根据其形态可以分为三大类:①分析型语言,如汉藏语系;②黏着型语言,如日语和朝鲜语;③屈折型语言,其特点是使用词形表示语法关系,有的甚至用内部屈折来表达语法意义。屈折型语言包括两个重要的语系:印欧语系和闪含语系,其中英语属于印欧语系,而阿语属于闪含语系南部语支。由此可见,英语、阿语同为屈折型语言,又都是字母拼写语言,在句型、派生等方面有共性,可以产生正迁移影响。所以,本文试图以迁移理论为指导,采用对比分析法,简要分析英语对阿语学习的正迁移影响。

二、观点依据

首先,根据笔者所在的苏州地区为例,学生从小学一年级开始正式学习英语,而实际上很多有条件的

---

①　本文在第十九届全国外国语学校外语教学科研论文评比中荣获二等奖。

家庭从幼儿园开始就教授孩子英语,至初中开始接触阿语作为二外为止,至少有 6 年英语学习经验,学生已拥有一定的英语知识和学习习惯;其次,目前以英语作为中考、高考科目还是主流现象,我们可以认为,英语在很长一段时间内,都会持续对阿语学习进行影响;最后,笔者在对以英语为一外、阿语为二外的人群中调查显示,有超过 58% 的被调查者表示在阿语学习中,英语对阿语学习的帮助多过干扰;有 69% 的被调查者明确表示曾利用已有的英语知识帮助阿语学习;有 38% 的被调查者表示英语水平对阿语学习有影响。

三、举例论证

(一)语音

英语和阿语均为字母文字,和英语相比,阿语的语音学习主要通过课堂教学的形式来进行,学生课后复习全靠课上所学的印象,如果学生不能当堂理解,课后就无法复习,故利用英语语音作为参考,帮助学生快速掌握发音技巧,便于课后复习,也非常有必要。在外语教学与研究出版社出版的《新编阿拉伯语》中,28 个阿语字母中的 17 个做了英文的国际音标注释,在实际授课中,利用英语音标辅助进行近似音辨析是常用手段,如表 1 所示。

表 1

近似英语音标	发音规则	字母
ð	发音时,舌尖平放在上下齿之间,气流经舌齿间的缝隙摩擦而出,声带振动	ذ
z	发音时,舌尖抵在下齿,舌端靠近上齿龈,气流由舌端和齿龈的缝隙间摩擦而出,声带振动	ز
θ	发音时,舌尖平放在上下齿之间,气流经舌齿间的缝隙摩擦而出,声带不振动	ث
s	发音时,舌尖抵在下齿,舌端靠近上齿龈,气流由舌端和齿龈的缝隙间摩擦而出,声带不振动	س

(二)词汇

1. 外来词

在阿语词汇的学习中,经常出现涉及地理、科技等词汇源自英语,学生在学习此类单词时,由于已知英文单词,兴趣高,易上手,如表 2 所示。

表 2

تلفزيون	television	كمبيوتر	computer
تكنولوجيّة	technology	ألكترونيّ	electric
أمريكيّ	American	يابانيّ	Japan

2. 源于阿语的英文单词

由于古代阿拉伯文化繁荣,阿拉伯处在亚、欧、非大陆交界,阿拉伯人不断促进世界文化的交流和融合,不少英文单词来源于阿语。在学习中,可以寻找英文和阿语词源之间的关联,利用语言的正迁移来促进阿语学习,渗透阿拉伯文化,激发、培养学生探究学习的兴趣。例如:

(1)coffee— قهوة 。

已知最早的咖啡饮用记录,是在 15 世纪的也门。咖啡的阿语为 قهوة /qahwa/,在发音上与英语的咖啡相差不少,原因是经过了土耳其语与意大利语的转折。由于土耳其语没有/q/与/w/的发音,因此在土耳其语中,开头的/q/被转为/k/,而字中的/w/也变化成/v/,成为土耳其语的 kahveh。而意大利人率先从奥斯曼土耳其人处,习得了此种饮料的存在,威尼斯人也开始向奥斯曼人进口咖啡,kahveh 也因此进入意大利语成为 caffè。多数欧洲语言的咖啡,都由意大利语的 caffè 演变而来,英语也不例外。

(2)lemon—ليمون。

目前已知柠檬最早的文字记录,是在 10 世纪以阿拉伯文记载的农业与园艺文献。阿拉伯人也最早在地中海成功种植柠檬。12 世纪著名的阿拉伯农业学家伊本·安万(ابن العوام)将这种水果称作لمون /lāmūn/,但在之后的阿拉伯著作中,柠檬却比较常被称作ليمون /līmūn/,欧洲诸语的柠檬多由此而来。

(3)algebra—الجبر。

"代数学"的英文一样是来自阿语。Algebra 来自阿语的الجبر /al jibr/,其在古典阿语的原义是"重新组合",其实在这里翻译成"移项法则"比较贴切。该字之引用,是出于 9 世纪著名波斯数学家、天文学家及地理学家的穆罕默德·本·穆沙·阿尔-花里兹米(محمد بن موسی الحوارزمی)的著作《移项与合并同类项之计算摘要书》(الكتاب المختصر في حساب الجبر والمقابلة)。该书自 12 世纪起,被多次翻译成拉丁语,随后进入欧洲诸语,英语的"algebra"一词也由此而生。

3. 动词的时态

英语和阿语共有过去、现在和将来三种时态,在学生自学或教师教授过程中,可以利用英语的时态,比较并导入阿语时态,如表 3 所示。

表 3

阿语举例	英语举例	阿语动词	英语动词	时态
ذهب إلى المدرسة أمس.	He gone to school yesterday.	فعل	done	一般过去式
يذهب إلى المدرسة الآن.	He is going to school now.	يفعل	be doing	一般现在式
سيذهب إلى المدرسة الغد.	He will go to school tomorrow.	(سوف) + يفعل	will do	将来式

4. 英语动名词和阿语普通词根

学生在学习阿语动词的过去式、现在式时,由于有了英语过去式、现在式动词的概念,接受程度较高;而阿语动词的普通词根也可以和英语的动名词形式进行类比,利用正迁移的影响,帮助学生理解。

(1)概念:英语的动名词是由"原形动词＋ing"所形成的,它是具有动词性质的名词,无人称、数量、时态的区别。而阿语中动词的词根表示没有时间概念的抽象动作,它是一种抽象名词,表示动词含义,但是词性上是名词,普通词根就是每个动词都有的一般词根。

(2)举例:见表 4。

表 4

阿语举例	英语举例	中文	用法
القراءة متعة.	Reading is a pleasure.	阅读是一种享受	主语(起语)
أحب القراءة.	I like reading.	我爱阅读	宾语

续表

阿语举例	英语举例	中文	用法
أَقْضِي سَاعَةً عَلَى القِرَاءَةِ كُلَّ يَوْمٍ.	I spend one hour on reading everyday.	我每天花一个小时阅读	介词后做受词
قِرَاءَةُ الكُتُبِ مُتْعَةٌ.	Reading books is a pleasure.	读书是一种享受（宾语）	动名词由于表示动词含义，其后可以接宾语、固定搭配的介词短语等
الاسْتِمَاعُ إِلَى المُوسِيقَى مُتْعَةٌ.	Listening to music is a pleasure too.	听音乐也是一种享受（介词短语）	

（三）句子

英语陈述句的基本结构是主语（S）＋谓语（V）＋宾语（O）。而阿语句子有名词句和动词句两大分类：名词句的基本结构是起语［主语（S）］＋述语［表语（P）］，在阿语中没有谓语 be 动词的概念；动词句的基本结构是动词［可以含主语（S）］＋宾语（O），其实在学习倒装名词句和从句的过程中，有很多句型可以类比学习。

1. 定语从句

（1）概念：英语的定语从句是一个简单句跟在一名词或代词后（先行词）进行修饰限定，在主句中充当定语成分，被修饰的词叫先行词。而阿语的定语从句和英语的概念相仿，但是需要注意的是，如果被修饰的名词是确指名词，定语从句的前面要加关系代词，并注意性、数、格一致。

（2）举例：见表 5。

表 5

阿语举例	英语举例	中文	关系代词
إِنَّهُ الكِتَابُ الَّذِي قَرَأْتُهُ (إِنَّهُ كِتَابٌ قَرَأْتُهُ) أَمْسِ.	This is the book (that/which) I read yesterday.	这就是我昨天读的那本书	الَّذِي
إِنَّهَا الصُّورَةُ الَّتِي اشْتَرَيْتُهَا (إِنَّهَا صُورَةٌ اشْتَرَيْتُهَا) أَمْسِ.	This is the picture (that/which) I bought yesterday.	这就是我昨天买的那幅画	الَّتِي
أُحِبُّ الطَّالِبَيْنِ اللَّذَيْنِ يَرْغَبَانِ فِي القِرَاءَةِ.	I like the two boys who / that love reading.	我喜欢这两个爱读书的男生	اللَّذَيْنِ
أُحِبُّ الطَّالِبَتَيْنِ اللَّتَيْنِ تَرْغَبَانِ فِي القِرَاءَةِ.	I like the two girls who / that love reading.	我喜欢这两个爱读书的女生	اللَّتَيْنِ
أُحِبُّ الطُّلَّابَ اللَّذِينَ يَرْغَبُونَ فِي القِرَاءَةِ.	I like these boys who / that love reading.	我喜欢这些爱读书的男生	اللَّذِينَ
أُحِبُّ الطَّالِبَاتِ اللَّاتِي يَرْغَبْنَ فِي القِرَاءَةِ.	I like these girls who / that love reading.	我喜欢这些爱读书的女生	اللَّاتِي
أُحِبُّ مَنْ يَرْغَبُ فِي القِرَاءَةِ.	I like someone who loves reading.	我喜欢爱读书的人	مَنْ
أُحِبُّ مَا يَنْفَعُنِي.	I like something which benefits me.	我喜欢对我有益的东西	مَا

2. 状语从句

（1）概念：英语状语从句是指句子用作状语时，起副词作用的句子，它可以修饰谓语、非谓语动词、定语、状语或整个句子。状语从句一般由连词（从属连词）引导，也可以由词组引起。阿语的状语从句在用法上和英语状语从句很相近。

(2)举例:见表6。

表6

阿语举例	英语举例	中文	从句
.كان يقرأ الكتاب عندما زرته	When I called on him, he was reading the book.	我去拜访他的时候,他正在读书	时间状语从句
.يمكنك أن تبق حيث تحبّه	You may stay where you like.	你可以留在你喜欢的地方	地点状语从句
.لو لا تجتهد فستفشل في الامتحان	If you don't work hard, you will fail in the exam.	如果你不努力,那你考试就会不及格	条件状语从句
.لم أحضر الدرس لأني مزكوم	I didn't go to school because I caught a cold.	我没上课因为我感冒了	原因状语从句
.أجتهد لأنجح في الامتحان	I work hard in order that I can pass the exam.	我努力是为了通过考试	目的状语从句
.هو مزكوم لكنه حضر الدرس	Although he caught a cold, he went to school.	尽管他感冒了,但是他还是去上课了	让步状语从句

四、总论

随着一外英语的普及,二外阿语的教学主体普遍拥有英语基础,他们从小学甚至幼儿园开始学习英语,英语的语音、词汇、句子等共同构成了一个比较完整的语言结构,这一结构能够帮助学生更好地理解阿语语言的某些特征;但是这种迁移必须是有选择、有方向的,利用英语的正迁移导入阿语概念,避免负迁移的影响。在教学过程中,合理利用英语的正迁移,不仅能够提高阿语学习效率,还能巩固英语学习,将两者有机结合,培养"多语种+"的人才,以更好地满足社会需求。

参考文献

[1] 戴炜栋,王栋.语言迁移研究:问题与思考.上海:上海外语教育出版社,2002.

[2] 刘晖.浅谈语言迁移理论对阿语基础语法教学的辅助作用.北京第二外国语学院学报,2005(2):85-90.

[3] 马晓霞.阿语对英语学习迁移现象分析——以回族女童阿语和英语学习分析为例.宁夏师范学院学报,2011,32(2):114-117.

中学西班牙语第二外语教学中渗透学科思维品质的培养①

广州外国语学校 陈佳佳

【摘　要】　2017年,国家将西班牙语列入《普通高中课程方案和语文等学科课程标准(2017年版)》。《普通高中课程方案和语文等学科课程标准(2017年版)》中将西班牙语核心素养列明为语言能力、文化意识、思维品质和学习能力。其中,思维品质是目前中学西班牙语第二外语教学中难以兼顾的一个方面。本文基于目前中学西班牙语第二外语教学现状,探讨如何将思维品质的培养通过教案设计、活动实施、作业布置及材料选择等方式融入西班牙语教学当中。

【关键词】　西班牙语;中学第二外语;核心素养;思维品质

2017年,国家颁发了《普通高中课程方案和语文等学科课程标准(2017年版)》,《普通高中课程方案和语文等学科课程标准(2017年版)》在保留原有学习科目的基础上,增加了西班牙语,以适应我国进一步扩大开放的需要。西班牙语的使用人数众多,覆盖国家和地区广阔,加上我国与西班牙及拉丁美洲往来日益密切,在《普通高中课程方案和语文等学科课程标准(2017年版)》中增加西班牙语是大势所趋。2014年3月教育部颁布的《关于全面深化课程改革　落实立德树人根本任务的意见》提出了学科核心素养的概念。根据《普通高中西班牙语课程标准(2017年版)》,西班牙语学科核心素养主要包括语言能力、文化意识、思维品质和学习能力。

一、西班牙语学科核心素养中的思维品质

思维直接影响着认知水平的发展。根据《普通高中西班牙语课程标准(2017年版)》,思维品质是指个体在多语思维中智力水平的体现。思维与语言有着密切的关系,思维的发展促进语言的发展,语言的发展也对思维的发展产生重要影响。两者相互依存,相互促进。培养和发展学生西班牙语学科的思维品质,就是让学生通过学习西班牙语,形成分析与综合、归纳与演绎、批判与创新的思维品质,并最终具备初步的西班牙语思维能力和价值判断能力。

教育心理学认为,思维的发展决定着整个认识系统的结构与功能。中学生思维品质的发展直接影响其未来人生中思维的灵活性、深刻性、批判性、敏捷性和独断性,他们遇到问题时的思考方式及应对方法。思维品质的提升对于学生的认知发展水平起着非常重要的作用,因此,在中学西班牙语第二外语教学中不应忽视对学生思维品质的培养。

二、中学西班牙语第二外语教学中对于思维品质培养的现状

西班牙语在全国各地中小学的开设呈雨后春笋之势,除外国语学校之外,越来越多普通中小学校也将西班牙语纳入其开设的学科中。然而,目前大部分学校仅仅将西班牙语作为第二外语特色教学,每周课时

---

① 本文在第十九届全国外国语学校外语教学科研论文评比中荣获二等奖。

非常有限,通常为1~3节。在有限的课时量内,教师的课堂安排常常分为两种情况:一种是以语言为主导,教师希望在有限的时间里尽量压缩知识,让学生掌握更多语言技能方面的知识,造成"一言堂"或者"满堂灌"的结果;另一种是以兴趣为主导,以介绍文化为主,以游戏和活动体验为主要形式,这样的课堂看似热闹有趣,学生却连最基础的西班牙语发音都难以掌握。前一种以"语言"为主的课堂,也许提高了学生的语言能力,但是以教师为主体的课堂难以提升学生的学习能力,更无暇顾及学生对文化的理解以及思维品质的培养。后一种形式看似提升了学生的跨文化理解力,却无法提升学生的语言技能和学习能力,而思维品质的培养更是难上加难。

《普通高中西班牙语课程标准(2017年版)》出台之后,明确了西班牙语学科的核心素养,更新了以主题为引领的教学内容,研制了学业质量标准,为中小学西班牙语第二外语教学提供了指导性意见。如何在操作层面上紧贴《普通高中西班牙语课程标准(2017年版)》,在教学中渗透核心素养中思维品质的培养是所有中小学西班牙语教师必须共同摸索和探讨的内容。

三、在西班牙语第二外语教学中培养学生的思维品质

1.培养学生的分类与概括能力

笔者认为,在中学西班牙语第二外语教学的大多数教学环节和活动设计中,都可以有意识地渗透学生分类与概括能力的培养,具体如下。

(1)在词汇学习中训练学生的分类及概括能力。

如学习与学校有关的词汇时,首先可以引导学生将词汇表中的生词按词性进行分类。通过词汇表内的单词意思,学生能够将词汇分为动词(verbo)和名词(sustantivo)两大类。通过观察分类后的结果,学生能够发现,所有的动词都是由-ar,-er或ir作为结尾的,使用时需要进行变位;而-a,-o及-dor结尾的单词多为名词,分阴阳性。久而久之,学生便能够在以后遇到-ar,-er或-ir的词时自然想到该词的词性进而联想到变位;而在遇到-a,-o及-dor结尾的单词时联想到其名词词性。除此之外,我们还能够让学生观察comer—comedor, estudiar—estudiante,jugar—juguete,librería—libro等单词,概括其拼写及词义的共同点,让学生通过自己的努力,认识"词根"的概念,运用词根帮助其更好地理解词汇、记忆词汇。这样的设计不仅能够以教师为"主导",学生为"主体",充分调动学生的好奇心和积极性,还兼顾了分类与概括能力的培养。

vivir, comer, comedor, estudiante, estudiar, juguete, mesa, borrador, pizarra, dormitorio, libro, librería, gimnasio, aula, jugar

(2)在语法学习中训练学生的分类和归纳能力。

西班牙语教学中,动词各种时态的使用及变位是永恒的主题。以上海译文出版社的《ELE现代版A2》教材中的过去未完成时态的文本(图1)为例,学生初次接触过去未完成时态时,西班牙语教师可以有意识地启发学生的思维能力,帮助学生对陌生时态进行分类、归纳和总结。

Los incas trabajaban en el campo. Cultivaban, sobre todo, maíz y patatas (o papas). La llama era un animal muy importante para ellos: la utilizaban para transportar cosas pesadas, con su lana hacían ropa y en las grandes ocasiones comían su carne.

La alimentación variaba de unas zonas a otras: en las regiones montañosas, la patata era el alimento principal; en las zonas más bajas, se tomaba mucho maíz. La bebida nacional era un licor que las mujeres hacían con maíz.

Vivían en sencillas casas que tenían las paredes de piedra, el tejado de paja y una sola habitación. No había ni mesas ni sillas, y la familia dormía en el suelo, excepto los niños durante su primer año de vida.

Los niños del pueblo no iban a la escuela; aprendían junto a sus padres lo que necesitaban: los varones ayudaban al padre en las tareas del campo; las niñas, a la madre en la casa y en el campo. En cambio, los hijos de los nobles eran educados durante cuatro años por los sabios.

图1

①在初次阅读时,引导学生注重段落大意的理解,该部分可以通过设置阅读选择题进行,目的是让学生通过动词的词根来猜测动词意思。而陌生的时态对于学生理解文章大意并没有太大影响。

②在初步了解文章大意后,请学生找出所有的动词并按照动词原型的词尾(-ar,-er 和-ir)进行归类,观察其变位方式,学生能够发现过去未完成时态中规则动词的变位规律并进行归纳和总结。

③学习完动词变位规则后,再引导学生在文中任意找出四句使用了过去未完成时态的句子,通过分析上下文以及句子的意思,归纳过去未完成时态的使用方法。

在同一节语法课中多次锻炼学生的思维品质,而学生的主动探究分类和归纳的行为能够加深其对于所学知识的记忆。同时,学生通过自身的努力习得新知识也会增强其自信心,提升学生的学习能力与成就感,从而激发其不断深入学习的动力。

(3)在单元及口语训练中引导学生对思维导图的使用。

思维导图通过分割知识框架的方式帮助人们理解和记忆信息,目前在多门学科的教学中广泛使用。在中学西班牙语的复习和口语训练中,教师们也可以借助思维导图帮助学生记忆和联想所学过和需要联系起来的语言知识。

如在复习以"La Ciudad(城市)"为话题的课堂中(图 2),教师可以在黑板上和同学们一起通过 ¿Cómo es?,¿Qué hay? 和 ¿Dónde está? 三个维度来展开,复习由动词 es 引导的描述城市的形容词、由 está 引导的方位词、距离的短语表达和由 hay 引导的城市内设施的名词。由思维导图逐步生成的知识图谱不仅有助于增长记忆,还有助于学生思维能力的发展。思维导图呈现的是一个思维过程,学习者能够借助它提高发散性思维的能力,可以通过思维导图厘清思维的脉络,并供自己和他人回顾整个思维过程(杨凌,2006)。

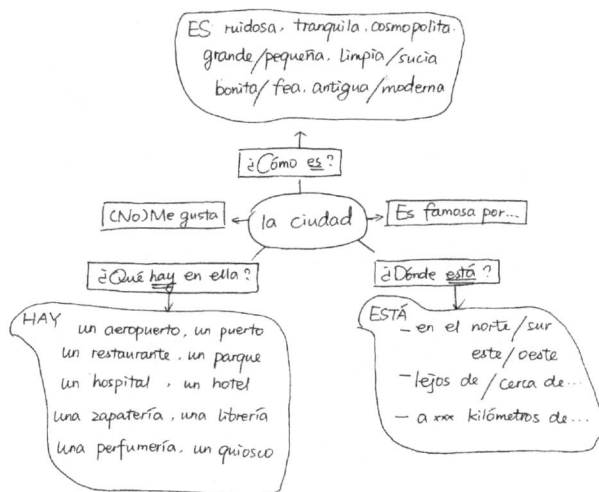

图 2

又如,在塞万提斯学院西班牙语 DELE A2 等级考试的口语考试中,学生需要就一个话题进行3~4分钟的个人陈述(图 3)。而口语考试准备的时间非常有限,在准备的时间列好思维导图,通过关键的疑问词和短语等进行发散式思维,在最短的时间里能够进行高效的口语准备。

2.培养学生的猜测及逻辑推理能力

(1)在听力训练课中培养学生猜测的习惯。

由于西班牙语母语者语速非常快,而且说西班牙语的国家众多,每个国家的西班牙语都具有其自身特色,因此西班牙语听力对于学生来说是一个难点。另外,分析笔者所在学校学生参加西班牙语 DELE A1 等级考试情况,听力考试的成绩往往决定了学生是否能够顺利通过该等级的考试(西班牙语 DELE 等级考试分为听、说、读、写四个部分,只要有一个部分未达到60%的分数,则整个考试无法通过)。所以,培养学生的猜测能力非常重要。合理猜测并非"瞎猜",是在逻辑推理之后缩小答案出现的范围从而提高命中率。

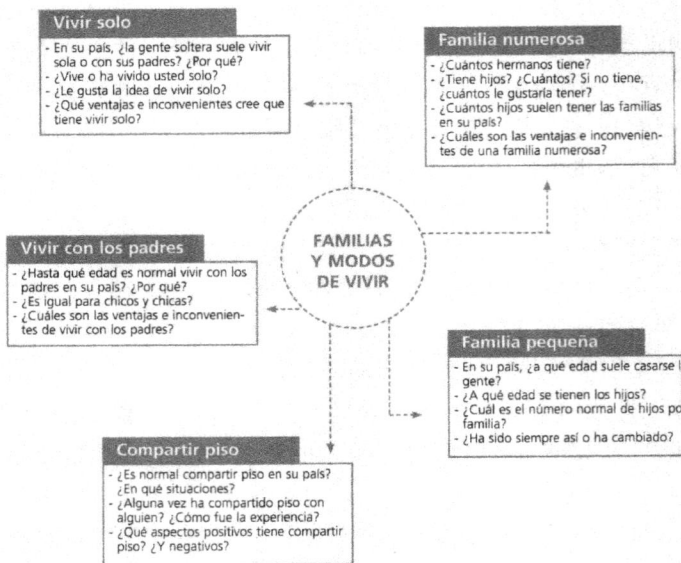

Vivir solo
- En su país, ¿la gente soltera suele vivir sola o con sus padres? ¿Por qué?
- ¿Vive o ha vivido usted solo?
- ¿Le gusta la idea de vivir solo?
- ¿Qué ventajas e inconvenientes cree que tiene vivir solo?

Familia numerosa
- ¿Cuántos hermanos tiene?
- ¿Tiene hijos? ¿Cuántos? Si no tiene, ¿cuántos le gustaría tener?
- ¿Cuántos hijos suelen tener las familias en su país?
- ¿Cuáles son las ventajas e inconvenientes de una familia numerosa?

FAMILIAS Y MODOS DE VIVIR

Vivir con los padres
- ¿Hasta qué edad es normal vivir con los padres en su país? ¿Por qué?
- ¿Es igual para chicos y chicas?
- ¿Cuáles son las ventajas e inconvenientes de vivir con los padres?

Familia pequeña
- En su país, ¿a qué edad suele casarse la gente?
- ¿A qué edad se tienen los hijos?
- ¿Cuál es el número normal de hijos por familia?
- ¿Ha sido siempre así o ha cambiado?

Compartir piso
- ¿Es normal compartir piso en su país? ¿En qué situaciones?
- ¿Alguna vez ha compartido piso con alguien? ¿Cómo fue la experiencia?
- ¿Qué aspectos positivos tiene compartir piso? ¿Y negativos?

图 3

如在问答题中,看到"¿Cuaál es el lugar de la casa que más le gusta a la señora?"时,需要引导学生在看题时即开始联想可能出现的答案。首先,"a la señora"说明了听力中必然会超过一个说话人,而常常以一男一女对话出现的可能性最大,所以,学生必须特别关注听力中女方所说的内容。此外,"el lugar de la casa"说明了必然是家中的某一个地方,学生可以据此进行合理猜测,如也许会出现如 dormitorio(卧室)、salón(客厅)、comedor(饭厅)、baño(浴室)等词汇,并将其写在题目旁边方便听到关键词时能够迅速地反应。这不但发展了学生的思维品质,而且有助于提升其学习能力和应试技巧。

(2)在文化课中锻炼学生逻辑推理的能力。

语言是文化的重要载体,语言与文化既相互依存又相互影响。语言的学习有助于加深对目的语国家的文化理解;而对于另一种文化的学习和理解,也能对语言的学习和运用起到积极的推动作用。学习西班牙语,不能忽略西班牙语国家文化的学习。

如在课文中谈论西班牙人的作息时间时,课堂上教师不能仅仅向学生传授自复动词的使用方法,还应引导学生分析文本中所谈的西班牙人的三餐时间。如"Mi amigo de España come más o menos a las 14:30 y cena a las 22:00.(我的西班牙朋友午饭时间差不多在 14:30,晚饭时间差不多在 22:00。)"学生一定会惊讶于西班牙人的午饭和晚饭时间与我们的日常习惯有巨大的差异。教师可以借助学生的好奇心,通过设问来引导学生开展逻辑推理:Por qué los españoles cenan tan tarde?(为什么西班牙人晚饭时间那么晚?)通过对比中国人和西班牙人的吃饭时间推测当地的日照情况和太阳起落的时间。进而再次设问:A qué hora más o menos se pone el sol?(在西班牙一般太阳几点下山?)在西班牙,太阳通常是晚上 9 点左右才下山,而人们习惯于在太阳落山后吃晚饭。我们还可以推测西班牙所属的地理位置以及气候带,分析地中海气候带的特征,再根据其特征判断西班牙的气候与我国哪个地方的气候和作息时间相似。当学生对比后会发现西班牙大多数地方与我国新疆的气候相似,之后,还可以给学生布置一个小小的社会调查的作业,对比西班牙和新疆的共同点以及产生的影响(如两个地方都干燥且日照时间长,所产的水果都非常甜等)。

教师要引导学生从不同的角度思考问题,运用不同的方法解决问题。在这些活动设计中,除了能锻炼学生的思维品质外,还可培养学生的学习能力和文化意识,以及跨学科运用的综合能力。

3.培养学生的批判性思维

西班牙语教师可以利用教材中的话题开展学生批判性思维的训练。以教材 Etapas China A2.1 第五单元关于谈论西班牙人与中国人的 estereotipos(刻板印象)话题为例(图4)。学生除了要掌握关于性格和品质的词汇以及比较级、最高级的使用之外，教师还应当引导学生思考其背后的原因。文中提到"En general, son personas muy alegres, hospitalarias, sociable y, en mi opinión, más abiertos que los chinos."为什么西班牙人给其他国家人民的印象是这样的？"Hay muchos extranjeros que piensan que los españoles son vagos porque suelen echarse siestas."为什么外国人都觉得西班牙人比较懒？为什么西班牙人有睡午觉的习惯而别的国家没有？教师可以给出提示，请学生从历史的角度，如哥伦布发现美洲后对西班牙国家命运的改变的影响；从地理位置和气候的角度，如日照时间的长短对西班牙人性格和生活习惯产生的影响。除了探究其原因，还可以跨文化对比中国的情况，探讨中国是否也存在这样的刻板印象，我们如何面对这些刻板印象以及这些刻板印象有什么积极和消极的影响等问题，充分发挥学生的思辨能力和批判性思考能力。

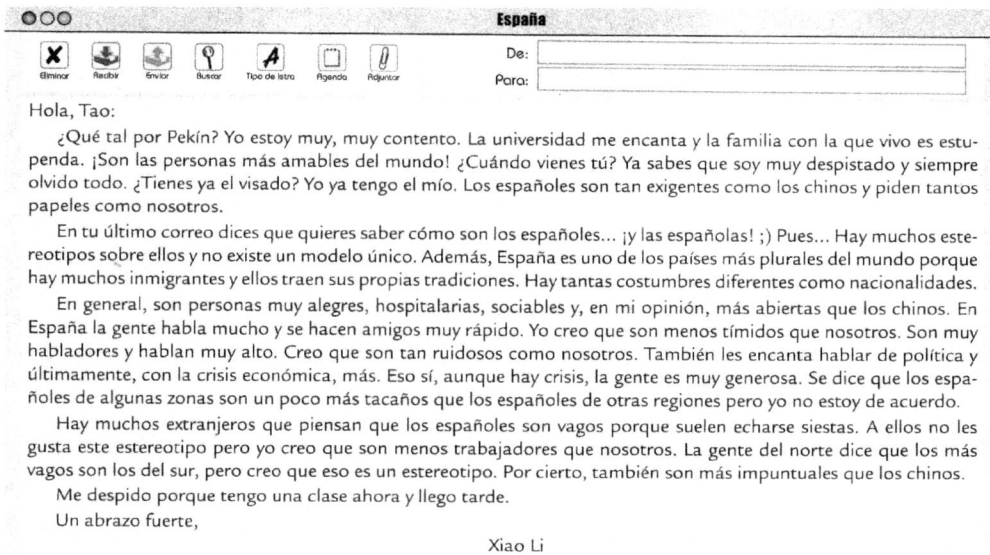

España

De:
Para:

Hola, Tao:

¿Qué tal por Pekín? Yo estoy muy, muy contento. La universidad me encanta y la familia con la que vivo es estupenda. ¡Son las personas más amables del mundo! ¿Cuándo vienes tú? Ya sabes que soy muy despistado y siempre olvido todo. ¿Tienes ya el visado? Yo ya tengo el mío. Los españoles son tan exigentes como los chinos y piden tantos papeles como nosotros.

En tu último correo dices que quieres saber cómo son los españoles... ¡y las españolas! ;) Pues... Hay muchos estereotipos sobre ellos y no existe un modelo único. Además, España es uno de los países más plurales del mundo porque hay muchos inmigrantes y ellos traen sus propias tradiciones. Hay tantas costumbres diferentes como nacionalidades.

En general, son personas muy alegres, hospitalarias, sociables y, en mi opinión, más abiertas que los chinos. En España la gente habla mucho y se hacen amigos muy rápido. Yo creo que son menos tímidos que nosotros. Son muy habladores y hablan muy alto. Creo que son tan ruidosos como nosotros. También les encanta hablar de política y últimamente, con la crisis económica, más. Eso sí, aunque hay crisis, la gente es muy generosa. Se dice que los españoles de algunas zonas son un poco más tacaños que los españoles de otras regiones pero yo no estoy de acuerdo.

Hay muchos extranjeros que piensan que los españoles son vagos porque suelen echarse siestas. A ellos no les gusta este estereotipo pero yo creo que son menos trabajadores que nosotros. La gente del norte dice que los más vagos son los del sur, pero creo que eso es un estereotipo. Por cierto, también son más impuntuales que los chinos.

Me despido porque tengo una clase ahora y llego tarde.

Un abrazo fuerte,

Xiao Li

图 4

批判性思维中的批判性是思维活动中善于严格地估计思维材料和精细地检查思维过程的智力品质，具有分析性、全面性、独立性（林崇德、胡卫平，2010）。笔者认为，在教学中过程重于结果，教师需要及时肯定学生过程中所提供的思考角度和思考方式，而非判定其思考所得结果的好与坏、正确与错误。

四、结语

《普通高中西班牙语课程标准》研制组负责人刘建教授（2018）指出，学习西班牙语的过程也是培养学生发现和解决问题能力、逻辑思维能力和批判性思维能力的过程，是培养学生摸索适合自己的学习方法、总结学习经验、养成团队学习品质的过程。西班牙语学科核心素养的四个维度构成一个整体，相辅相成，随着学习的推进螺旋式上升。中学西班牙语学科素养的培养，需要贯穿在教学的方方面面，学习能力、思维品质、语言能力和文化意识都不是独立存在的，它们既相互影响又相互依存。教师在实施教学的过程中，需要有的放矢地针对教学对象的特点，整合教材的优势，发挥学生的"主体"功能，扮演好教师的"主导"角色，达到高效课堂的目的。

作为教育部所制定的学科素养中最新提出的要求，思维品质是最易忽略也最难达成的学科素养，需要引起所有西班牙语中学教师的关注与重视。使用行之有效的教学方法助力学生思维品质的培养是践行"全人"教育的必由之路。教师需要意识到，在中学西班牙语第二外语教学中渗透思维品质的培养是一个长期的过程，需要持之以恒的努力和锲而不舍的实践，为学生的终身可持续发展打下坚实的基础。

参考文献

［1］ 中华人民共和国教育部.普通高中西班牙语课程标准(2017年版).北京：人民教育出版社,2018.

［2］ 杨凌.概念图、思维导图的结合对教与学的辅助性研究.教学研究,2006(6):59-61.

［3］ 林崇德,胡卫平.思维型课堂教学的理论与实践.北京师范大学学报:社会科学版,2010(1):29-36.

［4］ 基础教育课程编辑部.促进学生多元发展　服务国家人才战略——访普通高中西班牙语课程标准研制组负责人刘建.基础教育课程,2018(1):108-111.

中日文"主语·主格·主题"探究[①]

武汉外国语学校　吕顺俊

【摘　要】　"主语·主格·主题"这三个概念,在不同的语言系统中关联性并不同。在中文和日文中"主语·主格·主题"是以句子结构的形式体现的。中日文中"主语·主格·主题"并不全相同,可运用语言类型学解释这些差异存在的原因。

【关键词】　主语;主格;主题

语言的比较研究肇始于历史比较语言学,当时的研究旨在发现语言之间的历史演变和亲属关系。后来的语言学家进而从事不同语系的语言之间的对比,旨在发现语言间的异同之处,从而得出规律性的东西。语言与语言之间存在可比性的提出,是建立在人类语言共性的基础之上的。对于语言共性的研究,早在 17 世纪《普遍唯理语法》的作者 A. Arnauld 和 C. Lancelot 就有过精辟的论述。他们认为语言是思想的表现,所以语言和思想之间有着内在联系。既然人类的思维有着一致性规律,人类的语言也必定有着一致性规律。根据现有的资料研究,语法学家们将人类语言的共性(以下简称"语言共性")概括为两大类:一为形式共性,如范畴特征、语序、疑问形式、否定形式等;一为功能共性,如达意功能、人际功能、语篇功能等。语言共性论正是建立在思维共性基础之上的。如果将语言共性设为"X",那么任何一种具体的语言都必须含有"X"这个公因子,各具体语言即为 $Xa, Xb, Xc, \cdots$ 中日文对比的任务就是要观察这个公因子 X,在中文和日文中,在多大程度上,以何种形式体现。可见具体语言对比的最终目的就是求同存异。本文第一部分先确立"主语·主格·主题"这三个概念,并将确立下来的"主语·主格·主题"设为语言共性,即三个公因子;第二部分探讨"主语·主格·主题"的三个公因子在中文和日文中分别是以何种形式体现的;第三部分总结中日文中"主语·主格·主题"的异同之处,并从语言类型学的角度解释这些差异存在的原因。

一、何谓"主语·主格·主题"

在选择格的形式(侧置词、词缀,等等)时,牵涉到的句法关系实际上分为两类:一类我们可以称之为"纯粹"或"组合"关系;另一类可以称之为"标记"(labeled)或"中介"(mediated)关系。"纯粹"关系就是指可以直接用支配关系来表示的语法组成成分之间的关系。据此,"主语"的概念可以确定为一个 NP 和一个直接支配它的 S 之间的关系。标记关系是指通过一个准范畴标记来表示的关系,如方式、范围、处所、施事。同语义有关的句法关系属于"标记"关系的类型。

有很多语法书认为主语是施事、工具,这是从"标记"关系的角度,即语义的角度讲的。但是,有时候"主语"甚至不是句子中的一个主要成分,而是取自主要成分之一的修饰语。

演讲以简洁生动给我们留下了深刻印象。

演讲的简洁生动给我们留下了深刻印象。

---

①　本文在第十九届全国外国语学校外语教学科研论文评比中荣获二等奖。

在上面的第一个例子中,主语是工具,第二个例子中,主语不是施事,也不是工具,甚至也不是句子中的一个主要成分,只是一个修饰成分,因此,无法从语义上确立主语。

如果我们从支配关系上确立主语,那么问题就简单多了。因此,笔者认为可以依照菲尔默的观点把主语的概念确立为一个 NP 和直接支配它的 S 之间的关系。

菲尔默用"格"这一术语指处于底层的句法——语义关系,用"格的形式"这一术语指特定语言中某种格关系的表现形式,包括词缀、异干法(suppletion)、助词、词序制约等。格的形式,或是由支配词的词性,或是由标记关系,或是由纯粹关系,或是由其他决定。菲尔默认为主语这一纯粹关系正是决定在某种类型的语言中"主格"范畴最典型的出现环境。因此,笔者认为可以这样理解主语和主格的关系:主语是由句子支配的名词,主格是主语的形式。

弄清了主语、主格,接着探讨主题这一概念。主题也叫话题,主题除了牵涉表达功能,还与句法有关,即语用上的"主题—说明"是如何存在于句法之中的。因此,话题成了形式语法学与功能语法学共同的话题。另外,朱德熙先生认为主语是说话者最关心的东西,这就是所谓主题,可以把朱先生的话理解为:主语从语用上讲都是主题。关于主语和主题的争论很多,到目前为止还没有一个大家一致认同的观点。笔者认为话题不一定都是句子成分中的主语,可能是其他成分。比如,在"大学毕业后当老师,我从来没有考虑过"中的"大学毕业后当老师",从话语功能上讲是话题,但不是主语也不是谓语、宾语、定语、状语或补语,我们可以把它看成一个独立成分。

可以把"主语"看成一个由句子支配的名词;把"主格"看作主语的形式。主题从功能上来讲是被陈述的对象,另外还涉及句法问题,具体涉及哪些句法问题,在第二部分中通过分析予以说明。

确立了"主语·主格·主题",下面探讨在中文和日文中这些概念是以何种形式体现的。

二、中日文中的"主语·主格·主题"

(一)主语问题

朱德熙先生认为,中文句子可以分为主谓结构、述宾结构、偏正结构。例如,"张老师教地理。"是主谓结构,"下雨了。"是述宾结构,"炕上坐。"是偏正结构;"主语"只存在于主谓结构中。在这里,我们立足于朱先生的观点:中文中的主语只存在于主谓结构中,在很多中文句子里面没有主语。

苹果/长虫了。

小狗/在这儿。

这两个例子是主谓句,我们可以初步得出中文的主语是位于谓语前面的名词。其实并非完全如此,在口语中,也有这样的情况:"必须踏踏实实工作,想得奖金的人。"中的"想得奖金的人"是和整个句子发生关系的 NP,因此是句子的主语,但是它不在句首,而是在句末。因此我们可以这样描述中文中的主语:一般位于句首,有时也位于句末,没有固定的语序,也没有固定的形态特征。

现在,看日文中的主语。在"<u>太郎</u>が花子を見た。""<u>鈴木</u>はケーキを食べた。""本を<u>青木</u>が見た。"中存在一个受 S 支配的 NP。这个 NP 分别是"太郎"" 鈴木"和"青木"。而在"すぐ駅へ行きます。""ご飯を食べました。"中就没有一个受 S 支配的 NP。在日语语法学家中有一种说法,即"<u>太郎</u>が花子を見た。""<u>鈴木</u>はケーキを食べた。""本を<u>青木</u>が見た。"是主述结构,而"すぐ駅へ行きます。"和"ご飯を食べました。"只有述部。因此日文中的主语也只存在于主述结构之中。可以这样描述日文的主语,一般位于句首,且附加后置词"が"或者"は"。

在英文中,除了祈使句,所有的句子都必须有主语。而中日文中祈使句之外的句子也可能没有主语。与英文相比,中日文中的主语相对处于弱势。

(二)主格问题

很多关于中文的语法书都没有提到"格"这一概念。在菲尔默之前,对于"格"的研究一向被认为等于研究名词的这种曲折变化词缀的语义功能,一般认为在中文中名词是没有曲折变化和词缀的,所以过去我们通常认为中文中没有格,这也许就是我们在前面提出了主语,那么我们来看看中文中的主语以何种形式体现。在"张老师/教地理。"中主语位于句首,没有词缀或侧置词。在"明天/下雨。"中主语位于句首,没有词缀或侧置词。在"必须踏踏实实工作,想得奖金的人。"中主语位于句末,没有词缀或侧置词。中文中的主语没有固定的语序,没有词缀,也没有侧置词,即中文中的主语没有固定的形式特征,因此,可以得出结论:中文中没有主格。

我们现在来看日文中的主格。在"太郎が花子を見た。"中主语有后置词"が"且位于句首,在"鈴木さんはケーキを食べた。"中,标明主语的后置词是"は",且位于句首,那日文中的主格是不是就是后置"は"或"が"且位于句首呢?在"警察局では今犯人を捜しています。"中"は"前面的根本就不是一个名词,因此我们不能把后置"は"看成格的形式。而日文中主语的语序也不是固定的。因此,可以得出:日文中的主格是后置词"が"。

中文中没有主格;日文中有主格,日文中的主格是后置词"が"。

(三)主题问题

主题是被陈述的对象。在前面,已经确立主题这一概念至少涉及语用和语法结构两个方面。

用词汇手段将某种概念范畴固定下来的过程叫词汇化(lexicalization),用形态、虚词、语序等语法手段将某种概念范畴固定下来的过程叫语法化(grammaticalization)。就表示主题这一概念,在中文中既可以用词汇手段,又可以用语法手段,还可以在使用词汇手段的同时用语法手段。具体地说,在中文中,引进主题既可以用"说/像……"等词汇手段,又可以用前置于句首,后附语气词"……呢/吧/呵/的话"作标记等语法手段,当然也可以两种手段兼用。如,在"就拿水果来说吧,价格也是一个劲儿地上涨。"中的话题是一句话,通过语法标记与词汇手段,且位于句首。在"我们家里头那个最盛时代,我没赶上。"中,话题是补语,用停顿表示,且位于句首。"他们小时候吧,也念中文。"中话题是状语,用语法标记手段表明,位于句首。在"小王不喜欢看报纸。"中主题是主语,并与主语重叠。"苹果,我不吃。"中主题是宾语,位于句首。因此我们可以得出结论,中文中的主题从句子成分上讲可以是主语、宾语、状语、补语,甚至可以是一句话,可以词汇手段和语法手段表示,位于句首。

我们现在来看日文中的主题。松下大三郎认为后置词"は"和"も"为主题的标记。除了松下大三郎以外,松村明也在《日本的语言学》第三卷中把"は"看成主题标记,另外山田孝雄也把"は""も"看成主题标记。有很多人认为"は"和"も"为提示助词,其原因就是凡是后置了"は"和"も"的句子成分,在语用上都是主题。在"人に対しても親切が必要だ。"中主题是补语,位于句首。在"長くは辛抱ができない。"中主题是补语,位于句首。在"北海道でも雨が降っています。"中主语是状语,位于句首。在"新潟県N市、私はそこで生まれた。"中主语是一个独立成分,位于句首。在"九月一日、私はこの日を一生忘れないでしょう。"中主语是独立成分,位于句首。在"寝ながらテレビを見る、これが私の楽しみです。"中主语是一个句子,位于整句句首。例句中的"新潟県N市""九月一日"两个句子成分就是通过顿号来标记的主题。"寝ながらテレビを見る"这个句子也是通过顿号来标记的主题。另外日文中还有用"……と言えば""……と来たら""……となると""……とすれば"等语法手段来表达主题的。在"川口さんと言えば、何処へ行ったのか、姿が見えません。"和"あそこの家の中ときたら散らかし放題で足の踏み場もない。"中,话题就是用上述语法手段表示的。

中文中没有主格,日文中主格为后置词"が"。中日文中的主题都可以是一个句子成分或是一个独立成分,中文中的主题有词汇手段和语法手段标记,日文中的主题有多种语法手段标记,且中日文主题都位于句首。

三、结论

本文首先确立了"主语·主格·主题"三个概念,并假设这三个概念是语言共性,而后从对比语言学的角度探讨了在中文和日文中这三个公因子是以何种方式体现的。认识到在中文和日文中都存在主语,英文中除祈使句外所有句子中都存在主语,而中文和日文除祈使句外的句子中一部分句子有主语,一部分没有。从语言类型学上看,中文偏重于孤立语的特性,孤立语的特点是每一个词都不发生变化;日文偏重于黏着语的特性,黏着语的特点是一个词不只包含一个语素,但词内语素和语素之间的界限是分明的,中文中没有主格,日文中的主格是后置词"が"这一现象恰好验证了这一点。孤立语一般用词汇手段表示语法意义,黏着语一般用语法手段表示语法意义;中文的主题既有词汇手段又有语法手段,日文的主题只有语法手段这一点也验证了中文更具孤立语的特性,日文更具有黏着语的特性。

参考文献

[1] 曹逢甫,谢天蔚.主题在汉语中的功能研究.北京:语文出版社,1995.

[2] 朱德熙.现代汉语语法研究.北京:商务印书馆,2014.

[3] 朱德熙.语法讲义.北京:商务印书馆,2004.

[4] 吕叔湘.汉语语法论文集(增订本).北京:商务印书馆,1984.

[5] [美]菲尔默."格"辨.胡明扬,译.北京:商务印书馆,2005.

中学法语二外词汇教学的课堂活动趣味性研究
——基于对《你好法语 A1》教材的实践教学[①]

苏州外国语学校　胡祥蓬

【摘　要】　语言的学习从词汇起步,好的开端是成功的一半。考虑中学生的年龄及性格特点,中学二外法语教学中的词汇的教授过程更注重方式、方法的趣味性。如何在有限的时间引起学生二外词汇习得的最大兴趣并运用自如应引起我们的重视。词汇趣味性的课堂活动的继承与创新,已成为法语课堂教学的必修课。

【关键词】　词汇;趣味活动;小组活动

爱因斯坦曾经说过:"兴趣和爱好是最好的老师。"浓厚的兴趣对法语二外教学至关重要。

若把中学阶段的法语教学比作一道法式大餐的制作,那这道大餐中的必备食材就是一个个的法语词汇,为了让这些食材变得独具风味,令人念念不忘,作为大厨的法语老师必须费尽心思找到独家配料和烹饪方式,以迎合并让食客学生们爱上这独有的口味。

通过《你好法语 A1》教材的多次实践教学,法语词汇教学课堂活动的趣味性研究也慢慢明朗。

一、单词记忆利器:词汇魔盒

1.词汇魔盒的制作

将所需同一范围的大量词汇以单词形式制成大小相同的单词格,将单词格剪下,制作成单独的词汇卡片,准备一个大小适中的盒子,将单词卡片一起放进准备好的盒子中即成为一组单词卡。文字形式以《你好法语 A1》第 1 课单词表为例,见表 1。

表 1

s'appeler	bienvenue	bonjour	ce	club	et	être
étudiant(e)	femme	français(e)	Français(e)	homme	italien(ne)	Italien(ne)
La Baule	ma	madame	maman	mari	mon	monsieur
nationalité	nom	non	oui	prénom	qui	voici

2.词汇魔盒的运用

根据不同的语言水平阶段,词汇卡片可用作发音练习、记忆游戏、单词配对、单词比较、手势与表情的表达、故事讲述等。

---

① 本文在第十九届全国外国语学校外语教学科研论文评比中荣获二等奖。

(1)经典单词记忆游戏:Jeu du pendu 吊死鬼游戏。

由一名学生 A 抽取魔盒中的一张单词卡并告知该单词由几个字母组成,其他学生根据字母数量每次竞猜一个字母,直至拼出该单词,每错一个字母,学生 A 画一笔吊死鬼图案(图 1),若竞猜者在图案完成前答对该单词,即为胜利,反之失败。此游戏旨在用愉悦又紧张的方式,引起学生对单词的关注力,从而加强学生的单词记忆力。

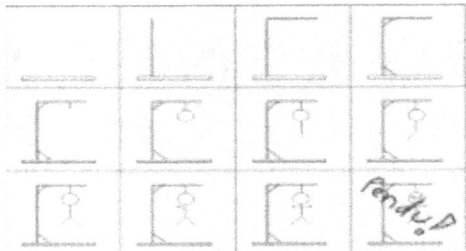

图 1

(2)"我认识"和"我不认识"(适合小组活动)。

将不同难度的单词卡片从魔盒中取出,正面朝上并一一铺放,让每组学生将所有单词分成两列,一列为"我认识",一列为"我不认识"。该游戏通过组员之间的互助减少生词量,以帮助学生随之更有针对性地学习生词。

(3)组词成句,妙语生花(适合 A2 及以上程度)。

让学生从词汇魔盒中任意抽取 2 张、3 张、4 张……词汇卡,并将手中所有的词汇合理组合,变成完整的一句话。该活动考验学生对所学词汇的运用能力。

为了增加难度,教师可以给出固定主题或固定句式,要求学生必须围绕该主题或该句式造句。例如,句子的主题为"校园生活""虚拟世界""一封家书",句式必须为疑问句、复合句等。

(4)单词卡配对(可用于动词变位、同反义词、衍生词归类等词汇学习中)。

以动词变位中的复合过去时这一知识点为例,将动词原形和过去分词分别写在两种不同色的卡片上,学生 3～4 人一组先进行第一轮匹配,熟悉不规则动词的过去分词并记忆。为增加趣味性,可继续进行小组 PK,规定每组配对时间为 1 分钟,各组在相同的时间内配对最多则胜出。

二、随意搭配利器:词汇标签条

1.词汇标签条的制作

制作方法与词汇卡片类似,可将所需词汇以图片示意或单词的形式制成大小相同的标签,将该标签剪下,制作成单独的词汇标签。

2.图片形式标签条的使用

图片形式标签条的使用通常是在学生对生词有了初步掌握的基础上。

图 2

(1)利用图片形式标签条模仿声音与姿态(适合初学者)。

学生 A 通过模仿声音或做动作的形式表现图片形式标签条的内容,其他分组学生猜词,猜中得分。利用肢体语言加深对词汇的记忆,图片形式标签条不拘泥于某一固定单词的特性,更能促进学生思维的发散。例如,图 2 所示图片形式标签条,学生可根据模仿猜出 danser(跳舞的动词)、danse(跳舞的名词)等。

(2)与单词卡片的搭配使用。

图片形式标签条以《你好法语 A1》第 6 课服饰主题词汇为例,分别制作长裤、牛仔裤、T 恤、套头衫、运动衫、半裙、连衣裙、上衣、男式衬衫、皮鞋等,如图 3 所示。

图 3

同时制作对应服饰主题的词汇卡片，如表 2 所示。

表 2

pantalon	jean	T-shirt	pull-over	sweater
jupe	robe	veste	chemise	chaussure

将图片形式标签条与相对应的单词卡片分别制作为两种不同颜色，背面朝上混合，3～4 人一组，按次序每人每次随机翻取形象标签条与单词卡片各一张，配对成功者保留该组标签条与卡片，反之将标签条与卡片背面朝上放回原位，换下一名组员继续翻取，最终标签条与卡片配对最多者获胜。

此项课堂活动适合学生在初步掌握词汇含义后，进一步通过图像的匹配加深对词汇的理解，并要求学生在活动中记忆每个词汇与图片的位置，以便更迅速地配对词汇。

加大难度，去除单词卡片，学生直接根据图片形式标签条抢答对应单词，可在小组内进行，也可以全班竞答。

3. 单词形式标签条的使用

（1）单词形式标签条的使用更有利于句型结构的掌握。

如何掌握生词的用法？如何运用生词造句？拼词成句的小组游戏可提高学生小组合作能力与对句子的视觉性记忆，更可以作为课文复习与复述的一种高效手段。以《你好法语 A1》第 9 课课文为例制作单词形式标签条，示例如图 4 所示。

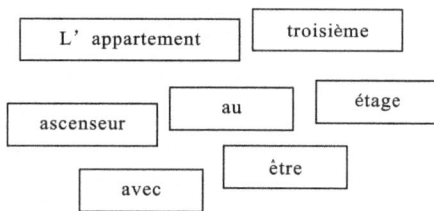

图 4

以小组竞赛模式，学生 3～4 人一组，将以上单词形式标签条根据所学组词成句，并书写完整的句子，书写过程中要注意句中涉及的动词变位、名词阴阳性单复数变化、标点符号等，最快写出句子并写对的小组获胜。以本句为例，标准答案为 L'appartement est au troisième étage avec ascenseur. 学生需要在拼接句子时将动词 être 正确变位。

（2）单词形式标签条的使用有利于句型整合。

如何牢记同一主题的不同句型并灵活运用？我们可以采用大主题变小变精的形式，制作小标题，搭配练习。

以《你好法语 A1》第 7 课为例，在这一课我们学习购物词汇与句型，分成不同小主题后，总结如图 5 所示。

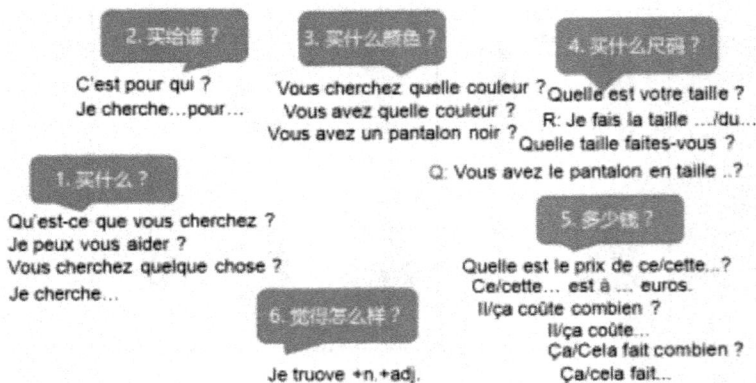

图 5

将不同的小主题制成不同颜色的单词形式标签条,如图 6 所示。

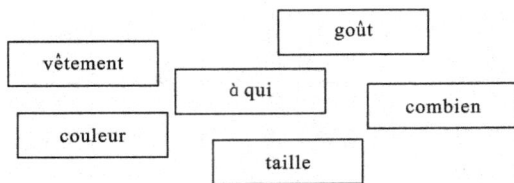

图 6

每个类别的标签条目下分别制作具体的相关词汇,例如:

Vêtement(服饰):robe(连衣裙),jupe(半身裙),chapeau(帽子),chaussure(皮鞋),écharpe(围巾)等。

A qui(给谁):maman(妈妈),papa(爸爸),ma femme(我的妻子),mon ami(我的朋友)等。

Couleur(颜色):rouge(红色),jaune(黄色),vert(绿色),noir(黑色),blanc(白色),rose(粉色)等。

其他主题以此类推。

学生 3～4 人一组,随意抽取 2 张、3 张、4 张或更多标签卡,并拼接造句,例如抽到 noir,maman,robe,38,学生可造句型为 Je cherche une robe noire pour ma mère, et elle fait du 38.(我想给我妈妈买一条黑色连衣裙,她穿 38 号。)

这样的活动可以使学生根据能力任意增加标签条数目,在乐趣拼凑中灵活变换句型,运用自如。

(3)"联想词汇"游戏。

在 1 分钟内猜出与单词形式标签条上词汇相关的单词,如图 7 所示。

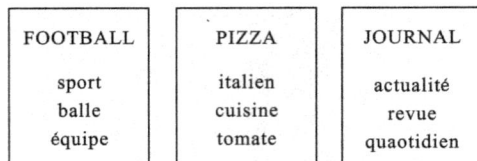

图 7

第一张标签卡上的参考词汇为"运动""球""队伍",学生可根据这三个提示竞答任意与之相关的词汇,直到回答出"足球"者取胜得分。同理,第二张标签卡上的参考词汇为"意大利""菜肴""番茄",正确答案为"比萨饼";第三张标签卡上的参考词汇为"实事""杂志""每日的",正确答案为"日报"。

在猜词过程中,可激发学生对已有单词储备的归纳整合、联想发散,同时培养学生用法语解释法语单词的能力。

三、白板和墙壁的魔力

每个教室都有专属白板(或黑板)和三面墙壁,这些看似不起眼的标配其实在词汇学习阶段也可以发挥一定的趣味性。

(1)徒手传信(适合初级)。

将班级学生分组,4～5人一组呈一纵列排队,每组最后一名学生在得到词汇后将词汇用手指写在前面学生的后背上,依次传递,最先得知答案的第一排学生将单词写在白板上,速度最快且书写正确者获胜。

(2)四面八方。

首先把所要学习的词汇贴或写在白板和墙面上(照片、单词卡、单词标签条等),以《你好法语A1》第10课为例,学习不同的交通方式,如步行、骑自行车、乘车、乘火车、乘飞机、乘公交车、乘地铁,如图8所示。

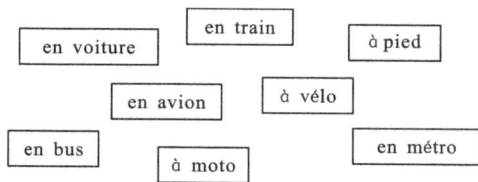

图 8

1分钟时间,学生环教室大声或小声读出每个单词或表达方式,一分钟后回到教室中心。随后教师根据以上交通方式,提出一系列问题,例如:最环保的外出方式是什么? 从北京到上海最快的交通方式是什么? 从苏州到上海最便捷省力的交通方式是什么? 哪一种交通工具在路面下行驶? 等等。学生根据教师的提问分组,最先找到,撕下正确答案并用法语给出完整作答的队伍获胜。

这项活动会让整个班级的学生动起来,增强课堂的活跃性和学生学习的主动性,同时训练学生听说能力。

四、词汇圆圈舞

圆圈游戏能最大限度地调动全班学生词汇学习的热情,以下仅分享两个实用案例。

(1)换位游戏。

在基础词汇教学中,如在教授一年四季时,12名学生一组围圈,每三名学生所持词汇相同,任选其中一名学生A站在圆圈中心,学生A随意说别人的一个单词,被点到单词的三名同学B、C、D立刻两两交换位置,同时学生A见机占领B、C、D三人的任一个位置,最后没找到位置的学生回到中心位置,进行下一轮游戏。

(2)双层圆圈的多人描述游戏。

将班级学生分成两组拉成两层圆圈,每层圆圈人数相等,内外圈学生面对面,内圈同学每人手持一单词,背面朝向自己,正面朝向外圈对应学生。内圈学生不动,外圈学生每15秒顺时针移动一次。15秒内,外圈学生需根据单词对内圈学生进行法语描述。1分钟后,内圈学生根据4个学生的描述猜出该单词。例如,《你好法语A1》第33课学习了一系列天气主题的词汇,此游戏十分适用。

五、总结

综上所述,小组活动能促进词汇教学的课堂活动的趣味性,学生分组活动提高理解力优势明显,具体如下:

(1)比个人活动更有效率。

(2)让学生的学习氛围更具活力,增加学习热情。

(3)使得组员之间相互学习并及时纠正错误。

（4）在小组活动中，学生各自领取任务，扮演组内角色，共同完成目标，培养学生团结协作能力和学习责任感。

目前的词汇教学中，大多数学生获得单词的途径更倾向于"背单词"而忽略了"记单词"，机械记忆性的"背单词"只能达到短期的记忆效果，而理解性的记忆才能更持久，不易遗忘，让学生爱上学单词，是记单词而不是背单词。

当下随着法语学习进入低龄化趋势，更需要教师们在课堂词汇教学中掌握良好的有趣味性的引导方法，推陈出新，帮助学生走好学习法语的"第一步"。

低幼教学类

Classroom Interaction in Oral English Teaching[①]

绵阳南山中学双语学校小学部   刘利娟

【Abstract】   Nowadays in China，people are paying more and more attention to English. The classroom teaching has paid more stress on the communicative ability than the knowledge. Most students are seemly just learning "mute English". They don't regard English as a tool for communication but have to study it for the sake of kinds of examinations so that they can't speak fluently in English. Besides，in the "spoon-feed" classroom，the teacher is so talkative to explain grammars that many students have seldom opportunities to open their mouths. They just follow the teacher negatively without interaction，which makes the class atmosphere so tedious and gives no aids to promote the students' oral English.

【Key Words】   principles interaction；classroom climate；learning environment

Ⅰ. Basic Principles the Oral English Teaching Should Follow

Oral English teaching is an activity which the teacher and the students are involved in. To create a more interactive climate and improve the students' oral English，the two sides should follow the principles below.

1. Guidance Principle

The teacher's guidance principle means conducting the students to hold kinds of activities and create more opportunities for students to apply the knowledge and skills. "As a language teacher，our main concern is not to inform our students about the language，but to develop their ability to use the language for a variety of communicative purposes." The teacher is a conductor and monitor in a classroom. And he supervises students' communication and gives help when needed. So the teacher should observe the students' process and direction of study at any time to lead to a common teaching target.

2. Equality Principle

First，the teacher should place himself on the same position of the same language learning，participating in their activities and experiencing their feelings.

Second，the teacher should treat each student equally，not paying more attention to or discriminate against one student. . . .

3. Encouragement Principle

In real communications，information-transmission is the focus both the teacher and the students care most. There are always wrong words and sentences on most conditions. They should be good at listening to the students and appreciate them，especially for those introverted ones. For them，"the teacher must

---

①   本文在第十九届全国外国语学校外语教学科研论文评比中荣获三等奖。

first discover and eliminate the mental obstacle in foreign language learning. " and improve their application ability of oral English.

4. Interest Principle

Whether the students are more active or not is the one of the key factors of determining the teaching effect. So it is the teacher who makes the class boring that should be blame on. English is different from other foundation academics. It is not only a knowledge lesson but a practice one. The content should be conformed with the students' interest so that they will be motivated and make great improvement in speaking. In the oral English teaching, we should arouse interest, fully consider the students' request of the interest of teaching content in the process of teaching designing, and stir up maximally the students' interest in the study.

II. Managing an Interaction Classroom for Oral English Teaching

To finish every teaching detail smoothly, the teacher should make an efficient management for the class from the beginning to the ending. Efficient teaching depends on the coordination among the three elements: the teacher, the students and the classroom environment. To manage an interaction classroom successfully, and to achieve the goal, four aspects should be taken into consideration: ① the relationship between the teacher and students; ② two types of the interaction; ③ classroom climate; ④ classroom size.

1. The Relationship Between the Teacher and Students

The process of classroom teaching is one of the teacher-students exchanging emotion and sympathetic response. It is psychological need from both sides to establish harmonious relationship between them. To achieve this goal, the teacher should place himself on the same position with the students. First, he should treat his students sincerely, not reveal his own emotions and shortcomings. Sincerity means the coordinated thoughts of outside and inside world. In this way, the students might get a feeling of the teacher's kindness and be exempt from resentment against him by his open-heartedness. Second, the teacher should really know the inside world of the students, then share their emotions and burdens as many as possible. Meanwhile, he should communicate this understanding to the students to let them deeply realize it. If the harmonious relationship is established in oral English teaching, the students would feel safe for studies and come to realize their own potentiality and values in English and become more confident and independent in learning English.

Besides, for the teaching plans, the students' background should be involved. "Both the organization of the classroom and the process of acquisition are achieved through the teacher's talk. " So the teacher should use the appropriate words. A sound relationship needs to be established on the basis of mutual respect between the teacher and students. Respect for people is considered as an essential part of education and the most important contributor to good rapport between the teacher and students. When the teacher comes to a class, he gets a first impression of it. If he is interested in the class, he will work hard to meet the students' expectations. On the students' part, as they see their teacher so enthusiastic about and interested in them, they will participate actively to cooperate with the teacher and help create a climate within the classroom. As a result, both the teacher and students will become equally responsible for themselves and the class.

The sound relationship between the teacher and the students is a new kind of interpersonal relationship with equality and democracy. However, establishment of this relationship doesn't mean that the teacher should get too closed to the students or they will lose control over the class. A proper distance is always necessary. Make sure the students realize that in the class, mutual respect is emphasized even though all are friends outside the class.

2. Two Types of Interaction

In a classroom, the teacher often asks students questions and the students answer them, or the students raise the questions and the teacher answers, or the teacher participates in the activities. These are interaction between the teacher and students. And the other interaction is that among students. In this kind of interaction, always, the teacher is a monitor and the students are the main participants.

（1）Teacher-student interaction.

The focus of classroom learning is the interaction between the teacher and students. Teaching is always a shared-relationship job. It always involves persons. It never involves only one person or one thing. Just because of that, the teacher has to change his traditional role as a lecturer. "So we should show the same interest in all students, make all students participate, and especially, show great patience to the weakest among them. " The teacher will have to provide guidance and inspiration, decide what questions to ask and how to ask them, and create learning situations that stimulate students to listen, read, write, discuss, ask questions, perform tasks, solve problems or engage in other activities.

The teacher-student interaction in classroom setting is bound up with the teacher's teaching style. Traditional classroom provides for chalks and talk teaching methods, with a class of students sitting in straight rows facing the teacher and the blackboard. The teacher sits or stands behind a desk, which symbolizes his authority, and spends a large proportion of his time giving lectures and directions. The students sit passively listening and busily taking notes, needless to say, and they have no opportunity to ask questions. In this way, the teacher is not only physically separated from the students, but is psychologically remote from them, too. Under such circumstances, the interaction pattern is always in a linear direction: almost all the communication flows through the teacher. Consequently, students tend to rely a great deal upon and always expect to receive very concrete and explicit instructions from the teacher. Hence, they are at a loss when the teacher leaves them.

Thus, the teacher should tend to adopt a more flexible teaching style in classroom teaching, which involves better use of his territory and more mobility in the room. He behaves in a warmer, more responsive manner toward the students and fosters interpersonal communication skills and patterns of cooperative interaction. As a result, the climate becomes more harmonious. In a classroom like this, students will have more opportunities to express themselves, to participate in classroom activities and to interact with the teacher.

The teacher's teaching style is also affected by students' behavior. When the students are highly attentive, the teacher is lively and relaxed. But when they become bored and restless, the teacher shows signs of impatience and exasperation.

By teacher-student interaction, we not only expect teachers to talk to the students, but also assume that students show what they have learned by answering the teachers' questions. In other words, teachers talk in class and they also allow their students to talk. But when teachers do allow their students to talk, do they talk in class? The answer is not always satisfactory. Teachers sometimes find it very hard to get students to speak in class. Some students never volunteer the information required even when they know the answer to a question. Why? It is not hard to see that many students are not confident of themselves in an English class and that they are afraid of losing face before their peers.

In such a situation, the teacher's interaction with individual students is based on his own selection. Very often, he tends to ask more with the bright ones to answer questions because he is more likely to get correct answers from them. This inevitably discourages poorer students. They are doubtful about their own opinions and judgments, and are therefore, unlikely to take much part in classroom activities with others. They prefer to remain listeners or onlookers. To activate the teacher-student interaction and ensure that all students participate, attention should be paid to the protection of students' self-esteem and the development of their self-confidence. It is preferable to ask students questions that they can answer. While questioning, it is necessary for the teacher to tailor his questions to the different levels or abilities of his students. That's to say, students with different abilities answer questions of different levels of difficulty. Here, what is important is that the teacher needs to ensure that questioning takes place in an encouraging and supportive atmosphere.

(2) Interaction among students.

Another important aspect of classroom interaction we are going to consider is that the interaction happens among students. In the traditional oral class, the teacher was the center of class and the students were only listeners. They listened to the teacher all the time, receiving information without using their own minds. We could observe in this kind of classroom, where students' silence and quietness were very striking features. With the ongoing nation-wide reform of ELT, this exchange structure has been sharply criticized on the ground that it failed to give the students opportunities to ask questions themselves, nominate topics of interest, and negotiate meaning. In recent years, learner-centered teaching, task-based approach, and co-operative learning are advocated by many researchers and language teachers.

A task requires the group, or pair, to achieve an objective that is usually expressed by an observable result, such as brief notes or lists, a drawing, a spoken summary. This result should be attainable only by interaction between participants.

In task setting, there must be some criteria: there is more talk, more even participation, more motivation and enjoyment. Thus, as a generalization, it is probably advisable to base most oral fluency activities on tasks. And "when we design speaking tasks, one important consideration is the language proficiency level of the students. If we ask them to do the tasks that are above their level, they will simply become frustrated. On the other hand, it is good to give the students tasks at times that challenge them, because if speaking tasks are always too easy, they can also become." But the task must involve some pressure for students, which can make students unexpectedly open their mouths.

One of the efficient and favorite student-students patterns is group work. This allows students to work together in groups helping one another to achieve the desired goals. Cooperative group work, which is a popular way of working in language classes to allow learners to communicate and "be good for the students participating the process of learning" but will not necessarily produce autonomous and self-directed learners. In self-access center, requirement of a much greater knowledge and understanding by the teacher of every learner realize easily. The teacher requires a far greater amount of preparation and monitoring, though learners should gradually take on both goal-setting and monitoring functions for themselves. The use of group work activities is frequently cited strategy for changing the interactive dynamics of language classrooms.

In addition to the benefits of pair work activities, group work has a number of advantages which reduce the dominance of the teacher over the class, involve the students' participation, increase the individual's opportunities to practice and give the learners more active role in learning. Within cooperative structures the learners become dependent upon each other in order to achieve success. Ways of organizing group work in the classroom vary enormously. The group outcome of any task or activity has an effect upon individual's perceptions of their own ability and their feelings of satisfaction and selfesteem. Group success can help to improve an individual's poor self-esteem, but equally, group failure can modify the positive self-perceptions of those who perform well individually. The strong effect of group may be tempered by the strength of any individual's self-concept.

An optimum size for group work needs to determine based on the kind of task students are carrying out. Interaction is affected by the group size. According to different tasks, students can make friendly grouping, multi-ability grouping, single-ability grouping and neighborhood grouping. Usually a class is divided into pairs or groups with four or five members, and all the groups discuss a topic or work on a task with their group members at the same time, and the teacher is only a participant. In our country, the classroom structure claims using neighborhood grouping with two or four students in each group. There are five main forms of interaction in grouping:

Jigsaw is one form of the grouping interaction. After the teacher raise a question or a suggestion, the members of the group complete it individually. Afterwards introduce his or her opinions to his partners, sharing the information with each other. The student who was chosen makes a complete speech by collecting all the shared information.

Game is another form of the grouping interaction. Games in communicative activities take an active effect to impel the students to acquaint the second language in the relax environment, such as one student expresses the meaning of the word while the other guesses what the word is.

Discussion is a common form used in grouping interaction. Discussing within a group may be realized the exchange of the information. Usually, discussion is permeated with enthusiastic responds, in which students are willing to participate in the discussion, establishing self-confidence. Role-playing is one form used in grouping interaction to arouse the learners' curiosity. Role-playing means to design and act the characters offered in the text, which would train the students to communicate in English vivaciously and construct the real-world imitating environment.

Debate is a heated form in the grouping interaction. The teacher formulates a topic for the students to state their own opinions using the learned language knowledge as toughens the students' reflection in the argument.

3. Classroom Climate

The goal of classroom management is to create an atmosphere conducive to interacting in English in meaningful ways. There are many factors that contribute to a positive classroom climate, such as mutual respect, good relationship, informal teaching methods and teachers' display of students' work before the class.

All these factors help bring about a lively classroom climate. However, there are also some factors that may undermine an effective classroom climate. One very important factor that may influence the classroom climate is the language the teacher uses in his interaction with the students. Every utterance that a teacher makes during a class conveys the teacher's underlying feelings and expectations to the students. This is particularly evident in how teachers react to the student's incorrect contributions in class. A teacher's language and manner should be commendable, for they have direct influence on students. For a teacher, situation-specific language with familiar vocabulary is most appropriate instead of language with highly professional vocabulary. When a student gives a wrong answer in class, it is important for the teacher to comment on the contribution itself rather than the student and to avoid saying "What a pity! You even couldn't answer such an easy question correctly." Such remarks will embarrass the student. So genuine praise, appropriately delivered, enables students to welcome criticism and get benefits out of it.

Teachers should keep in mind that students are easily humiliated into obedience by the use of sarcastic remarks. They are grown-ups and their self- esteem needs to be protected. Any direct or overt criticism, embarrassment of students may cause great hindrance to a sound classroom climate. In order to maintain an effective classroom climate, a little bit of humor is necessary. They can often serve to enhance a sense of comradeship and well-being. Furthermore, when the students appear tired in class, humor and jokes can help arouse their interest in learning so that the teacher can carry on his class continually without disruption.

Another important factor that may pose a threat to classroom climate is the standard of work expected by the teacher. If the standard is set too high, the students will be afraid of making mistakes so as not to open their mouths in class, hence, there will be no more interaction between the teacher and the students. But besides, a too low standard of expectation may create a false sense of achievement. It does not reflect the true progress or success of the students.

In a word, an effective classroom climate needs to be followed the interaction principles: guidance, equality, encouragement and interest principle. Under the hypothesis, the teacher and students can establish the good rapport and do the group work.

4. Classroom Size

From the following analysis of the interaction between the teacher and the students, and interaction among students, the classroom size refers to the atmosphere of the classroom. "Almost every teacher of non-English major may encounter with a common teaching problem: they have to teach large heterogeneous classes, i. e. , classes with about 40-80 students who are of 'mixed-ability'. " The size of the class must be appropriate for the learning tasks, the needs of the students, the nature of the subject matter, and the skills of the teacher. Teachers believe that small classes are advantageous in terms of individual, interpersonal interaction, and management. A small class provides a more desirable learning environment for students and increases the teacher's effectiveness. In a small class, the teacher has more time to spend on each student and students have more opportunities to participate in class activities and ask questions. In other words, there are more teacher-student interactive opportunities. So, in order to reduce the number of students in the same class, more classrooms must be set up.

Ⅲ. How to Manage One Good Oral English Lesson

Having mastered the basic principles and the four aspects, it becomes more easier for a teacher to manage an interactive oral English class. First, he has to enter the classroom with a smile on his face to give the students a hint that they should also response to his action, which helps create the interactive climate. To be added up, fifteen to twenty learners sharing one classroom is enough so that the teacher can communicate with almost each of them. According to the interest principle which should be taken at first, the final aim of oral English teaching is to have students willingly to open their mouths.

The teacher has to figure out what his students are interested in, and topics should be welcomed by the students. Let's take love affairs for example, which might be a heat topic among students. The teacher could raise some warming-up questions such as "Well, I want to know how many of you are in love first. " After getting the number, he could assign them to discuss whether students should make friends with opposite sex. On this discussion, students can be divided into two groups. When the work is going on, the teacher should not stand behind the desk, occupied with nothing. Getting into the two sides and listening to the students' statements are good ways to establish a better relationship between him and the students. And there come the two types of interaction—teacher-student interaction and interaction among students. By giving both of the sides some guidance, the teacher could understand students' feelings who then become more confident about their points of view.

When the group discussion is finished, one student is chosen to make a presentation to show his group's view. Errors are certainly inevitable in the speech, but the teacher should not interrupt him by making any correction of words or grammars immediately, and he could do it after class on the fear of throwing the students' thought into confusion. Besides, other group member should participate in the activity. The teacher may ask them what they want to add to make the presentation better. His praise will be stimulation to the students to have their thoughts perfect in all around. During the period, the teacher should concentrate himself on the presentation to show respect for the students' hard work.

When the fierce discussion is completed, the teacher should never forget to give some comments to the two sides. Each group can be praised by the teacher to encourage them to practice their oral English actively. As a matter of fact, the methods of oral English teaching vary from teacher to teacher. No matter what is carried out, the teacher should follow the four principles above to invent a harmonious and interactive class atmosphere in which students can improve their oral English more easily and more quickly.

Ⅳ. Conclusion

Although there are more and more English learners in China, the teaching results are not very satisfying, especially in oral expression. Even if both teachers and students have realized the urgency and importance to acquire ability to communicate, the inefficient teaching and learning methods still exist. It is necessary to make an interactive class for oral English teaching. For the teachers, they should change their traditional role in class, getting rid of "spoon-feed" teaching and create more opportunities for the students, so they would be more active and exempt from silence by the tasks their teacher have assigned. In the process of oral English teaching, the teachers are also required to change old methods and obey the interaction principles to set up a new relationship with their students. Only by doing so can we create a free, active and interactive class atmosphere so that the students can overcome their emotional obstacles and experience the real communication, which is the final goal of oral English teaching. Except for the teachers and students, education organization should also be responsible for the teaching. The equipments such as classroom should be noted. For its sufficiency, many English learners have to share in a classroom, which is not benefit for creating an interactive atmosphere. So all the educators should try their best to improve the students' learning environment. If the three aspects are well finished, we can look forward to a brighter future of oral English teaching.

Bibliography

[1] 何亚娟. 中学英语课堂互动教学的探索与实践. 渭南师范学院院报,2004(S2):72-73.

[2] 舒白梅. 现代外语教育学. 上海:上海外语教育出版社,2005.

[3] 黄国营. 英语教育学. 南昌:江西教育出版社,1997.

[4] 曹新平. 英语教育学的主要流派. 山西经济管理干部学院学报,2004(9):7.

[5] 吴郁良. 英语口语教学的教学策略. 西南师范大学外国语学报,2001(4):4.

[6] 柯艺. 英语口语课堂上的学生消极参与及其对策. 福建师范大学学报,2003(8):23.

[7] Meiling Wang. Principles and Practice in Oral English Teaching. Huhehaote: Press of Qianyan, 1995.

[8] 王蔷. 英语教学法教程. 北京:高等教育出版社,2000.

[9] 邓伟健. 谈英语教学"互动". 贵阳:贵州教育出版社,2004.

[10] Houhong Wang. Strategies for Implementing Interaction in College English Class. Journal of Southwest Normal University,2005(4):18.

TPR 教学法在小学低段英语词汇教学中的应用
——以 Longman Welcome to English 为例①

天津外国语大学附属滨海外国语学校　　刘玲

【摘　要】　词汇,是英语短语和句子的基石,是英语阅读与写作的基础,是小学英语尤其是低段英语教学的重点和难点。传统的词汇教学很容易让学生陷入死记硬背的学习模式中,削弱其对英语词汇学习的兴趣。为提高学生英语词汇学习兴趣,本文以香港 Longman Welcome to English 一、二年级教材为例,引入 TPR 教学法,试图为学生营造轻松愉悦的学习环境,并充分调动其全身动作。本文认为,TPR 教学法符合《义务教育英语课程标准(2011 年版)》的要求及小学生的心理和生理特征,能应用到英语词汇教学中;在运用过程中应注重轻松无压力的学习氛围的营造,让学生乐起来,还应注重全身动作的反应,让学生动起来,以提高学生学习词汇的兴趣。

【关键词】　TPR 教学法;小学低段;英语词汇教学;轻松氛围;全身动作

词汇,是短语和句子的基石,是阅读与写作的基础。英国英语教育学家 Jeremy Harmar(1991)形象地把词汇比作语言各个重要器官提供血与肉的主体。英国语言学家 David A. Wilkins(1972)指出,没有语法,我们能表达得很少,没有词汇,我们什么也表达不了。最新提倡的英语核心素养中,语言能力是核心素养的核心,而词汇可以说是语言能力的基础。因此,对于小学英语教学尤其是低段英语教学而言,词汇是基础,更是重点。

根据《义务教育英语课程标准(2011 年版)》,英语课程要注重素质教育,坚持以学生为本。因此,词汇教学应以学生为主体,注重学生的理解与体验。《义务教育英语课程标准(2011 年版)》还指出英语学习的五级目标,一级为"对英语有好奇心",二级为"对继续学习英语有兴趣",三级为"对英语学习表现出积极性和初步的自信心",四级为"有明确的学习需要和目标,对英语学习表现出较强的自信心",五级为"有较明确的英语学习动机、积极主动的学习态度和自信心"。可见,英语课程特别是低段英语课程应注重学生的兴趣。因此,英语词汇教学尤其是小学低段词汇教学要坚持趣味性原则,注重对学生兴趣的满足与培养。

然而,传统的词汇教学不能很好地调动学生学习词汇的兴趣。因此,创新英语词汇教学,寻找有效方法提高学生词汇学习兴趣成为教师的一个重要课题。为提高学生英语词汇学习兴趣,本文以香港 Longman Welcome to English(以下简称 LWE)一、二年级四册教材(1A、1B、2A、2B)为例,尝试以 TPR 教学法进行低段英语词汇教学。

一、TPR 教学法

TPR(Total Physical Response)教学法即全身反应法,由美国加州圣约瑟大学心理学教授詹姆士·阿瑟尔(James Asher)于 20 世纪 60 年代提出,强调将言语与行为联系在一起,通过身体动作教授语言。阿

---

① 本文在第十九届全国外国语学校外语教学科研论文评比中荣获三等奖。

瑟尔(1972)指出 TPR 教学的三大原则:一是理解先于开口,二是全身动作反应,三是轻松愉悦的学习环境。基于三大原则,TPR 教学遵循"听—理解—说"的步骤,其中理解主要由学生的全身动作来反应,而整个过程是在轻松愉悦的氛围中进行的。

TPR 教学法是符合儿童语言发展规律的,强调理解先于开口,在学生开口说之前,给予学生充分理解的时间。理解的过程是全身反应的过程,即"动起来"的过程。"动起来"要求教学过程充分调动学生的各种感官及肢体动作。这恰恰符合小学生尤其是低段学生好动、注意力难以持久的生理特征。换言之,TPR 教学法利用学生好动、注意力难以持久的生理特征,将学生的劣势转成其学习契机,激发学生的兴趣。同时,TPR 教学法要求整个教学过程是轻松愉悦的。基于心理学理论,阿瑟尔(1972)指出,教师与学生良好的情感交流能减少学生的心理压力,从而创造和谐的学习氛围,加强学生的主体性与参与性。教师不应是课堂的主导者,不应给学生过多的压力,而应为学生创造轻松愉悦的学习环境,让学生成为课程的主体,积极主动参与课堂。

简而言之,TPR 教学法强调言语与行为的联系,为学生搭建轻松愉悦的学习环境,鼓励学生动起来,在理解中学。

二、TPR 教学法在小学低段英语词汇教学中的具体运用

基于 TPR 教学法的原则及特点,笔者认为在运用 TPR 教学法进行词汇教学时,应做到两点:一是通过全身反应包括多种感官和肢体动作让学生动起来;二是为学生营造轻松愉悦的学习环境,激发学生的热情。下面以 LWE 一、二年级四册教材为例,介绍运用 TPR 教学法进行词汇教学的具体方法。LWE 一、二年级四册教材共 24 个单元,每单元的 A 部分为词汇教学,其中 17 个单元为名词词汇,7 个单元为动词词汇,都能利用 TPR 教学法进行教学。

(一)"乐起来"——营造轻松愉悦的学习氛围

根据心理学理论,学生在二语习得过程中,教师应为其创造乐趣(Rosansky,1975)。教学过程中过多的要求会增加学生的心理和生理压力,从而削减学生学习兴趣。因此,阿瑟尔(1972)指出,TPR 教学法需在轻松愉悦的环境中实现。在词汇教学中,教师应首先为学生营造轻松愉悦的学习环境,寓教于乐,让学生快乐学习,这可通过情景创设和游戏设计来实现。

1.情境创设

根据《义务教育英语课程标准(2011 年版)》,"现代外语教育主张学生在语境中接触、体验和理解真实语言"。相比课堂情境,学生对日常生活情境更熟悉。因此,如果能把课堂情境转变为日常生活情境,就能帮助学生消除紧张感,让其在轻松自然的环境中学习。TPR 教学法可与情境教学相结合,将词汇教学设计成学生熟悉的日常生活情境,让其在熟悉的情境中学习,从而搭建轻松愉悦的学习环境。

如在 LWE 1A 第三单元"My toys"学习玩具单词"a doll, a car, a robot, a ball, a bus, a teddy bear"时,可将课堂设计为一场玩具分享会。学生带来自己的玩具,并介绍、分享玩具,在玩耍、分享的过程中学习各种玩具的词汇。

又比如在 LWE 1B 第六单元"A fashion show"学习服装类单词"a shirt, a T-shirt, a dress, a skirt, shorts, jeans, trousers, a cap, a hat"时,可将课堂设计为一个秀场,学生是模特,教师是导演。当教师说到某个单词如"a dress"时,穿裙子的学生就上前走秀。由此,学生在玩耍走秀的过程中理解学习了各类服装的词汇。

因此,在运用 TPR 教学法进行词汇教学时,可引入情境教学,消除学生忧虑,使其在熟悉的情景中轻松地学习词汇。

2.游戏设计

除了情境的创设,丰富多样的游戏也能使课堂氛围轻松活泼,帮助消除学生的紧张与焦虑。游戏符合学生好动的生理特征,也迎合了小学低段学生的兴趣,因此教师可在教学过程中设计 TPR 游戏。笔者常

用的 TPR 游戏有"我说你做""单词对抗赛""找朋友"。

如在 LWE 1B 第三单元"Wild animals"学习动物名"a hippo, an elephant, a lion, a zebra, a snake, a monkey"时,可用"我说你做"的游戏。教师说动物名,学生做动作模仿该动物;或者一个学生说,另一个学生做。学生在游戏中自然而然地学习,没有压力。

在 LWE 2B 第一单元"Buying snacks"学习零食名称"sour plums, lemon sweets, potato chips, cheese rings, peanuts, curry beef balls, chili fish, ginger"时,可用"单词对抗赛"游戏。教师首先将零食分为"sweet""sour""hot"和"salty"四类,然后以小组的形式要求学生写单词,写得最多的且正确率最高的小组获胜。低段学生喜欢竞赛类的游戏,竞赛吸引学生的注意力,使其自主投入学习中。没有教师的压力,只有自主的参与。

在 LWE 2A 第一单元"Coming to school"学习交通方式"by bus, by minibus, by school bus, by ferry, by MTR, by LRT, by tram, by train"时,可用"找朋友"游戏。教师提前准备卡片,一类为图片,一类为单词,要求找到对应的图片与单词,找到的两个同学就是好朋友。找朋友的过程其实正是理解单词的过程,只有真正理解单词,才能找到对应的图片。而找朋友的游戏方式让学生们成为学习的主体,没有教师生硬的输入和枯燥的朗读,而是在轻松的氛围里自然地习得。

简而言之,情景和游戏让学生放松,让其在轻松愉悦的氛围中自然地习得词汇,而不是生硬的灌溉式的学习。

(二)"动起来"——激发全身反应

美国心理生物学家 Roger Wolcott Sperry 在其左右脑分工理论中指出,左脑与语言相关,右脑与非语言相关(Miller, 1994)。换言之,掌管语言的左脑是通过语言表达的,而掌管非语言的右脑是通过动作表达的。基于左右脑理论,阿瑟尔(1972)大胆提出,儿童是通过右脑来理解语言,即通过全身反应来理解语言。全身反应即在开口表达前,通过非语言的方式即动作理解语言。这里的动作既包括肢体动作,又包括各种感官的体验。应用到词汇教学中,即让学生在学习的过程中动起来,在动中学。

1. 表演

低段学生有很强的表演欲望和模仿能力,愿意展示自我。表演又是一个调动学生多种感官并要求学生动起来的活动。多种感官的参与及丰富的肢体动作不仅能拓宽大脑接收信息的渠道,还能加强对大脑的刺激,使大脑处于兴奋紧张的状态(王黎,2008)。因此,运用 TPR 教学法进行词汇教学时,可用表演的形式,通过学生的演绎理解词汇,进而习得词汇。

如在 LWE 1A 第五单元"We can do it"学习动词"skip, read, climb, swim, draw, write"时,可以表演的方式呈现。在输入时,教师读单词并做出相应的动作,首先要求学生模仿动作,然后朗读。在练习时,教师说,学生做动作,或教师做动作,学生说。在产出时,教师可将六个动词编成一个小故事,让学生来表演整个故事。只有学生充分理解了对应的词汇,才能做出正确的表演。表演不仅可以是动作的,还可以是声音的。如在 LWE 2B 第五单元"Sports we like"讲述球类运动"football, basketball, tennis"时,可要求学生表演对应运动的声音,以不同的感官调动学生。

除了动作表演,还有角色扮演。如在 LWE 1A 第二单元"Nice to meet you"学习家庭成员"my father, my mother, my brother, my sister, me"时,可以小组的形式进行表演。一组即为一个家庭,一组表演,其他组猜角色。又如在 LWE 2A 第四单元"People at work"学习职业名词"a doctor, a nurse, a cook, a waiter/waitress, a policeman/policewoman, a housewife"时,也可分场景让学生表演。如在医院有"doctor"和"nurse"的表演,在餐厅有"cook""waiter"和"waitress"的表演。在角色扮演的过程中,学生理解所扮演的角色,也就理解了对应的词汇。

在表演的过程中,学生动起来了,不再是坐着听老师讲,在理解的基础上表演,从而习得对应的词汇。

2. 绘画

除了表演,绘画也是很好的 TPR 教学法手段。低段学生对色彩鲜艳的东西感兴趣,喜欢图片多于文字,尤其喜欢自己动手画画。因此,在用 TPR 教学法进行词汇教学时,可利用绘画的方式让学生动起来,主要包括两方面,即教师教时的画和学生理解的画。

教师可利用简笔画为学生输入新知。如在 LWE 1A 第六单元"Look at me"学习身体部位"ear,eye,nose,mouth"时,教师可以简笔画的形式呈现。先在黑板上画一个圈设置悬念,然后依次加上"ear,eye,nose,mouth",教师边读边画,让学生通过绘画理解词汇,达到"无声胜有声"的教学效果。

教师还可利用绘画检测学生掌握词汇的程度。教师可引导学生将所听到的单词或读到的单词以图片的方式呈现,鼓励学生发挥自己的想象。在这一过程中,学生不仅需要理解词汇,还能激发学生的创意。整个绘画的过程正是学生思考理解词汇的过程。如在 LWE 1A 第四单元"My pencil case"复习所学七种颜色和文具单词"a pen,a pencil,a ruler,an eraser,a sharpener,a pencil case"时,可让学生提前准备七种颜色的蜡笔,然后根据教师的指令画出相应的作品。如教师说"draw a yellow ruler",学生应画出一把黄色的尺子。整个绘画的过程即学生理解词汇的过程,在理解的过程中学生习得了对应词汇。

总而言之,表演也好,绘画也好,都是为了调动学生的全身动作,学生不再是被动地听,而是积极主动地思考;学生成为课堂的主体,真正动起来,不仅仅是身体的动作,更是大脑的转动。

三、结语

TPR 教学法强调全身反应和轻松愉悦的学习环境,鼓励学生动起来,快乐学习。基于低段学生好动、好玩、注意力难以持久等生理及心理特征,TPR 教学法能应用于英语词汇教学。通过轻松愉悦的学习氛围的构建及全身动作的调动,学生成为词汇课堂的主体。通过日常情景的创造及多种游戏的设计,学生在轻松愉悦的氛围中积极主动地参与学习,没有灌溉式的教学,没有枯燥烦琐的任务,只有贴近生活的情境及合作竞争的游戏。同时,通过表演、绘画等形式,学生不再坐着听教师讲,而是真正动起来,不仅是身体动作的理解,更是大脑转动的思考。在教师的引导下,学生开动脑筋,充分发挥自己的才能,在多种感官的参与和丰富的肢体动作中学习英语词汇。

但是,值得指出的是,由于对全身动作的强调,TPR 教学法更适合于低段学生的词汇课堂。同时,由于 TPR 课堂情境、游戏、表演、绘画等的引入,要求教师能有效管理课堂,控制学生的情绪,以保证学习效果。

总而言之,TPR 词汇课堂是以学生为主体的课堂,是轻松愉悦的课堂,是灵动跳跃的课堂,有利于激发学生的兴趣。TPR 教学法符合快乐学习的原则,让学生成为课堂的主体,以全身反应积极主动参与课堂,让课堂更有趣、更高效。

参考文献

[1] Asher J. Children's First Language as a Model for Second Language Learning. The Modern Language Journal,1972,56(3):133-139.

[2] Harmer J. The Practice of English Language Teaching. 2nd ed. London:Longman,1991.

[3] Krashen S D. Language Acquisition and Language Education. London:Prentice Hall International,1989.

[4] Rosansky E. The Critical Period for the Acquisition of Language:Some Cognitive Developmental Considerations. Working Papers on Bilingualism,1975(6):92-102.

[5] Wilkins D A. Linguistics in Language Teaching. London:Edward Arnold,1972.

[6] 韩钰. TPR 教学法在小学英语词汇教学中的应用.锦州:渤海大学,2015.

[7] 王丽莉. TPR 教学法在小学英语教学中的应用.中华少年,2015(22):60.

[8] 王黎. TPR 教学法在幼儿英语教学中的应用.黑龙江教育学院学报,2008(1):185-186.

[9] 中华人民共和国教育部. 义务教育英语课程标准(2011 年版).北京:北京师范大学出版社,2012.